파산 직전에서 출발하다

파산 직전에서 출발하다

....

개정판 1쇄 인쇄 2020년 11월 20일
개정판 1쇄 발행 2020년 11월 30일

저 자 리차드 E. 다우치
역 자 홍 성 완 외 1인
작 업 이 동 영
디자인 EG 디자인
 CTP   지앤피
인 쇄 재원프린팅
제 본_ 광명제책사
발행처 **새길아카데미**
발행인 이 미 숙
주 소 서울특별시 마포구 서강로 11길-24
주문처 02-325-5966 FAX 02-324-6799
 ISBN 979-1191-0280-03(03320)

....

글로벌시대의 강자

파산 직전에서 출발하다

Passion for Manufacturing

리차드 E. 다우치 지음 ● 홍성완/김정근 옮김

새길아카데미

2020

Passion for Manufacturing

by

Richard E. Dauch

ⓒ First printed 1993 by Saigil-Academy Publishing Co
Reprint 2020 by Saigil-academy Publishing Co.

품질이 없으면 판매도 없고, 판매가 없으면 일자리도 없다

북서부 디트로이트에 있는 나의 집에는 크라이슬러의 제퍼슨노스 조립 공장 건설에 기여한 나의 공로를 기리는 표창장이 걸려 있다. 그 상에는 크라이슬러에서 65년 동안이나 가동된 한 옛 공장에서 나온 벽돌 반쪽이 포함되어 있다. 다른 반쪽은 20마일 떨어진 딕(리처드의 애칭 ― 역자) 도치 의 집에 걸려 있다. 그의 액자는 내 것과 마찬가지로 전미자동차노동자연 맹(UAW)과 공장 경영진이 준 선물이었다. 나의 액자와 마찬가지로 그것은 오직 두 개의 이름, 곧 그의 이름과 나의 이름만을 기록하고 있을 뿐이다.

노조에 가입한 노동자들이 경영진에게 표창장을 주는 경우란 그렇게 흔치 않지만, 딕은 탁월한 경영자다. 그는 팀워크, 노동자 의사소통, 산업민주주의, 탁월성에 대한 헌신을 목표로 마치 노동자들을 느슨하게 내버려두지 않겠다고 작정한 사람처럼 끈질기게 달려들었다. 동시에 그는 제조업자들은 반드시 지구적으로(globally) 생각해야 하고 스스로 부단히 반성해야 하며, 제조업이란 거친 직업으로 소위 "양손을 써서 전력으로 싸워야하는 작업이라고 생각해야 한다"고 확신한다.

딕은 오직 하나의 속도, 즉 전속력을 내면서 작업한다. 다년간 나의 일은 그를 따라가는 것이었다. 또 그의 책은 아주 깊은 감명을 주고 있다. 그 속에서 전세계에 있는 제조업 인력은 제품 개발, 생산, 품질 등에 관한 풍부한 경영 잠언들과 통찰력을 발견할 것이다. 이에 비하면 이 책이 증언하는 크라이슬러 제조활동 부활의 역사는 그저 덤에 지나지 않을 것이다.

내가 딕 도치를 만난 때는 1980년 크라이슬러가 정부로부터 대출보증안을 승인받은 직후였다. 전미자동차노동자연맹에 있는 우리는 대출보증과 회사의 생존을 확보하는 데 중요한 역할을 담당했다. 그 과정에서 많은 연맹 간부들이 양보했으며 경영진과 더불어 우리가 제시한 약속은 엄청난 것이었다.

나를 포함한 소규모 그룹이 리 아이어코커의 사무실에서 만나 다음의 중요한 조치들을 논의했을 때, 세 가지 중대한 문제가 나타났다. 이제 우리는 무엇을 해야 하는가? 채산성을 확보하려면 어떤 방향으로 가야 하는가? 미국민에게 어떤 방식으로 보답해야 하는가? 우리는 제품의 품질이야말로 이런 문제들에 대한 유일한 해답이라는 결론을 내렸으며 이에 따라 회사의 노사 공동 품질개선계획이 탄생했다.

최고 경영진은 최고 노조 지도자들과 함께 계획을 발표하고 지휘했다. 노조 지도자들과 경영 지도자들은 크라이슬러의 공장과 사무실을 순방하여 품질개선에 관한 메시지를 병사들에게 직접 전달했다. 그들은 경청했고 감명받았다. 딕과 다른 크라이슬러 최고 경영진과 더불어, 나는 관리자와 노동자 모두에게 "품질이 없으면 판매도 없고 판매가 없으면 일자리도 없다"고 역설했다. 그때까지 우리의 노동자들은 경영진과 노동자가 같은 시간 같은 방에서 같은 사항을 말한 것을 본 적이 없었다. 일부 오랜 세월 근무한 노조원들은 그것을 믿을 수가 없었다. 나는 그들에게 요구했다. "고품질 제품을 생산하기 위해 당신의 손을 우리에게 빌려 달라. 만일 여러분이 그러고 싶지 않으면 여러분의 성의를 보여 달라. 그것도 할 수 없다면, 우리가 사업을 돌볼 수 있도록, 젠장! 그렇다면 회사를 그만두라!"

그것은 마치 크라이슬러의 새로운 구호처럼 들렸다. "따르라, 쫓아오라, 그렇지 않으면 탈락하라!"

이 같은 회의가 미국과 캐나다 전역에서 거의 160번이나 열렸고 딕 도치는 그 중 6번 정도 회의에 참석하지 못했을 뿐이었다. 나는 크라이슬러, 일자리, 노동자의 존엄성이라는 목표를 그와 같이 추구했다. 품질과 노동자에 대한 그의 열정과 헌신은 감동적인 것이었다. 그러나 지도부는 경영진이건 노조건 간에 우리 두 사람이 깨달은 것만큼 모든 사고를 실천할 수는 없었다. 노동자들 쪽의 피드백이야말로 채산성이라는 난제를 푸는 결정적인 문제였다.

노동자들은 경영진에게 고민거리가 언제 오고, 문제는 어디에 있고, 문제를 어떻게 해결하는지 알려 주기 시작했다. 노사가 공동으로 개발한 자율관리팀과 현대조업협정은 현장반장의 일이 시키는 대로 하며 시키는 것만 하는 노동자들에 대해 세력을 휘두르는 것이라는 태도를 조금씩 서서히 바꿔 나갔다. 우리는 10명에서 15명 단위로 팀을 구성하고 사원제안제도를 활성화하여 아이디어를 요구하기 시작했는데 그러자 아이디어들이 쏟아져 나왔다. 품질은 개선되었고 생산성은 향상되었으며 유연성이 발전했고 이익이 다시 나타났다.

딕은 공장 라인을 걸어다니면서 사람들과 대화했다. 그는 특정 부품이 왜 안 맞고 도료가 작업장에서 왜 문제인지 직접 자기 눈으로 보고 싶어했다. 그는 나의 문제해결사였고 나는 그의 문제해결사였다. 거래 행위는 도움들을 찬성한다. 공동목표들은 아주 중요하다. 그와 내가 나눈 대화와 협력은 다른 경영자와 노조 지도자들에게 좋은 모델이 될 것이라고 확신한다. 여러분의 경영진 상대자들에게 문제가 언제 제 방향을 잡아 가고 있는지 알려 주는 것은 비용을 억제하고 생산을 계속하며 품질을 향상시키고 여러분의 머리에서 흰머리를 없애는 방안이 될 수 있다. 딕은 또 크라이슬러의 부활에 사활적이고 필수불가결한 종업원 훈련과 능력 발전계획을 재수립하여 시행하는 데 기여했다.

나는 은퇴 후 디트로이트대학과 머시대학에서 학생들에게 실천 지식은 일상적 생산이라는 도전에 직면하여 그런 도전을 정복하는 것이라고 강의하고 있다. 투쟁에 정면대결하고 잘못을 범하면서 전투에서 싸우고 시장의 포상들을 모은 사람들은 그런 지식을 갖고 있다. 몇 안 되는 이 엘리트들은 자신의 비밀을 정확하게 전달하지 못하는 경우가 너무 흔하지만, 딕의 제조업 지식과 열정은 이 책 곳곳에 몽땅 서술되어 있다.

미시간주 디트로이트에서
전 전미자동차노동자연맹 크라이슬러부 국제사업부장
마르크 스텝.

◆ 감사의 말

나는 이 책을 제작하는 데 도움을 준 많은 사람들에게 커다란 빚을 지고 있다. 제조엔지니어공학회의 톰 드로즈다와 보브 킹, 학회의 직원들은 전문적 지원을 제공하여 엄청난 도움이 되었다. 다른 분들도 기꺼이 용기 백배하여 원고의 완성에 필요한 정보를 입수해 주었다. B. G. 마티스, 릭 로스만, 조지 델라스, 데니스 랭글루아, 잭 팔론, 마리온 쿠모는 중요한 도움을 주었다.

나는 잭 트로이아노비치 박사가 나의 경험과 격렬한 감정을 수미일관한 영어로 바꾸는 데 보인 격려, 아이디어, 정력, 전문 기술에 대해 특히 감사하고 있다.

내가 1976년부터 1991년까지의 기업 임원 시절 임원비서로 나를 도운 네 명의 탁월한 전문 비서 여러분에게 특별히 감사 드리고 싶다. 그분들은 패트리셔 타이맨, 보니 게이트우드, 진저 제프리, 메리 앤 (사이맥) 뎀스키 양이다. 그들은 나를 위해 효율적이고 주의 깊으며 책임 있는 시간일정을 짜 준 '최고급' 사람들이다. 패트, 보니, 진저, 메리 앤 양에게 감사 드린다.

나는 또 나의 자동차 제조 및 판매 경력에 영향을 끼치고 지식과 경험과 노력을 제공하고 이끌어 준 모든 사람에게 감사의 말을 드려야 한다. 이 속에는 몇몇 나라와 노조에서, 수십 개의 공장들에서 함께 일하는 수만 명의 헌신적인 월급 및 시간제 노동자들이 포함되어 있다. 또한 나의 팀워크와 참여라는 사상에 기여한 수천 명의 자동차 딜러들, 납품업체들, 수송업체들도 포함되어 있다. 이런 엄청나게 많은 사람의 아이디어가 세계 수준의 제조활동을 선도하기까지 우리의 성공을 크게 지원했다.

크라이슬러 제조팀을 재건하는 과정에서, 내 주변에는 내가 신뢰할 수 있는 관리자들이 가득 차 있었다. 딕 어코스타, 돈 앤더슨, 프레드 바르츠, 제이크 배스, 리처드 베이츠, 톰 브레네이서, 마리온 쿠모, 톰 델라노이, 르로이 들리즐, 조지 델라스, 토니 디그스, 딕 도널드슨, 버니 듀캐트, 잭 팔론, 포레스트 파머, 톰 피도이, 벅 헨드릭슨, 빌 힉스, 팀 힐러, 존 힌클리, 펠리시어 하웨일, 보브 카르반 주니어, 댄 키넌, 조지 크냅, 처브 크루그, 프랭크 라만나, 데니스 랭글루아, 레이 래시, 하워드 루이스, 제리 마티스, 짐 맥카슬린, 잭 맥클리어리, 마이클 메들록, 앤디 니플리스, 짐 파틀로우, 로저 파텔, 스탠 포라자스, 짐 펜로드, 로드 피터스, 보브 피치릴리 주니어, 보브 포터, 브라이언 프루처, 요겐 라항데일, 더워드 롤러, 샘 러스윈, 알 셀, 론 스튜워트, 잭 트로이아노비치, 조 터커, 조 트르도프스키, 잭 와그너, 짐 와그너, 재키 워시번, 앨런 윌리, 브루스 우드워드, 릭 젤러. 이들에게 지면을 빌려 감사 드리고 싶다. 잊었거나 빠뜨린 분들이 있다면 진심으로 사죄 드린다.

내가 제조업에 종사한 27년 동안 나를 이끌어 준 유능한 스승들은 제너럴 모터스의 엘머 사이크스, 프레드 캐프리, 존 '더치' 젬벨, 클리프 보그인, 찰스 델라노이, 조지 존슨, 놈 엘리스, 폴스크바겐의 짐 맥러논과 토니 슈메커, 크라이슬러의 스티브 샤프, 제럴드 그린월드, 리 아이어코커이다. 도널드 프라스, 그랜트 캐러다인, 론 배터비, 톰 체르니악, 프레스 메이신저, 짐 도킨스, 에드 피에스코, 래리 애덜리, 레오나드 알렉산더, 짐 댄츨러, 빌 라로위, 레오나드 웨이크필드, 존 소렐스, 빌 라이트, 제리 이스터 우드, 마빈 G. 맥파든 씨 같은 시간제 및 월급제 고참 사원들 역시 나를 지도해 주었다.

우리들이 크라이슬러의 제품을 조립하는 데 열중하고 있을 때 회사의 이미지는 짐 톨리, 배론 베이트, 나중에는 버드 리블러 제씨에 의해 향상되고 있었다.

마지막으로 감사 드리고 싶은 사람은 나의 부모님, 형인 게일, 빌, 잭, 조지, 데이비드와 누나 낸시, 8학년의 수학교사 겸 코치인 얼 바워삭스, 교수이자 친구인 마트 파울러, 퍼듀대학의 코치 잭 몰렌코프이다. 그리고 33년간이나 나의 최상의 친구이자 아내로 함께해 준 샌디에게 고마움을 전한다. 그녀는 내가 이 책의 원고를 쓰는 데 몰입해 있을 때 긍정적인 논평과 끈기, 격려와 사랑으로 나를 지원했다.

리처드 E. 도치.

내가 이 책을 집필한 목적은 생산현장에서 겪은 체험과 관리 경험을 전하는 데 있다. 나의 희망은 이런 지식과 정보가 제조업 전문가들에 의해 활용되어 그들의 기술 수준을 향상시키고 아울러 세계적 규모에서 경쟁력을 더욱 강하게 만드는 것이다.

이 책은 내가 1964년 제조업분야에 입사한 이후 밟아 온 이력에 관한 많은 설명을 담고 있다. 이해를 돕기 위해 나의 직장 경력을 덧붙이자면 다음과 같다.

1964 : 퍼듀대학교 산업공학과 졸업, 공학사
      제너럴 모터스 플린트 조립공장 대졸수습사원
1965 : 제너럴 모터스 플린트 조립공장 생산반장
1967 : 제너럴 모터스 플린트 조립공장 총반장
1968 : 제너럴 모터스 플린트 조립공장 생산과장
1970 : 제너럴 모터스 플린트 조립공장 차장(수석 검사역)
1971 : 제너럴 모터스 플린트 조립공장 생산부장
1973 : 제너럴 모터스 플린트 조립공장 공장장
1974 : 제너럴 모터스 디트로이트 판매지구 차장
1975 : 제너럴 모터스 디트로이트 기어 및 차축 공장의 공장장
1976 : 미국 폴크스바겐 제조회사의 제조 담당 부사장
1978 : 미국 폴크스바겐 제조부문 담당 그룹 부사장
1980 : 크라이슬러 다각화사업부의 임원 겸 부사장

1981 : 크라이슬러 프레스, 조립, 다각화사업부의 임원 겸 부사장
1985 : 퍼듀대학교 크래너트경영대학원의 원장 자문위원회 임원
       크라이슬러 제조 담당 임원 겸 부사장
1987 : 오하이오주 애시랜드대학교의 신탁위원회 임원
1988 : 매사추세츠공과대학 제조강좌용 지도자 집행이사회 임원
       리하이대학교 LA 소재 아이어코커미국경쟁력연구소의 상임임원
1989 : 크라이슬러 범세계 제조활동 담당 임원 부사장
1991 상반기 : 은퇴

　나는 이 책에서 크라이슬러의 설비에 대해 많이 언급하고 있다. 크라이
슬러의 공장들, 기능들, 주요 생산제품을 부록으로 실었다.
　여기에 실린 논평, 조언, 사례연구들에서 글로벌 경쟁력 강화를 위해 애
쓰고 있는 여러분이 유익한 점을 발견할 것이라고 확신한다.

                                            리처드 E. 도치.

차례

1 파산 직전에서 출발하다

2 훌륭한 스승들

3 경영에서 성공하기

파산 직전에서 출발하다

제조업에 열정을 갖게 된 건 어릴 적부터다. 믿기 어려울 테지만 열 살의 소년이 장래 희망으로 선택할 수 있는 모든 직업 중에서 나는 일찌감치 자동차제조 쪽으로 마음을 정했다. 나는 트럭을 사랑했고 승용차를 좋아했으며, 커서 그것들을 직접 만들고 싶어했다.

나는 6남 1녀 가운데 막내였다. 우리 가족은 오하이오주 노워크시 근처에서 127에이커의 낙농장을 경영했다. 부모님은 가족을 돌보며 농장을 운영하는 강인한 경영자들이었다. 농장을 어떻게 운영할 것인가를 결정하는 데에는 지도력이 필요했는데 아버지가 그런 지도력을 발휘했다. 인간적 품성과 온정은 어머니에게서 배웠다. 우리 일곱 형제는 어릴 적부터 노동 윤리와 품질 기준을 배웠고 농장이 독자적으로 운영되려면 일이 어떻게 분담되어야 하는가를 알았다. 우리는 농촌 가족이 지니는 훌륭한 가치들, 자부심과 강인함, 목적의 일치를 공유했다.

농장 경영은 주 7일의 일이었다. 내가 책임을 지든 않든 간에 매일 암소의 젖을 짜야 하고 돼지와 닭에게 먹이를 주어야 한다. 젖 짜는 작업은 오전 5시와 오후 5시 하루 두 번 해야 하는 단조로운 일이다. 부모님은 노는 것을 허락했다. 그분들은 우리가 스포츠에 관심을 갖고 학교 활동에 참여하기를 바라셨다. 하지만 우리가 매일 해야 하는 일을 게을리하는 것은 결코 용납하지 않으셨다.

부모님과 가족이 우리 형제에게 가르쳐 준 가장 중요한 교훈은 사람들에 대한 진실한 온정이었다. 나는 항상 내가 만나는 사람들에게 감수성과 이해심을 갖고 온정으로 대하려고 노력했다. 상대의 말에 귀를 기울이고 내가 개인적으로 그들에 대해 걱정하고 있음을 알려 주려 했다.

부모님은 자식들에게 처음에는 일하는 방법을, 나중에는 노동이 좋은 것이라는 사실을 존중하도록 가르쳤다. 그것은 나쁘거나 기피해야 하는 것이 아니다. 나는 다른 사람들과 함께 일하는 방법을 배웠으며 함께 일함으로써 얻을 수 있는 결과를 존중하는 법을 배웠다.

농장 제품의 가치를 가르치기 위해 부모님은 우리에게 저마다 자신의 소나 말을 기르게 했다. 형 데이비드 말고는 모두가 송아지를 골랐다. 그는 길들이지 않은 인디언 조랑말을 골랐다. 그의 일이 우리 일보다 더 재미있었지만 우리만큼 많은 돈을 벌게 해주지는 못했다.

다른 형제들은 각자 야위고 까다롭고 겁에 질린 작은 동물을 먹이고 돌보아서 훌륭한 젖소나 수소로 길러 냈다. 나는 수송아지 '뼈다귀'가 크고 힘세며, 또 나에게는 아주 아름다운 수소로 자라는 것을 보면서 흥분했다. 경매장에서 그놈을 팔았을 때 그 무게는 1톤이 넘었다. 나는 항상 이 거대한 동물이 번식기마다 얼마나 많은 돈을 벌어 주었는가 생각하면서 경이로움을 느꼈다. 그것은 돈 뭉치로 보였지만, 또 장시간의 고달픈 노동을 의미하는 것이기도 했다. 그것이 내 최초의 직업이었는데, 벌이는 고작 시간당 20센트를 넘지 못하는 일이었다.

자동차산업에 매력을 느끼다

우리의 홀스타인 낙농장은 대공장지대인 클리블랜드에서 약 40마일 떨어진 곳에 있었다. 우유는 사촌 플로이드 가너에 의해 그곳까지 트럭으로 운반되었다. 학교에 가지 않는 여름이면 그는 나를 차에 태워 데리고 다니곤 했다. 우리는 농장마다 멈춰서 우유를 거두어들였다. 우리는 몇 마일이나 계속되는 옥수수밭, 양배추밭, 소 떼를 지나 거대한 도시이자 농촌과는 딴판인 왕성한 공업지대로 들어갔다. 당시 일의 세세한 부분은 거의가 기억에서 지워졌지만, 열 살배기 소년의 눈으로 본 것들의 이미지는 아직도 선명하다. 클리블랜드 교외에는 철강공장과 자동차공장의 도시 로레인이 있으며, 나는 공장에서 쏟아져 나오는 새로운 승용차와 트럭이 자동차 운송차량과 철도 화물차에 실려 꼬리에 꼬리를 물고 운반되는 광경을 보고 흥분했다.

1950년 미국에서 전형적으로 볼 수 있는 한창 뻗어 나가는 공업단지에는 거대한 굴뚝이 들어찼고, 그 안에서 트럭들이 종횡으로 달렸고, 지게차들은 크기와 모양이 제각각인 깔판을 싣고 내렸으며, 엄청나게 많은 사람들이 사방팔방으로 분주하게 오갔다. 이 모든 것이 어떤 정해진 목표에 따라 움직이는 것 같았다. 운송차량 위에 실린 멋진 새 자동차들의 외형, 색깔, 빛나는 장식품들, 빨간색 후미등은 나의 상상력에 불을 붙였다. '매일 이것들과 함께 일하면 얼마나 근사할까?' 우리 트럭의 뒤창 너머로 이런 이미지들이 사라질 때까지 나는 눈을 뗄 수 없었다.

내가 승용차와 트럭을 만드는 일을 해야겠다고 결심한 것은 바로 이때였다.

당시 나는 우선 제조업에 초점을 맞추었다. 물론 나 자신을 위해서였다. 왜냐하면 나는 빨리 움직이거나 유익하게 쓰이는 바퀴 달린 모든 것을 사랑했기 때문이다. 나중에 나는 형들과 아저씨들, 친구들을 졸라 공장을 구경하게 해 달라고 부탁하곤 했다. 고등학교 내내 나는 가 볼 수 있는 모든 공장을 보기로 했는데, 처음에 클리블랜드의 페어몬트 낙농가공공장에서 시작하여 주물공장으로, 이어 프레스공장에서 기계가공공장과 온갖 형태의 제조공장으로 이어졌다. 열두 살 때 우리 가족은 오하이오주 애시랜드로 이사했다. 나는 그곳에서 매년 마이어스사의 펌프공장을 찾아갔다. 그 공장은 그곳에서 가장 크고 훌륭한 공장이었다. 그곳에서 나는 모래주물작업, 기계가공, 도장, 조립작업을 보았다. 사탕공장에도 한 번 가 보았지만, 그곳은 어쩐지 강철을 가지고 시속 100마일로 도로를 질주하는 자동차로 만들어 내는 것과 같은 매력을 주지는 못했다.

분명히 나는 자동차와 트럭에 대해 형들보다 훨씬 큰 열정을 지녔다. 형들은 내가 눈을 감고 집 근처 고속도로를 지나가는 거의 모든 트럭을 알아맞히는 걸 보고 놀랐다. 나는 엔진소리만 듣고도 그것이 레오 크로스파이어(Reo Crossfire) 8기통 트럭인지 맥 디젤(Mack Diesel)인지를 알 수 있었다. 나는 1953년형 셰비(Chevy), 포드, 플리머스, 혹은 캐디에 관해 사람들이 알고 싶어하는 것을 거의 모두 말해 줄 수 있었다.

또한 스튜드베이커(Studebaker) 자동차회사는 절대로 일할 만한 곳이 못 된다는 사실도 알게 되었다. 아버지가 스튜드베이커 픽업을 한 대 샀는데 나는 그것이 진짜로 개에 불과하다고 생각했으며, 그만 실수로 아버지에게 개라고 말했다. 내가 아버지의 판단을 혹독하게 비판한 건 그것이 마지막이었다! 나는 우리의 1948년형 데소토(DeSoto)가 엔진 뚜껑이 너무 길기는 하지만 보기 좋은 차라고 생각했다. 그것은 아름다운 차였지만 분명히 여성을 위해 설계된 차는 아니었다. 불쌍한 어머니는 엉덩이에 베개를 두 개나 깔아야만 운전대 너머 앞을 볼 수 있었다.

당시 빅 스리(Big Three)에 대한 나의 애정은 제너럴 모터스(GM)가 맨 위이고 다음이 크라이슬러였으며 포드가 제일 마지막이었다. 포드를 싫어한 건 주로 두 형이 포드를 좋아했기 때문이었다. 그것은 순전히 형제간의 경쟁심이었으며 나는 그들의 비웃음에 그저 대항하는 정도였다. 그들은 GM의 차들을 '쓰레기더미(General Mess of Crap)'라고 불렀으며, 내가 그들이 좋아하는 포드차를 헐뜯는 최상의 방법은 '무모한 운전자들의 미래(Future Of Reckless Drivers)'였다. 아메리칸 모터스(AMC)는 당시 나에게 아무 의미도 없었고, 스튜드베이커의 제품들에 완전히 실망해서 그곳에서는 결코 일하지 않겠다고 맹세했다. 형들은 승용차와 트럭을 오직 일을 하기 위한 도구로만 생각했을 뿐 다른 식으로는 아무런 관심도 기울이지 않았다.

우리 도치가의 사람들은 타고난 기업가로서 의지가 굳고 독립심이 강하고 영리하며 자기 힘으로 독립할 수 있는 능력을 지녔다. 맏형 게일은 철강조립사업에 뛰어들었다. 그는 이리 호수의 주요 놀이시설인 시더 포인트에 여러 대의 롤러코스터 구조물을 만들었다. 내겐 매우 자랑스러운 일이다. 왜냐하면 그것은 철골구조이자 정밀설계시공이 필요하고, 사람의 손으로 작동하지만 최대한의 안전을 목표로 제작된다는 점에서 자동차산업에 필적하는 것이기 때문이다. 낸시 누나와 자형 바트 스미스는 자기 소유의 레스토랑을 경영했다. 형 빌과 형수 모나는 콘크리트회사와 운송회사, 건자재회사를 운영했다. 그들은 모두 사업에서 성공했다.

또한 형 잭은 하버드에서 석사학위를 취득하고 학위에 따라 취직했다. 누나는 고등학교 졸업식에서 졸업생 대표로 연설했으며, 도치 가족이 집중력은 물론이고 머리도 우수했음을 입증했다. 잭은 텔레다인(Teledyne)사 소속의 방사능안전관리자로서 미 항공우주국(NASA)에서 10년간이나 일했으며 직업건강서비스사업을 시작했다. 조지 형은 전미우편배달회사(United Parcel Service)에서 오랫동안 일하고 있으며, 데이비드 형은 아버지의 뒤를 이어 보험과 세일즈 쪽으로 나아갔다. 아버지는 세일즈 및 보험 회사의 임원이자 농부였다.

축구의 사전 연습들

늘상 내게 경쟁 정신을 일깨우는 축구는 내 삶의 큰 부분이 되고 있다. 맏형 게일은 뉴런던 와일드캐츠팀의 최종 주자로 활약했다. 둘째 형 빌은 웨이크맨 웨스턴팀에서 자원 후보선수들의 주장이자 뛰어난 풀백이었다. 잭과 데이비드 형은 애시랜드 애로스팀 소속이었는데 데이비드는 팀 주장을 맡았다. 나는 그들을 진정한 영웅으로 존경해 마지않았다. 나는 태어날 때부터 천부적인 스포츠맨의 자질 즉 주력, 순발력, 덩치, 도약능력 등을 가졌으며 오리가 물가를 떠나지 않는 것처럼 스포츠에 탐닉했다. 매일 나보다 나이 많은 소년들과 경쟁하고 몸을 부딪쳐 가며 거칠게 싸우는 방법을 배웠다.

나는 7학년이 되어서야 정식 축구경기를 할 수 있게 됐다. 그 이유는 1학년부터 6학년까지 다닌 시골의 학교에서는 경기 프로그램을 마련하지 못했기 때문이다. 나는 학교마당에서 야구와 소프트볼, 난장판의 축구경기를 했다. 야구는 나에게는 너무 느린 운동이다. 나는 야구경기를 좋아하지만 구경하는 것은 싫다. 나는 항상 참여자가 되어 뛰고 개입하기를 원했다.

축구는 나에게 이상적이었다. 그것은 실로 격렬한 게임이기 때문에 팀워크, 테크닉, 집중도, 왕성한 정력, 용기가 필요하다. 만약 진정 경쟁을 즐긴다면 그런 욕망을 표현하는 데 축구보다 더 좋은 것은 없다.

내가 경기장에서 배운 많은 교훈이 산업 환경에 옮겨지고 있다. 나는 언젠가 공영 TV의 '미국인의 모습(American Profile)'이라는 인터뷰에서 "리아이어코커 밑에서 일한다는 것은 어떤 것이냐"는 물음에, "견딜 수만 있다면 정말로 멋진 일"이라고 답변한 적이 있다. 만약 내가 딕 벗쿠스, 칼 엘러, 보비 벨, 로저 스타우바치 같은 '축구의 명예전당'에 올라간 다른 선수들을 상대로 경기를 하지 않았다면, 1980년대 초반 크라이슬러의 특공대식 경영 스타일을 견디어 낼 수 있었을지, 또 하루 700만 달러의 적자를 기록하면서 매일 목숨을 내놓고 서로 치고 받고 싸우는 압력과 긴장을 참아 냈을지 확신할 수 없다.

운동선수의 경험과 오하이오 농장에서 얻은 가족의 기본 가치들이 크라이슬러의 도전하는 시기 내내 나를 지탱했다. 솔직히 말해 나는 그것에 의지해서 자랐다. 가족팀이든 축구팀이든 기업팀이든 핵심은 팀에 속한 모든 사람에게 애정을 갖는 일이다. 그들만이 여러분이 반드시 해야 하는 일을 하도록 도와 줄 수 있다. 우리는 팀, 팀의 구성원들, 팀의 과제를 존중해야 한다.

나의 첫 팀은 농장을 운영하는 아홉 명으로 구성된 가족이었다. 다음 팀은 고도의 훈련을 받은 공식 운동경기팀이었다. 선수들이 집합한 상태에서 아무도 말하지 않지만 팀의 지도자인 쿼터백은 말을 하며, 그는 야전사령관 즉 수석 코치의 지시를 받는다. 나는 7학년 때의 감독에서 대학 때의 잭 몰렌코프 감독에 이르기까지 감독들이 때때로 지나친 요구를 하거나 노골적이며 까다롭게 구는 것을 볼 수 있었다. 우리는 감독이 어려운 상황에 내몰 때 적절히 대처할 수 있는 태세를 갖춰야 했는데, 그런 경험은 내가 아이어코커의 경영진에 어울리는 사람이 되는 데 도움이 됐다. 후자는 단지 또 다른 축구경기가 아니었으며, 그것은 경제 전쟁이었다. 우리는 모든 사람에게 헤라클레스와 같은 노력을 요구했다. 우리는 한때 자부심이 강한 이 회사를 수십 년간의 무관심이 만든 쓰레기더미로부터 구출해야 했다.

축구는 성격, 용기, 정력, 빠른 사고활동을 발달시킨다. 전투도 그렇다. 언젠가 축수선수 빈스 롬바르디와 2차 대전의 전쟁 영웅 조지 패튼 장군 중 누구를 더 존경하는가라는 질문을 받은 적이 있다. 나는 두 사람 모두를 아주 존경하고 있기 때문에 대답할 수 없었다. 나는 그린 베이 패커팀으로 초청한다는 롬바르디의 사신을 지금도 간직하고 있다. 나는 과거에 무릎을 너무 자주 다친 데다 퍼듀대학교를 졸업한 후 곧바로 결혼하여 두 아이를 두었기 때문에 초청을 사양했다. 나는 곧장 업계로 가기로 결심했으며 그것은 올바른 결정이었다. 하지만 당시로서는 어렵고도 감정적인 선택이었다.

나는 패튼 장군을 만난 적이 없지만, 크라이슬러 방위주식회사(Chrysler Defense)의 사장이었을 때 장군인 그의 아들은 만난 적이 있다. 우리는 에이브럼스 전투탱크를 만들어 시판하고 있었는데, 그는 그 탱크에 아주 만족해서 전화를 걸어 나를 만나자고 요청했다. 우리는 나의 사무실에서 멋진 점심을 먹었으며, 나는 지금도 그 날 찍은 사진을 간직하고 있다. 나는 패튼 일가와 그들이 우리 조국을 위해 한 일에 애정을 갖고 있다. 그것은 롬바르디가 축구를 위해서, 또 우리 나라의 경쟁 정신을 위해 한 일을 좋게 생각하는 것과 똑같다.

대학 가는 티켓

축구는 내가 대학 교육을 받게 된 열쇠였다. 우리 가족의 대부분은 고등학교 졸업장을 받으면 그것을 서랍에 집어넣고 곧장 일자리를 찾아갔다.

집안 형편이 그렇게 부유하지 않았기 때문이다. 형 게일은 운 좋게도 오하이오 주립대학교의 축구팀에서 1년간 경기를 할 수 있게 됐지만 그는 계속하지 않기로 결심했다. 잭과 나만이 1~2년 이상 대학을 다녔다. 축구는 나에게 상승과 탈출의 수단이었다. 나는 축구 덕분에 이름 난 대학교에서 공식 교육을 받을 수 있었다. 그렇게 해서 내가 사랑하는 스포츠를 아주 높은 수준에서 겨룰 수 있었다.

퍼듀대학교 4학년이던 1963년 가을에 개최된 매우 중요한 경기에는 제너럴 모터스의 임원이 몇 구경 왔다. 우리는 미시간대학교 앤아버 분교를 보기 좋게 때려눕혔다. 그때까지 퍼듀팀은 미시간대학교 웨스트라피엣 분교를 물리친 적이 있었지만 앤아버 분교를 이긴 적은 없었다. 우리가 최초였다!

이보다 2년 전 2학년 때 울버린스팀한테 16 대 14로 졌을 때 나는 동료인 보브 레이크, 론 디그라비오와 다시는 그런 패배를 당하지 말자고 맹세했었다. 1963년 우리는 TV로 전국에 중계되는 바로 그 경기에서 멋진 기회를 잡았다. 첫 경기에서 스크럼 후 펌블을 유도하여 홈팀의 공격을 저지한 후, 우리는 세 경기 뒤에 공을 득점구역에 갖다 놓았다. 터치다운 득점에 성공했다. 미시간팀은 결코 만회하지 못했다.

그 경기는 나의 삶에 영향을 미쳤다. 얼마 후 나는 그 날 미시간팀을 응원한 제너럴 모터스의 임원들을 만났다. 그리고 졸업 후 제너럴 모터스에서 내가 그들과 활력과 경쟁심을 공유하는 것이 현명할 것이라고 생각했다. 그들은 나에게 입사를 제의했다. 나는 제의를 받아들여 제조업 경력을 제너럴 모터스 경영진의 말단사원인 대졸수습사원(CGIT)에서 시작했다.

첫 팀을 만들다

1964년 8월 24일, 22세의 청년이자 퍼듀대학교의 공업경영 및 공업과학 학위를 든, 축구의 긴장, 고통, 영광으로 점철된 10년을 보낸 나는 생각컨대 제너럴 모터스 제일의 팀 즉 시보레(Chevrolet)자동차사업부에 배치됐다. 나의 첫 일자리는 미시간주 플린트에 있는 제너럴 모터스의 승용차와 트럭 조립공장이었다.

나는 GM에 출근한 첫날 중대 결정을 내려야 했다. 공장장인 톰 스쿨리는 나에게 간단한 질문을 했다. "자네는 승용차라인에서 일할 텐가, 트럭라인에서 일하겠나?" 잠시 생각한 후에 나는 대답했다. "스쿨리 씨, 당신의 트럭라인에서 일하겠습니다."

그 해 공장에 몇 명의 대졸수습사원이 들어왔는데 나는 트럭라인을 선택한 유일한 수습사원이었다. 스쿨리는 놀라 되물었다. "도대체 자네는 뭣 때문에 거기 가서 일하려고 하나?" 나는 대답했다. "저는 농장에서 자랐기 때문에 제 주위에는 항상 트럭이 있었습니다. 저는 트럭은 곧 일이고, 일은 곧 작업일정과 작업규율이라고 알고 있습니다. 저는 작업, 작업일정, 작업규율, 그리고 이런 모든 것이 어우러진 도전적인 일을 좋아합니다."

나는 운이 좋았다. 내가 트럭사업부로 들어가자마자 이 나라에서 트럭의 생산과 판매량이 상승추세로 돌기 시작했던 것이다. 30세가 된 1973년, 나는 시보레자동차사업부의 사상 최연소 공장장으로 지명되는 영광을 안았다. 나는 이것을 매우 자랑스럽게 생각하며 그 기록은 오늘까지도 여전히 유지되고 있다.

나는 A급, 즉 종업원이 3000명이 넘는 공장의 공장장이 됐다. 그 동안 반장(foreman), 총반장(general foreman), 교대과장(shift superintendent), 수석 검사장(chief inspector : 차장급으로 공장의 품질관리 담당), 생산부장(production general superintendent) 등의 중간 직위를 하나씩 거쳐 마침내 공장장으로 승진했다.

내가 공장장으로 근무한 후 GM은 내게 판매부서에서 일하는 기회를 주었다. 그런 인사 이동은 나에게 또 다른 중요한 결정이었다. 왜냐하면 그것은 직업적으로는 한 단계 낮은 직급으로 후퇴하는 조치였지만, 전략적으로는 중요한 조치가 될 수 있었기 때문이었다. 나는 그것이 내 기반을 넓히고 자동차산업을 좀더 폭넓게 이해할 수 있는 계기가 되며, 추후 승진에 도움이 될 것이라고 생각해서 수락했다.

나는 평생 판매부문에서 일해 본 적이 없었다. 영업부문에 가장 가까웠던 경험은 보험업에서 약 30년간 성공적으로 일해 온 아버지를 지켜 보면서 얻은 간접경험뿐이었다. 이번 기회는 동료와 직무를 서로 맞바꾸는 것이었다. 즉 나는 1년간 제조부서에서 판매부서로, 그는 판매부서에서 생산부서로 옮겨 일하는 것이었다.

시보레 디트로이트 지구의 판매관리부 차장으로서 156명의 지역 판매원들과 함께 일한 경험은 나에게 소매상이 도매 및 소매업무를 어떻게 처리하는지, 공장의 판매부서가 판매회사에 대한 도매업무를 어떻게 다루는지 가르쳐 주었다. 또한 그것을 통해 나는 고객에서 판매회사로 이어지는, 공장으로 가는 주문의 처리, 납품업체로부터 공장에 이르는 연쇄고리를 정확하게 파악할 수 있었다. 그것은 또한 판매회사의 판매 부진이 어떻게 공장의 가동률을 떨어뜨리고 궁극적으로는 영원히 문을 닫게 만들 수 있는지 알게 해주었다. 나는 지역 담당 부장 로버트 포터로부터 훌륭한 지도를 받았다. 그 1년은 나에게 정말 멋진 한 해였다.

공장으로 다시 돌아왔을 때 회사는 나에게 북미 최대의 GM 공장, 즉 도심에 있는 디트로이트의 시보레 기어 및 차축 공장(Chevrolet Detroit Gear and Axle)을 맡기는 것으로 보답했다. 이제 나는 여러 공장을 통할지휘하는 공장장이 됐으며 3000명이 아니라 7000명의 종업원을 거느리게 됐다.

이 도심 공장의 노동자는 내가 과거 일한 도시 근교의 공장과는 전혀 다른 집단으로서 거기서의 경험은 뒷날 내가 크라이슬러 공장을 운영할 때 매우 중요한 밑거름이 됐다. 대부분의 설비가 디트로이트 지역에 있는 크라이슬러는 무엇보다도 시내의 노동력을 지니고 있었다. GM의 디트로이트 공장을 운영한 것이 내가 후일 그와 같은 종류의 공장에서 겪게 될 일들에 대비한 예행연습이 됐다.

세계로 도약

1976년 시보레사업부의 제조 담당 이사 제임스 W. '짐' 맥러논이 갑자기 GM을 떠나 미국 폴크스바겐 제조주식회사(VWMoA)의 신임 사장으로 취임했다. 나는 GM을 떠날 생각은 전혀 하지 않고 있었으며 그때까지도 회사와 종업원들을 대단히 존경하고 있었다. 그러나 맥러논은 나를 미국 폴크스바겐사의 제조 담당 부사장으로 채용할 것을 아주 강력하게 고집했다. 나는 1976년에 다년간의 고용계약에 서명하고 그곳에서 일하기 시작했다.

상당한 위험이 있다고 하지만, 만약 내가 이 기회를 거부했다면 어리석은 행동이었을 것이다. 나는 항상 위험을 감수할 준비가 되어 있지만, 반드시 사전에 측정된 위험만을 감수할 뿐이었다. 아버지는 내가 제정신인지 알 수 없다고 말한 적이 여러 번 있었다. 내가 나중에 크라이슬러로 옮겼을 때, 그는 내가 완전히 미쳤다고 생각했다. 그로서는 충분히 그럴만한 이유가 있었다. 당시의 모든 자료는 크라이슬러가 죽은 오리 같은 회사라고 말하고 있었기 때문이다.

미국 폴크스바겐의 위험은 대단히 컸다. 미국에는 수세대에 걸쳐 이만한 규모의 외국인 소유 현지 공장이 있어 본 적이 없었다. 나는 미국 국민과 독일 국민이 함께 일하는 작업관계를 발전시키는 일이 좋다고 생각했고, 국제 무역을 배우고 싶었다. 나는 궁극적으로는 미국의 노동자들이 이 나라의 품질 불량의 원인이 아님을 입증할 수 있다고 생각했다. 나는 문제의 원인이 경영체계에 있다는 생각을 강하게 갖고 있었다.

4년이 채 못 되어 우리는 맥러논의 지도 아래 자급자족의 생산조직을 건설했다. 기획자들은 치공구(jigs), 공작용 고정장치, 공구, 금형을 독일에서 수입했다. 기타 장비들은 미국, 브라질, 일본에서 설계하고 구매했다. 산업공학자들은 독일의 시간동작기법(time-study)을 재검토하고 수정했다. 수송 인력들은 기계류를 공장으로 실어 날랐으며, 공장으로 들어오는 부품들의 움직임과 밖으로 나가는 승용차와 트럭의 움직임을 관리했다. 생산반장들에게는 독일에서 조립된 래빗(Rabbit)을 분해하고 재조립하도록 훈련시켰는데, 마침내 그 일을 눈 감고도 할 수 있을 정도가 되었다.

우리는 아무것도 갖고 있지 않기 때문에 모든 사항의 처리절차를 직접 작성해야 했다. 우리는 공장장에서 조립공까지 4500명 이상의 종업원을 채용했고, 플라이 휠에 대한 책을 썼으며, 핵심 인력들을 경우에 따라서는 여러 차례나 재배치했다. 200만 평방피트(축구 경기장의 36배가 넘는 넓이)가 넘는 현대식 조립공장을 건설하고 장비와 설비를 공급하는 외에 기타 생산설비도 정력적으로 갖추고 있었다. 우리는 웨스트버지니아주 사우스 찰스턴에 있는 과거 아메리칸 모터스의 프레스설비를 구입하여 새로 단장했고, 폴크스바겐에 에어컨과 난방장치를 납품하기 위해 텍사스주 포트워스에 최신형 초원공장을 세웠다. 또한 우리는 미국 정부로부터 미시간주 스털링 하이츠에 있는 추가 공장을 구입했고 그 장소에 필요할 경우 제2 조립공장을 건설한다는 계획까지 마련했다.

2년 남짓 지나자 웨스트모어랜드에서 품질이 훌륭한 자동차들이 생산되기 시작했다. 볼프스부르크(Wolfsburg)의 가정품질 심사위원들이 평가한 바에 따르면 품질은 골프(Golf : 크게 성공한 폴크스바겐의 주력 차종―역자)와 래빗을 생산하는 전세계 어떤 공장의 품질보다 우수했다. 그것은 미국 노동자들이 독일, 남아프리카, 벨기에, 멕시코의 노동자들에 버금간다는 사실을, 아니 그들보다 우수하다는 사실을 보여 주었다.

1979년경 나는 미국 폴크스바겐 그룹 제조 담당 부사장으로서 가장 왕성하게 활동하고 있었다. 펜실베이니아주 웨스트모어랜드군에 있는 조립공장은 기록적으로 짧은 시간에 건설된 것으로서, 튼튼하고 작은 래빗을 하루 1000대씩 뱉어 내고 있었다. 곳곳에 경기침체의 조짐이 있었지만 우리는 종종 연장근무를 계획하기도 했다. 제너럴 모터스는 제 페이스를 지키고 있었다. 포드는 유럽 사업이 없었다면 심각한 재정난에 빠졌을 것이다. 크라이슬러는 사지를 절단당한 환자였다.

핵심 임원 리 아이어코커와 라스 라슨(Lars Larsen)은 이미 여러 차례 워싱턴을 방문하여 15억 달러의 대출보증을 해 달라고 청원했다. 그것은 아이어코커가 크라이슬러를 재편하고, 치료하고, 경쟁력을 갖추도록 할 때까지 크라이슬러의 경영을 계속 유지하는 데 절대로 필요한 자금이었다. 당시 나는 그가 참 안됐다고 생각했다. 우리의 정치체제는 마치 서커스의 어릿광대가 개를 못살게 굴어 굴렁쇠를 넘도록 하는 것처럼, 그렇게나 자존심이 강한 사람에게 도움을 구걸하도록 시험하고 있었다.

그러나 미국 폴크스바겐에는 승리감이 충만했고, 우리는 흥겨운 기분으로 웨스트모어랜드 공장을 운영했다. 나는 아주 많은 것을 배웠지만, 이후로도 계속해서 외국인 소유 회사에서 보내고 싶진 않았다. 나는 자신의 생활에 만족해야 했다. 마침내, 나는 아직 40세가 되지도 않았는데 이미 그룹의 부사장이었다. 내가 생산을 돕고 있는 회사는 번창하고 있었다. 그렇지만 나는 무엇인가가 나를 갉아먹고 있다고 느꼈다. 내가 물러 앉아 우리 회사와 자신이 노동한 대가를 즐기고 있는 동안 무엇인가 양심의 가책을 느꼈다.

위기에 빠진 크라이슬러

1979년 모든 신문과 잡지는 리 아이어코커가 납세자들이 어렵게 번 돈을 사취하려 한다고 비판하는 강도 높은 기사와 신랄한 사설을 실어 댔다. 언론인들은 도처에서 크라이슬러는 이미 사망선고를 받은 회사라고 묘사했다. 미국은 위기에 빠진 자기자신의 일부분을 버릴 준비가 되어 있고, 심지어 그러기를 열망하고 있는 듯했다.

《월스트리트 저널》은 크라이슬러를 다루는 데 특히 악의적이었다. 1979년 8월 3일 편집진은 첫 공격을 시작했다.

크라이슬러가 심각한 재정난에서 벗어나기 위해 연방 조세 '신용' 선수금 10억 달러를 달라는 요청안을 우리는 지지하지 않는다. 영국과 다른 많은 나라들이 배웠듯이 병든 대기업들에게 제공되는 정부 보조금은 끝없는 사업이며, 결국에는 납세자와 경제의 효율성을 궤멸시키고 말 부담이 되고 만다. 건전한 경제를 유지하려면 정부는 그저 기업들이 경영불능에 빠지기 전에 손실을 줄여 변화하는 환경에 적응하도록 하면 된다.

9월 4일자 《월스트리트 저널》에 실린 '크라이슬러 긴급 구제 : 수익성 있는 실패인가?' 라는 제목의 기사에서, 미시간주 남서부 출신의 하원의원이며 나중에 레이건 대통령의 관리예산처장이 된 데이비드 스토크먼(David Stockman)은 이렇게 썼다.

10년 이상 크라이슬러는 외국 자산 취득으로 자사의 대차대조표를 수혈했지만 그런 자산 취득은 새로운 시장보다 많은 손실을 낳았다. 회사의 국내 경영다각화 노력도 그에 버금가는 엄청나게 많은 불량품을 만들었다. 한편 크라이슬러의 국내 자동차시장 점유율은 37퍼센트나 급감했는데, 그것은 크라이슬러의 자동차가 항상 영업소 및 점포 전시장에 너무 적고 너무 늦게 도착했기 때문이다.

1978년 말경 크라이슬러에게 남아 있는 유일하게 경쟁력을 갖춘 부문은 비승용차시장 즉 밴, 픽업, 여가용 차량이었다. 그 회사는 최근 수년간 밴시장에서 30퍼센트 이상을 장악했으며, 이것은 승용차시장에서 10퍼센트를 약간 상회하는 점유율을 보인 것과 비교되고 있다. 그러나 밴은 대도시에서 멀리 떨어진 관광지와 비슷한 특성을 갖고 있다. 다시 말해 일시 휘발유값이 비쌀 때는 판매량이 그야말로 곤두박질친다는 점이다. 지난 7월중 크라이슬러의 밴 판매량은 작년 대비 65퍼센트나 감소했다. 반면 미국 자동차산업 전체의 판매대수는 9.6퍼센트 하락했을 뿐이다.

11월 13일 '크라이슬러의 잘못된 해결책' 이라는 제목의 사설에서 《월스트리트 저널》은 약간 음산한 예측을 하고 있다.

크라이슬러가 불행하게도 계속 비틀비틀댄다면 어떤 결과가 나타날까? 일본, 유럽, 미국의 경쟁에 직면하여 크라이슬러는 여전히 자동차 판매에서 고전할 것이다. 노동자들의 일자리는 여전히 위태로울 것이다. 한편 자본은 경쟁력이 있고 성공할 가능성이 좀더 큰 다른 사업에서 크라이슬러로 전용될 것이며, 따라서 그런 기업들의 일자리가 줄어들 것이 확실하다.

설상가상으로 크라이슬러 보증차관에 수반되는 정치는 이 회사가 살아 남기 위해 필요한 조치들을 취할 수 없게 만들 공산이 크다. 아무튼 이 회사가 경쟁력 있는 제품을 생산할 수 있으려면, 많은 낡은 공장들을 포기하고 많은 작업을 합리화하며 나아가 전차종 생산기업 (full-line producer)이 되려는 회사의 정책을 단념해야 한다고 대다수 분석가들은 진단한다.

11월 26일자 《월스트리트 저널》의 사설은 다음과 같이 멋진 일격을 가했다.

크라이슬러는……일시적 현금 부족 이상의 사태로 시달리고 있다. 주력 제품들은 난관에 빠져 있다. 다시 말해 미국에서조차 이 회사는 충분한 물량의 승용차, 밴, 트럭을 팔지 못하고 있으며 더구나 수출기회도 제한되어 있다. 전차종 생산기업으로서, 크라이슬러는 규모의 경제가 매우 크고, 먹고 먹히는 치열한 국제 경쟁으로 가격경쟁 압력이 첨예한 산업에서 살아 남기에 충분한 시장점유율을 갖지 못할지도 모른다. 더군다나 모든 차량에 대한 최저 주행거리 기준설정 등 정부 규제가 이 회사의 특화능력을 제한하고 있는 실정이다.

1979년 12월 19일의 '크라이슬러를 위한 래트릴'(Laetrile : 한때 기적의 암 치료제로 선전되던 약)이라는 기사에서, 《월스트리트 저널》은 다른 기적의 치료법을 내놓았다.

파산은 즐거운 일이 아니다. 그러나 만약 크라이슬러가 향후 수주 일중 자신의 힘으로 파산 위기를 견디지 못한다면, 조금 덜 극적인 처방을 내릴 시간은 지나갔음이 분명하다. 파산은 고통스런 외과수술 이지만, 그것은 래트릴보다는 한없이 나은 처방이다.

1년 반이 지난 후 《월스트리트 저널》은 '크라이슬러의 춤'에서 이렇게 썼다.

크라이슬러는 최근 포드에게 회사의 매각을 제의하고 있다. 이것은 굉장한 제안이다. 회고해 보면 지난날 크라이슬러의 긴급 구제 융자가 제의됐을 때 우리는 만약 포드가 크라이슬러의 경쟁력 있는 부분들을 완전히 매입한다면, 이 나라는 최소한 GM에 대해 국내 경쟁자중 하나를 최대한 활용하게 된다고 썼다.

그러나 어느 누구도 이 같은 제안을 반기지 않는다. 크라이슬러의 회장 리 아이어코커는 포드로부터 퉁명스러운 거절의 말을 들은 후, 그리고 해외의 구매 후보자를 조사하고 나서 불평한다. 하기야 유망한 합작 상대자가 12억 달러의 부채와 12억 8000만 달러에 달하는 미지급 연금부채를 지고 있다면 누가 같이 춤을 추려고 하겠는가? 만약 크라이슬러가 당신의 발가락 위에서 춤춘다면 그것은 평생 휠체어 신세를 진다는 뜻이다.

지난날 우리가 크라이슬러의 일부분을 포드에게 팔라고 제의했을 때, 우리는 문제의 이 부분을 다룰 복안을 갖고 있었다. 현대 주식회사의 건설자들이 유한책임제도를 발명하면서 다른 쪽에는 파산이라는 멋진 장치가 있었다. 이 장치에 따르면 여러분은 크라이슬러의 자산을 가치대로 매각할 수 있으며 그 매각수입을 부채에 적용할 수 있게 된다. 바로 이런 이유 때문에 파산은 지금도 여전히 매력 있는 대안이다(1981년 4월 15일자).

어느 미망인의 비극

내가 미국식 제도라고 본 기업에 대해 쏟아진 언론들의 이런 공격과 횡포가 나를 화나게 만들었다. 오하이오 출신의 가족 중심의 분위기에서 자란 촌놈으로서, 그리고 퍼듀대학교의 풀백 및 라인배커(line backer) 출신으로서 나의 경쟁력은 미국에서 만들어졌으며 어떤 시련을 겪어도 결코 줄지 않는 것이었다. 또 빛이 바래지도 않는 것이었다. 선의의 치고 받는 싸움을 좋아했던 나는, 크라이슬러의 위기가 제대로 싸울 만한 상대라고 생각했다.

그러나 진짜로 내 마음이 움직인 것은 아내 샌디와 함께 플로리다를 방문하여, 장인 장모인 룰 씨 부부를 만났을 때였다. 룰 집안의 많은 친구들 중에는 70대의 미망인 메리 시어가 있었다. 그녀의 남편은 평생을 크라이슬러에서 근무했으며 메리는 생계를 그 회사에 의존하고 있었다. 짧은 휴가 기간중 그녀와 얘기할 기회가 있을 때마다 크라이슬러의 경영난이 늘 그녀의 마음속에 있었다. 그녀는 자신의 생존과 회사의 생존을 하나로 생각했다. 그것이 그녀를 사로잡고 있었다. 디트로이트로 돌아와 나는 이 나라에 그녀와 같은 처지에 있는 노인들이 얼마나 많을까 생각하기 시작했다. 얼마나 많은 무고한 사람들이 크라이슬러의 임박한 붕괴에 의해 상처받아야 할까?

로저와 나

로저 펜스케(Roger Penske)는 나의 절친한 친구로, 전에는 카레이서였지만 지금은 사업가로 크게 성공했다. 로저와 내가 만난 것은 내가 시보레 디트로이트의 지역 담당 차장으로 있을 때였다. 당시 내가 지원하고 있던 156명의 판매원 중 하나가 미시간주 사우스필드의 펜스케 시보레였다. 나는 당시 어느 정도는 숫자 두들기는 사람이 되지 않을 수 없었고(지금도 그런 계수작업은 전혀 즐겁지 않다), 펜스케와 잘 지내면서 그의 딜러들의 판매실적에 대해 토론했다. 솔직하게 말해 당시의 실적은 GM의 우리를 불안하게 만들었다. 나는 그를 독촉하여 업적을 개선시키면서 그의 사고방식을 바꾸려 애썼다. 마침내 그는 디트로이트 디젤(Detroit Diesel)의 독점판매권을 따 내게 됐다. 우리는 그가 '지명한 인물'인 월터 자네키(Walter Czarnecki)가 시보레 독점판매권을 얻도록 계약을 만들었고, 그는 시보레 독점판매회사 사장이 되었으며, 그러면서도 건물 위에 멋있는 '펜스케(PENSKE)'라는 이름을 고집스레 달아 놓았다.

그는 기한 1년의 안식년에 있는 풋내기 지역 담당 차장이 대형 딜러회사의 사장에게 그렇게 고집스럽고도 직설적으로 말하는 것이 상당히 대담하다고 느꼈지만, 결국 내가 옳다는 것을 인정해야 했다. 사실 그는 다소간 부재소유주 노릇을 하고 있었으며, 판매실적이 그것을 증명했다. 나는 항상 솔직하고 공정하며 결과를 얻으라고 교육받았고 그것이야말로 내가 여기에서 하려고 한 일이었다.

나중에 그는 자기가 그때까지 책상 너머로 만나 본 경영자 중에서 내가 가장 강인하고 합리적인 사람이며, 자기가 주목한 인물이었다고 말했다. 그때부터 나는 그와 함께 일했다. 나는 그가 승용차에서 엔진으로 사업을 확장하도록 도와 주었으며 그 이후 우리는 좋은 친구가 됐다. 그 후 로저는 나의 경력에 바싹 가까이 따라왔다. 우리의 관계는 내가 판매에서 있던 단 1년에서 얻은 중요한 혜택이었다. 내가 그 길을 택하지 않았다면 결코 그를 만나지 못했을 것이다.

로저와 리

리 아이어코커와 로저 펜스케는 모두 리하이대학교를 졸업했고 공학사 학위를 갖고 있었다. 로저와 내가 알게 될 무렵 그와 리는 절친한 친구였고, 내가 폴크스바겐에서 일하고 있을 무렵 두 사람은 리하이대학교 신탁

재단의 이사가 되어 있었다.

리가 크라이슬러에 근무한 지 몇 달이 지난 어느 날 둘이 리하이대학교 이사회회의에 참석하고 있을 때였다. 펜스케는 리에게, 나에게 접근하여 크라이슬러팀에 합류하라고 제안하는 게 어떻겠느냐고 말했다.

그 후 내가 독일 볼프스부르크에서 폴크스바겐 이사회에 참석하고 있을 때, 펜스케는 내게 전화해서 돌아오는 길에 뉴저지주 피스캐터웨이에 있는 자기 집에 잠시 들려 달라고 했다. 나는 뉴욕주 존 에프 케네디 공항에 도착해서 펜스케의 전용헬리콥터를 타고 그곳으로 날아갔다.

그 날 저녁, 로저 내외와 식사를 마친 후 그와 나는 저택 주위를 잠시 거닐었다. 그가 내게 말했다. "이보게 딕, 나는 크라이슬러가 공장을 수리하고 노동조합의 상황을 깨끗이 정리하지 않으면 잘해 나갈 수 없다고 생각하네. 문제는 좋은 자리에 앉아 출세가도를 달리고 있는 자네가 또 한 번 대단한 위험을 무릅쓰려고 하느냐야."

나는 이렇게 대답했다. "로저, 나는 결코 위험을 두려워해 본 적이 없지만, 먼저 내가 그것을 가늠할 수 있어야만 하네. 아이어코커와 직접 대면해서 쟁점들에 대해 오랫동안 토의하지 않으면 대체 어떤 위험인지 알 수 없지 않겠나."

아이어코커를 만나다

1979년 5월, 리 아이어코커가 나를 불렀다. 우리는 그의 집에서 만났고, 그가 '리도(Lido)의 라운지'라고 부르는 그의 사무실로 내려갔다. 그는 크라이슬러가 잘해 나갈 것이며, 내가 유력한 부사장으로서 판매에서 자기를 도와 줄 수 있으리라고 생각한다고 강조했다.

놀랐지만 그가 그런 논조로 이야기하는 것이 최선이겠거니 생각했다. 그에게는 지도력이 필요했다. 하지만 나는 그렇지 않았다. 그의 회사는 경영난을 겪고 있었다. 나의 회사는 그렇지 않았다.

"그룹 부사장인 내가 왜 부사장으로 일하러 가야만 합니까? 나는 뒷걸음칠 생각은 없습니다." 내가 말했다.

아이어코커는 흉내낼 수 없는 그만의 독특한 방식으로 웃고는 말했다. "이보시오. 우리는 지금 마이너 리그가 아니라 메이저 리그 얘기를 하고 있소."

"맞습니다." 내가 말했다. "하지만 나의 마이너 리그 팀은 돈을 잘 벌고 있고 당신의 메이저 리그 팀은 돈을 다발씩 잃고 있습니다."

"아주 자신 만만하군." 그는 다시 웃었다.

허심탄회한 대화였지만 우리는 아무런 결론에도 도달하지 못하고 있었다. 나는 말했다. "사장님, 나는 아들 데이비드가 전화를 받고 당신이 나를 만나고 싶어한다고 말했을 때 대단한 영광으로 생각했습니다. 지금 나는 밤 11시에 여기에 있습니다. 당신이 자동차인이기 때문에 당신을 존경하고 있습니다. 만약 당신에게 문제가 있고 내가 당신을 도와 줄 수 있다면 우리는 문제를 해결할지도 모릅니다. 그러나 지금 당장은 길을 잘못 들었습니다."

나는 그에게 크라이슬러의 진짜 문제점과 긴급 사항은 나의 장기인 제조분야에 있다고 생각한다고 말했다. "판매 경험은 1년밖에 안 됩니다." 내가 말했다. "게다가 나는 판매에 적합한 사람이 아닙니다. 나는 당신이 지금 당장 조립하고 있는 그런 제품을 팔고 싶지 않습니다. 당신의 공장들은 대대적인 개혁이 필요합니다. 당신의 종업원들은 돌볼 필요가 있습니다. 전체 체계가 바뀌어야 합니다. 나는 그 방법을 알지만, 당신이 전폭적으로 밀어 주지 않으면 그 일을 할 수 없습니다."

당시 내가 그런 입장을 견지한 것이 정말 잘한 일이라는 생각이 든다. 왜냐하면 14년이 지난 지금 제조분야는 크라이슬러의 주요 강점이기 때문이다. 그때는 아이어코커에게 이렇게 말했다. "우리 미국인들은 기술, 공정의 유연성, 인력의 훈련, 팀워크, 납품업체 자재관리 등에서 아주 뒤떨어졌기 때문에 당신의 머리가 어지러울 것입니다."

"당신은 왜 그런 말을 하시오?" 그는 물었다.

"폴크스바겐은 국제적으로 사고하는 기업입니다." 내가 설명했다. "나는 독일인, 스웨덴인, 멕시코인, 벨기에인, 일본인과 친합니다. 심하게 말해서 내겐 당신네 크라이슬러가 무엇을 갖고 있는지 알 필요조차 없습니다. 왜 냐하면 내가 알기에 크라이슬러의 설비는 우리가 GM에서 갖고 있던 것보 다 훨씬 더 열악한 것이기 때문입니다. 내가 GM에서 본 것은 훌륭했습니 다만, 그것도 세계 수준은 못 됩니다. 요즘 폴크스바겐, 아우디(Audi), 포르 셰(Porsche)를 보면 어떤 분야에서는 세계 수준에 접근하고 있고 다른 것 은 GM 다음의 수준에 이르고 있습니다. 크라이슬러가 경쟁하고자 한다면 당신은 반드시 세계를 두루 살펴보고 도대체 1급 제조업이 어떤 것인지를 알아야 합니다!"

그러나 그는 제조분야가 아니라 판매에 대한 나의 생각에 집착하고 있 었다. 그는 이때는 사장이었고 회장은 아니었다. 나는 그에게 말했다. "사 장님, 당신은 사장이고, 당신이 정책방향을 세우지는 않습니다."

"맞아요, 하지만 나는 회장이 될 겁니다." 그는 말했다.

"당신이 회장이 된 후 제게 전화해 주십시오." 내가 말했다. 나는 그 말 이 약간 경솔했지만, 아주 솔직한 말이었다고 생각한다. 입장의 차이에도 불구하고 리와 나는 마음이 통했다고 말할 수 있다. 왜냐하면 내가 그의 집에 도착한 것은 저녁 10시 반이었고, 우리의 얘기가 한 시간 정도면 끝 날 것으로 생각했지만, 떠나려고 일어나 보니 새벽 2시가 훨씬 지났기 때 문이다.

우리는 약 한 달 동안 그 문제를 냉정히 생각하고 여러 차례 만난 끝에 마침내 합의에 도달했다. 나는 1980년 4월 1일부터 제조부문에서 일하기로 했다. 곧장 시행하지 않은 것은 내가 그 날짜까지 폴크스바겐과 계약되어 있었고, 나는 계약을 깨는 사람이 아니기 때문이었다. 나는 폴크스바겐과 의 고용계약이 끝나는 날 크라이슬러에 나타났으며 다각화사업부를 담당 하는 임원 겸 부사장이 됐다.

아이어코커는 나의 요구를 들어주었고 나는 그의 요구를 들어주었다. 우리는 11년간 훌륭한 관계를 맺었다. 그는 내가 즐거이 도와 주고 그로부터 즐거이 배운 그런 사람이었다. 내가 겪은 사람들 중 가장 영리하고 천부적인 사업가 두 사람은 리 아이어코커와 로저 펜스케이다. 두 사람을 모두 만난 나는 대단한 행운아다.

절망적 조치들

비록 내가 크라이슬러에 대해서 읽었고 회사 사정에 밝은 많은 사람들과 대화했지만, 일단 취임하고 상황을 살펴보니 사정은 내가 상상한 것보다 훨씬 나빴다.

《월스트리트 저널》은 한 가지 점에서는 옳았다. 다시 말해 크라이슬러는 파산 직전에 있었다. 조직은 비대하고 굼떴으며, 대차대조표와 주가는 분기당 3억 5000만~4억 5000만 달러(평일 기준 하루 600만~700만 달러!)에 달하는 엄청난 출혈을 나타내고 있었다. 자동차산업을 다룬 베스트셀러 《청산(The Reckoning)》에서 데이비드 핼버스탬(David Halberstam)은 이 회사를 "지난 20년간 미국의 중공업에서 무엇인가 경영이 잘못된 기업의 화신"이라고 묘사하고 있다. 나는 그가 무슨 말을 하는지 이해하기 시작했다.

내가 인수받은 공장들은 마치 산업박물관 같았다. 낡고 위험하고 어둡고 음침하고 비효율적이었으며 쥐들이 들끓었고 사망상태에 있었다. 노동자들의 사기도 형편없었다. 노조 대표들을 비롯하여, 노동자와 관리자의 상호관계는 경직되고 대결 위주였다.

나는 금융 담당 직원들로부터 다음과 같은 전화 메시지를 귀에 못이 박히도록 들었다. "딕 씨, 오늘밤 두번째 교대조 작업이 끝날 때까지 4200대를 출고해야 임금을 마련할 수 있습니다." 일단 4200대의 차량이 판매상의 소유로 넘어가면 우리는 그들의 계정에서 돈을 꺼내 노동자들과 핵심 납품업체들에게 지급할 수 있었다. 차가 출고되면 회사는 하루를 더 살 수 있게 되거나, 운이 좋을 때는 파산까지 그리고 관의 마지막 못을 칠 때까지 1주일 정도 더 살 수가 있었다.

아이어코커가 제조분야를 재편하는 데 무엇이 필요한가 물었을 때 나는 퉁명스럽게 대답했다. "이것은 목욕물을 가는 문제가 아닙니다. 우리는 아이도 함께 버려야 합니다." 우리는 경쟁업체들로부터 배우는 것을 마다할 만큼 콧대를 세우지 않았다. 전세계에 걸쳐 기술노하우를 배워 왔으며, 호주, 브라질, 캐나다, 프랑스, 독일, 이탈리아, 일본, 한국, 멕시코, 스페인, 스웨덴은 물론 미국 전역에 연구단을 파견했다. 하지만 기술 문제에 손을 대기 훨씬 전에 우리는 일체의 방향전환에서 가장 중대한 요소, 즉 우리의 사람들을 가려내기 시작했다.

사람들을 먼저

나의 본능은 제일 먼저 사람들의 문제를 처리하는 것이다. 사람들이 함께 일하도록 할 수 있다면 문제는 해결된 것이다. 나는 이것을 소년시절 농장에서 일하면서 배웠다. 우리 가족 모두는 합심하여 농장을 운영해 나갔다. 우리는 이웃, 친구들과 힘을 합해 씨 뿌리고 추수했으며 헛간을 새로 짓고 수마일이나 되는 울타리를 쳤다. 퍼듀대학교에서 축구선수 생활이 이런 어린시절의 경험을 보강했다. 만약 팀이 철통같이 단결하여 상대편에 맞서지 않았다면 각자 아무리 잘했다 해도, 우리 보일러메이커스팀은 이길 수 없었다.

나는 우선 믿을 만한 관리자 핵심 간부들을 한곳에 모음으로써 크라이슬러 제조부문을 재건하는 과제를 시작했다. 그들은 모두 지난 16년간 내가 GM과 폴크스바겐에서 생활하면서 알고 있었거나 함께 일한 적이 있고, 조직에서 일어나는 사태의 맥박에 손가락을 대고 사태에 따라 대응할 수 있으리라고 믿는 그런 인물들이다. 그들은 내가 효과적으로 경영하려면 반드시 알아야 하는 제반 상황이나 사태에 대해 나에게 솔직하게 충고할 것이었다.

제품품질개선 협력관계 8주년을 축하하기 위해 한곳에 모인 노동조합과 경영진의 간부들. 품질개선이라는 공동목표를 위해 노동조합과 경영진을 한데 결집시킨 것이 크라이슬러의 성공의 열쇠였다. 왼쪽에서 오른쪽으로 전미자동차노동자연합(UAW) 크라이슬러 지부의 능력 발전 담당 여자 이사인 조앤 패터슨, 크라이슬러의 품질 및 생산성 담당 부사장 지노 지오콘디, UAW 크라이슬러 지부 부위원장 마르크 스텝, UAW 크라이슬러 지부 부위원장 행정보좌관 호머 졸리, 그리고 나.

　다음 단계는 크라이슬러에서 오랫동안 일한 핵심 종업원을 아는 일이었다. 그들의 도움은 내가 크라이슬러의 문화에 적응하고 궁극적으로는 그것을 개조하는 데 없어선 안 되었다. 새로운 팀에서 우리가 맡은 역할에 어느 정도 익숙해지자마자 나는 전미자동차노동자연합(UAW)과 긍정적 관계를 수립하기 시작했다. 운이 좋았던지, 나는 UAW 상대역인 마르크 스텝(Marc Stepp)과 단짝이 됐다. 마르크와 나는 기묘한 짝이었다. 그는 50대 후반이었고 나는 30대 후반이었다. 그는 흑인이었고 나는 백인이었다. 그는 시내에서 살고 일했다. 나는 시골에서 올라와 도시 근교에 살고 있었다. 그는 노동조합을 통해 승진했고 나는 경영진에서 승진했다. 그럼에도 불구하고 우리의 관심사는 같았다. 즉 크라이슬러와 사람들의 일자리와 존엄성을 되살리는 것이었다. 크라이슬러의 경영난은 아주 악화되어 있어 우리는 애시당초부터 서로에 대해 허심탄회해야 했으며 실제로 그랬다.

다음에는 품질

크라이슬러의 대출보증안에서 가장 긍정적인 요소의 하나는 기준 이하의 차량 품질을 개선하는 프로그램이었다. 대출보증안이 하원과 대통령에 의해 승인됐을 때, 그것은 크라이슬러와 크라이슬러의 핵심 노조인 UAW가 모든 계약상의 협정과는 무관하게 품질개선안을 만들어 낼 것을 의무화했다. 그것은 공식적으로는 제품품질개선(Product Quality Improvement, PQI)으로 알려지게 됐다. 마르크는 노조 쪽에서 선봉에 서서 미국의 품질개선을 주도했다. 당시 제조 담당 임원 겸 부사장이던 바이닝(D. Vining)은 경영진의 노력을 총괄지도했다. 그들은 PQI의 공동지도자가 됐다.

당시 나는 지원을 담당했다. 왜냐하면 나는 다각화사업을 담당하는 임원 겸 부사장으로 부품을 조립하는 16개의 크라이슬러 공장을 맡고 있기 때문이었다. 나중에 바이닝이 은퇴한 후 스티브 샤프(Steve Sharf)가 그 자리를 맡았으며 다음에는 내가 샤프의 뒤를 이었다. 결국 나는 스텝과 함께 PQI의 공동지도자가 되었으며 그는 크라이슬러 노동조합의 위원장직에 남아 있었다.

당초의 PQI 프로그램은 내가 크라이슬러에 들어오기 전에 입안된 것이었지만 우리는 그것을 개조하고 발전시켰다. 그것은 결국 제품품질개선 협력관계(PQI Partnership, PQIP)가 되었으며 내가 그 같은 개선작업의 일부분을 담당했다. 마르크와 나는 그것이 공식 협력관계가 되기를 원했는데, 이는 우리 두 사람 모두에게 결정적으로 중요한 사항이었다.

노조와 경영진 간에 존재하는 깊은 불신 —— 심지어는 적대감 —— 을 해소하기 위해 마르크와 나는 150회 이상의 공장 집회에 함께 참석하여, 크라이슬러의 미국 내 6만 명의 노동자들 전원과 대다수 관리자 앞에 서서 우리가 서로 믿고 존중하고 있음을 과시했다. "품질이 좋지 않으면 팔리지 않고, 팔리지 않으면……일자리가 없어진다"는 말은 마르크가 애용한 연설의 첫마디였다. 청중은 우리 같은 인사들을 좋아하지 않았을지도 모르지만, 그들은 결국 메시지를 받아들였다. 사실 협력이야말로 우리 식탁에 빵을 가져다 주는 차량의 품질을 개선하는 유일한 방법이었기 때문이다.

캐나다에 있는 마르크의 상대자는 거구의 켄 제라드(Ken Gerard)로, 그는 강인하고 자부심이 강했으며 솔직하고 거칠고 때로는 신랄했다. 나는 온타리오 윈저 조립공장에 있는 후륜구동의 M-차체, J-차체, Y-차체 차량들을 당시에는 입증되지 않은 미니밴으로 대체하는 정책안을 지지함으로써 제라드의 세력권에 대한 첫번째 주요 조치를 개시했다. 켄은 신차종 생산계획이 미친 짓이라고 주장하면서 나와 으르렁거리면서 필사적으로 싸웠다. 그렇지만 허다한 어려운 회의를 거친 후 우리는 마침내 서로를 신뢰하고 존중하게 됐다. 몇 년 후 우리는 윈저 조립공장에서 생산한 100만 번째 미니밴의 헌정식을 공동으로 거행했다. 켄이 세상을 떠난 후 노조회관에서 열린 추도식에서 그의 가족이 나를 그들 바로 뒤에 앉혔을 때 나는 그것을 매우 영광스럽게 생각했다.

미국 노동자의 노조가입률은 감소해서 20년 전에 피크 수준인 32퍼센트에서 오늘날에는 13~15퍼센트를 나타내고 있다. 현기증 날 정도로 빠른 기술혁신, 글로벌 경쟁, 공업 경제에서 서비스 경제로 바뀌는 무자비한 이동이 이런 변화를 가속화시켰다. 그러나 국내 자동차산업의 경우, 사람들과 함께 일한다는 말은 여전히 노동조합과 함께 일한다는 것을 의미한다.

내가 크라이슬러에 들어왔을 때 차량제조사업은 노동집약적 저급 기술이었다. 예컨대 1980년 크라이슬러에는 200대 미만의 로봇이 있었다. 그러나 1991년, 내가 회사를 떠날 때에는 2500대 이상의 로봇을 보유하고 있었으며 그 중 일부는 제3세대 기술을 장착하고 있었다. 우리는 현대적이고 신뢰할 수 있으며 유연한 기술로 나아가는 이러한 진취적 이행에서 똑같이 철저한 교육과 훈련을 병행해야 했다. 저급 기술 노동자들로부터 고도 첨단 노동을 기대할 수는 없다.

납품업체들을 지도하다

새 기술을 채용하고 우리 그룹 제조부문의 신뢰성과 반복 가능성을 향상시킨다고 하더라도, 우리가 계속 밖에서 저급 부품을 구매하여 사용한다면 그런 사내의 노력은 아무 소용이 없다. 이런 이유로 우리는 납품업체와 맺는 관계를 개선하고 그들의 제조공정, 실천방법, 품질, 납품체계를 현대 수준으로 끌고 오려는 노력을 시작했다.

나는 크라이슬러의 부품조달 및 납품 담당 부사장인 데이브 플랫(Dave Platt)에게 함께 납품업자들을 만날 수 있는지 물었다. 그는 동의했고 그 후 우리는 매년 그들과 회의를 가졌다. 우리의 작업관계는 공동으로 개발하고 공동으로 품질, 코스트, 디자인, 납품목적을 맞추면서 획기적으로 달라졌다. 우리가 구매부품 품질 담당 엔지니어를 밖으로 내보내 납품업체들을 도와 주자 그들은 실질적인 개선으로써 응답했다. 그리하여 우리는 공장으로 들어오는 부품을 검사하는 품질검사부를 사실상 없앨 수 있었다.

새로운 이미지의 구축

이번 이야기의 핵심은 이미지이다. 크라이슬러의 이미지는 블루칼라 노동자나 50세 이상의 노인들에게는 딱딱하고 보수적인 자동차의 이미지였다. 스퍼리치(H. Sperlich : 사장으로 제품 기획의 전문가), 위드로(J. Withrow : 제품 개발 담당 임원 겸 부사장)와 기술진은 K-카를 놓고 변화를 시작했다. 나는 K-카 컨버터블이 설계판 위에서 어찌나 빨리 설계되는지를 보고 놀랐다. 마침내 우리가 조립할 때가 되었다. 속도와 경제성 때문에 크라이슬러 기술진은 컨버터블을 단순한 모양으로 설계해야만 했다. 세인트루이스 1공장에 있는 의장라인의 한 작업대에서 한 거한이 전기쇠톱을 들고 서 있었다. 그는 일일 생산계획표가 필요로 하는 수량만큼 2도어 K-카에서 지붕을 잘라 냈다. 컨버터블들은 때로는 삐걱거리고 물이 새고, 멕시코

컨버터블은 크라이슬러의 이미지를 바꾼 차다. 사진은 크라이슬러 세인트루이스 조립공장의 조립 구역에 있는 리바론과 다지 400이다. 이 작업중 자동차에는 컨버터블 상단이 장착되며 또 지붕을 여닫을 수 있는 상단부와 지붕을 여닫는 유압실린더가 장착된다.

의 거리악대처럼 덜그럭덜그럭 소리를 냈지만, 개폐식 지붕의 자동차 밑부분(rag-top buffs)에 불꽃을 다시 붙일 수 있는 마을에서 유일한 놀이였고, 회사에 대한 일반인의 인식을 바꾸는 데 아주 큰 도움이 됐다. 물론 오늘날 크라이슬러의 컨버터블은 컨버터블답게 디자인되고 공학기술상으로 연구되고 제조되고 있으며, 그것들은 일체 덜그럭거리지도 않고 삐삐소리도 나지 않으며 새지도 않는다. 존 펠리스, 로드 피터스, 폴 스나이더의 지도력은 경이적 성공을 거둔 우리의 컨버터블 개발사업에서 크게 기여했다.

그런 다음 미니밴이 나왔으며 이것이야말로 크라이슬러 이미지를 진정코 대혁신시킨 제품이었다. 이 위험성이 높은 개발사업은 1983년 10월 7일 북미 최초의 전륜구동이자 연료절약형 '밴 왜건(van-wagon)'으로서 시판되어, 완전히 새로운 자동차시장, 즉 트럭과 가족용 세단의 혼합차를 창조해냈다. 이 미니밴은 기존 차량과는 모양이 완전히 다름은 물론 완전히 새로운 방식으로 조립되었다. 제조에서 스티브 샤프와 나는 다른 최고 경영진과 위험을 나눠 맡았다. 여기에는 회장 아이어코커, 부회장 제럴드 그린월드, 사장 스퍼리치, 판매 및 마케팅 담당 임원 겸 부사장 비드웰(B.

Bidwell), 제품 설계 부장 들라로사(D. DeLaRossa), 플랫, 위드로 등이 포함되었다. 우리는 1928년에 지은 윈저 조립공장을 깨끗이 비우고 사상 최초로 도장공장과 차체공장에 로봇을 대대적으로 설치했다. 부품서열공급제라는 생산계획 개념은 자동차조립공장의 보증상표인 대규모 완충재고를 없앴으며, 이런 훈련과 규율의 결과 적시납품(Just-In-Time, JIT)의 자재관리는 현실이 되기에 이르렀다. 혁명이 시작됐다!

이런 모든 위험성을 감수하자 마침내 대단한 성공이 실현됐다. 크라이슬러의 이미지는 치솟았고 회사는 제조기술과 방법에서 최첨단의 자리를 구축했다. 이제 3개국의 3개 공장이 크라이슬러의 가장 이윤이 많이 남는 양산 차량인 미니밴을 생산한다. 제조분야의 핵심 임원인 마이클 러치가 이 3개 공장 전부를 시험생산하는 데 기여했다.

우리는 복구사업에서 15억 달러의 연방정부 보증차관 중 12억 달러의 돈을 투입했다. 1981년경 우리는 손익분기점을 3년 전의 230만 대에서 관리할 수 있는 수준인 110만 대로 줄였다. 우리가 1981년 4/4분기중 처음 아주 작은 규모의 이익을 낸 첫날, 아이어코커는 핵심 임직원들에게 상징적인 검은 잉크 한 병씩을 나눠 주었다.

미니밴이 출고된 해인 1983년의 영업이익은 9억 2500만 달러였으며 이것은 크라이슬러 58년 역사상 최상의 기록이었다. 1983년 7월 13일 아이어코커는 전국언론인클럽에서 예정보다 7년 앞당겨, 그것도 15.9퍼센트의 높은 금리로 은행빚을 모두 갚겠다고 선언했다. 우리는 독립을 되찾았다!

공정기술의 방향을 전환하다

내가 크라이슬러에 재직한 첫 5년간 우리는 자동차산업의 다른 업체들과 제조기술에서 따라잡기 경쟁을 전개했지만, 결국 우리는 도장설비, 차체공장의 자동화설비, 자재관리, 방청, 구동장치 보증보호, 특수분야의 로봇 응용 등에서 다른 모든 회사를 앞질렀다. 이것을 그렇게도 짧은 시간에

윈저 조립공장에서 첫 출고되는 미니밴에 승차한 아이어코커와 도치. 이 차는 시장에서 공전의 대성공(grand slam)을 기록하게 된다.

성취했다는 말은 전속력으로 달렸다는 뜻이다. 다시 말해 우리는 마라톤을 100미터 트랙경주의 속력으로 달렸으며, 그리하여 1990년 크라이슬러는 제조업 경쟁력에서 선두주자가 됐다.

1980년 우리는 생산부문에 1000대의 컴퓨터를 보유했지만, 1992년경에는 1만 5000대의 컴퓨터를 이용하고 있었다. 1980년 우리는 프레스공정에서 트랜스퍼 프레스(transfer press)를 1대도 갖고 있지 않았지만, 1991년경에는 6대의 고효율 트랜스퍼 프레스를 운영하고 있었으며 10대를 더 구매키로 예산안을 확정해 놓고 있었다. 1980년 우리는 2대의 컴퓨터에 의해 수

	1980	1989	1992
컴 퓨 터	1000	10000	25000
산업로봇	100	1700	2500

크라이슬러의 로봇과 컴퓨터 활용은 1980년에서 1992년까지 획기적으로 증가했다.

치가 제어되는 기계가공장치를 사용했지만, 1991년이 되면 600대 이상을 가동했다! 아메리칸 모터스(AMC)를 인수한 후, 크라이슬러는 AMC의 톨레도 조립공장의 조립기술을 개선하여 지프 생산량을 50퍼센트나 늘렸다.

디트로이트의 아우터 드라이브(Outer Drive : 외부주행시험장)에 있는 크라이슬러 생산기술센터(Chrysler Manufacturing Technical Center)는 1982년에 설립됐다. 미시간주 오번 힐스에 있는 리버티센터의 크라이슬러 병렬공학 엔지니어링부는 1986년에 설립됐으며 차세대의 공정과 제품을 설계하고 있다. 그 중에서 핵심이 되는 제품은 1990년대를 위한 완전히 새로운 4도어 LH 카 시리즈이다.

1988년 뉴맥 공정개발연구소(New Mack Process Development Center)의 문을 열었는데 그 목적은 납품업체들과 함께 새로운 공정을 검증하고, 또한 디트로이트 시내에 새로운 제퍼슨노스 조립공장을 건설하기 위함이었다. 오번 힐스에 있는 크라이슬러 기술센터는 1991년 10월에 문을 열었다. 이로써 회사의 디자인실, 엔지니어링실, 부품조달부, 중앙훈련부, 생산공정연구부, 시작차제조부, 도장부의 두뇌들 대부분을 한지붕 아래로 모았다.

조립공장들에서는 생산기술센터에서 주문설계한 모든 공장을 포괄하는 '공장정보시스템(Factory Information System, FIS)'이 모든 로봇, 자동화설비, 컴퓨터제어기계, 컨베이어를 감시한다. 이 FIS는 컬러그래픽을 사용하여 오작동과 기능 부진을 확인하고 진단하며 장비의 가동시간을 극대화한다. 1983년 이전에 크라이슬러는 JIT로 납품되는 상품이 전혀 없었지만, 1991년경에는 조립공장들은 하루 치 정도의 재고물량 중 거의 80퍼센트를 JIT로 받았다. 이 조치만으로도 크라이슬러의 생산재고회전율은 1980년보다 4배 이상 향상되었으며 17억 달러의 재고를 줄였다. 2만 8000명 이상의 생산직 종업원이 통계교육을 받았다. 생산성은 1980년부터 1991년까지 약 2배로 증가했으며, 서비스 1차 연도중 소비자가 신고한 보증수리 건수는 1980년 수준보다 65퍼센트나 하락했다.

우리는 도장설비를 완전 개조했으며, 그 결과 오늘날 크라이슬러는 마무리 품질에서 전세계 어떤 업체와도 자신 있게 경쟁할 수 있는 입장이다.

마무리 품질이 좋으려면 금속의 품질이 좋아야 한다. 그래서 우리는 천장을 제외한 모든 외장 차체 패널을 냉간압연강판에서 저탄소 아연도금 전도금 특수 강판으로 품질을 높였다. 자동차업계에서 이런 개념을 도입한 업체는 우리가 선구였다. 모든 외부 차체 금형과 차체용접기계를 모두 새로 작업해야 했지만 그럴 만한 가치가 있었다.

크라이슬러는 1985년 이래 방청에서 자타가 공인하는 선두주자였다. 1985년 이래 도장설비의 코스트에서 수억 달러를 절감했고, 도료 사용량의 감소로 이제 매년 1억 달러 이상 절약하고 있다.

약 6000명의 인원이 '용기의 요새'라는 별명이 붙은 360만 평방피트의 낡은 제퍼슨 조립공장에서 하루 1000대의 K-카를 생산했다. 1992년 1월에 문을 연 제퍼슨노스 조립공장에서는 옛 공장보다 면적이 60퍼센트나 적은데도 약 2200명의 노동자들이 하루 720대의 그랜드 체로키 지프(Jeep Grand Cherokee)를 생산하는데, 이 같은 실적은 옛 공장보다 25퍼센트나 많은 것이다. 미시간주의 크라이슬러 트렌턴 엔진공장은 1980년의 단일 제품 공장에서 1992년에는 4기통 엔진, 6기통 터보 엔진, 비터보 충전엔진을 비롯하여 8가지 종류의 각기 다른 제품을 생산하는 공장으로 발전했다.

컨베이어기술 덕에 이제 노동자들이 제조조립작업을 가장 적합한 높이에서 할 수 있었다. 그 결과 노동자들은 어둡고 비좁고 기름투성이인 현장에서 해방되었다. 스탬핑과 구동장치사업부에서는 더욱 깨끗하고 안전한 용접작업대가 설치되어 있음은 물론 합성냉각제를 사용한 기계가공공정으로 인해 재래식 생산공정의 연기, 먼지, 안개 등이 일소됐다. 1984년 이래 모든 신제품의 프레스공정과 차체조립공정에서 납땜이 사라졌다. 자재관리를 통해 폐기처분되는 골판지나 나무포장을 경량이고 접을 수 있으며 재활용할 수 있는 용기로 바꾸었음은 물론 공장을 더욱 깨끗하고 밝고 안전하고 효율적인 곳으로 만들었다.

공장이 속한 지역사회는 이런 청결 노력에서 엄청난 이득을 얻고 있다. 예컨대 도장설비의 도료전착효율은 1980년의 35퍼센트에서 1992년에는 약 85퍼센트로 증가했으며, 그 결과 휘발성유기복합물의 배출량을 감축했다.

크라이슬러는 폐기물 제품의 재활용에서 자동차산업을 선도하며 도료 찌꺼기를 100퍼센트 재활용 가능한 분말로 환류하고 있는 유일무이한 자동차업체이다.

크라이슬러의 리엔지니어링

내가 크라이슬러에 왔을 때 크라이슬러의 생산비용은 AMC를 제외한 국내의 어떤 자동차업체보다 높았으며, 1978년부터 1981년까지 약 40억 달러의 손실을 기록했다. 1982년부터 1990년까지 세전소득은 125억 달러였으며 세후이익은 90억 달러를 넘었다. 1990년에는 획기적으로 판매량이 줄었음에도 불구하고, 크라이슬러는 국내 자동차업체 중 이익을 올린 유일한 기업이었다. 우리는 하루 700만 달러의 손실을 보는 기업을 인수하여 하루 700만 달러를 버는, 1983년부터 1989년까지 연평균 10억 달러 이상의 이윤을 내는 기업으로 바꿔 놓았다. 어떻게 그런 일을 할 수 있었는가?

우리는 제품 디자인을 획기적으로 개선함으로써 그런 업적을 달성했다. 크라이슬러의 디자이너와 엔지니어는 이제 제조공정의 현실을 존중한다.

우리는 낡아빠진 공장들을 현대화하고 JIT 자재관리기법을 도입함으로써, 공정관리를 통계방법으로 강화함으로써, 납품업체들과 공동작업을 하여 납품업체의 제품을 개선함으로써 그런 업적을 이룩했다.

우리는 과감한 품질보증 및 신뢰도검사 실천계획을 과감하게 도입함으로써 그런 업적을 달성했다.

우리는 납품업체, 합작투자업체, 노동자, 노조, 주정부 및 연방정부 관계자들과 건설적 관계를 조성함으로써 그런 업적을 달성했다. 또한 우리는 광범위한 노동자 참여 프로그램을 창조함으로서 그런 업적을 달성했다.

인체공학은 디트로이트의 새로운 제퍼슨노스 조립공장에서 중요한 역할을 담당했다. 1993년형 그랜드 체로키의 하체가 37도 각도로 고정되어 노동자의 스트레스와 피로를 줄인다. 나는 이 기법을 폴크스바겐에서 배웠다(크라이슬러 사진).

벼랑 끝에서 돌아와서

그렇다, 크라이슬러는 벼랑 끝에 있었다. 아니, 우리 엉덩이가 달랑 걸려서 그저 손톱 끝만이 끄트머리에 매달려 있었다. 일단 우리가 다시 기어오르고 나자 다시는 그런 일이 일어나지 않게 하겠다고 맹세했다.

우리가 이 모든 일을 할 수 있었던 것은 리 아이어코커가 적대적 언론과 무관심한 정부 관료와 감연히 맞서 싸우고, 크라이슬러의 제조부서들을 용기를 갖고 무조건 인정했기 때문이었다. 아이어코커와 함께 일하기

"자긍심을 되찾자!" 무장하라는 회사의 호소. 이 포스터는 크라이슬러의 모든 생산시설에 붙여졌다. 마케팅 담당 부사장 조셉 캄파나와 내가 이 프로젝트를 맡았다.

는 흥미진진한 일이었다. 그는 뛰어난 제품 및 마케팅 전략가이다. 그의 충만한 에너지는 직설적이고 날카로운 말투로 표현되는 예민한 지성에 의해 보완되고 있다. 미국 자동차산업에 대한 그의 헌신은 전설적이다. 아이어코커는 규율, 준비, 정확성을 발현하는 스포츠나 그런 종류의 행위를 사랑한다. 그는 축구선수 빈스 롬바르디의 야성적이고, 거칠며, 팀 중심이고, 솔직한 경쟁심에 감명을 받는다. 그가 다른 길을 걸었다면 아이어코커 코치의 고함소리가 롬바르디, 로크니(K. Rockne), 브라이언트(B. Bryant), 헤이스(W. Hayes)의 고함에 필적했을 것이다. 그의 청열에 가득 찬 강연과 감동적 연설에서 그것을 알 수 있다. 그는 결단력 있는 경영자로서 복수의 자극을 동시에 관리할 수 있으며, 한 가지 생각에서 다른 생각으로 사적인 일에서 공적인 일로 제때에 신속하게 옮아갈 수 있는 경영자이다. 그는 언제 안을 내고 시작하고 언제 기운을 돋우며 언제 박차를 가해야 할지 안다. 무엇보다도 그는 노력과 결과를 결코 혼동하지 않는다.

그의 격려와 지원 속에서 제조부문은 현대화, 제품품질, 생산단가, 공정유연성, 종업원 훈련에서 그토록 엄청난 향상을 이룩할 수 있었다. 나는 당초 크라이슬러의 제조활동을 재건하기 위해 그의 지도 아래 5년간 봉직할 계획이었다. 이 과제는 10년이 걸렸다. 이 업계에서 그것은 일생에 한 번 있는 기회였다.

2 훌륭한 스승들

잔 가지가 휘어지면서 나무는 자란다. 내가 처음 시보레사업부의 플린트 조립공장에 가서 트럭생산부에 배치되었을 때 담당 부장은 엘머 사이크스(Elmer Sykes)였다. 그는 멋진 사람이었으며 훌륭한 스승이었다. 하지만 나는 직접 그의 밑에서 일하지는 않았다. 총반장 존 '더치' 젬벨이 사이크스 밑에서 일하고 있었다. 사이크스는 나를 젬벨 밑에 배치했다.

더치 젬벨은 독학한 사람이었다. 그는 대학에 다니지도 않았고 많은 공식 교육을 받지도 않았다. 처음에 그는 펜실베이니아의 탄광과 철강공장에서 일했다. 당시 그는 디트로이트의 자동차산업이 성장하고 있음을 알고 과감하게 펜실베이니아에서 미시간으로 옮긴 후 제너럴 모터스의 플린트 공장에 정착했다. 그는 반장이 되기 전 11년간 블루칼라 노동자로서 트럭라인에서 일했다. 그는 트럭라인에 남아서 프레임, 섀시, 엔진외장, 최종 조립, 재작업(rework)을 일선에서 감독했으며 마침내 총반장으로 승진했다.

더치 젬벨은 노동자들을 직접 알고 있었다. 그는 기회만 있으면 나처럼 서투르고 어리며 건강하고 고등 교육을 받았으며 경쟁력이 있는 사람을 위해 어떤 일이든지 해주려고 했으며, 사람들에 대해 좋은 감정을 지니고 있었다. 우리는 초면이었지만 불과 한 달이 지나자 매우 사적인 토론을 할 정도가 되었다. 더치는 나에게 말했다. "여보게 젊은이. 나는 자네를 돕고 싶어. 나는 내가 배운 모든 것을 자네에게 가르쳐 줄 셈이네. 자네가 나보다 앞서 나가서 크게 성공하기를 바라네. 왜냐하면 나는 교육을 제대로 받지 못해 총반장 이상으로 결코 승진할 수 없기 때문이야."

이것으로 나는 더치가 매우 통이 크고 따뜻한 마음을 가졌다는 것을 알 수 있었다. 그는 나에게 라인에서 일하는 노동자처럼 생각하는 방법을 가르쳐 주었다. 나는 결코 라인에서 일해 본 적이 없었다. 내가 두 손을 써서 일한 것은 농장이 마지막이었다. "나는 10년이 넘게 라인에서 일했네." 그가 말했다. "그런 사람들은 엄청난 재주, 지능, 숙련 기술을 갖고 있지. 하지만 자네가 그들에게 관심이 있음을 알지 못한다면 그들은 그것을 자네에게 주려고 하지 않을걸세."

그는 하루도 빠짐없이 나의 급료지급 명부에 있는 노동자들에게 아침인사를 하거나 얘기를 나누면서 지나가도록 가르쳤다. 나는 스스로 대졸수습사원, 반장, 총반장이었을 때 그 일을 매일 빠뜨리지 않고 했다. 점차 할 일이 많아지면서 그런 일을 계속할 수 없게 되었다. 나는 부장일 때 700명, 공장장일 때는 3000명을 담당했다. 내가 그런 역할을 맡으면서 잊지 않고 처음 한 일은 사람들에 대하여 예민해지는 것이었다. 존 젬벨과 나의 어머니는 나에게 그런 감수성을 가르쳐 준 두 사람이었다.

더치는 《시보레의 반장 편람》대로 나를 가르쳤는데 이 편람은 경기에 임하는 선수가 반드시 알아야 하는 모든 기초 사항을 담고 있었다. 나에게 그것은 마치 빅 텐(Big Ten) 축구경기 교과서와 비슷했다. 거기에 실린 교훈들은 시대를 초월하여 영원한 것이었다. "반장은 반드시 사람들에 의해, 사람들과 더불어, 사람들을 통해 작업을 수행해야 한다. 반장 직무의 목적은 사원들의 지식과 능력을 활용하고 그들을 격려하고 능력을 발전시키는 것이다."

내가 동일한 공장에서 승진하면서 다음 스승은 프레드 캐프리였다. 프레드는 뉴욕 동부해안 출신으로서 아주 높은 교육을 받았다. 그는 미시간 대학교에서 공학사학위를 받았으며 공학기술에 초점을 맞추고, 위험을 무릅쓰며 매우 활달하고 설득력이 있었다.

프레드 캐프리는 실로 놀라운 스승으로서 놀라울 정도로 명민하고 강인하며 혁신적인 사람이었다. 플린트 공장은 '피셔 투(Fisher II)'라고 부르는 부속공장에서 승용차의 차체를 공급받고 있었는데, 이 공장은 거의 매년 파업을 하는 반란파의 집결지라고 알려져 있었다. 피셔 투가 다시 파업에 들어간 어느 해 GM의 본사는 넌더리가 나 버렸다. 우리는 승용차생산라인을 폐쇄하지 않으면 안 되었다. GM은 프레드의 많은 도움을 받아 중대 결정을 내리고 두 공장시설을 개편하여 시보레사업부가 운영하는 트럭생산 전용시설로 바꾸기로 했다.

프레드는 나를 자기의 오른팔로 발탁하여 생산부장으로 임명했다. 우리는 이 완강한 1만 명의 노동자들 중에서 우량 사원 6000명을 뽑아야 했다. 그 결과 선동가들과 골치 아픈 노사분규 대신, 우리는 3년간 노동 문제를 전혀 겪지 않았고 종종 북미에 있는 8개의 GM 트럭생산공장 중에서 최상의 품질을 기록했다. 이 같은 공로 덕에 나는 공장장으로 승진하게 되었다.

세번째 스승은 짐 맥러논으로 그는 GM에서 27년간이나 일해 가장 성공적인 경력을 쌓았으면서도 GM을 감연히 떠나는 용기와 배짱을 가진 사람이었다. 그는 본사가 외국에 있는 폴크스바겐의 주요 자회사 사장으로서 자신이 GM에서 배우고 터득한 경험을 설천하고자 했다.

맥러논은 사람의 마음을 편안하게 하고, 전염이 되는 부드러운 미소를 띤, 아주 명석하고 긍정적으로 사고하는 사람이었다. 그와 함께 있으면 마음이 그냥 편해진다. 생각컨대 바로 그런 방법으로 그는 나를 GM에서 빼내 왔던 것 같다. 나는 그와 함께 일하는 것이 즐거웠고 둘은 GM에서 우리의 주된 관심이 국내 영업에 있었기 때문에 모두 국제 무역에 관심을 갖고 있었다.

폴크스바겐은 우리 두 사람 모두에게 성장곡선이었다. 4년 후 짐은 거기에서 계속 일하기로 결심했다. 나는 리 아이어코커와 같이 크라이슬러로 가서 미국 자동차회사가 방향을 전환하도록 돕기로 했다.

크라이슬러에서 나의 핵심 스승은 스티브 샤프로 나에 앞서 제조부문의 총괄책임자였다. 그는 내가 지금까지 만난 가장 명석한 인물의 한 사람이었다. 그는 크라이슬러에 오기 전에 포드에서 다년간 일했다. 그는 누구든지 추구하는 성취와 만족을 얻기 위해 크라이슬러를 자기 생애에서 마지막 기회로 여겼다.

　내가 스티브를 처음 만났을 때 아이어코커는 우리에게 이렇게 말했다. "딕, 나는 자네가 스티브 샤프의 대역으로 일하기를 바라네." "좋습니다." 내가 말했다. "나는 당신과 크라이슬러를 위해 일하러 왔습니다. 그러므로 당신이 어떤 일을 맡기든 간에 바로 그것이 내가 할 일입니다." 그것은 확고한 관계로서 나는 4년간 직접 샤프 밑에서 일하게 되었다. 4년은 우리 두 사람과 회사를 위해 보상이 주어지는 세월이었다. 우리는 오늘날까지도 절친한 친구로 지금도 서로에게 조언한다. 그는 훌륭한 사람이며 자신이 크라이슬러에서 모색하고 있던 성취를 찾았다. 그것은 또한 크라이슬러가 그의 지도력, 충성심, 헌신적 봉사의 혜택을 입었기 때문이기도 하다.

일곱 가지 척도

　나는 더치 젬벨 같은 스승들로부터 제조업의 글로벌 경쟁력을 평가하는 다음과 같은 일곱 가지 척도를 터득했다.

　첫째는 **실행 가능성**이다. 제품, 공정, 사람이라는 세 가지 요소는 정밀한 집행 속에서 통합되어야 한다. 각각은 반드시 역량을 갖추어야 하고 또한 예측 가능한 일을 수행해야 한다.

　시기 선택은 제품 개발, 모델교체기간(changeover), 시설개체라는 점에서 중대한 문제이다. 끝까지 살아 남으려면, 자동차업체(혹은 그 점에서는 다른 어떤 제조업체도 마찬가지이다)는 제품 구상에서 생산까지 걸리는 시간을 계속 획기적으로 줄여 나가야 한다. 더구나 그들은 재래식의 10~15년 제품의 수명주기(life cycle)를 4~8년이나 그 이하로 단축해야 한다.

　기술과 기술의 지속적 발전은 글로벌 경쟁력의 세번째 근본 요소이다. 그것은 반드시 입증되고 효율적이고 신뢰할 수 있고 비용효과적이며 유연해야 한다.

　유연성은 중요하다. 설비, 공정, 공급자, 인력의 유연성은 글로벌 시장의 요구에 신속하고도 효과적으로 부응하는 데 필수적이다.

제품품질은 다섯번째의 척도이다. 고객만족도는 시장 참가의 대가이다. 지속적 개선, 보증수리 요구 건수의 축소라는 척도는 품질과 고객만족도의 잣대다.

생산비는 이것과 병행한다. '저비용 생산자(low-cost producer)'라는 칭호를 가차없이 추구하는 전략은 경쟁상의 우위를 달성하는 데 필요불가결한 긴급 명령이다. 매출액 중 백분율로서 크라이슬러의 총노동비용은 이제 GM, 포드, 혼다, 도요타, 닛산, 볼보보다 낮은 수준이다. 궁극적으로는 저생산비의 고품질 생산자들이 시장을 장악한다.

인력이야말로 가장 중요한 척도다. 오늘날 그것은 권한부여 혹은 권한위임(Empowerment)이라고 부른다. 급속하게 발전하는 공학기술은 한때 노동과 경험에 기반을 둔 제조업을 지식과 기술로 추동되는 기업체들로 변혁시키고 있다. 새로운 세계 경제 질서 속에서 미국의 위치는 훈련과 교육에 얼마나 헌신적으로 투자하여 국민들에게 경쟁할 수 있는 도구와 기술을 습득시키느냐에 달려 있다.

글로벌 경쟁은 자동차는 물론 섬유, 가전, 컴퓨터 하드웨어, 철강, 공작기계, 공구와 금형, 조선, 광업, 도로 건설, 건축 —— 이 모든 분야는 한때 미국이 지배한 핵심 산업들이다 —— 에서도 광범위하게 벌어지고 있다. 미국은 이런 산업들과 다른 중요한 부가가치산업에서 싸워야만 한다. 여기에서 우리는 기적을 바라지 않는다. 그것은 수천 가지의 작은 분야에서 이뤄져야 한다. 그것이 중요한 것이든 하찮은 것이든 우리가 하는 모든 일은 첫번째에 정확하게 이루어져야 하며 또한 항상 그래야 한다.

헤이스와 휠라이트(R. H. Hayes & Steven C. Wheelwright)는 1984년에 출간한 《경쟁력의 회복 : 제조업을 통한 경쟁활동(Restoring Our Competitive Edge : Competing through Manufacturing)》에서 이 점을 다음과 같이 상세히 설명하고 있다.

어느 한 나라가 가진 제조업 경쟁력을 향상시키는 해결방안은……

미국인들이 그렇게도 사랑하는 '미식축구에서 마지막 구역의 터치다운' '기술조정' 혹은 '전략적 쿠데타'에 있는 것이 아니다. 대신 만약 미국이 외국 경쟁자들의 살륙공격을 견뎌 내고 거기서 이기려고 한다면 미국은 외국 경쟁자들이 경쟁을 위해 사용하는 방법과 똑같은 수단을 사용해야 한다. 즉 기본 사항을 좀더 잘하도록 가장 우수한 재능과 자원을 지속적으로 장기간에 걸쳐 매일 투입하는 방안이다. 이는 매우 간단하지만 달성하기는 쉽지 않다.

또 다른 세 가지 요소가 장래 미국의 경쟁력을 복잡하게 만들 우려가 있다. 그것은 자동화, 인구, 태도이다. 2000년경이 되면 자동화 덕분에 미숙련과 반숙련 노동자들은 용인될 수 없는 잉여 인력으로 여겨질 가능성이 크다. 저숙련 사무직 근로자의 직무는 대체로 컴퓨터로 대체될 것이다. 자동화설비의 운용에는 노동의 유연성과 지속적 훈련이 필수불가결하다. 어떤 기능은 노동자 개개인이 결코 배울 수 없으며 더군다나 그 기능이 평생 써먹을 수 있는 것이라고 기대할 수 없다. 우리 모두는 낡은 기능을 최신의 것으로 바꿔야 하며 좀더 빈번한 주기로 새 기능을 터득해야 한다.
다음의 복잡화 요소는 인구이다. 현재 지구에는 50억 명 이상의 인구가 있다. 지금부터 불과 30년도 채 안 되는 2020년경에는 80억을 넘을 전망이다. 이런 인구 성장의 약 95퍼센트 정도는 저개발국에서 이루어지며 이것은 제3세계의 정부들에게 일자리를 만들어 내라는 압력이 될 것이다. 이 나라들이 미국 제품의 수입을 제한하는 한편 미국의 시장에 대해 집중적으로 수출에 나선다고 예상해 보라. 이와 동시에 미국의 완만한 인구 성장률은 곧 노동력에 편입되는 젊은 사람들의 숫자가 점차 적어진다는 말이며, 이것은 고참 노동자들에게 새롭고 전보다 발달된 숙련 기술을 끊임없이 개발하라는 압력으로 작용할 것으로 보인다. 우리의 노동력은 30억 명이나 더 많아진 세계의 인구와 경쟁하기에 충분할 만큼 총명하고도 유연한가?
마지막으로 잠복해 있지만 가장 위험한 요소는 태도이다. 나는 미국이 자포자기 상태에 있다고 생각한다. 우리 사회의 일부는 경쟁하려는 의지를 잃고 있다. 우리 국민은 소형차제조사업, 철강제조, 섬유생산, 전자산업 등을 포기하자고 제의하는 강력하고 뿌리치기 힘든 주장들에 직면해 있다. 그들은 서비스부문을 장려하고 미국을 하인들의 나라로 전망한다. 나는 이 말에 동의하지 않는다. 우리는 반드시 우리가 가진 세계적 생산능력을 확대해야 한다.

성공은 사업을 경영하는 개인의 추진력과 열정에 비례한다. 사람들에는 세 가지의 종류가 있음을 기억하라.

· 일이 일어나도록 만드는 사람
· 일이 일어나는 것을 지켜 보는 사람
· 무슨 일이 일어났는지 몰라 어리둥절해 하는 사람

본래 제조업은 거칠고 용서가 없다. 나에게 그것은 두 개의 턱끈이 필요한 경기이다. 여기에서 우리의 머리는 아주 세게 부딪히기 때문에 경기가 끝나기에 앞서 반드시 최소한 한 번은 보호헬멧의 끈을 갈아 끼워야 한다. 그런 경기에서 승자와 패자는 종종 태도로 구분된다. 일본인들은 자국 종업원들의 전심전력하고 열광적인 태도를 최대한 경쟁력 있는 강점으로 이용한다. 미국의 지도자들은 우리 종업원들에게서 경쟁 정신을 고취하는 방법을 찾아야 한다. 그렇지 않으면 우리는 경쟁할 수 없다.

미국의 산업을 위해 승리하려는 태도를 계발하는 데에는 지도력이 필요하다. 제너럴 일렉트릭(GE)의 사장인 잭 웰치(Jack Welch)는 그런 과제를 이렇게 정의했다. "훌륭한 지도자는 비전을 창출하고 그런 비전을 선언하며, 그 비전이 정열에 가득 차 있음을 인정하고 또 그것을 완성까지 냉정하게 몰고 간다."

지도력과 시기 선택

우리가 폴크스바겐의 모기업에서 4000마일이나 떨어져 있는 곳에서, 또 불과 18개월이라는 여유 시간만 갖고 폴크스바겐의 사업을 시작했을 때, 나는 지도력의 도전을 감지했다. 우리는 오로지 바닥이 더러운 공장의 껍데기만을 갖고 있을 뿐이었다. 우리에게는 전직 광부, 약방 점원, 자동차 판매원들이 있었다. 그들은 몰려들어 시장에서 경쟁할 수 있는 제품을 만들려고 했다. 첫 생산개시는 엄청난 성공이었다. 우리는 공장장, 종업원, 중간 관리자, 납품업체 및 판매상들로부터 많은 지도력을 받아들였다.

나의 지휘 스타일은 다음의 세 가지 상황에서 가장 효과적이었다. 패배했을 때, 생산개시 단계, 위기 돌파를 위한 방향선회가 그것이다. 나는 지금까지 이런 상황보다 더 전형적이고 세속적 상황을 만끽해 본 적이 없다. 내가 항상 감연히 도전한 일은 일단의 보통 사람들을 팀으로 조직하고 사기를 북돋아 다른 사람들이 불가능하다고 체념하는 일을 성취하는 것이었다. 그 중 일부분은 소급하자면 독일계 미국인들에게 전해져 내려오는 속담에서 나온 것이다. "'할 수 없다, 안 된다'는 태도로는 아무것도 이룰 수 없다." 나는 결코 "할 수 없다" "안 된다"는 말이 옳다고 믿지 않았으며 또 결코 실패한다고 믿지 않았다.

내가 알기에 지도력을 배울 수 있는 유일한 두 곳은 스포츠와 군대이다. 나의 아들은 미 육군사관학교에서 지도력을 배웠으며, 나는 축구, 야구, 농구, 트랙경기에서 그것을 직접 경험했다. 훌륭한 지도자를 만나면 승리하지만 형편없는 지도자를 만나면 패배한다.

지도력이 무엇이라고 정의하기보다는 관찰하는 편이 한층 쉽다. 나는 스스로 지침을 얻기 위해 가까이에 많은 격언을 두고 있다. 하나는 시어도어 루스벨트 대통령의 "당신이 현재 있는 곳에서, 당신이 갖고 있는 자원을 갖고, 당신이 할 수 있는 모든 일을 하라"는 잠언이다. 그런 명제를 입증하자면 규율 있는 지도자가 있어야 한다.

또 윈스턴 처칠 영국 총리의 말 즉 "나는 대영 제국의 해체를 주재하기 위해 총리가 되진 않았다"와 "나는 피와 끈기와 눈물과 땀 이외에는 내놓을 것이 없다"이다.

가장 험난한 난관이 있는 곳에서 지도력은 가장 절실하게 필요하다. 처칠 총리는 금세기의 지도자였다. 그러나 영국민은 전쟁 이전의 7년 동안은 그의 지도력을 원치 않았으며(물론 그때 그는 전쟁을 억제할 수도 있었을 것이다), 전쟁에서 승리한 후 6개월이 지나자 그를 거부했다. 아이어코커는 처칠과 아주 비슷하다. 그는 고함을 질러 댔고 나머지 우리가 지원과 정밀한 집행을 맡았다.

제조업의 4M

제조업의 엄청난 복잡성을 관리하기 위해, 또 그것을 다른 사람들에게 가르치기 위해 나는 그것을 네 개의 기본 범주로 축약한다.

- 자재(Materials) : 반드시 결함이 없다고 과학적으로 증명되고 JIT로 납품되어야 한다.
- 기계(Machinery) : 컴퓨터로 제어되고 신뢰성이 있고 유연해야 한다.
- 방법(Methods) : 비용효과적이고 품질 위주의 해답을 적시에 내놓아야 한다.
- 인력(Manpower) : 반드시 개개인의 책임사항이 더 높아지도록 재훈련되고 재배치되어야 한다.

이런 명확하고 간단한 요소들은 크라이슬러 공장장들의 사무실, 공장의 벽, 사람들이 우연히 모이는 장소에는 어디에나 게시됐다.

위의 4M을 실천하라. 그러면 다섯번째 결과, 즉 제조활동의 효율성을 얻을 것이다.

자재

상상해 보라. 150만 평방피트의 건물(35에이커가 한지붕 아래에 있다)에서 2000~3000명의 인원이 전세계에서 가져온 300만~500만 개의 부품을 1분에 1대꼴로 새로운 승용차나 트럭으로 조립한다. 이것이 현대의 자동차조립공장이다.

자유무역지대는 중요한 자재 개념이다. 자유무역지대의 지위는 회사의 가격경쟁력에서 중요하다. 우리는 미국 폴크스바겐에서 그것을 활용하여 성공을 거뒀으며, 1980년에 이 생각을 크라이슬러로 갖고 왔다.

부품이 공장의 수납창고에 전시되어 있는 것만으로는 충분치 않다. 그것은 반드시 관리되어야 한다. 과학적 자재관리는 가격과 품질에서 경쟁력을 달성하는 데 핵심 도구이다. 왜냐하면 자재는 총생산비의 약 75퍼센트를 차지하기 때문이다. 달러가치로 환산할 때 효율성이 높은 공장의 경우 부품 중 4분의 3은 납품업자와 공장 사이의 창고에 머물지 않고 JIT로 공급되어야 한다.

크라이슬러에서 우리는 1980년부터 1988년까지 조립공장의 단위당 평균 재고 수준을 50퍼센트 이상 감축했다. 같은 기간에 우리는 재고회전율을 공장당 15회에서 주어진 모델 연도에는 60회 이상으로 향상시킴으로써 4배나 개선했다. 우리는 프레스공장에서 즉시 활용할 수 있는 철강납품량을 33일에서 무려 약 3일로 단축했다! 동시에 우리는 연간 선철 구매량을 90만 톤에서 140만 톤으로 늘렸다.

JIT 납품은 생산공정에서 생산계획의 안정성이라는 큰 이점을 가져온다. 공장에서는 반드시 생산라인의 흐름에 따라 애초부터 정확하게, 수리작업이 최저한이 되도록 제품을 조립해야 한다. 어떤 제조작업이든 생산계획상의 안정성과 첫번에 완전히 끝내는(first-time-through) 역량이야말로 잠재 생산능력을 완전히 달성하는 데 필수불가결한 요소이다.

우리 크라이슬러에서는 중앙생산계획부(Centralized Scheduling System)를 신설하여 이런 일을 담당하도록 했다. 우리는 판매부서로부터 판매상의 주문을 받은 후 그것을 공장과 납품업체의 생산계획표에 일정에 따라 짜 넣었다. 한 가지 중요한 부산물은 '블록 도장(block painting : 덩어리 도장으로 부품을 모은 덩어리 상태에서 도장한다는 뜻 — 역자)'이었다.

옛날에는 승용차 1대를 빨갛게 칠하고, 다음 것은 흰색으로, 또 그 다음 것은 파란색으로 칠하는 식의 도장작업이 일반적이었다. 그것이 판매상의 주문이 들어오는 방식이었다. 우리는 많은 색깔을 시간순으로 조정하는 방안이 없었다. 그러나 현대적인 중앙생산계획을 시행한 결과 특정 공장에서 색깔이 같은 차량의 전체 블록을 생산계획에 넣을 수 있다. 그 결과 도장분사장치를 자주 씻을 필요가 없다. 요즈음의 도장비용으로 보면 이것은 상당한 절약을 의미한다. 또한 그것은 과잉 분무와 환경 문제를 줄여 준다.

재고를 관리하는 일은 비용을 줄일 뿐만 아니라 품질을 한 단계 향상시키는 결과도 낳는다. 때문에 공장과 납품업자 모두 품질 문제를 그저 과잉 재고 속에 은폐하는 대신 품질 문제를 찾아내 시정하고 있다.

현대 자재관리의 또 다른 큰 이점은 여러분이 현재 무슨 일을 하고 있는지를 알 수 있게 해준다는 점이다. 1983년 이전만 해도 크라이슬러의 공장에는 다음주의 생산을 위한 부품들로 꽉 찬 골판지 상자들이 천장의 트러스까지 쌓여 있었다. 노동자들은 서로 마주 보거나 의사소통을 할 수 없었고 마치 축사 안에 갇힌 소와 같다고 느꼈다. 재고 수준을 낮춤으로써 우리는 '시각관리(visual management)'를 실행할 수 있었다. 재고가 1미터 37센티미터 이상 쌓이지 않도록 함으로써 평균 신장의 노동자라면 공장의 한쪽 끝에 있으면서도 다른 쪽에서 무슨 일이 이루어지고 있는지 눈으로 보아 알 수 있게 됐다. 그것은 좀더 산뜻하고 깨끗한 공장을 의미했고 노동자들의 사기 진작에 경이적인 역할을 했다. 왜냐하면 사람들이 다른 선수들을 바라볼 수 있다면 자신이 팀의 일부라는 느낌을 갖기 때문이다.

1983년에서 1984년까지 크라이슬러 공장들은 골판지 상자, 스티로폼, 나무 깔판, 강철 밴딩의 사용량을 줄이기 시작했다. 우리는 납품업체들에게 부품과 자재를 가볍고 접을 수 있고 재활용이 가능한 용기에 넣어 수송하고 납품하도록 요구했다. 그런 용기 중 다수는 고기능 첨단 플라스틱 소재로 만들어진 것이었다. 1985년중 미시간주의 스털링 하이츠 조립공장에서는 컨테이너 용기의 90퍼센트 이상이 접을 수 있고 재활용 가능한 것이었다.

기계

얼마 전까지만 해도 자동차조립공장이란 기름투성이의 작업복을 입은 사람들로 가득했다. 노동자들은 조립라인 아래에 있는 구멍에서 일했다. 대기는 금속을 두들기는 망치소리로 가득 차 있었다. 오늘날에는 로봇이 용접, 봉합, 도장작업의 대부분을 맡아 한다. 컨베이어가 자동차를 위쪽이나 아래쪽으로 움직여 조립공이 쉽게 작업할 수 있도록 해줌으로써 노동자는 더 이상 구멍 속의 불편, 갇힌 듯한 느낌과 위험을 감수하지 않아도 된다.

1980년에서 1988년까지 우리는 공장의 컴퓨터를 8배, 약 8000대로 늘렸다. 이것들이 자재배송시스템을 유도하고 기계류를 제어하며, 미래의 장비와 설비의 성능을 예측하는 모델을 모의실연(simulate)한다. 컴퓨터는 또한 컴퓨터제어기계 및 장치가 제 성능을 내도록 유도한다. 우리는 덩치가 커서 다루기가 까다로운 대형의 수압로봇을 좀더 가볍고 기능이 뛰어나고 정확하고 신뢰할 수 있는 전기로봇으로 서서히 교체했다.

로봇을 활용함으로써 오직 한 가지 기능만을 수행하는 프레스용접기와 같은 딱딱한 자동화설비(hard automation)에서 유연자동화설비(flexible automation)로 완전히 옮아갔다. 로봇은 프로그램의 변경이 가능하므로 로봇의 작업범위가 증대되며 따라서 생산성이 증가한다. 크라이슬러가 로봇을 활용하기 시작했을 때 우리는 즉각 로봇납품업자들에 대한 압력을 강화했다. 모델 이월에 아주 큰 영향을 미친 요소는 그들과 그들 기계의 프로그램

변경역량이었다. 구매계약시 보증약속한 것들을 반드시 같이 납품해야 했다. 이 점을 확실하게 하기 위해 우리는 납품업자들에게 자체 시설에서 로봇을 연속 50시간 가동하여 오작동이 없음을 확인한 후에야 설치하도록 요구했다. 컨베이어와 같은 기타 장비의 납품업자들에게는 실제 생산조건에서 기계를 연속 20시간 가동하여 오작동이 없을 것을 요구했다. 우리는 이것을 '50-20' 조달정책이라고 불렀다. 만일 기계에 고장이 생길 경우 납품업자는 반드시 그것을 수정하여 다시 50시간이나 20시간 연속 가동 테스트를 거친 후에야 비로소 검사에 합격하게 되었다.

첨단 기계류는 우리의 도장공장에 중대한 변화를 가져왔다. 도장공장의 경우 노동자의 전직률은 실로 엄청난 수준이었다. 높은 전직률의 원인은 도장공장의 열기와 연기는 물론, 노동자가 차체 안에 기어 들어가 지붕, 측면, 계기판, 바닥에 도료를 칠할 때 실제로 도료를 들이마시게 되기 때문이었다. 이제는 로봇이 미니밴의 차체 내부의 도장작업을 100퍼센트 수행하고 있다. 우리는 또한 도장실을 외과수술실처럼 그야말로 깨끗하게 만들었다. 도장작업중 전하(電荷) 입자가 도료를 차체로 끌어당긴다. 이 전기흡인력이 즉시 도료를 차체에 융착시킨다. 이런 첨단 기술이 도장공장을 완전히 깨끗하게 유지한다. 이제는 싱싱한 식물들이 도장라인 바로 옆에서 무성하게 자라고 있다. 공장의 공기가 용제 냄새로 가득하던 시대는 지나갔다. 그 결과는 공장 밖에서도 볼 수 있다. 우리는 오염물질의 대기 방출량도 획기적으로 감축했다.

방법

방법이란 제조활동의 문제를 해결하기 위해 공장에서 활용하는 공정들이다. 그것은 사람, 자재, 기계를 총체적으로 조정된 체계에 통합한다. 추측컨대 크라이슬러의 방향전환기간중 개발된 가장 혁신적인 제도는 부품서열공급제(in-line sequencing)일 것이다. 이것은 우선 공장 설계에서 시작되는데 서열화된 생산의 각 단계를 기차의 객차들처럼 하나로 연결하는 제도이다. 그리하여 조립공장에서는 차량이 컨베이어에 따라 2일간 10마일 거리의 여행 내내 끊어지지 않는 연쇄고리 속에 묶이게 된다. 물론 각각의 단계는 컴퓨터와 기술자들에 의해 감시되고 있다. 어떤 차량에 문제가 있음이 발견되면 그것은 즉각 핀셋처럼 정확히 지적되어 시정되므로 해당 차량은 순서열에 남아 완성이 되어야 라인에서 나오게 된다.

부품서열공급제는 불확실성을 예측 가능성으로 대체한다. 그리하여 조립라인 일선 감독자는 해당 부서를 좀더 잘 관리할 수 있으며 공장장은 설비를 더 잘 운영할 수 있게 된다. 부품서열공급제 이전의 경우 조립라인에서 흘러나오는 10대의 차량 중 7대는 수리와 조정을 받아야 했다. 1991년에는 10대 중 약 1대 정도였다. 품질은 선행 학습을 받아 사전 기획되고 균형을 맞춘 체계에서 나온다.

아마 오늘날 제조활동에서 가장 경쟁적인 쟁점은 유연성일 것이다. 미국의 소비자가 선택할 수 있는 각기 다른 자동차 모델은 600가지가 넘는다. 오늘날에는 고품질과 낮은 생산비용을 성취하는 것만으로 충분치 않다. 신제품 도입(introduction), 혁신(innovation) 및 소비자 구매 가능성(availability)에서 경쟁 상대와 대등하거나 혹은 그들보다 우월하여 그들을 물리쳐야만 한다.

1986년에서 1988년까지 크라이슬러는 12개의 새로운 승용차와 트럭 모델을 발매했는데 이것은 자동차산업에서 신기록이었다. GM은 6개의 새 모델을 내놓았고 포드는 4개를 발표했으며 훨씬 강력한 도요타조차도 8개를 시판했을 뿐이었다.

전면적인 신제품 공세를 조절하기 위해 우리는 몇 가지의 유연제조기법들을 고안해 냈다. 우리의 판매상들이 같은 공장에서 생산된 두 모델의 수요비율(demand ratio)이 바뀌고 있다고 말하면, 우리는 그저 로봇용접기, 도장기기, 컴퓨터 자재처리장비, 유연조립설비의 프로그램을 다시 짜기만 하면 됐다. 그럼으로써 우리는 용이하게 특정 스타일의 승용차나 트럭을 더욱 많이 생산하고 다른 모델을 더 적게 생산할 수 있게 되었다.

우리에게 이런 만능역량을 부여한 제조활동의 기본 틀은 'SIMFLEX'라고 부르는 단순 유연생산체계(simple flexible manufacturing system)였다. 종래 공장의 소(小)조립부품들을 교체하는 일은 결코 간단한 작업이 아니다. 예컨대 엔진의 무게를 지탱하는 사이드 레일 조립품의 경우, 흔히 집채만한 크기의 고정설비를 설치하고 끝없이 가동해야 필요한 물량을 생산할 수 있다. 과거 모델교체기간중에는 수일이나 수주일 동안 기계를 가동정지(downtime : 유휴화)시켜야 했다. 그러나 SIMFLEX의 경우 모델교체기간은 종종 몇 시간, 때로는 몇 분으로 끝난다. 그 핵심에는 서로 다른 소조립부품에 쉽게 적응할 수 있는 다수의 재프로그램 가능한 로봇들이 있다. 그런 유연성은 장래의 고도로 파편화된, 살인적일 정도로 가격경쟁이 격심한 시장에서 누가 승자가 되고 누가 패자가 되는지를 판정하는 잣대가 될 것이다.

인력

한편 가장 중요한 M은 인력이다. 제조활동에는 최상급의 사람들이 필요하지만, 제조활동이야말로 우리 중 가장 우수하고 총명한 사람들에게 매력 있는 직업 선택이라고 보는 미국인은 거의 없는 실정이다. 일본의 경우 최고 우등생들은 제조분야야말로 국가의 혈액이라고 간주하기 때문에 제조분야에서 경력을 쌓으려고 노력한다. 미국에도 그런 생각이 자리잡아야 한다.

"키우라(農), 캐라(鑛), 아니면 만들라(工) —— 그것이야말로 우리가 부를 창출하는 방법이다." 경제 발전은 좋은 땅에서 재배하는 행위, 땅 속에 있는 물건을 캐는 행위, 이런 원재료를 갖고 유용한 물건을 만드는 행위에 기초하고 있다. 경제 발전은 우리가 농업, 광업, 제조업을 얼마나 잘 유지하느냐에 달려 있다. 물론 우리에게는 서비스도 필요하지만, 우리가 제조업에서 전세계적으로 확고한 경쟁력을 갖지 못한다면 서비스산업을 유지하지 못할 가능성이 크다!

　제조업의 기반이 붕괴하고 있으며 서비스 경제로 대체되고 있다는 이론들을 맹신하는 신앙과도 같은 주장들 때문에, 우리 제조업은 가장 훌륭한 지원자 중 일부를 잃고 있다. 일부 인사들은 이런 주장에 박수를 보내지만, 미국이 서비스부문을 바탕으로 번영할 수 있다고 생각하는 것이야말로 실로 어리석기 짝이 없는 주장이 아닐 수 없다. 1980년대에 서비스부문의 생산성증가율은 제로였다. 그 10년간 제조업은 매년 4퍼센트 이상의 생산성증가율을 기록했으며, 크라이슬러의 경우 생산성이 7퍼센트 이상 성장했다! 우리의 계획은 유효했다.

　서비스부문은 현재 노동인구의 76퍼센트를 고용하고 있다. 경제의 4분의 3을 차지하는 부문에서 생산성이 전혀 증가하지 않는다면, 또 제조업이 무관심 때문에 영락하기 시작한다면, 앞으로 경제 대국인 미국은 어떻게 될 것인가? 우리는 하인들의 나라가 되기를 원하는가? 결국 우리는 누구에게 봉사하게 될 것인가? 그 보상은 무엇이 될까? 우리의 운명은 누가 결정할 것인가? 설득력 있는 유일한 대답은 우리가 반드시 경제의 왕성한 **부가가치창출부문**에서 경쟁해야 한다는 사실이다. 다시 말해 그것은 제조업을 통해 경쟁한다는 뜻이다.

　지난 15년간 경쟁은 기하급수적으로 늘어났다. 그것은 주로 우리 땅에 뿌리를 박고 있는 대규모의 외국 경쟁자에 기인한다. 이들 푸른 녹지대에 건설된 일본과 독일의 미국 현지 공장들은 신예의 차량조립 및 차량제조 설비로서 젊고 고학력의 건강한 노동인구를 충원하고 있다. 그 중 많은 곳에는 어떤 형태의 노동조합도 없다. 그런 공장들은 북미에서만도 500만 대의 과잉 생산능력을 만들어 내는 데 일조하고 있다. 구매자라고는 전혀 없는 상태에서 매년 500만 대의 승용차와 트럭을 생산한다고 상상해 보라! 미국이 경쟁력을 유지하는 방안은 다름 아니라 정부, 교육계, 노동계, 그리고 무엇보다도 먼저 경영진이 한팀으로 활동하는 것이다.

　대중의 정서가 바뀌어 제조업이 최상급의 사람들을 유치할 수 있어야 한다. 내가 말하는 '최상급'이란 강인함, 지성, 경쟁심의 품성을 가지면서

크라이슬러의 생산 담당 부사장인 나의 하루 일정

오전 5:30	엔진 가동! 기상!
5:30~7:30	운동, 면도, 샤워, 옷 입고 식사 후 출근.
7:30~8:15	전날의 결과와 문제에 대한 브리핑.
	긴급 사항에 대한 토의.
8:15~8:45	비서에게 줄 과제와 회의 일정 논의.
8:45~9:00	모든 비정상적인 사건이나 문제들을 상사에게 브리핑.
9:00~정오	예정된 회의에 참석하거나 주재, 혹은 본사의 공장이나
	납품업체 공장을 시찰(1주일에 평균 두 번의 시찰).
	- 간부회의 혹은 전략회의.
	- 작업관리자회의.
	- 품질검토회의.
	- 정책회의.
	- 제품검토회의.
12:00~12:45	점심 및 상쾌한 산책.
12:45~4:45	예정된 회의에 참석 혹은 주재, 본사의 공장이나
	납품업체의 공장을 시찰.
	- 생산 기획.
	- 생산계획회의.
	- 부서별 기획회의.
	- 예산 기획 및 비용심사분석회의.
	- 자본지출 심사.
	- 협상전략.
4:45~6:00	사적인 회의.
6:00~6:45	개인시간 - 그 날의 일을 반성.
6:45~8:30	퇴근해서 저녁.
8:30~10:30	전화, 편지, 기타 '숙제.'
10:30~11:00	상쾌한 산책.
11:00~11:45	뉴스 시청.
	소등!

도, 동시에 좀더 큰 공공선을 위해 남의 말에 귀를 기울이고 자신을 희생할 용의가 있어야 한다는 것을 뜻한다. 사물을 창조하는 일은 힘든 일이

지만, 이것보다 더 영광스런 직업은 없다. 제조업은 고귀한 직업이다.

제조업을 사랑하는 사람이라면 결코 시계를 보지 않는다. 나는 일터에 있음을 철저하게 즐긴다. 왜냐하면 그곳에는 행동이 있기 때문이다. 그곳 이야말로 우리 미국의 경제가 세계적으로 경쟁할 수 있는가가 판가름나는 현장인 것이다. 그곳은 정신과 물질이 일이라고 부르는 것 속에서 통합되는 곳이자, 그런 노력의 결과가 측정되고 수량화되고 나아가 객관적으로 평가될 수 있는 곳이기도 하다.

질적 특성은 측정될 수 있으므로 여러분은 틀림없이 이렇게 물을 것이다. 사실은 무엇인가? 추세는 무엇인가? 우리는 개선되고 있는가, 아니면 퇴보하고 있는가? 단언컨대 여러분은 이 세상의 어떤 것도 정체해 있지 않으며 가만히 정지해 있지 않음을 알게 될 것이다. 이런 사실을 검토할 때 여러분은 너무 흔히 사람들이 아래로 활강하고 있음을 알게 되며, 또 내려가는 데는 오로지 한 가지 길, 그릇된 내리막길밖에 없음을 알게 된다. 제조업에서는 반드시 오르막길로 가려고 애써야 한다. 여기에는 줄기찬 노력이 뒤따라야 한다. 사람들은 일하기를 싫어하기 때문에 그런 일을 회피하려고 할 수도 있다. 나는 오래 전에 일이 좋은 것임을 터득했다. 다시 말해 일은 정직하며 숭앙할 만한 훌륭한 윤리라는 점을 알았다. 목적의 통일성이 있다면 일은 재미있어질 것이고 그 결과 여러분은 개인적인 만족과 직업상의 만족을 동시에 얻을 수 있다. 나는 철두철미하게 일을 즐긴다!

머피의 법칙(Murphy's Law)이 제조업을 지배한다. 즉 무엇이든 잘못될 수 있고 잘못될 것이라는 말이다. 그러나 거기엔 도전과 보상이 있다. 여러분이 기회에 부응하여 일어서서 그것을 완전히 장악하게 될 때, 여러분은 자신 속에 있는 최상의 재능과 역량을 보여 줄 기회를 얻는 셈이다. 제조업은 9시에서 5시까지 하는 일이 아니다. 작업장의 문은 결코 닫히는 법이 없다. 누군가가 거기에 1주일 7일, 하루 24시간 인력을 배치해야 한다. 제조업의 경력이란 곧 여러분이 비정상적 시간 동안 일한다는 말이다. 그것은 곧 여러분이 몇 개의 생일잔치, 휴일, 일요일 오후를 놓칠 것이 확실하다는 뜻이다.

그 직업은 이 같은 기회 상실의 대가로 여러분에게 첨단의 공학기술로써 세상의 소금인 사람들과 함께 일할 기회를 제공한다. 더욱이 여러분은 회사에서 가장 강력한 집단의 하나, 사람들이 가장 많고 예산이 가장 크며 가장 많고 큰 설비를 지닌 집단에 속하게 된다. 여러분은 가장 많은 가치를 창출하는 활동에서 일하게 될 것이다.

제조업에는 배짱과 스태미나, 사업상의 통찰력, 집행의 정밀성이 필수불가결하다. 이런 자질을 갖춘 사람들만이 이 경기에서 성공할 수 있고 그들이야말로 함께 일하기에 가장 훌륭한 사람들이다. 수량지표로 측정할 수 있는 결과들을 산출해야 하므로 그들은 의지할 수 있고 신뢰할 수 있으며 또한 책임감 있는 사람들이 된다. 결과가 없는 경우 그것을 숨길 수 없기 때문에 사람들은 솔직하고 정직해진다. 제조업에서 잘못될 수 있는 많은 변수들이 그들을 기민한 문제해결사로 만든다. 제조업의 불편함과 불안감이 그들을 인내심 있고 강인하며 튼튼한 사람으로 만든다. 정확한 팀워크의 필요성이 그들을 협조적이며, 유익하고 예민하게 만든다. 그들은 세상에서 가장 좋은 친구들이다. 내게 보상은 이런 제조 인력과 함께 일하는 특전이었다.

빌 킹은 구매부서 출신의 동료로서 그런 자질을 지녔다. 빌은 크라이슬러 주식회사에 완전히 헌신하고 내가 말한 재능을 가진 장기 경력의 소유자로서, 그저 새로운 지도부의 신선한 입김과 지휘가 오기만을 기다리고 있었다. 당시 우리가 반드시 취해야 했던 조치들은 상당한 위험과 대결해야 하는 것이었다. 그는 자기 인생 경력의 후반부에서 그러한 지도를 지지할 때 따르는 온갖 위험을 감수했다.

빌은 용감하게도 모든 사람이 우리가 파산할 것이라고 100 대 1로 내기하고 있던 그때에, 큰 위험성이 따르는 그런 제안을 지지해 달라고 사람들을 설득했다. 당시 우리는 기계업체, 공구제조업체, 장비납품업체에게 최종 제품의 수송방법을 바꾸어 부품체계에서 신뢰도를 향상시키려고 하고 있었다. 빌은 이런 지휘방침의 변경을 요구하는 제조 그룹에게 획기적인 지원과 지도력을 제공함으로써 우리의 납품업체들이 제조활동과 구매활동의 양대 핵심 부문을 분열시키지 않도록 했다.

빌은 나와 더불어 끝까지 참아 냈으며, 마침내 우리는 부활 과정에서 어려운 고비를 극복할 수 있었다. 오늘날 나는 그가 제조장비, 치공구, 로봇에 대해 우리가 제창한 50-20 조달정책이 크게 성공하게 된 유력한 이유 중의 하나라고 확신하고 있다. 나는 항상 가슴 한 구석에 빌 킹에 대하여 따뜻한 마음을 간직할 것이다. 그는 크라이슬러의 임원으로서 당연히 은퇴의 보상을 받을 자격이 있는 임원이었다.

일단 친구를 사귀면 평생 친구를 갖게 된다. 우연하게도 빌 킹은 내가 태어난 도시, 오하이오주 노워크에서 은퇴했다. 어느 날 《월스트리트 저널》에서 내가 크라이슬러를 떠난다는 기사를 읽은 그는 옛 친구를 걱정하면서 직장에 있는 나에게 전화를 걸었다. 나는 그가 은퇴한 이후 소식을 듣지 못하고 있었다. 우리는 정말로 따뜻하고도 진지한 대화를 나누었다. 그는 그 날 내가 30분 동안 자기와 잡담할 수 있는지 물었다. "빌, 지금 당장 잡담을 시작합시다." 나는 대답했다. 그러자 그는 "아니, 자네를 보러 가고 싶네"라고 말했다. 디트로이트까지는 왕복 300마일이 넘는 여행이 될 것이었다. 나는 "그럴 필요까지는 없다"고 말했다. 그러나 그는 고집했다.

그 날 늦게 우리는 30분간 만났다. 그는 자동차를 몰고 와서는 단지 나를 껴안고 내가 1980년대의 10년간 크라이슬러의 회복에 공헌했음을 치하했다. 또 크라이슬러에서 우연하게도 그와 내가 똑같은 경력을 밟았음을 회고했다. 제조 전문가인 빌로서는 얼굴을 맞대고 얘기해야만 했다. 전화 통화만으로는 안 되었다. 우리는 헤어질 때 포옹하면서 눈물을 글썽거렸다.

빌 킹은 가장 훌륭한 제조 인력을 대변한다. 우리의 관계는 진정한 행동이 있는 곳에서 보낸 삶의 엄숙한 영광이 낳은 우정이 얼마나 값진 것인지를 증명하고 있다.

3 경영에서 성공하기

약 15년간 나는 두 명의 수석 자동차 제조기사와 더불어 회사의 고급 임원이었다. 미국 폴크스바겐의 제조 담당 부사장으로서 나는 중요한 신 차종의 생산개시를 경험했다. 당시 토니 슈메커(Toni Schmuecker) 회장은 자사의 임직원에게 미국의 생산기지야말로 핵심 설비라고 설득했다. 이 같은 엄청난 계획은 그 국제적인 시야와 시간을 압축한 전망으로 극도로 복잡한 양상이다.

독일어가 폴크스바겐의 언어였다. 영어로 된 공식 문서는 단 한 건도 없었다. 많은 프레스제품들은 스페인어가 일상 언어인 멕시코 폴크스바겐 에서 왔다. 우리는 포르투갈어를 사용하는 브라질 폴크스바겐에서 온 엔 진을 사용했다. 언어의 문제 외에도 모든 폴크스바겐의 설계명세서는 미 터법으로 표기되어 있었다. 미국인인 우리는 파운드 단위를 중심으로 하 는 영국식 도량형제도에 익숙해 있었다.

나는 즉각 국제 사업에는 지난한 적응과정이 반드시 필요하다는 점을 깨달았다. 폴크스바겐을 경험한 나는, 대부분의 미국인들이 앞으로 15년 후 시장이 어떻게 될 것인가에 완전히 무지하던 시기에, 얽히고 섥힌 글 로벌 제조활동의 실상을 극적인 방식으로 알게 됐다.

멕시코인을 위한 멕시코

크라이슬러에서 나의 첫 직책은 다각화부문 담당 부사장으로서 미국을 제외한 모든 지역과 캐나다의 자동차생산을 관장하는 일이었다. 그것은 멕시코, 남아프리카, 호주의 모든 작업을 포함하고 있었다. 또한 라디오, 와이어 하니스(배선부품), 시동모터, 차체의 내장품 등을 생산하는 미국 내외의 16개 부품회사들을 관장했다. 그리고 나는 계열사인 크라이슬러 방위사업부와 크라이슬러 해운부(Chrysler Marine)의 회장이었다. 정말로 다양한 임무였다.

멕시코로 가서 톨루카 조립공장, 톨루카 콘덴서, 살티요 엔진, 라고 알베르토 조립공장 등을 각각 방문했을 때 나는 우리가 깊은 수렁에, 우리 눈썹보다 12피트나 깊은 구멍에 빠져 있음을 알았다.

이것은 내가 일평생 본 것 중에서 최악의 자동차조업장이었다! 나는 그곳에서 건질 만한 것이 거의 없다고 판정했다. 우리에게는 새로운 출발이 필요함이 명백했다. 내가 본 모든 것 중 어느 하나 마음에 들지 않았다. 공장에는 수리할 것이 너무 많았고 너무 많은 여분의 자재들이 사용되고 있었다. 부품과 납품품들, 미완성 차량들이 야외에, 텐트 아래에, 아니면 비가 새는 창고에 쌓여 있었다. 나는 말했다. "여러분 우리는 일을 이런 식으로 계속하지는 않을 방침입니다. 우리에게는 새로운 방향이 필요합니다. 우리는 이 배의 항로를 바꿀 생각입니다!"

분명히 이 말은 이 공장의 관리팀을 위협했다. 그것은 나의 의도가 아니었다. 나는 그들의 주의를 끌기를 원했다. 우리는 기반을 상실하고 있었고 우리의 계획을 바꾸는 중이었다. 우리는 미국인인 잭 파킨슨으로 하여금 멕시코의 사업을 관장케 했다. 인사의 배경은 공장장 한 사람이 톨루카 조립공장을 그만둔 직후였기 때문이었다. 그리고 다른 공장들에는 멕시코인 경영자들을 인사 발령했다.

나는 평가를 계속하면서 이렇게 말했다. "나는 이곳이 멕시코 민족주의자들이 운영하는 계열회사가 되기를 바랍니다. 그러나 당분간은 6~8명의 엄선된 미국인 임원을 투입하려고 합니다. 제조부장은 토니 딕스, 품질부장은 마이클 러치가 될 것입니다." 나는 그들에게 우리의 목표는 크라이슬러의 세계 품질 기준에 상응하는 수준까지 제품품질을 향상시키는 일이라고 역설했다. 이것은 우리 공장이 완성된 승용차와 트럭을 멕시코로부터 화급을 요하는 미국 시장으로 공급하는 최초의 공장이 되는 데 반드시 필요한 것이었다. 그들은 모기업이 파산할 처지에 놓여 있기 때문에 긴박감을 느껴야 했다. 멕시코에 있는 그들이 매일 모든 게 잘돼 가고 있겠거니 생각하면서 편안하게 앉아 있었지만, 디트로이트의 우리는 죽어 가고 있었다.

우리는 1980년부터 1986년까지 모든 제조체계를 바꿨다. 우리는 사장인 카를로스 로보를 비롯하여 모든 멕시코인 공장 경영자를 해고했다. 분명한 점은, 이들 관리 인력을 너무 빨리 승진시키는 데에는 위험이 뒤따랐다는 사실이었다. 그들을 12~24개월 안에 훈련시키는 것은 불가능했다. 신기술, 새로운 경영철학, 크라이슬러 특유의 하부구조를 어떻게 설치하고 지원하며 나아가 체계를 지원하는 방법을 터득하는 데에는 상당한 훈련이 필수적이었다.

나는 이런 일을 모든 해외 공장에서 실시했다. 나는 미국인들을 책임자로 임명하지만 그것은 오로지 임시 조치라는 점을 알렸다. 나는 이렇게 말했다. "모든 것은 여러분이 얼마나 빨리 우리의 생산체계를 파악하고 그것을 잘 운영할 수 있는지에 달려 있다. 여러분은 반드시 좋은 성과를 내야 한다." 우리는 항상 현지 지도자들을 육성하려고 했으며, 아주 드문 예외에 한해 그들의 능력 발전과 국제 무역에 대한 경험을 확충하기 위해 특별 요원을 배치하는 정도에 그쳤다. 이것은 내가 폴크스바겐의 경험에서 터득한 사항이었다.

우리는 해당 부서의 모든 사람에게 승진의 기회를 주고자 했다. 만일 그들이 유리천장이 있다고 느낀다면 우리는 그런 장벽은 일체 없음을 그들에게 증명해 보이고자 했다. 우리는 그들이 정확히 최고의 직위까지 승진할 수 있다고 생각하기를 바랐다. 하지만 우선 그들은 그럴 만한 자격을 갖춰야만 했다. 나는 그들에게 말했다. "여러분에게 직무훈련이 부족하다면 여러분을 훈련시킬 계획이다. 여러분에게 공식 교육이 부족하다면 여러분에게 시간과 돈과 지원을 아끼지 않을 방침이다. 그러나 여러분은 반드시 훈련받고 교육받은 대로 그런 일을 하는 사람이 되어야 한다."

한편 그들이 그럴 만한 역량을 갖지 못한 경우 우리는 여기에 피터의 원칙(Peter's Principle), 즉 사람들을 그가 가진 능력 이상으로 끌고 간다는 원칙을 적용하려고 하지 않았다. 우리는 균형을 맞춰야 했으며 그것은 몇몇 경우 6년에서 8년이나 걸렸다.

하지만 우리는 마침내 그 일을 해냈다.

이 같은 현지인 우대 원칙은 닛산과 다른 자동차업체가 멕시코 현지 공장에 대해 갖고 있는 경영방식과 전적으로 상반되는 것일지도 모른다. 하지만, 그것이 우리의 철학이었다. 그것은 당시 잘 먹혀 들어갔으며 오늘날도 유효한 효과를 낳고 있다. 멕시코 크라이슬러의 회장 빈센트 아리즈테구이(Vicente Ariztegui)는 우리를 적극 지원했다.

서명하기 전에 이것을 읽어 보시오

당신이 제조회사에 경영진의 일원으로 입사하고자 한다면 반드시 다음 사항에 주의하라. 당신은 오로지 한때만 힘을 갖고 있는데 그것은 당신이 입사하기 전까지이다. 일단 입사하면 당신에게는 사장이 있고, 곧 당신은 회사의 체제에 흡수될 것이 확실하다. 새로운 환경에서 결정적으로 중요한 사람들은 당신이 첫 거래를 성사시킨 이후에는 당신을 향해 고개를 굽히려 하지 않을 것이다. 따라서 당신은 일체의 제안을 받아들이기에 앞서 자신을 위해 가능한 한 최상의 조건을 협상하도록 하라. 이 밖에도 입사 이전에 명심해야 할 중요 사항들이 있다.

회사를 주의 깊게 연구하라. 시장에서 그 회사가 차지하는 위치와 입장을 알아 두라. 해당 회사의 제품을 알려고 노력하라. 회사의 고객들을 연구하라. 회사의 공장과 설비를 견학하고 회사의 직원들과 공정의 설비능력을 알려고 하라.

해당 회사의 연차보고서를 주의 깊게 살펴보고 최근 5년간의 영업실적

추세를 알아보라. 향후 5년간의 영업계획에 관한 정보를 요구하라. 몇 명의 종업원들, 납품업체들, 각기 다른 경영 관리 수준의 고객들 및 다른 부서의 사람들과 만나고 개인적으로 대화를 나눠 보라. 장래 당신의 동료가될 사람들의 태도와 경영철학을 판별하고 평가하라. 가장 중요한 점은, 본사의 조직도표를 철저히 연구하고, 수석 임원(사장이나 회장)을 비롯한 상위 10명의 임원들에게 특별한 주의를 기울이라. 그들의 체계, 실체, 팀워크, 경영 스타일, 경기실적, 미래에 대한 전망, 지도부와 함께 일하려고 하는 개인적인 욕구 등에 주목하라.

회사를 철저히 연구한 후 그 회사가 정말로 당신을 필요로 하는지 자문자답을 해보라. 당신은 훌륭한 적임자인가? 해당 조직의 화학작용구조가전문 역량에 맞게 당신의 의욕과 동기를 유발하는가? 당신이 조직의 철학과 장래의 사업계획에 100퍼센트 동의하지 않는다면 입사하지 말라. 왜냐하면 제조업에서 당신은 가혹한 개인적 대가를 치러야 할 것이기 때문이다.

신제품 개발에서 살아 남는다

당신이 제조 담당 최고 임원으로 특정 회사에 취임하게 되면, 아마 당신은 곧 중요한 신제품의 개발작업에 직면하게 될 것이다. 나는 이런 과정에서 살아 남고, 나아가 더 발전할 수 있는 간단하고도 체계적인 접근방법을 소개하고자 한다.

첫째, 신제품을 양산하기 전에 반드시 종업원들이 그 제품을 생산할 수있도록 완전히 훈련시켜야 한다. 지속적인 개선을 위한 헌신이 필수불가결하다. 이것은 성공적인 양산개시의 기회를 크게 높일 것이다.

관련 통계공정관리의 자료들을 철저히 검토하여 공정들이 제대로 생산능력을 발휘하도록 하라. 그렇지 않은 것들은 즉각 수리하라. 나아가 실제의 양산 상황에 근사한 몇 차례의 시험조업을 생산계획에 맞춰 짜 보라.

납품업자들이 이런 첫 생산용으로 완성차업체에 보내는 처음 5000개(혹은 충분한 숫자의) 부품의 품질을 인증토록 하라.

완전히 새로운 제품, 완전히 새로운 설비, 완전히 새로운 노동력에 대해서는 한 번에 오직 1개의 교대조만을 가동하라. 물량을 서서히 늘려 마침내 최종적으로 완전생산계획량에 도달토록 하라. 학습곡선과 조정시간은 사활적으로 중요하다. 최소한 4주 내지 6주 동안 기다린 후 제2교대조를 가동하라. 점차 성공적인 교대를 가동하지만, 이제는 제품, 설비, 인력, 납품기반에 대해 경험을 쌓았기 때문에 첫 교대보다 속도를 빠르게 하라. 차종은 같지만 모양이 다른 차에 대해서는 단계를 세워 점차 생산토록 하라. 시장의 요구에 부응하여 제품의 다양성을 유지하라. 크라이슬러에서 우리는 색깔 배합의 종류를 회사 전체에 통털어 15~20개에서 10~12개로 줄였다. 하지만 우리는 지금도 요청을 받으면 다른 색깔의 차를 생산할 수 있다. 동시에 우리는 좀더 고도 기술을 요하는 하도 청정코팅의 도료로 바꿨다. 이리하여 우리는 월등히 뛰어난 광택을 낼 수 있었고 자동차 진열대의 외관을 개선했다. 우리는 항상 접합부와 마무리의 품질을 한 단계씩 향상시키고 있었다.

장기 제품 기획은 신제품 개발을 관리함은 물론 언제 무슨 일이 일어나는가를 관장한다. 이 기획에는 예산소요액, 시간계획, 임계마감시한이 반드시 있어야 하므로 제조 담당 간부가 충분한 정보를 제공해야 한다. 오직 최고급 제조 담당 임직원들만이 신제품의 개발에서 얼마나 많은 시간이 걸리고 얼마나 많은 자원이 투입되는지를 알 뿐이다. 그들은 반드시 어떤 종류의 디자인이 고품질의 제품을 낳을 것인지를 알아야 한다. 결국 품질은 디자인과 더불어 시작된다. 그들은 어느 공장이 제품을 적절한 시간 안에 수용할 수 있고 어떤 인력이 정확한 품질로, 시간계획에 맞춰, 예상생산량과 제품결합을 향해, 또 예산범위 안에서 그 제품을 빼낼 수 있는지를 추천한다.

제조 담당 최고 간부들은 저마다 장기 제품 기획에 얼마나 많은 영향력을 행사하는가에 따라 성공하거나 실패할 것이다. 아무리 협박을 받는다고 해도 자신의 의견 제시를 포기하지 말라.

나는 새로운 승용차나 트럭의 출시 때 그것의 성공 여부를, 첫째로 고객들이 우리의 제품을 좋아하느냐, 둘째는 우리가 얼마나 제대로 예산을 잘 맞췄는가 —— 우리가 이사회에 제출한 계획대로 맞았는지 —— 를 기준으로 평가한다. 만약 계획과 어긋난 것이 있다면 나는 "우리가 임원에게 그런 점들을 설명할 수 있는가, 아니면 그것은 단지 실수였나?" 하고 자문할 것이다.

또 성공 여부는 질적인 면으로도 측정될 수 있다. 우리가 일하기 시작한 첫 12개월중 우리의 품질은 무엇으로 측정하는가? 나는 제조업에서 근무를 시작한 후 첫 3~6개월중에는 제조업이 반드시 100퍼센트 책임 져야 한다고 항상 생각하고 있다. 그 다음 6~12개월중 그것은 신뢰도 이상의 중요한 사항이 되며 또 점차 디자인엔지니어링의 상세 설계도면과 납품업체의 역량 문제에 들어가게 된다. 그 지점에 이르면, 내구성 문제 쪽으로 옮아가게 된다. 예컨대 엔진을 들어 보자. 만약 엔진이 정말로 내구성이 있고 잘 정비되어 있다면 20년을 쓸 수 있지만, 그렇지 않다면 첫 사용개시 5년 이내에 문제가 발생할 것이다.

구체적인 신제품 판매 사례를 살펴보자. 1980년의 K-카, 1984년의 미니밴, 1986년의 다코타(Dakota), 1992년의 LH를 보자. 이것들의 공통점은 무엇인가? 첫째, 고객이 이 제품들을 원하는가 물어 보라. 대답은 네 차종 모두 '그렇다'이다. 품질이 그들이 원하던 것인가? K-카의 경우 '아니다'이다. 미니밴과 다코타는 '그렇다'이다. LH는 시간이 말해 줄 것이다. 그렇다면 이것들의 비용은 얼마였는가? K-카의 경우 예산을 상당히 초과했고 미니밴과 다코타는 예산에 맞추었으며, 또 시간은 LH의 경우 빡빡했다.

엔지니어링은 변화하고 있는가? 엔지니어링시스템은 지난 12년간 동태적으로 협동하여 점진적으로 발전해 왔으므로, 오늘날 1990년대에는 1980년대 초반과 중반에 비해 새 제품에 대한 기본 설계 및 상세 설계의 변경 건수에서 획기적인 감소가 있어야만 한다. 미니밴의 경우 K-카의 신규개발에서 많은 사항을 터득했기 때문에 K-카보다 설계변경 건수가 크게 줄어 들었다. 나는 늘상 인생이란 배움의 연속이며, 만일 똑같은 사항을 두 번이나 배우는 경우라면 그것은 여러분이 게으르거나 우둔한 탓이라고 생각하고 있다. 나는 LH의 경우 설계변경의 수치를 정확하게 제시할 수는 없지만, 그것들은 학습곡선에서 아래쪽으로 계속 하락했다.

선수들을 선발하다

팀의 성적은 팀원 각자의 능력 이상도 이하도 아니다. 종업원 지망생을 면접하는 일은 중요하다. 왜냐하면 지도자인 당신의 성적이 이런 중요한 선발을 얼마나 잘하느냐에 달려 있기 때문이다.

나는 통상 변호사들에게 맡겨지는 고용계약의 법률상 및 계약상의 요구 조건들 외에도, 함께 일하게 되는 사람들이 자신의 말을 충실히 지키면서 살아가고 있는지, 또한 그들이 애초의 계약에 따라 충실하게 살아가고 있는지를 늘상 알고자 한다.

또 나는 신속하게 태도, 역량, 장점, 능력과 적성을 살펴본다. 이것들은 모두 주관적인 것이지만 시간제 사원부터 중간 관리자, 전문 기술자, 고급 경영자들에 이르기까지 장래의 직원을 뽑는 데 중차대한 문제들이다.

내가 늘상 찾아보는 핵심 사항은 **성격**과 **적성**이다. 성격에 문제가 있으면 나는 그 사람이 내 밑에서 일하기를 바라지 않고, 또한 성격이 나쁜 사람 밑에서 일하고 싶지도 않다. 적성에 대해서는 나는 스스로에게 이렇게 묻는다. "우리는 이러이러한 개개인들이 어떤 과제를 해결하기를 바라는가? 그들은 자격을 갖추고 있는가? 그들이 그 자리에 적합한가? 그들은 경험이 있는가? 그들은 정력이 있는가? 그들은 건강한가? 그들은 우리와 함께 오랫동안 일할 것인가?" 요컨대 나는 성실성, 성격, 적성, 정력, 혁신적인 기능을 가진 사람을 찾는다. 나는 다른 사람들과 융합되는 개성, 안성맞춤의 사람을 기대한다.

또한 나는 그들이 운동 경험이 있는지, 아니면 운동에 관심을 갖고 있는지 알고자 한다. 그런 경험과 관심은 그들이 경쟁하기를 좋아하는지를 나에게 가르쳐 주기 때문이다. 그들이 과거 운동선수였는지가 아니라 어떤 스포츠인가가 중요하다. 그들이 하키를 했는가? 권투를 했는가? 레슬링을 했는가? 축구를 했는가? 이것들은 다칠 각오를 해야 하는 힘든 스포츠이다. 이런 유형의 사람들은 경쟁을 좋아할 것이 확실하다. 그들은 틀림없이 싸움을 좋아할 것이다. 만약 그들이 논쟁을 즐기는 학자나 언론인처럼 다른 분야의 경쟁을 선택했다면 나는 그것도 존중할 것이다. 하지만 나는 지금도 무엇이 그들을 열광하게 하는지를 알고 싶다.

여기서 요점이란 27년간의 제조업 생활에서 나는 결코 자신에게 주어진 경기에서 기권을 한 적이 없다는 사실이다. 더욱이 내가 그들에게 하라고 요청한 직무를 수행하지 못한 사람은 지금까지 아무도 없었다! 생각컨대, 이것이야말로 바로 이런 기준이 중요함을 확인시켜 준다.

일선 근로자를 방문하다

제조 담당 간부들은 늘상 손가락을 공장과 조업 상태라는 맥박에 얹어 놓고 진단해야 한다. 공장의 성격에 따라 다르지만, 나는 공장들을 매년 최소 1회에서 많을 경우 12회까지 현장시찰했다.

만일 최고급 제조 담당 임원들이 공장에 가지 않으면, 해당 공장의 임직원들은 결국 버림받았다고 느끼게 된다. 그것은 여러분이 친부모와 가족, 친구들을 찾지 않을 때와 본질적으로 똑같다. 만약 그런 일을 소홀히 하면 관계가 악화되어 누구나 고통을 받게 된다. 이런 관계들이 위축되고 사라지는 것처럼, 소홀히 취급되는 공장 역시 시들시들해져 마침내 사망할 것이다.

공장을 방문할 때에는 지원 부서의 동료들을 가능한 한 많이 대동해야 한다. 나는 항상 금융, 설계, 엔지니어링, 구매, 노사관계, 판매, 마케팅부문의 사람들과 함께 가기를 원했다. 나는 그들의 뒷받침이 성공적인 생산에 반드시 필요한 것임을 알고 있었다. 나는 그들이 자신의 결정이 공장과 제품의 성공에 어떤 영향을 미치는지 직접 그 효과를 눈으로 보기를 바랐다. 공장시찰에 그들을 참여시킴으로써 나는 그들을 좀더 강도 높은 지원과 팀워크의 수준까지 끌어올렸다. 또한 나는 그들이 공장에서 직접 보고 들은 것을 기초로 하고 있다면 그들의 현실적인 결정이 획기적으로 향상되었음을 느꼈다.

특정 공장의 전반적인 태도는 배의 선장, 즉 공장장에 의해 결정된다. 내가 제일 먼저 살펴보는 사항은 태도이다. 그것은 복잡한 현실을 파악하는 데, 해당 공장이 좋고 건강한 환경을 지니고 있는지 알아보는 데 아주 중요하다. 긍정적인 태도는 해당 시설 안에 있는 종업원에 의해 창출되는 것이기 때문이다. 사람들이 공장장의 목적과 목표에 민감한가, 아니면 목표들이 그저 케이크 위에 뿌려져 있는 생크림 정도로 여겨지고 있는가?

긍정적인 태도를 갖는 데에는 돈이 한푼도 들어가지 않는다. 만약 공장 사람들이 긍정적인 태도를 갖고 있지 않다면, 사람들을 긍정적이 되도록 만들고 집중력을 가지며 책임성을 갖고 사람들을 분발케 하는 관리방법을 개발하는 일이야말로 공장장의 할 일이다.

나는 늘상 해결되지 않은 진정 사건과 같은 인간관계의 문제를 갖고 공장방문을 시작했다. 그런 문제들이란 어떤 사람이 어느 자리에서 어느 자리로 이동되었는가, 누가 이동될 필요가 있고 이동되는 사유는 무엇인가 등이다. 이어 우리는 제품이나 공정에 대한 고객의 관심사항과 이런 문제들을 시정하기 위해 취해지는 조치들을 논의하면서, 제품의 품질 문제를 집중적으로 다뤘다. 재고회전율과 납품업체관계는 항상 현장시찰의 핵심을 이루었으며, 아울러 3대 핵심 부문 즉 요구에 따른 조치, 예방조치, 예측조치에서 보전 및 정비의 문제도 마찬가지다. 물론 우리는 항상 예산은 물론 자금 전망의 각종 변수들, 복구계획 등을 심사했다.

나는 항상 공장장들이 그가 받은 패의 효율성을 극대화하기를 기대했다. 만일 공장장이 수동으로 작동되는 차체공장을 갖고 있으면 나는 그를 완전히 로봇화된 차체공장과 비교하지는 않았지만, 그의 업적을 그 자신의 경기기록과 비교하고자 했다.

이어 나는 그들의 역량이 향상되고 있는지, 전과 같은 수준에 머물러 있는지, 아니면 쇠퇴하고 있는지를 묻는다. 현지의 총쓰레기량이 감소하고 있으며, 공장장이 영향력을 갖고 있거나 관리하는 사항들은 어떤가? 그것은 도장공장의 찌꺼기에서 포장용 골판지까지, 수하물의 부스러기에서 폐기처분된 차체 강판까지 다양할 수 있다. 명백한 점은 만일 공장에 혁신과 비전이 있다면, 사람들이 창의적이고 유능하고 한팀으로 일하고 있다면 반드시 지속적인 개선이 이뤄져야 한다.

나는 그들에게 청중들과 어떻게 잘 지내고 있는지 묻는다. 청중이란 말은 노조 지도자, 종업원, 납품업자, 판매상, 심지어 에너지를 공급하는 전력업체를 비롯하여, 해당 공장을 지원하는 모든 사람을 지칭한다.

나는 **자조노력**이 옳다고 확신하므로, 공장의 임직원들이 30일 동안 본사의 임직원이 개입하지 않는 상태에서 시정조치한 다섯 가지의 문제점들을 제시해 주기를 기대했다. 나는 현지의 사람들이 공장장이 참가한 팀의 지도 아래서 주도권을 쥐고 솔선하여 이런 문제들을 스스로 처리하기를 기대했다. 나는 이것을 완전히 공장장의 책임에 맡기곤 했다. 그럴 때 나는 이렇게 물었다. "당신이 내부적으로 하고 있는 다섯 가지 일이 무엇인가요? 왜냐하면 일단 당신이 그것을 나에게 얘기하면, 우리는 차후 그것을 검토할 방침이기 때문입니다. 나는 날짜, 사실, 경향, 최종 결과를 원합니다." 우리가 모든 경기에서 점수를 매기는 이유는 우리가 이기고 있는지 혹은 지고 있는지를 알기 위함이다.

그리고 나서 우리는 현지의 사업계획, 현재 모델의 조립종료시기, 새 모델 개발 및 시판을 위한 준비 상태 등 장래의 관심사항들을 다루곤 했다.

본사의 승인이 필요하고 개별 공장의 차원을 넘는 사항은, 그것이 사람에 관한 것이든 기계류에 관련된 것이든 불문하고, 나는 그들에게 상위의 다섯 가지 요구사항에 초점을 맞추라고 요청했다. 그럼으로써 나는 헛되이 나비 떼를 쫓고 있지는 않았다. 나는 다섯 가지 구체적인 문제를 갖고 본사로 돌아와 해당 공장장과 직원들을 지원하여 그들이 원하는 바를 달성토록 했다. 나는 이렇게 묻곤 했다. "당신들은 우리에게서 무엇을 원하는가? 지금 당장 얘기해 주시오. 그러면 우리는 당신들이 원하는 지원을 제공할 계획이다. 당신들에게 필요한 모든 것을 우리가 실제로 가져다 줘야만 시계는 움직이기 시작할 것이다."

몇 가지 핵심 사항의 경우 공장장은 나의 승인이 없으면 전혀 할 수 없다. 예를 들면 나는 이렇게 묻곤 했다. "직원들을 훈련시키는 데 무엇이 필요한가?" 나는 그들이 종업원의 훈련계획을 제출하기를 기대했다. 그 계획의 일부는 현지에서 처리될 수 있을 것이며 다른 일부는 사람들을 본사 훈련센터로 보내야 할 것이다. 나는 항상 이 다섯 가지 일 중에서 적어도 하나는 사람과 관련되어 있고, 또 다른 하나는 기술과 관련된 사항이기를 원했다. 통상 나는 셋째 사항은 자재처리에 관련된 것으로서 납품업체들의 기반을 합리화하는 문제이거나, 재래의 선정 및 포장(pick-and-pack)에서 적시납품방식이나 부품서열납품제로 가는 것이기를 원했다. 사실 그런 제도는 훨씬 집중적이고 한층 효율적인 자재공급체계이다. 그것이야말로 경영에 대한 동태적인 접근방법이다.

나는 공장시찰에서 균형을 맞추려고 했다. 회의의 40퍼센트는 사무실과 회의실에서, 나머지 60퍼센트는 현장에서 열렸다. 나는 현장의 시찰에 대해 전보다 한층 강력한 통제권을 장악하고 보통 공장장이 권장하는 도보 시찰코스를 조정했다. 대신 나는 어두운 구석들, 용접불꽃이 날아다니는 차체공장, 도장공장의 관리실 분위기, 지붕, 발전실, 지하실의 바닥까지 훑고 다녔다.

나는 통상적인 공장시찰시 자동차 타기를 한사코 사양했다. 걸으면서 관찰하고 이야기를 나누며 생각하는 것이 아주 중요하다.

걷는 것은 노동자들과 인사를 나누고 공장을 자세히 관찰하며, 일반적으로 공장의 특성을 정확히 파악하는 기회가 된다. 경험 있는 사람에게 공장은 파악하기가 쉬운 곳이다.

빵으로 식사를 하고 나서 휴식을 취한 다음 나는 개선이 필요한 문제들에 대하여 구체적인 지시를 내린 후 시찰을 마감했다. 나는 공장장에게 업적책임제라는 부담을 지웠으며 추후 그 문제를 추적하여 논의한 쟁점들이 반드시 합의된 시간 안에 만족스러운 수준으로 해결되도록 조치했다. 또한 나는 다른 부서와 조직분야의 동료들에게 자신의 분야와 관련된 문제에 책임을 깨닫도록 했다. 우리는 돌아오는 차 속에서 이런 것들에 대해 개인적으로 자세히 논의했는데, 나는 반드시 그 공장과 그 공장의 제품에 가장 큰 영향력을 미칠 수 있는 사람 옆에 앉았다.

공장에 내가 찾기 전보다 한층 활기가 넘치고, 사람들이 올바른 방향으로 적절한 속도로 초점을 갖고 계속 가도록 하는 일이 나의 직무였다. 나는 공장장들에게 "승진(promotion)의 3분의 2는 운동(motion)이므로, 계속 움직이시오!"라고 상기시켰다.

공장장이 되는 데 필요한 사항들

본사의 제조 담당 임원으로 재직하면서 나는 매년 100~150회의 공장시찰을 했다. 그것은 커다란 도움이 되었다. 그럼으로써 사람들은 내가 그들 자신, 그들의 작업, 그들의 제품에 신경을 쓰고 있으며, 그들이 원할 때는 내가 언제라도 그들을 도와 줄 수 있음을 알게 됐다.

공장장을 채용하거나 공장장으로 승진시킬 때 나는 몇 가지 자질을 살펴보았다. 성격과 성실성이 첫째였다. 둘째는 적성과 정력이었다. 나는 가정 생활도 원만한 공장장을 원했다. 산으로 올라가는 장기전에서 가정이 평화롭고 가정이 잘 뒷받침해야만 사람들은 직무현장에서 최대 능력을 발휘할 수 있다. 나는 그들에게서 지적으로 신체적으로 정서적으로, 또 그들의 관심사에서 직업적이든 개인적이든 균형을 기대했다. 그들은 다른 사람에게 긍정적이고 집중적이며 결과지향적인 활동을 할 수 있도록 동기를 부여할 만한 정열과 열의를 지니고 있는가? 또한 나는 후보자가 해당 체제에 안성맞춤인지를 자문했다. 공장장은 지역사회에서 회사를 대표하는 사람이다. 이런 것들이 중요한 문제가 되는 유일한 고려사항이었다. 나의 공장장들은 남녀, 서로 다른 종교와 피부색, 다양한 인종집단 출신들이었다. 그들은 책임감이 있고 적극적이며 촉매제의 역할을 담당해야 했다.

내가 지금까지 맡은 세 가지 최상의 직책은 범세계 제조 담당 임원 겸 부사장, 공장장, 반장이었다. 나는 3000명의 종업원이 박엽판스프링과 코일스프링, 범퍼, 제동장치를 생산하는 시보레 라이보니아 공장에서 처음으로 공장장이 되었다. 그 공장은 고도로 다양화된 작업장으로서 매달 강철을 5만 톤 이상 가공처리하는 곳이었다. 이 공장은 흥미진진하지만 힘든 곳이었다. 나의 둘째 공장장직은 시보레 디트로이트 기어 및 차축 공장으로서, 이 공장은 7000명 이상을 고용하고 구동장치부품과 섀시부품을 생산했다. 그곳은 엄청나게 바쁜 도심 공장이었다.

이런 경험들을 토대로 나는 공장장이란 하루 24시간, 1주 7일, 1년 365일 근무할 의무가 있는 현장의 사장 혹은 회장이 되어야 한다고 굳게 믿게 되었다. 거기에는 완벽한 신임과 자격, 비범한 헌신, 결단력, 경영상의 통찰력 등이 필요하다. 그것은 경험 없고 소심하거나 정신적으로 경량급의 사람에게는 적합치 않은 직무이다.

공장장의 책임이란 바로 문제를 발견하고 해결하는 일이다. 이런 개인은 반드시 경영계획을 세워야 한다. 물론 경영계획에는 다음 사항들을 추적할 수 있는 핵심 추적장치가 포함돼야 한다. 즉 종업원들의 안전과 건강 상태를 감시하는 일, 제품의 안전성능, 제품의 품질, 시간일정계획, 생산비, 성능, 그리고 경영진과 종업원 및 노조의 관계, 설비의 보전 및 개량, 생산계획량 대비 시장에 대한 실제출하량, 예산불일치, 공장으로 들고 나는 반입과 반출, 납품업체 및 고객과의 관계, 경영진 및 조직의 효율성과 사기, 지역사회와의 관계, 장래의 공장제품출고량, 경영전략 등이 그것이다. 공장 각 부서의 책임자들은 공장장을 지원해야 한다. 그들은 예민하게 판매상과 고객과 섬세한 관계를 맺어야 한다.

또한 공장장은 반드시 연간 목표와 장기 목표를 수립해야 하며 그것의 진전 상황을 정확히 추적해야 한다. 단기 문제들은 반드시 '위험' 또는 '기회'로서 처리되어야만 한다. 아울러 직접 올리는 모든 보고서는, 가능하면 매주 월요일에 금주 공장의 실적에 영향을 미칠 수 있는 '긴급' 사항들에 대한 1쪽짜리 리스트를 제출해야 한다.

놀림감이 되기 십상이다

나는 이런 것들을 오래 전에 배웠다. 숙제를 하지 않고서는 결코 교실에 들어가지 말라. 당신의 몸 컨디션이 좋고 정신이 집중되어 있기 전에는 축구 경기장에 결코 들어가지 말라. 사람, 공장, 제품에 대한 연구를 마치기 전에는 절대 공장에 들어가지 말라.

사람들이 신참자를 놀려먹는 것은 인간의 본성이다. 내가 1980년 크라이슬러에 입사했을 때 나는 정말 그들의 공장에 대해 전혀 아무것도 몰랐다.

나는 사람들도 몰랐고 노조도 몰랐으며 제품들도 몰랐다. 내가 배우는 모든 것은 나에게 말로만 전해지고 있을 뿐이었다. 일부 사람들은 여러분에게 솔직하게 말해 주지만 대다수는 말을 빙빙 돌릴 뿐이다.

그래서 나는 처음 그곳에 갔을 때 '놀림감이 되는 데' 만반의 준비를 갖추었다. 나는 일하는 최상의 방법은 깊이 생각하고, 정확하게 시간을 맞추며, 적극적이고 인내심을 갖고 남의 말에 귀를 기울이고, 관찰하는 것임을 배웠다. 그 후 당신의 좋은 머리와 좋은 경험을 적극 활용하여, 모든 것을 정상의 판단력을 통해 여과시킨 후 본인이 실제로 생각컨대 옳다고 믿는 것을 결정하라.

그것이 경영에 대한 나의 접근방식이었다. 열린 마음을 가져라. 최악의 상태에 대비하고 최상의 상태에 대한 희망을 가져라. 나는 누군가가 나를 유쾌하고도 악의적으로 속이려고 계획했지만, 그들이 실제 그런 짓을 하지 않기를 바랐다. 하지만 첫 몇 년간 그들은 '우리 구역에 온 신참자'를 상대했다. 많은 사람들이 나를 시험해 보려고 했다. 그러나 그들은 공장이 문을 닫고 사람들이 직장을 잃고 있음을 알았고, 고위 경영진의 우리가 사람들에게 책임을 지우려고 하고 있음을 깨달았다.

공장바닥을 걷는다

나는 항상 공장바닥을 걷기를 주장했고, 아울러 걸으면서 사람들과 얘기할 것을 고집했다. 공장의 맥박을 실제로 느끼는 유일무이한 방법이란 그곳에 가서 그 일부분이 되는 것, 다시 말해 그것을 느끼고 그것을 보고 그것을 감지하고 질문을 던지는 것이다. 그러기 위해 작업자가 근무에서 벗어나야 할 경우 나는 공장장에게 조정해 달라고 요청했다. 그리하여 해당 작업자는 공장장과 나와 함께 자리에 앉아 좀더 편안한 자세에서 말할 수 있었다.

그것은 매우 개방되어 있었다. 나는 항상 항목카드를 들고 다니면서 내

신임 제조업 경영자들에게 주는 조언

- 너무 저돌적으로 돌진하지 말라. 조직이 당신을 흡수하도록 하라.
- 실제로 알고 있는 것보다 더 많이 아는 척하지 말라. 적극적으로 인내심을 갖고 사람들의 말에 귀를 기울이라. 작업개선에 기여할 수 있는 알맹이 있는 질문을 던지고 구체적인 사항을 연구하라.
- 서두르지 말라. "급하게 굴면 일을 망친다"는 격언을 무시하면 비탄과 후회만을 뼈저리게 느낄 것이다.
- 대결 상황에 빠져 들지 말라. 당신의 게임계획을 개발하고 토론의 방법과 적절하게 토론을 같이하는 방법을 결정하라. 의견상의 차이가 있으면 그것을 개인적으로, 전문적으로 해결하라.
- 측정 가능한 개량이 업적의 사활을 결정함을 명심하라. 개선이 해당 부서 조직의 틀 안에서 일어나도록 하라.
- 하나의 경기로는 시즌이 되지 않음을 명심하라! 경기기록을 발전시키기 위한 측정 가능한 개선에는 최소 3년에서 5년의 장기간이 소요된다.
- 지속적이고 일관된 개선이 단기적이고 선풍적인 일시적 개선보다 한층 건전하고 더욱 생산적임을 명심하라.
- 당신의 성장과 미래를 염려하는 사람들은 물론이고 당신을 위협적인 존재라고 여기는 사람들도 항상 당신이 무슨 일을 하는지 지켜 보며 측정하고 있음을 결코 잊지 말라.
- 이미지도 현실에 못지 않게 중요함을 명심하라. 당신의 가치관과 목적에 부합하는 이미지를 개발하고 유지하라.

가 주의하게 되는 사항들을 적었다. 그것이 나의 '처리해야 할 일과 끝까지 추적하여 마무리해야 할 일'의 리스트였다. 만약 어떤 노동자가 모종의 조치를 해 달라거나 고려해 달라고 요청하면 나는 그것을 적고, 담당 반장이 3일 내에 개인적으로 회답해 줄 것이라고 약속했다. 나는 늘상 첫째로 반장과 더불어 문제를 완결지었으며, 그럼으로써 일선 관리자들이 직접 경영진의 목소리, 결정의 목소리의 지원을 받으며 현재 보유하는 지위를 유지할 수 있도록 했다.

이런 공장현장의 사람들은 나에게만 얘기하는 것이 아니라 해당 그룹에 있는 모든 사람에게 얘기하고 있었다. 우리는 굉장한 아이디어들을 받아들였다. 대부분 간단명료한 제안이었다. "잘 조정된 고정설비장치가 필요합니다." "더욱 자주 보수정비가 되는 설비가 필요합니다." "자재에 그리스 기름이 묻어 들어오고 있습니다." "거북한 자세로 일하고 있어 등에 쥐가 납니다. 교대 직후 전반부에는 괜찮지만, 후반부에 가면 나이가 58세이기 때문에 등에서 쥐가 납니다."

이런 것들은 간단한 사항으로서 해결하는 데 로켓 과학자가 필요 없는 문제들이다. 그것들은 보통 득이 되며 간단하고 솔직하며 상식적인 사항들로서 현장의 모든 사람에게 아주 밀접한 문제들이었고, 그들은 숲 대신 나무를 볼 수 없었다. 아니면 혹시 그들은 담당 작업자가 자기네들에게 '거짓말하고 있다'고 생각했을 것이다. 쌍방간 의사소통은 참을성 있게 경청하는 능력과 더불어 지금도 중요하다.

나는 관리자들이 더 민감해지기를 원했다. "이보시오, 저 작업자는 당신에게 이 사항을 말하고 있는데 당신은 그의 말을 무시하고 있군요." 나는 이렇게 말하곤 했다. 분명한 점은, 협박과 동정, 그리고 참여하는 경영 사이에는 민감한 구분선이 있어 아주 주의를 기울여야 했다는 사실이다. 나는 제품의 품질을 한 단계 더 향상시키기를 원했고, 내가 그것을 정상체계를 통해 얻지 못하고 있다면 어떻게든 되게 해야 했다. 나는 그 불쌍한 친구가 혼자 이렇게 중얼거리고 있음을 알면서도 그렇게 했다. "이 친구는 임원이자 부사장이고 지옥만큼이나 위협적이야. 그는 키가 185센티미터이고 몸무게는 235파운드야. 너는 그놈을 피할 수 없으며, 그가 나를 똑바로 보고 있어!" 숨을 곳은 아무 데도 없다.

사실, 우리가 서로 눈을 마주 보고 있을 때 눈을 통해 서로의 영혼을 본다. 나중에 그 친구는 스스로에게 이렇게 인정하지 않을 수 없을 것이다. "그의 심장은 엄청나게 컸다. 그는 나와 악수했다. 그는 진지했다. 그는 모든 것을 적었으며 그것을 보좌관에게 주었고, 며칠 안 되어 나는 그에 관한 보고서를 받았다." 이런 조치가 일선 관리자들에게 권력을 부여함으로써, 그들은 일선 작업원들에 대해 권력을 가지면서 맡은 일을 하게 된다. 권력은 사람들 속에 있다.

비밀시찰중 종업원들에게 들키다

공장장이었을 때, 나는 이와 비슷한 단독시찰을 많이 했다. 나는 항상 코스, 시간일정, 교대조를 바꿨다. 그것은 이런 도보시찰중 이루어지는 상호작용이 정직하고 또 자연발생적인 상태를 유지하게 하기 위함이었다. 아무도 심지어 나의 비서조차 내가 언제, 어떤 루트로 공장을 관통하면서 시찰할지 몰랐다. 이것은 사람들을 방심하지 않게 하는 나의 방식이었다.

이런 사전 예방조치들에도 불구하고, 나는 왕왕 기술적으로 발달된 공장의 의사소통체계에 의해 허를 찔리기도 했다. 그 중 하나는 크레인 작업자들이 고안한 것으로 서까래의 꼭대기에 앉은 그들은 미리 암호화된 신호대로 나팔을 불어, 내가 시찰하기 위해 공장을 가로지르는 것을 보고는 내가 어느 쪽을 향하고 있는지를 알려 주었다.

한번은 공장의 사람들에게 새로운 고용기회를 주고자 몇 개의 사업계획이 해당 공장에서 승인되도록 열심히 싸웠다. 그 사업계획은 다섯 개의 새로운 프레스설비라인, 완전히 새로운 사무실 건물, 새로운 입고설비, 박엽판스프링 현대화 사업계획 등이었다. 나는 예산을 승인받았고 그 작업을 적절한 사람들에게 맡겼으며 올바른 납품 계약자들이 해당 작업을 하도록 인가했다. 매일 나는 공장 안을 최소 5~6마일을 걸었지만 같은 시간, 같은 장소에 있은 적은 한 번도 없다.

얼마 후 나는 크레인 작업자들이 내가 어디로 가려고 하는지를 정확하게 모든 사람에게 밀고하고 있음을 깨달았다. 나는 모든 문제에는 나름대로 해결책이 있다고 생각했다. 그들이 나를 놀려 대고 있으므로 나는 설비납품 계약자 한 사람과 그의 헬리콥터에 타고 예고 없이 공장의 지붕에 착륙하기로 마음을 먹었다.

나는 그 일을 어느 날 갑자기 내가 보고 싶은 아주 핵심 부문인 철골의 조립과 세우기부문에서 감행했고, 이를 통해 나는 보고서에서는 알 수 없던 몇 가지 사항을 신속하게 배우게 되었다.

이로부터 나는 TMTTME(Tell Me the Truth, and Tell Me Early : 나에게 진실을 말해 주시오, 또 일찍 말해 주시오) 이론을 개발했다. 왜냐하면 사람들과 내가 항상 서로에게 솔직하고 서로 믿을 수 있다면 우리에게는 문제가 없을 것이기 때문이다. 하지만 그것은 1 대 1의 상황이다. 그것은 당신이 반장이 되면 불어나 이제는 25 대 1이 되며, 총반장이 되면 200 대 1, 부장이 되면 700 대 1, 더구나 공장장이 되면 7000 대 1의 상황이 된다.

이제 그것이 7만 명으로 증가하고 당신은 본사의 세계제조사업부를 관장하고 있다. 당신은 매우 많은 사람들과 1 대 1의 관계를 가질 수 없다. 따라서 당신은 반드시 자신이 신뢰할 수 있는 사람이라는 기본적 신용을 쌓아야 한다. 당신의 사람들은 당신이 무언가를 말할 때 반드시 그 말이 무슨 뜻인지를 감지해야 하며, 그들이 무언가를 말할 때 당신은 귀를 기울여야만 한다. 또 당신이 문제를 마무리할 방침이라고 말할 때, 당신이 정말로 그렇게 할 것이라고 그들이 느껴야 한다. 또한 그들이 당신에게 솔직하게 털어놓지 않으면 신만이 그들을 구원할 것이라는 점을 알도록 해야 한다! 아무도 구원해 주지 않는다! 이 점을 본인이 알고 그들도 알도록 해야 한다.

TMTTME —— 나에게 진실을 말하라. 또 나에게 일찍 말해 달라. 나를 믿어 달라. 당신이 아이어코카와 함께 일할 때 당신은 그와 비슷한 철학을 갖는 게 좋을 것이다. 이것이 내가 아이어코커 밑에서 일하기를 좋아한 이유이다. 그는 솔직했고 믿을 만했으며 사리가 분명했고 명민했다. 그는 기술적으로 훈련을 받았기 때문에(아이어코커는 기계공학도이다) 나는 공학용어로 그와 상대할 수 있었다.

공장장을 위한 조언

여기에 내가 공장장으로 근무한 당시 느낀 경험에서 얻은 교훈이 있다.

- 품성이 고상하고, 믿을 수 있고, 비밀을 지키는 그러면서도 긍정적인 품성을 지닌 비서를 선발하라. 이 사람은 당신의 의사소통체계의 신경 중심부이며 당신 이미지의 연장이다. 이 사람을 선발하는 데 대리인을 쓰지 말라.
- 당신의 제품, 당신의 글로벌 경쟁 상태, 당신의 공정생산능력, 당신의 고객들을 자세하게 알라. 당신의 고객들을 자주 방문하라. 납품업자들과 좋은 관계를 유지하고 발전시켜라.
- 본사의 지원조직을 담당하는 임직원들과 좋은 작업관계를 발전시켜라. 납품업자들의 사기를 돋구려면 구매부서의 도움이 필수불가결하다. 당신이 사람들을 채용·해고·이동·강등·승진시키는 데에는 본사 직원들의 도움이 필요하다. 또한 당신은 보상과 각종 수당 등 혜택을 제공하는 것은 물론 의료, 환경, 노조 문제에서 그들의 도움이 필요하다. 당신은 예산계획 및 승인, 개발사업의 관리, 예산배정, 경영계획 및 이익계획, 경영예측과 경영변수들, 세무 및 회계 관계 사항에서 본사 금융부서의 도움이 필요하다.
- 방문객이나 해당 분야의 고위 저명인사들이 공장을 떠나기에 앞서, 항상 당신의 상주 엔지니어, 수석 야금공학자, 구매 대리인, 감사·인사 담당 이사 등이 당신에게 브리핑하도록 하라. 이것은 당신의 생산 작업장에 대한 좋은 의사소통과 지원을 유지하는 데 중요하다. 당신은 모든 것을 완전히 책임 지고 있음을 기억하라.
- 공장에서 눈에 잘 띄는 곳에 고품질 제품과 조직표 등을 내보이고 전시하라. 그것은 노동자들에게 자신이 만드는 제품에 대한 자부심을 심어 줄 것이며, 그것을 다른 사람들에게 판매하는 데 도움이 될 것이다.

- 문제가 있는 경우 사소한 문제가 결코 커지지 않도록 하라. 그것이 싹이 돋아날 때 잘라 버리라. 그것과 관련 있는 견해들에 적극적으로 귀를 기울여라. 선수들이 자료, 사실, 추세, 결과를 갖고 자신의 견해를 표현하도록 의무화하라. 조직의 상대적으로 낮은 수준에서 합의와 결정이 이뤄지도록 노력하고, 결정이 내려지면 단호하게 그것을 지원하라.
- 나는 또한 현지 지역사회의 업무에 선택적으로 참여할 것을 제안한다. 회사는 지역사회에서 기업의 고위 대표자로 활동하는 당신에게 이것을 기대하고 있다. 내가 공장장이었을 때 나는 회사와 공장에 가장 이익이 될 것이라고 생각한 세 분야를 선정했다. 그것은 상공회의소, 해당 지역의 재계 지도자들 및 지역사회와 시민의 문제를 연구하는 시의 관리들로 구성된 공장-시 위원회(Plant-Community Committee), 청년의 업적(Junior Achievement), 소년소녀클럽, 보이스카우트와 같은 프로그램 등이었다.
- 마지막으로 자신의 신뢰성을 보호하라. 사람들은 당신을 속이려고 할 것이며, 따라서 항상 준비하고 전문 역량을 키우도록 하라.

웅대한 그림을 보이다

공장장 밑에서, 공장장과 함께 일하는 사람들은 공장이 계속 돌아가도록 하는 엔지니어들과 일선 관리자들이다. 이 사람 중 다수가 제조기사라는 직함을 지니고 있다. 공장이 계속 돌아가도록 하는 책임은 그들에게 맡겨져 있으며, 그것은 거대기업에 속한 많은 공장의 하나이건 공장이 한 곳밖에 없는 중소기업체이건 동일하다. 그들은 고도로 전문화된 집단일 수도 있으며 직함이 여러 개인 개개인일 수도 있다. 이들은 설계자, 비용 견적사, 제조기사, 일선 정비반장으로 일하고 있다.

명백한 점은 그런 사람들이 웅대한 그림을 숙지하고 있는 것이 중요하다는 사실이다. 제품은 핵심 문제이자 시장 참가의 대가인 품질과 더불어 사업의 기반이다. 어느 누구도 고가의, 혹은 저질의 상품을 만들면서 사업을 오랫동안 영위할 수는 없다. 기사들과 일선 관리자들은 자신의 결정과 작업이 수익성에 영향을 미치며, 또 자신과 동료들의 식탁에 빵을 올려놓느냐 마느냐 하는 사업의 사활에 진실로 영향을 미친다는 점을 반드시 알아야 한다. 그들은 자신들이 도시의 다른 쪽에 있는 공장과 경쟁할 뿐만 아니라 세계의 다른 쪽에 있는 기업체와 경쟁하고 있음을 알아야 한다. 그들은 시장의 추세에 정통해야 하며 공장의 경영진에게 잠재적인 문제점과 진행중인 개선사항들을 반드시 알려 주어야 한다.

기사들과 일선 관리자들이 계속 교육과 연수를 받도록 하는 것이 중요하다. 회사는 제조업의 경쟁력을 유지하는 최신 기술을 평가하고 시행하는 데 그들에게 의존한다. 교육과 훈련은 반드시 박사학위를 따는 것을 의미하지 않는다. 제조업과 관련된 전문 잡지를 훑어보거나 책을 읽음으로써, 세미나와 회의에 참석함으로써, 공장을 시찰함으로써 배울 수 있다. 제조업 동료들과의 회의는 기술과 조업에 관한 정보를 교환하는 데 유용할 수도 있다.

제조업의 지도층은 회사가 세계 시장에서 경쟁하려고 하는 경우 반드시 올바른 유인방안을 제공해야 한다. 제조부서는 세계적인 요구사항을 설정하기 위해 본사 체계와 함께 작동해야만 하며, 그래야만 다른 부서들과 조직들은 자신의 결정이 생산과정과 최종 제품에 영향을 미치고 있음을 이해하게 될 것이다. 병렬공학의 철학을 활용하여 가장 중요한 문제인 사업관리, 설계, 생산기술, 마케팅, 제조활동, 부품조달, 금융, 고객서비스 등을 포함시키게 되면 제품주기, 고객만족도, 원가관리에서 최적의 결과를 기대할 수 있다(크라이슬러가 어떻게 이것을 달성했는지 제7장에서 논의한다).

4 리더십과 동기부여

지도자의 자리에 있는 사람들은 반드시 힘이 되고 촉진제가 되며 영향력을 행사하여 팀이 설정된 목표를 달성하도록 해야 한다.

특정 부서의 사람들에게 인센티브를 주입하고 그들을 특정 방향으로 이끌고 가는 방법은 다양하다. 성공을 지향하는 지도자는 예민하여 언제 동기, 자극, 혜택, 유인수단을 활용하고 또 언제 박차를 가할지 혹은 밀어붙일지를 직감으로 알아야 한다. 제재나 징계는 드물게 시행돼야 하며 이를 단행할 때는 반드시 깊은 책임감을 가져야 한다. 구체적인 시행방법은 상황에 따라 다르게 결정될 것이다.

만약 당신이 제조업 경영자로서 성공하기를 원한다면 내면적인 지도역량을 발전시켜야 한다. 차분히 앉아서 솔직하게 자기 분석을 해보라. 지도역량의 장점에 초점을 맞춰 관리하는 한편, 취약한 분야는 발전을 도모해야만 한다.

지도자들은 반드시 사람들의 존경을 받도록 처신해야 한다.

권위에는 자신이 이끄는 사람들을 지도하고, 보호하며, 육성하고, 격려해야 할 책임이 따른다. 인본주의 경영 수습과정은 지도자의 역량에서 이런 책임성을 강조한다. 그것은 권위의 여러 측면 가운데 특히 생산마감시한과 생산계획의 압력을 아주 심하게 받는 경우 가장 잊혀지기 쉽기 때문이다. 당근과 채찍, 양자는 제조업 경영의 필수불가결한 요소이다.

고위 경영자에게는 설교와 강의의 균형이 필요하다. 여러분은 반드시 줄기차게 그런 문화를 배양함으로써 스스로가 업적을 달성하기 위해 자부심에만 의존하고 있지 않다는 점을 보여 줘야 한다. 여러분은 반드시 여러분의 사람들을 키워야만 한다. 여러분은 반드시 그들의 역량을 키우고 신장시켜야 한다. 성장과 역량의 신장은 때로는 고통을 주지만 그것이야말로 생명체가 태어나는 방식이다. 어떻게든 성장하려면, 여러분은 반드시 상당한 긴장, 상당한 고통을 겪어야만 비로소 어떠한 것이든 얻어낼 수 있게 된다.

미식축구에 적용되는 격언인데 생산에도 썩 잘 적용된다. "기민하라, 뛰어라, 상황에 신속하게 대처하라, 융통성이 있어라, 그리고 드물지만 상황에 따라서는 적개심을 가져라." 우리의 종업원들이 제대로 준비가 되어 있으면 결코 내게서 적개심을 찾지 못할 것이다. 이 점을 나는 자신한다.

언제 보여 줄지 알아야 한다

소기의 성과를 얻기 위한 동기유발의 필요성과, 그와 관계가 깊은 보상 양자간에는 명확한 구분이 존재할지도 모른다. 그런 설명은 "길이 달라지면 말(馬)도 달라져야 한다"는 영국 속담이나 "사람들이 달라지면 골프도 다르게 쳐야 한다"는 미국 속담처럼 간단하다.

분명한 점은 그것이 상황에 따라 다르다는 사실이다. 나는 어쩔 수 없이 당근과 매우 부드러운 방법을 시행한 때도 있었다. 또 전보다 한층 강력한 조치가 불가피한 때도 있었다. 그것에는 언제나 개인적 판단이 필수불가결했다.

예컨대 1987년 아메리칸 모터스(AMC)의 합병작업을 추진하면서 주축인 커노샤와 톨레도 두 공장을 처음 방문했을 때, 나는 두 공장에 있는 두 명의 최고 노조 임원은 물론 그곳에 있는 최고위 임원 및 사업부의 부장, 그리고 공장장과 사적인 회의를 소집했다.

톨레도에서 나는 약 1시간이나 이 지역의 UAW 활동을 지도하는 노조 지도자 댄 트위스트와 론 콘래드와 회담했다. 우리는, 새 부모가 된 우리가 파티에 무엇을 갖고 왔으며, 또 그들을 우리 팀의 일원으로 맞이하게 되어 얼마나 기쁜가 솔직하고 격의 없이 말했다. 우리는 그들의 과거를 존중할 것임을 분명히 했다.

또 우리는 즉각 바뀌어야 하는 이미지가 상당히 있음을 분명히 밝혔다. 그런 이미지는 함께 일하지 않는다는 이미지, 툭 하면 파업한다는 이미지, 겉은 번지르르하지만 품질이 조잡하다는 이미지였다. 그런 이미지는 고객이 결국 왕임을 이해하지 못하고 있다는 사실과 관련되는 것이었다.

나는 또한 그들에게 경기 하나만으로는 시즌을 이루지 못한다고 말했다. 1년은 길기 때문에, 우리가 이곳에 와서 사탕을 나눠 주리라고 기대해서는 안 된다. 나는 그들에게 내리 5년만 열심히 일해 달라고 강력하게 요구했다. 만약 그렇게 해주면 그들에게 계속 작업을 주도록 보장하겠다고 말했다. 주지하다시피 톨레도가 과연 앞으로 살아 남을 수 있을지를 놓고 상당한 우려가 있었다. 우리는 커노샤에서도 공장장인 알 스커더, 본인 및 노조 위원장인 루디 쿠젤 사이에 이와 비슷한 회합을 가졌다.

나는 이 사람들로부터 탁월한 협력과 지도력을 받았다. 오늘날 크라이슬러는 톨레도와 커노샤에 강대한 자산을 가지고 있으며, 이곳에서는 나날이 고품질의 지프를 생산하고 있으며 한층 강력하고 더욱 협조적인 인간관계를 맺고 있다. 첫 회합이 있고 나서 1년 후 우리는 톨레도에서 생산되는 지프의 생산량을 18만 대에서 27만 대로 늘렸다! 생산량을 50퍼센트나 늘렸다면 이는 여러분이 올바른 태도를 갖고 협력했기 때문임이 틀림없으리라.

무엇이 그들의 행동방향을 변화시켰는가? 나는 그런 변화의 일부분이 새 바람을 불어넣은 경영 스타일이며, 그 스타일이 직접적이고 솔직하며 성실하기 때문이라고 생각한다. 나는 대담무쌍했고 기업의 재무제표에 대해 시간 여유가 거의 없었다. 보통 나는 사람을 5~10분 동안 거의 눈을 깜빡거리지도 않고 정면으로 똑바로 바라본다. 그것은 사람들의 주의를 끈다. 앞에서도 말했듯이 눈은 영혼의 창(窓)이다.

톨레도와 커노샤 공장의 사람들은 내가 정말로 진지하며, 따라서 그들은 곧바로 나로 통하는 의사소통경로를 갖고 있음을 알았다. 만약 그들이 나를 필요로 한다면 나는 그곳에 있을 것이다.

1981년 나는 제퍼슨애비뉴 조립공장의 모타운 사람들과 비슷한 회합을 가졌다. 그것은 괴로운 회의였고 이 회의에서 나는 노조의 고위 간부들, 현지의 공장 관계자들, 나의 핵심 참모들을 소집하여 진정 마음을 터놓은 회합을 열었다.

나는 항상 뱃속에 메스꺼운 것이 있으면 토해 버려라, 가스를 배에서 밖으로 토해 내라는 철학을 지니고 있었다. 만약 당신이 나를 여러 가지 이름으로 부르고자 한다면, 원하는 대로 부르라. 일을 마치고 방을 나올 때 서로 사랑할 필요까지는 없지만, 그러나 나는 우리가 제대로 규합되어 있기를 바란다.

거의 모든 사람이 당시 제퍼슨 공장이 끝장났다고 생각했지만, 이제 우리는 최신예의 8억 달러짜리의 시설과 완전히 재훈련된 인력을 보유하고 있다. 어떻게 하여 그런 엄청난 일을 할 수 있었는가? 우선 우리는 그들의 주의를 끌지 않으면 안 되었다. 그런 다음 우리는 결과를 확인할 수 있는 행동, 즉 해마다 개선이 이뤄져야 한다고 주장했다. 개선은 1년만으로는 충분하지 않을 것이다. 5년, 8년, 아니면 10년 동안 좋은 성적을 낸 후, 그런 다음에야 이사회와 아이어코커는 다음과 같이 말할 수 있었다. "나는 여러분이 현재 제퍼슨이나 커노샤 혹은 톨레도에서 무엇을 하고 있는지 잘 모르지만, 데이터는 대단한 기록을 나타냈다. 계속 희망을 걸어 보기로 하자."

영토의식

우리는 대부분 부동산을 취득하려는 본능적인 충동을 지니고 있다. 계서제에서 상대적으로 높은 위계에 있는 사람들은 가장 좋은 장소를 차지하며 가장 넓은 면적을 차지할 수 있다. 바꿔 말하자면 부유한 사람들은 산기슭에 사는 경향이 있지만, 가난한 사람들은 장마철에 강물이 넘치는 평지에 모여 살고 있다는 말이다.

공산주의 경제의 실패는 인간이란 영역의식을 갖고 있다는 사실을 입증하고 있다. 공산주의 교리의 하나는 부동산을 비롯하여 생산수단은 국가 소유이며 어떤 개인의 자산도 아니라는 주장이다. 대다수의 과거 공산주의 국가들은 이제 어떤 형태로든 자본주의 및 사유재산권으로 빠르게 회귀하고 있다. 70년에 달하는 공동소유의 역사체험은 인간은 개인공간에 대한 욕구를 충족시킴으로써 전보다 한층 행복해지며 더 나은 생산력을 발휘하게 된다는 것을 입증했다.

대부분의 사람들은 권위에 대해 분개하기 때문에 경영자는 권위를 깔아 뭉갬으로써 쓸데없는 문제들이 생기는 것을 예방할 수 있다. 여러분의 권력과 권위는 여러분이 가진 직책과 더불어 생겨난다. 누구든지 거드름피우고 잘난 체하는 상관을 평가절하하고 깎아내리기 위해 일부러 규칙을 깨는 불만에 찬 종업원들과 일체감을 느낄 수 있다. 따라서 부서조직에서 지배와 영역의식이 의사소통되는 많은 방식에 민감해지는 것이 중요하다. 그런 감수성으로 무장하면 동물적인 지배와 영역의식의 가장 적나라한 표현들도 통제할 수 있다. 통제력이 커질수록 불만의 뇌관을 제거할 수 있다.

메시지를 보낸다

사람들은 흔히 의사소통을 말과 관련되는 사항이라고 생각하지만, 언어는 그저 의사소통의 한 가지 측면이며, 그것도 의사소통이란 점에서는 불완전한 측면에 불과하다.

신체동작은 신체동작에 따르는 말과 왕왕 모순되는 메시지를 전달하기도 한다. 일반적인 협상회의에서는 협상자들은 긴 테이블을 가운데 두고 양쪽에 앉는다. 그 같은 위치 선정은 대치하는 무대를 마련한다. 의자 배열이 다르게 배치된다면 관련 당사자들은 훨씬 마찰을 적게 겪고 합의에 도달할 수도 있다. 나아가 원탁은 불안정한 자세나 정면 공격을 훨씬 더 줄일 수도 있다.

빅 스리와 UAW의 협상은 우선 불가피하게 사진기자들에게 테이블 양쪽에 도열한 협상팀을 보여 주는 순서부터 시작된다. 테이블은 아주 커서 양쪽의 수석 대표가 서로 악수를 하려면 허리를 구부려 테이블 너머로 팔을 길게 뻗어야만 한다. 경영진 대표들은 정장을 입는 것이 규칙이다. 노조 대표들은 보통 넥타이를 매지 않으며 종종 근무복 차림에 재킷도 입지 않는다. 그것의 메시지는 대결이다. 큰 테이블은 거리, 냉랭함, 일체감의 결여를 만들어 낸다. 의복은 한쪽에서는 권위를, 다른 쪽에서는 반항을 상징한다. 그런 협상은 실패하기 십상이다.

여러분은 베트남전쟁을 종식시키기 위한 파리평화회담을 기억하는가? 첫 몇 달 동안은 테이블의 크기와 모양을 놓고 옥신각신하며 보냈다. 결국 양측은 대결하는 자세를 극소화하고자 원탁을 택하기로 합의했다. 사람들과 협상할 때 그 사람의 곁에 앉음으로써 최상의 결과를 얻을 수 있다. 왜냐하면 그들은 측면의 공격에는 익숙해 있지 않다. 팔짱을 끼거나 다리를 꼬고 앉는 행위나 눈의 마주침이 없는 경우에는 말이야 어떻든 간에 때때로 거절로 받아들여진다. 직책, 성명의 첫 이름, 별명, 이름의 발음이 어떻게 활용되느냐는 인간관계의 심도와 개개인의 상대적 지위를 상대방에게 전달한다. 계속해서 이름을 잘못 발음한다든가 잘못 표기하는 행위는 상대방을 존경하지 않는다는 의식을 나타내기 마련이다.

신분지위 : 정당한 활용과 남용

미국에서는 재산, 즉 얼마나 버느냐가 궁극적인 신분의 척도가 된다. 좀 더 오래된 문화에서는 공식 교육과 지식이 대체로 지위의 원천이 된다. 전용주차장, 창문이 붙어 있거나 바로 옆에 휴게실이 있는 넓은 사무실, 푹신푹신한 가구들이 있는 널찍한 회의실은 이런 설비를 활용하는 사람의 지위를 말해 준다. 누가 말하고 누가 듣느냐도 또한 지위를 극적으로 나타낸다. 상대적으로 높은 지위에 있는 경영자는 말하는 경우가 더 많고 듣는 일이 비교적 드물다. 비록 이것이 본능적인 것이라고 해도, 그런 것은 위험한 약점이다.

여러분은 신분의 상징들을 적절한 균형에 맞춰 활용해야 한다. 나는 어디에 차를 주차시키는지, 어디서 밥을 먹는지 비교적 개의하지 않는다. 내가 신경 쓰는 것은 주차장의 안전성과 상태이며 먹는 음식물의 품질이다. 이는 나뿐만 아니라 모든 사람에게 관련되는 것이다. 내가 크라이슬러에 왔을 때 디트로이트 시내에 있는 어떤 공장에서도 따뜻한 음식을 주는 자유배식식당은 하나도 없었다. 내가 떠날 때 우리 공장은 어떤 것이나 공장장과 직원들은 물론 공장의 모든 노동자를 위해서도 따뜻한 음식을 주는 식당을 갖고 있었다.

앞서 언급한 설비항목 외에 나는 크라이슬러에 입사하자마자 만나게 된 종업원 처우의 기타 측면에 대해서도 만족하지 않았다. 나는 자신에게 다짐했다. "우리가 이 회사의 방향을 전환하고자 하면, 반드시 획기적인 변화여야 한다." 1980년 나는 교육과 훈련을 통해, 그리고 노동자들에게 스스로 자신의 미래를 책임 지도록 5년이나 6년에 걸친 장기 계획에 따라 작업하는 기회를 부여함으로써 멕시코에서 문화변동을 시작했다.

그리고 나서 1981년, 나는 북미의 조립공장과 프레스공장에 있는 사람들이 따뜻한 식사를 하지 못하고 있음을 알았다. 또 주차장은 온갖 찌꺼기와 깨진 콘크리트투성이었다. 긍지라고는 전혀 없었다! 자동차를 몰고 들어가면 차가 도난될지도 모르고 공장으로 가는 길에서 노상강도를 당할 수도 있을 것이다. 일단 공장 안으로 들어와도 따뜻한 밥을 먹거나 따뜻한 초콜릿을 먹을 장소조차 없었다. 있는 것은 자판기뿐이었다.

이런 것들이 항상 마음에 걸려, 나는 투자예산을 제출할 때는 언제나 상당한 사회간접투자비용을 포함시켰다. 이제 모든 주차장은 잘 포장되어 있고, 안전하고 확실하고, 유지보수가 잘되고 있으며, 조명이 잘되어 있고, 건물에 가까이 있다. 노동자들이 건물에 들어오면, 샤워시설이 있고 따뜻한 물을 먹을 수 있는 갱의실과 사물함실을 보게 된다. 이런 것들이 노동하는 남녀에게는 중요하다.

나는 스스로 노동하는 사람이었기 때문에, 아울러 팀워크가 핵심인 곳에서 사람들 각자가 얼마나 중요한지 알기 때문에, 종업원의 처우를 개선하기 위해 전심전력했다. 나는 스스로 할 수 있는 곳에서는 동정심을 표현했다. 어떤 사람이 "당신네 승자들이 모든 특권을 갖는다"고 말함으로써 나에게 도전해 오면, "우리는 그런 특권이 전혀 필요하지 않다. 나는 회사가 성공하는 데 도움이 되기만 하면 그런 특권 보따리를 몽땅 포기할 태세가 되어 있다"고 응수하곤 했다.

예컨대 일리노이주 크라이슬러의 벨비디어 설비에서 우리는 임원 식당을 폐쇄하고 누구든지 처음에 들어오는 사람이 주차서비스를 받는 주차제도를 도입했다. 하지만 불필요하게 보이지만 반드시 유지되어야 하는 사항들도 있었다. 예컨대 기업의 전용비행기는 특권이 아니다. 그것은 도구이다. 연방 대출보증계획이 1980년대 초 "우리의 비행기를 격추시켜 떨어뜨렸을 때" 나는 앨라배마주 헌츠빌에서 4시간 회의에 참석하기 위해 하루 20시간이나 보내는 날이 허다했다. 일단 우리가 이익이 나서 비행기가 다시 뜨게 되자, 하루 15시간 근무하면서 헌츠빌에서 하루 10시간의 회의에 참석할 수 있었고 그것이 내게 더욱 효율적인 것 같았다.

좋은 의사소통이 필요하다

날로 복잡해지는 현대 세계에서 한 사람이 모든 것을 알아 모든 필요한 결정을 내릴 수는 없다. 이것은 특히 제조업에서는 맞는 말이다. 제조업에서는 기술공학자와 엔지니어가 풍부하고도 중요한 전문 정보를 제공할 수 있기 때문이다. 내가 공장장들에게 요구한 가장 중요한 요구조건의 하나는 의사소통이었다. 나는 모든 사람이 반드시 데일 카네기(Dale Carnegie)의 강좌를 완전히 이수하여 의사소통, 개인의 신뢰유지, 인관관계 기술에서 도움을 받도록 했다.

공식적인 의사소통의 장치들 예컨대 신문, 뉴스레터, 벽보, 전자우편 등이 담고 있는 정보가 얼마나 자주 얼마나 신속하게 최신 날짜의 뉴스로 개정되는지는, 특정 부서에서 경영진이 의사소통에 얼마나 헌신하고 있는지를 나타내는 척도라고 할 수 있다. 의사소통은 많으면 많을수록 좋다고 단언한다.

비용, 품질, 생산실적과 같은 중요한 소식들이 전해지는 방식은 해당 조직이 포용력이 있는지 아니면 배타적이 되려고 하는지를 나타낸다. 명확하고도 솔직한 소식들은 소속감과 종업원의 참여 감각을 높인다. 복잡한 지수, 비비 꼬인 문장, 전문 용어는 사람들을 소외시키고, 노동자들에 대한 동기부여와 작업독려를 훨씬 어렵게 만든다.

판매, 제품, 공정, 이익, 개인적인 정보는 반드시 바람직하게는 구어 형태로, 이상적인 경우는 공장 경영자에 의해 노동자들에게 정기적으로 배포되어야 한다. 사원총회에서 공장의 경영자는 교대조 전체를 상대로 연설할 수 있고 참가자들은 공개적으로 회사의 문제를 논의할 수 있는데, 이런 총회는 크라이슬러의 공장에서는 인기 있는 토론장이다.

경영진과의 의사소통은 관리자들이 부하들의 복지에 아주 많은 영향력을 미치고 있기 때문에 위협으로 가득 차 있을 수 있다. 다른 사람들에게 권력을 행사하는 자는 누구든지 반드시 그 권력에 영향을 받는 모든 사람들에 의해 정밀평가를 받고 있는 셈이다. 이런 정밀평가가 부하들의 태도와 행태에 미치는 영향력을 의식하는 경영자는 거의 없다. 경영자의 가치와 스타일은, 경영자를 의식적이든 무의식적이든 지도자가 아니라고 배격하는 사람을 제외하고는 모든 사람에 의해 모방될 수 있다. 경영자가 성공하면 할수록 그는 더욱더 매력 있는 모방의 대상이 된다.

경영자는 실제로 행태모델로서 행동함으로써 문화를 창조하며, 강력한 외부 세력을 제외하면 기업문화를 바꿀 수 있는 유일한 사람이기도 하다. 거의 모든 사람이 권위에 격분하고 자신의 지위를 개선하고자 하기 때문에, 경영자는 상대적으로 높은 지위임을 전해 주는 행태와 상징을 깔아뭉

갬으로써 상당한 정도의 분노를 없앨 수 있다. 한편 경영자들은 종업원들에게 이것과 똑같은 행태와 상징에 대한 권리를 부여함으로써 그들에게 보상할 수도 있다. 이 같은 일을 함으로써 경영자들은 지도역량을 제고할수 있을 뿐만 아니라, 또한 실제 지위가 상대적으로 낮은 상태에 있는 개개인들이 받는 스트레스를 줄일 수도 있다.

많은 연구에 따르면 스트레스는 쪼는 순서(pecking order)에 따라서 아래쪽으로 갈수록 증가하는 것으로 밝혀져 있다. 더욱 많은 스트레스를 받는조건에 있으면 있을수록 물리적이고 정신적인 질병의 영향을 받기 쉽다. 비교적 낮은 지위에 있는 사람은 비교적 높은 지위에 있는 동시대인들보다 빨리 죽는 경향이다.

경영진의 아이러니

병사는 장군을 사랑하지만 위관장교는 증오한다. 공장장은 시간제 노동자들을 사랑하지만 본사의 생산 담당 경영자를 주의와 의심으로 대우한다. 이 같은 난해한 행태를 어떻게 설명할 수 있는가?

인간은 자신이 존경하고, 숭앙하고, 심지어 사랑하는 지도자를 갈망한다. 이 같은 지도자가 존재하지 않으면 그들은 그런 사람을 창조하고 실존인물이거나 상상의 인물에 자신이 갈망하는 지도자의 자격을 투사한다. 신비에 찬 지도자들은 그런 환상을 유지하기 위해 지도를 받는 사람들과는일정한 거리를 두지 않으면 안 된다. 왜냐하면 속담이 말하듯이 너무 가까우면 경멸하기 마련이기 때문이다. 장군은 사병의 환상을 유지하기에걸맞게 사병들로부터는 상당히 멀리 떨어져 있는 존재이다.

제조업 경영자가 이런 역할을 실천하려면 반드시 이런 속담을 아주 진지하게 받아들여야 한다. 경영자가 너무 많은 약점을 나타내면, 경영자는종업원의 환상을 파괴하는 셈이다. 그런 일이 일어날 때 그런 환상을 깨는 사람들에 가해지는 복수는 무시무시하다. 경영자가 종업원이 결코 창조하지 않은 환상을 깰 때, 그리고 경영자가 심지어 깨닫지도 못하는 환상이 존재할 때, 경영자가 부하로부터 받은 아첨은 잘해야 분노로 최악의 경우 순환적인 반역으로 바뀔 것이다.

환상을 유지하기 위해서는 자신이 원하는 일정한 거리를 유지해야 한다. 그러나 추종하는 사람들로부터 일정한 거리를 유지하는 일은 자연적인 것이 아니다. 지도자가 되기를 열망하는 개개인은 남들과는 다르고 뛰어나고 인정받으려는 욕망에 사로잡혀 있다. 지도자는 쪼는 순서에서 저 아래에 있는 사람들로부터 환호를 받을 때 충족감을 느낀다. 그것은 사실 권력의 1차적인 이득이다. 이 때문에 대통령이 경호원을 포기하고 환호하는 대중 속으로 들어간다. 또 이 때문에 공장장이 직접 보고해야 하는 상급자보다 시간제 노동자들 속에 있을 때 대체로 더 마음이 편하다. 그것은 지위가 매우 높은 곳에 있는 사람들과 비교적 낮은 위치에 있는 사람들 양자간에 존재하는 강력한 흡인력을 극명하게 설명하고 있다. 그것이야말로 효과적으로 관리하기를 원한다면 엄밀하게 통제해야 하는 경향이다.

효과적인 경영자는 부하들에 대해 일체의 정서적인 애정을 제한한다. 정서는 종업원을 재능과 조직의 요구조건에 따라 채용하고 배치하고 승진시키고 해고해야 하는 데 반드시 필요한 투명한 판단을 흐리게 한다. 부적합한 고려사항들을 초월하는 의사결정을 내리고자 한다면 "정상은 외롭다"는 사실을 반드시 염두에 두어야 한다.

인력을 효과적으로 평가한다

결정에 감정이 개입되어서는 절대 안 된다. 특히 연례적인 업적평가만큼 중요한 것은 없다. 업적평가는 모든 사람에게 영향을 미치기 때문에 경영진에게는 아주 중요한 도구이다. 업적평가는 또 대다수의 경우 경영자나 부하 어느 누구도 그것을 좋아하지 않고 기분 좋게 느끼지 않기 때문에 매우 불안정하다.

따라서 평가가 부하들에게 진지하게 받아들여지기를 바란다면 반드시 일관된 기반 위에서 그들과 일정한 거리를 유지해야 한다. 종업원들은 존경하지 않는 사람으로부터 자신의 존재 전체가 평가받기를 거부할 수도 있다. 존경은 사랑과 두려움의 복합물이다. 죽마지우, 친구 혹은 연인을 두려워하기는 사실상 불가능하다. 사랑도 아주 가까운 범위에서 유지하기는 어려운 법이다. 친밀함은 환상에 너무 많은 손상을 가하기 마련이다.

인간과 동물이 다른 가장 뚜렷한 차이점이란 인간은 모든 사상, 의견, 행위를 합리화할 수 있는 능력을 가졌다는 점이다. 사람들은 우리의 자아상에 위협이 될 수 있는 요소라고 감지되는 모든 사항을 단호하게 거부할 수 있다. 각종 검사와 시험은 자존심을 위협한다. 업적평가는 특정 개인의 외관부터 신뢰도까지 모든 측면을 다룰 수 있기 때문에 실로 가장 위협적인 것이 아닐 수 없다. 사원들이 그것을 싫어하는 이유는 다름이 아니라 그것이 자기 가치에 대해 위협을 내포하고 있기 때문이다. 경영자가 싫어하는 이유는 종업원으로부터 반발이 예상되기 때문이다.

반드시 사전에 업적평가의 기준에 대해 종업원의 동의를 받아야 한다. 여기서 종업원의 동의란 해당 기준이 규정하는 의무와 책임사항에 대한 업적책임제를 수락한다는 것을 의미한다. 그렇지만 이론상의 수용은 업적책임을 필요로 하는 실제의 상황과는 아주 다르다. 일처리가 잘못될 때——일처리는 제조활동에서는 불가피하게 잘못되는 경우도 있는데——서구 문화의 가혹한 처벌의 결과가 표면에 부상할 수도 있다. 어떤 사람은 반드시 책임을 져야 하며 또 책임을 질 것이다.

상사들은 궁극적으로 자신이 관장하는 영역에서 일어나는 모든 사항에 책임을 지도록 되어 있다. 그들이 자신이 관장하는 영역의 완전성을 유지할 수 있는 유일무이한 방안은 부하들에게 지극히 꼼꼼하고도 공평무사한 업적책임제를 제도화하는 것이다. 이와 똑같은 원칙이 사업관계에도 적용된다.

따라서 업적책임제는 모든 종업원에게 사실로서 받아들여져야 한다. 경영자는 모든 개개인이 지는 업적책임의 구체적인 기본 틀과 세부 사항을 반드시 규정하고 문서로 설명해 놓아야 한다. 이 같은 사전 조치가 없으면 손가락질, 희생양 만들기, 거짓말이 상황이 잘못될 때 상사-부하관계라는 기본 틀 자체를 무너뜨릴 가능성이 크다.

공장장의 책임은 공장의 환경은 물론이고 공장 관리진의 개성과 역량을 관장하는 일이다. 공장장과 그런 사항에 대해 책임을 지는 다른 관리자들은 항상 엄격하고도 주관적인 공정성의 요건에 따르도록 되어 있다. 웹스터 사전은 공정성을 불편부당, 정적, 이기심, 편견 또는 정실주의로부터의 자유, 기존 규칙의 준수라고 정의한다. 종업원들은 공정한 대우를 기대한다. 그들이 불공정하게 처우받고 있다고 생각하면 사기는 떨어지고 생산성은 하락하게 된다.

당신이 특정 직원들을 상속받은 신임 공장장이라고 해보자. 당신은 그들이 공정성에 대해 나름대로의 인식을 갖고 있다는 현실을 받아들여야 한다. 여러분이 그들 중의 하나 혹은 그 이상의 사람들에게 불리한 영향을 미치는 조치를 시행하여 그들이 생각하는 공정성의 기준을 어긴다면 다른 사람들의 지지마저 상실할 우려가 있다. 그들은 여러분이 '공정한' 상관이 아니라고 느낄 수도 있다. 따라서 당신이 받은 패를 갖고 노는 방법을 터득하라. 신임 직원들과 함께 일하라. 그들의 능력을 발전시켜라. 달성 가능한 목표를 놓고 합의하라. 이렇게 하여 여러분은 그들의 지지를 얻음은 물론 다른 사람들의 운명과 일체감을 느낄 수도 있으며, 나아가 직접 관련되어 있지 않은 노동자들의 지지도 획득하게 된다.

합의의 형성자들

경영진의 합의를 개발하는 데 중요한 두 가지 기본 목표는 노동자의 안전과 공장환경이다. 가장 위험한 사업은 광산발파작업이고 다음은 건설, 농업, 제조업, 스포츠 그런 순서이다. 나는 건설현장에서 일했고 농장에서 자랐고 대부분의 성인기를 제조업에서 보냈으며 10년 동안 스포츠팀을 운영했다. 그래서 나는 안전에 대해 아주 민감하다.

나는 1개 이상의 공장을 맡게 되면 언제나 제일 먼저 안전 문제에 신경을 썼다. 남편, 아버지, 돈벌이 가장의 죽음을 그의 미망인과 어린이들에게 통지하는 것보다 창자를 쥐어짜는 괴로움은 없다. 그 때문에 나는 안전한 작업환경을 중점 추진사항에서 첫번째로 유지함으로써 여하한 희생이 있더라도 반드시 지키려고 애썼다.

안전에 이어 둘째로 중요한 사항은 노동자의 편안함으로서 그것은 품질과 생산성에 중대한 영향을 미치는 요소이다. 과거 많은 제조공장들은 우울하고 시끄럽고 또 위험했다. 내가 특정 공장에 대해 조금이라도 영향력을 행사할 수 있으면 언제나 나는 도색작업을 시행하거나, 더 밝은 조명장치를 설치하거나, 혹은 창문이나 천장 채광창을 둠으로써 어두움을 어떻게든 제거하려고 시도했다. 예컨대 크라이슬러의 제퍼슨노스 공장은 천장 높이에 사방을 완전히 돌아가면서 창문을 설치하고 36개의 천장등을 설치했다. 그로써 최고수준의 조립공장이 갖추게 된 쾌적함을 생각한다면 충분히 그럴 만한 가치가 있는 설비이다. 내가 시보레사업부에 있을 때, 나는 공장의 입구에 식물원을 설치함으로써 즐거운 분위기를 만들고 외부의 지역을 보수함으로써 분위기를 바꾸려고 했다.

1980년대 초 크라이슬러에서 나는 공장의 엔지니어들에게 소음 수준을 85데시벨 이하로 줄이도록 하는 계획을 입안하라고 요구했다. 나는 조용한 공장을 좋아한다. 나의 경영철학이란 부드럽고 조용하고 효율적으로 관리하는 것이다. 우리는 신세대의 컨베이어기술을 활용하여 어둠침침하고 불안정한 구멍들을 없앰으로써 노동자들이 작업시간에 편히 일하도록 했다. 우리는 공장에 도료를 써서 밝고 매력적인 내부와 외부의 환경을 창조하려고 했다. 우리는 완전히 밀폐되고 즐거운 자유배식식당에서 따뜻한 음식을 제공했다. 우리는 깨끗한 휴게실, 샤워시설, 개인 사물함을 제공했다. 주차지역을 항구적이고 표면이 단단하며 조명이 잘되어 있고 안전한 시설로 격상시켰다.

우리의 노력은 1990년 다대한 성과를 거두었다. 당시 스털링 하이츠 조립공장은 우리가 처음으로 이런 작업환경 개념을 시험적용한 공장이었는데, 그 공장이 품질과 생산성의 측정에서 크라이슬러의 최우등 공장으로 명명되었다. 그것은 또한 북미의 10대 조립공장의 하나로 꼽혔다. 이런 개념과 시스템이 효과를 발휘하고 있다!

아울러 작은 아이디어에 대해서도 주의를 기울여라.

나는 공장에 걸어 들어가면서 종업원들에게 사물을 간단하게 유지하라고 촉구하는 신호가 있는지 살펴본 적이 있다. 그런 사례는 메모에서 발견되기도 하며 때로는 커피잔에서 발견되는 구호도 있다. 그것은 "키스하라(KISS)", 다시 말해 "바보야, 그것을 간단하게 하라!(Keep It Simple, Stupid!)"라는 의미이다.

나는 행동요령, 의사소통규칙, 혹은 절차들을 간단하게 유지하는 데는 전혀 이론이 없었다. 하지만 우리가 어찌 종업원을 보고 바보라고 불러야 하는가?

자신의 팀을 구축하라

나는 늘상 대담하게 사람을 채용하고 팀을 통합하기를 즐겨 왔다. 올바른 재능, 기질, 기준, 정력을 가진 사람을 찾아내 그들이 다른 사람과 조화를 이루며 일하도록 하는 것은 정말 흥미진진한 일이다. 팀워크는 동력이다.

스포츠와 제조업에서 리더십의 역할은 매우 비슷하다. 각각에는 천부적인 경쟁력, 자기 훈련, 정력, 탄력성이 요구되며, 장애를 만났을 때는 강인함이 필요하다. 각 구성원은 팀과 '쪼는 순서'에 대한 존경심은 물론이거니와, 개개인의 자아 완성을 팀과 팀의 사명이라는 더 큰 공공선을 위해 희생하려는 일관되고 적극적인 의욕을 지녀야 한다.

나는 완전히 팀워크를 지지한다. 나는 팀워크를 사랑하고 팀의 일원이지만, 또 팀에는 반드시 리더십이 필요하다는 점도 잘 알고 있다. 그것이 야말로 우량 경영의 일환이며 소위 '중점 경영부문'이라고 부르는 것이다. 나는 사람들을 어떻게 하면 한점으로 집중시킬 수 있는지 알고 있다. 그들의 주의를 끌어라, 그들을 특정한 목적에 집중시키도록 하라, 모든 사람에게 우리 모두가 바야흐로 이기려고 하고 있거나 혹은 지려고 하고 있음을 이해시키라. 바다에서 배가 곤경에 처해 있다고 하더라도 전면의 절반이나 후면의 절반이 물에 잠기기 전에는 침몰하지 않는 법이다. 한쪽 끝이 가라앉으면 조만간 다른 쪽 끝도 함께 가라앉는다. 제조업에서도 여러분은 모두 그런 배에 함께 타 있는 셈이다. 간단하게 말해 반드시 초점을 맞추고 효율적이며 개방된 팀워크를 갖추어야 한다.

어떤 팀도 너무 크거나 너무 작을 수도 있고, 시간이 많거나 충분치 않을 수도 있다. 각각의 상황에는 판단이 필요하다. 여러 팀이 있다면 팀의 크기와 팀의 역량에서 균형을 갖출 필요가 있다. 시기 설정과 균형은 노력과 시간을 낭비하고 싶지 않기 때문에, 혹은 팀이 나아가는 데 방해가 되지 않기를 바라기 때문에 중요하다.

일할 만한 가치가 있는 모든 사항에는 반드시 긴박감이 필요하다. 새로운 승용차, 새로운 엔진을 팔거나, 혹은 새 설비투자계획을 세우기 위해 임원이사회 앞에 나갔을 때 우리는 향후 2, 3, 혹은 4년 후 언제 그 제품을 시판할 것인지를 놓고 사전에 합의하지 않으면 안 되었다. 새로운 승용차의 개발에는 최소 4년 이상이 걸린다. 신형 엔진의 개발에는 불과 2년이 걸릴지도 모른다. 엔진공장은 새로운 프레스설비나 로봇투자계획과 같이 설비의 일부분이기 때문이다. 따라서 이 같은 긴박성이 작용하므로 제품 개발을 시행하는 팀들과 반드시 의사소통하게 된다. 각 팀의 마감시한은 그 안이 임원회의에 회부될 때 임원과 고위 직원으로 구성되는 팀의 마감시한에서 비롯된다.

어떤 팀이든 더 잘할 수 있다. 예컨대 어떤 대학의 축구팀이 불과 17야드를 통과한 상태에서 전국선수권대회에서 승리한다면 그들은 다음해 봄 전지훈련을 놓고 연구하고 있을 것이다. 여러분이 누구든지 아무리 선량하다고 해도 여러분은 좀더 잘할 수 있다. 그것은 소위 훌륭한 조율이나 자신의 부드럽고 약한 지점에 대한 연구를 통해서 가능하다.

어떤 팀도 반드시 심사를 받아야 한다. 우리는 운영심사회의를 열었으며 이 팀을 지도하는 일은 수석 제조 임원인 나의 과제였다. 나는 목적을 세우고 이런 심사회의를 구성하여 관련 부서가 모두 이 회의에 참여하도록 했다. 나는 설계 인력과 마케팅 인력, 혹은 생산기술부, 구매부서나 금융부서에서 인력을 끌어들일 필요성은 없지만, 제조부서는 제조부서 밖에 있는 핵심 부서 인력들의 이해와 협력을 받는 것이 중요하다고 생각했기 때문에 항상 그렇게 했다. 그렇게 하지 않으면 그들은 자신의 결정이 우리에게 중대한 영향을 미친다는 점을 알 수가 없을 것이다.

용광로 미국주의

제조업은 스포츠와 같아서 남성과 여성, 모든 신앙의 사람들 및 온갖 소수민족의 사람들로부터 최선의 헌신을 필요로 한다. 이는 용광로 미국주의(Melting-Pot Americanism), 우리가 세계에 가르친 교훈과 같은 것이다.

예컨대 1980년 크라이슬러 다각화사업부 그룹(Chrysler Diversified Operations Group)의 직원은 약 2만 명에 달했다. 그룹에는 많은 일선 관리자들이 있었다. 그들 중 대학학위를 가진 자는 1퍼센트 미만이었다. 여자는 한 명도 없었다. 일선 감독자(superintendent : 반장)급 이상에 아프리카계 미국인은 한 사람도 없었다. 일선 감독활동을 하는 스페인계 사람은 희소했다. 제조업 그룹의 상황도 다각화사업부의 그것과 대동소이했다.

10년 후 '어쿠스타(Acustar)' 즉 다각화사업부의 전임 사장은 아프리카계 미국인 고참 제조기사인 포레스트 파머였다. 아메리칸 모터스(AMC) 조립공장들의 전임 총공장장은 고도로 자발적이고, 사람에 민감하며, 결과지향적인 딕 도널드슨으로 그도 아프리카계 미국인이었다. 또 한 명의 아프리카계 미국인인 로이 스미스 도장 및 방청 그룹 담당 이사의 탁월한 지도가 없었다면, 우리는 도저히 크라이슬러의 도장과 방청설비를 완전히 혁신할 수 없었을 것이다.

크라이슬러의 아프리카계 미국인 공장장으로는 뉴어크 조립공장의 데니스 에드워즈, 스털링 프레스공장의 아메리커스 크로포드, 뉴맥 조립공장의 하워드 루이스, 맥그로 유리공장의 폴 포스터, 인디애나폴리스 주물공장의 머브 엔더스 들이 있었다. 여성 공장장으로는 외부주행시험사업부(Outer Drive Pilot Operations)의 마르타 월리스, 맥도널드 플라스틱의 린다 페트로, 캐나다 조립공장의 샌드라 부클리 등이 있었다. 1990년 제조업 그룹 중에서 보너스를 받는 명단에 포함되어 있는 여성은 33명이었다(1980년에는 한 사람도 없었다). 앞으로는 더욱 많은 공장장들이 우리가 육성한 집단에서 나올 것이다. 더구나 스페인계 미국인인 부사장 리처드 어코스타(Richard E. Acosta)가 그룹 즉 승용차와 트럭조립사업부에서 가장 크고 가장 중요한 사업부의 부장이었다.

호리호리해진 지도자들

조직을 평평하게 만들고 책임을 최하위의 수준까지 밀어 내리는 린 제조방식(lean manufacturing) 추세와 더불어, 공을 세운 종업원들이 지도자가 될 여지는 점차 적어지는 경향이 나타날 것이다. 따라서 상대적으로 작은 사업 단위에게 종전보다 큰 권위를 부여함으로써 보상해야 한다. 예컨대 특정 관리자는 이제 차체공장이나 도장부서에 대해 총체적인 생산성 및 회계 책임을 질 수도 있다. 업적에 대한 보상은 동기를 유발하는 또 다른 도구이다. 추가 교육, 여행, 새로운 직무로의 순환배치는 종업원들로 하여금 자신의 직무에 대해 계속 관심을 갖도록 유도하는 여러 가지 방안이다.

미국인들은 국민경제가 2차 대전 이후 이룩한 성장을 다시는 경험하지 못할지도 모른다는 사실에 맞서서 싸워야 한다. 주지하다시피 지속적인 상향이동경향은 실제로 산업혁명과 더불어 시작되었고 급속히 사라지는 현상이다. 첫 도전은 새로 등장하는 직책을 얻기 위해 경쟁하고 거기에 맞는 자격을 확보하는 일이다. 둘째는 그 분야에서 나타나는 진보를 따라가 최후까지 살아 남는 것이다. 그 다음은 새롭게 전개되는 장에 대해 준비를 갖추는 것이다. 그래야 나이 든 경력자들이 사라질 때 새로운 경력자가 들어올 수 있다.

1980년 크라이슬러는 심각한 지도자의 숫적 부족을 겪었다. 그래서 나는 의식적인 노력을 기울여 잠재 역량을 가진 사람들을 찾아내고 계발시키려고 했다. 나는 캐나다에서는 캐나다 출신의 공장장을 임명했다. 멕시코의 경우 우리는 멕시코인들이 최고의 책임을 질 수 있게 되자마자 곧 그들을 최고 직책으로 승진시켰다. 안토니 푸잘스, 카를로스 로보, 로베르토 구티에레즈는 가장 빠른 승진을 경험했다. 승진 발령은 성장과정의 한 관문으로 지도역할을 맡아 더 큰 책임감을 발휘할 수 있는 개성, 역량, 능력을 바탕으로 내려졌다.

이런 것에 촉매역할을 할 수 있는 경험을 제공하기 위해 나는 많은 지도자 유망주들을 몇 개의 직책에 순환배치하면서 전보다 큰 책임을 부여했다. 심지어 나는 그들을 일시적으로 다른 사업분야로 이동시키기도 했다. 생산기술부문은 제조 전문가에게 최선의 훈련장이다. 나는 생산기술부문(engineering)과 제조부문(manufacturing)이야말로 현대 산업을 지탱하는 양대 지주라고 굳게 믿는다.

구매부문은 특정 납품업체의 시각에서 제조부문을 다루기 때문에 또 다른 핵심 부문이다. 구매활동은 진정 말하자면 제조공정의 연장이라고 말할 수 있으리라. 금융부문에서 짧은 시간이나마 일을 맡아 보면 제조기업이 어떻게 자금을 구하고 예산을 조성하는지 그 방법에 대한 여러분의 시각이 확대될 것이다. 같은 말은 판매부문과 마케팅부문에 대해서도 할 수 있다. 제품이 특히 오늘날과 같은 소비자만족의 시대에 어떻게 팔리고 있는지를 아는 것은 기분 나쁜 일이 아니다. 노련한 고참 제조기사는 인사부 근무에서 도움을 받을 수 있는데 인사부에서 그들은 협상전략, 전술 및 행정에 대해 배울 수도 있다.

외국 경험은 어떠한 경영자에게도 귀중한 것이다. 나는 범세계 제조 그룹이 오스트리아, 이탈리아, 중국에서 벌이는 크라이슬러의 사업, 그리고 근래에는 멕시코의 크라이슬러에 참여할 수 있는 기회를 주고 있음을 자랑스럽게 여긴다. 우리는 지구적인(global) 사업 시각과 이해를 발전시켰다.

팀워크와 개인

군대와 팀스포츠를 예외로 한다면 제조업 일반과 특히 자동차조립공장만큼 팀의 엄격한 융합이 필수적인 곳은 없을 것 같다. 이 같은 융합은 가끔 자연적으로, 꽤 느슨한 형태로 일어나기도 한다. 하지만 절대 다수는 반드시 개발되고 육성되어야 한다.

일본에서는 모든 사회제도가 집단문화를 지지한다. 미국과 같이 개개인의 업적에 토대를 둔 문화에서, 여러분은 문화압력이 흔히 팀워크에 반대하기 때문에 오직 상당한 숙련과 노력을 해야만 상황에 따라 팀워크을 발전시킬 수 있다. 세계의 어떤 곳에서도 미국에서 발견되는 개인적 자유를 누리는 개인은 없다. 미국 외에 공권력의 자의적인 행사로부터 개인이 그렇게 철저하게 보호되는 곳은 없다. 오로지 미국에서만 사회제도들은 사회적 평등을 실천하도록 되어 있고 그런 가운데 각기 1차 기능을 수행한다.

하지만 모든 축복에는 그에 상당하는 책임이 뒤따른다. 미국의 특유한 개인적 자유 역시 예외가 아니다. 미국의 경우, 법률적 및 사회적 관심이 개인에 집중됨으로써, 다른 문화에서는 고도의 응집성이 조성되는 이들 1차 집단이 약화되었다. 예컨대 일부 국가의 경우 어린이들은 자신이 취하는 모든 결정을, 해당 공동사회가 어떤 충격을 받는지와 관련하여 경중을 가리도록 교육을 받는다. 이 같은 극단적인 사회의식은 외부의 경쟁적 도전에 대응하기 위해 자원을 최대한 효율적으로 동원할 수 있게 해준다.

어떤 자원도 낭비되지 않는다. 국가의 총에너지가 한방향으로 집중배치되고 있다.

미국인들은 개인의 업적달성을 귀중하게 평가하고, 개인의 업적을 인정하며, 나아가 개인 노력에 대해 보상한다. 탁월한 개인들은 자신의 활동에서 단연 뛰어남으로써 이런 상황을 이해하고 최대한 활용한다. 때때로 이 사실은 이런 미국적인 특색으로부터 혜택받기를 원하지 않거나 받을 수 없는 사람들의 분노를 사고 있다. 이런 분노는 때로는 적대하는 분위기를 조장할 수 있으며, 그 결과 생산성은 떨어지고 전체에게 손해를 입힐 수도 있다. 일부 문화는 특정 그룹 전체에 대해 보상하거나 그룹 전체를 처벌하기도 하며 이로써 연대와 팀워크를 강화하기도 한다. 유능한 훈련교관들은 미국 해병대의 기본 훈련에서 이런 종류의 팀 강화방법을 활용한다.

팀 개념은 개인을 기준으로 볼 때 경영 전반에 걸쳐 많은 장점을 갖고 있다. 다양한 숙련과 경험 외에도 각기 다른 분야의 개인들이 기여하는 시각의 이점이 있다. 또 팀원들은 동료들과 토론하면서 활동할 때 한층 큰 성취도를 달성하도록 자극받고 있다. 그들은 저마다 최선의 수준을 보이려고 애쓰고, 그럼으로써 그룹 전체를 더욱 풍요롭게 한다. 그런 과정에서 그들은 자연스럽게 스스로의 아이디어를 나타내지 않을 수 없게 되는데 이것은 그룹이 각 성원들에게 서로 평등하고 터놓고 이야기하도록 기대하기 때문이다. 개방성이란 개개인들이 엄격하게 책임 지는 상황에 있을 때는 흔히 실천되지 않는 자질이지만 친밀성을 낳는다. 친밀성은 집단의 사기를 높이고 팀의 결속을 한층 공고하게 한다.

팀의 상호작용에 의해 풍부한 아이디어들이 산출된다는 점 외에도, 팀의 결정은 팀의 구성원들이 문제의 전략을 창출하고 인가했기 때문에 행동으로 이어질 가능성이 더욱 크다. 팀이 많고 효과적이 될수록 사업체는 더욱 효율적으로 운영되어야 하며, 또 더욱 많은 사람들이 자신의 고유한 운명에 대해 책임을 지게 될 것이다.

팀워크와 참여경영은 경영의 실제에서 불가피하고도 진화하는 단계들이다. 제조활동에서 의사결정이란 너무 복잡하여 어느 한 사람에게 맡겨질 수 없다. 참여하는 경영은 더 많은 활력과 창의를 낳는다. 회사는 수많은 아이디어의 홍수에서 혜택을 입어 경쟁의 도전에 대처할 수 있고, 또 개개의 팀원은 전보다 많은 혜택을 입게 된다. 또 그들의 아이디어를 다른 팀의 성원들이 받아들이고, 그런 점들이 드러나게 되어 그들의 자부심은 향상된다. 더욱 중요한 점으로는, 개개인이 엄격한 개인주의의 특색인 외로움에서 해방된다는 점이다.

미국에서는 팀워크에 대해 말만 무성한 칭찬이 주어지고 있다. 그러나 상당한 정도까지 보상, 승급, 승진은 개개인들에게 수여되고 흔히는 정치적인 이유로 그렇게 되고 있다. 우리가 앞으로 팀을 찬성하여 선전하면서도 여전히 개인들을 승진시킨다면 그러한 이중성은 마침내 믿음의 상실을 낳고 결국에는 팀노력에 치명적인 결과를 초래하게 될지도 모른다(다음 장에서 나는 크라이슬러의 재생에서 팀워크가 얼마나 크게 기여했는지를 살펴보고자 한다).

문제점을 포착한다

문제가 발생하기 전에 문제점을 적출하는 것은 제조업 경영진에서 어떤 지위에 있는 사람이건 불문하고 중요한 일이다. 나는 재직시 몇 가지 기법을 활용했다. 첫째, 종업원들과의 의사소통이 핵심이다. 공장을 거니는 것은 위험한 짓이다. 종업원의 기분은 어떤가? 장비는 제대로 잘 작동하는 것 같은가? 모든 설비는 잘 작동하고 있는가? 일반적인 속도는 어떤가? 공장심사의 일환으로서 공장 지도층과의 회의가 중요하다. 둘째로 모든 통계를 평가하라. 통계공정관리는 공정의 환류정보를 제공하므로 문제점을 발생 단계에서 조기에 포착하게 해준다. 셋째로 생산 보고와 판매실적 보고를 평가하라. 이런 값진 도구들이 발전에 관한 추가적인 통계수치를 제공한다.

예기치 못한 상황에 빠져 있다면, 다음 조치를 취하고 위기를 관리하라.

- 복구계획을 정식으로 짜라. 이 과제를 달성할 시간 여유가 있을 수도 있다. 혹은 시간이 없을 수도 있다. 마감시한을 평가하고 움직이기 시작하라.
- 인간자원을 평가하라. 상황을 시정하는 데 필요한 유능한 인물을 동원할 수 있는가? 위기시에는 개성, 역량 및 신뢰할 수 있는 인물을 찾으라.
- 사람들에게 말을 하라. 그들은 반드시 해결방안을 낼 것이다.
- 신뢰할 만하고 성실하다는 이미지를 주라. 위기를 관리하기 위해 동원되는 수단에 부응하도록 처신하라. 긍정적인 태도를 강조함으로써 승리하고 있다는 태도를 전달하라. 자신의 행동이 옳다고 확신하고 직원들 역시 스스로 옳다고 확신하게 만들라. 리더로서 결단력 있는 태도를 취하라. 이것이야말로 이미지가 중요한 영역이다.
- 중점 추진사항을 수립하라. 가장 중요하고, 신속하게 긍정적인 결과를 낳을 수 있는 문제(혹은 문제의 일부)를 집중적으로 다루라.
- 방향타를 다시 만들지 말라. 대개는 그런 일을 할 시간이 없을 것이다.
- 끊임없이 평가하라. 이런 평가를 통해 여러분은 스스로가 길을 잘못 들지 않았으며 그 조치로 오히려 위기를 조성하지 않고 있음을 확신할 수 있게 된다.
- 자원을 평가하라. 기계가 고장 나면 다른 방안이 있는가? 작업순서를 다시 정할 수 있는가? 시간외근무는 필요한가? 납품업체들은 도움을 줄 수 있는가?
- 병사들을 집결시켜라. 격려연설이 필요한 경우 병사들을 상대로 연설하라. 차분하다는 이미지를 주라. 하지만 열광하게 만들라. 지금은 비난을 던질 때가 아니다. 지금이야말로 누가 과업을 수행하고 있는지를 판단할 때다.
- 노력과 결과를 혼동하지 말라.

이런 충고들은 나에게는 효험이 있었다. 아마 독자 여러분에게도 효험이 있을 것이다.

5 노조와 협력하다

모든 임직원과 눈을 맞대고 만나는 일이야말로 제조 관리자로서 내가 반드시 해야 하는 가장 중요한 업무였다. 이 의무를 받아들이는 데는 어느 정도 시간이 필요하다. 또 거기에는 상당한 위험이 도사리고 있다. 경영자는 신중하고 적극적으로 경청해야 한다. 만일 경영자가 종업원이 제시한 상당량의 제안들에 제대로 대응하지 못하면 그는 자신의 명예와 사원들의 신뢰를 상실할 위험이 있다.

대다수의 고급 경영자들은 노동자들을 일터에서 만나기를 꺼린다. 이같은 태도가 많은 노동 문제의 뿌리에 있다. 노동자들은 자기가 직접 보고 어쩌면 말을 해본 적이 있는 사람들보다는 보이지 않으면서 권력을 휘두르는 자들에게 분노를 드러낼 가능성이 훨씬 크다. 적어도 노동자들이 권위 있는 인물에게 어느 정도 접근할 수 있다고 느껴야 한다. 심지어 이렇게 접근할 수 있다는 생각만으로도 그들은 자신이 가치 있는 노동자이며 자신이 경영행위의 일부를 이루고 있다고 느끼게 된다. 그들을 무시하는 행태는 곧 그들의 권위를 부인하는 행동이며, 그들로서는 묵과할 수 없는 일이다.

노동조합을 회고하며

미국의 노동조합은 사용자가 힘들게 일하는 공장노동자에게 불공정했기 때문에 등장했다. 노동조합은 부정적 색채를 띠고 탄생했다. 초창기에 노동조합은 자동차산업에서 탄압을 받았다. 이런 이유로 1930년대에 GM, 포드, 크라이슬러에서 장기간의 극렬한 파업과 노동자의 잇따른 사망이 발생했다.

내가 1960년대 초 경영진에 들어갔을 때 노동조합에 가입한 노동자 제2세대와 제3세대가 공장에서 함께 일하고 있었다. 그들은 부모와 할아버지로부터 사용자들을 믿지 말고 정면대결해야 하며 사용자들은 노동자의 적이라고 배웠다. 그들을 선동한 것은 반드시 그때그때의 경영진만은 아니었고 과거의 많은 선례가 있었다.

나는 대부분의 관리자들과는 완전히 다른 풍토에서 성장했다. 내가 노동이 어떻다는 것을 이해하고 있음을 노동자들은 알았다. 내가 일선 감독자였을 때 만일 어떤 사람이 사이드 레일에 쇠못을 솜씨 좋게 박을 수 없는 경우에는 나는 쇠못 뽑는 총을 들고 와 그와 함께 일했고 결국 문제를 해결하곤 했다. 만일 내가 사이드 레일을 일렬로 정렬하는 데 3파운드의 망치가 붙은 16인치 드리프트 핀을 사용해야 한다면, 나는 해당 부품의 규격이 정확히 맞지 않음을 알았고 다른 행동계획을 세워 이 문제를 신속하게 바로잡았다.

만일 여러분이 북미에서 일반적인 사업이나 산업에 종사하고 있는 경우라면, 여러분은 필시 노동조합과 함께 일해야 한다. 인사부 직원이나 산업 관련 부서원들이 대부분의 노조협약 문제들을 처리하는 경우가 전형적이다. 하지만 만일 회사가 획기적인 변화를 필요로 하는 경우 이것은 작업 관리자를 직접 개입시킨다는 뜻일 수도 있다.

노조 지도자들은 작업 관리자로부터 좀더 큰 양보를 얻어낼 수 있다고 생각하고 있기에 그들과 거래하기를 선호한다. 그들은 회사의 노사관계 관리자를, 마치 현상 유지가 직무이며 공장바닥을 거의 경험해 본 적이 없는 계약변호사들쯤으로 여긴다. 그렇지만 모든 협정의 결과에 따라 매일매일 살아가야 하는 사람은 바로 작업 관리자와 감독자이다.

권력을 얻기 위해 제휴했다

나는 크라이슬러 노조 위원장 프레이저가 리 아이어코커와 협력하여 일한 방식을 늘상 높이 평가한다. 그들은 정확히 말하자면 서로 사랑에 빠지지는 않았지만, 권력을 쟁취하기 위해 제휴했다. 각각은 하나의 세력이었다. 그리고 힘을 합쳐도 그들은 각기 독립된 세력이었다. 노조 위원장과 회장이 제휴하여 의회와 대통령에게 달려간 경우는 미국의 경우 확실히 드문 일이었다. 선량한 거래 정신과 설득을 통해서, 그리고 아이어코커가 주도했지만 프레이저가 후원함으로써, 크라이슬러 대출보증법의 승인을 얻어냈다. 그 법의 결정적인 조항은 노조가 제조업체인 크라이슬러에 대해 중요한 양보를 했다는 점이었고 이에 따라 정부는 납세자들에게 대출보증법을 지지해 달라고 요청할 수 있었다.

이 사건은 전미자동차노동자연맹(UAW)의 크라이슬러 담당 부서에 있는 모든 사람과 크라이슬러 경영진의 모든 사람에게 새로운 분위기를 만들어냈다. 양측 지도자들이 협력할 수 있다면, 그때에는 다른 모든 사람도 같은 일을 할 수 있다. 이것이 조류의 방향을 바꾸어 대결에서 협력으로, 적대관계에서 팀워크 쪽으로 향하는 변화를 일으키기 시작했다.

초창기의 대결

내가 크라이슬러에 들어갔을 때, 나의 첫 행동은 모든 공장을 신속하게 훑어보는 것이었다. 현장을 잇따라 신속하게 순방했고, 돌아온 다음 그 장단점을 기록했다. 그것은 일종의 자산원장으로, 좋은 편에 무엇이 있고 나쁜 편에 무엇이 있는지를 판정하는 장부였다.

나는 곧 우리가 더럽고 쓰레기투성이며 비효율적이고 위험한 작업조건을 갖고 있는 데다가, 직원들은 의기소침하고 아무런 초점도 없으며 기강이 확립되어 있지 않고 교육 수준이 낮고 나쁜 훈련을 받았으며 언제든지 떠나려는 사람들이라고 판단했다. 그들은 회사가 곧 망할 거라고 생각하고 있었다.

그것이 내가 받은 패였다. 나는 그것에 대해 아우성치지 않았다. 나는 이렇게 자문자답했다. "이런 엉망진창 상태에서 도대체 무엇을 할 수 있을까?" 나는 고급 간부들과 회담하고, 공장의 핵심 관리자와 다른 경영진과 논의하고, 노동자들과도 대화를 나누고, 마지막으로 양손으로 그 폭탄을 집어 들었다. 나는 이런 짓을 가끔 한다. 나는 노조 본부인 '연대의 집(Solidarity House)'에 직접 전화를 걸어, 크라이슬러 담당 부서 부위원장인 마르크 스텝과 회담을 갖자고 청했다.

내가 그를 만날 수 있는 특권을 누릴 수 있겠느냐고 그에게 물었을 때 그는 충격을 받았음에 틀림없다. 그는 친절히 내 말에 동의했다. 우리는 비밀토론을 갖고 내가 방금 언급한 상황들과 관찰 결과를 자세히 논의했다. 나는 그의 눈을 똑바로 보았다. 그는 조금도 위축되지 않았다.

그는 말했다. "딕, 나는 이곳에서 30년 이상이나 있었고, 당신이 나를 만나 보고 싶어하는 것을 고맙게 생각합니다. 우리는 일련의 환경과 문제를 공유하고 있으며 운명이 우리를 그렇게 묶어 놓았습니다. 당신이 계획을 발전시켜 나가는 동안, 여러 가지 일들을 고려해야 하겠지요. 우리가 함께 협력할 몇 가지 방안을 찾아내 함께 나아갈 수도 있다고 생각합니다."

그는 나에게 말했듯이 신용을 지키는 사람이었다. 리 아이어코커가 더 그 프레이저를 임원이사회에 영입함으로써, 나에 대한 신뢰도가 높아져 마르크를 한층 더 잘 이해할 수 있는 기회가 되었다. 우리는 노조와 경영진의 상호존중관계를 발전시키기 시작했고 엄청나게 많은 현장방문을 통해 관계를 돈독히 하였다. 우리는 우리 나름의 '노상전시회(roadshow : 공개활동)'를 벌였다.

사람들은 금방 주목하기 시작했다. 함께 여행하고 있는 저 사람들이 누구지? 바로 스텝과 도치, 노조 관계자와 경영자 아니야? "맙소사, 흑과 백이 한무대에서, 같이 놀고 있다니!" 그들은 말했다. 그와 내가 서로를 '형님-아우'라고 부르기 시작하자, 그들은 우리가 함께 있음을 알았다. 나는 스포츠팀에서 이미 10년간이나 있었다. 그곳에서 흑인과 백인은 공동목적을 위해 함께 일했고, 아무런 차별도 없었고 아무런 인종분리도 없었다. 나는 그 팀이 어떻게 움직이는지를 직감적으로 알았다. 이제 크라이슬러에서도 6만 명이 넘는 노동자가 공장의 작업습관, 태도, 작업문화를 바꾸어야 할 때였다. 제조활동은 일종의 경쟁게임이며 스텝 형님과 도치 형님이 설교하고 있는 주장은 다름이 아니라 이것이다. "이곳이 경쟁의 현장이다. 경쟁하여 격파하라, 아니면 죽을 준비를 하라. 설사 비참한 말처럼 들릴지 모르지만, 우리는 바로 그런 뜻으로 말한다. 그것이 현실이기 때문이다."

우리 중 어느 누구도 그럴 태세가 되어 있지 않았다. 다시 말해 우리의 생활터전을 잃어버릴 준비가 되어 있지 않았다. 우리는 심지어 명예롭게 사망하라고 권고한 《월스트리트 저널》에게 예상을 철회하고 지옥에나 가라고 말하기도 했다. 우리는 명예롭게 죽을 준비가 되어 있지 않았고 앞으로도 살아 남아 성장하고자 하며, 경영진은 우리 사람을 승리의 길로 이끌려고 하고 있었다.

우리는 미국에 있는 크라이슬러의 모든 조립공장, 프레스공장, 구동장치공장은 물론 많은 부품공장도 방문했다. 150번 이상에 걸쳐 우리는 마르크 쪽의 몇몇 간부들과 내 쪽의 두세 명과 함께 이들 공장을 개인적으로 찾아갔다.

우리는 공장에 들어가 조업라인을 정지시키고 사람들에게 말을 걸곤 했다. 마르크는 나름대로 독특한 방식으로 의사를 전했는데, 즉 "품질이 없으면 판매도 없어. 판매가 없으면 일자리도 없지"라고 그들에게 퉁명스럽게 말했다. 그가 이런 말을 하면서 핵심 경영자, 특히 임원 부사장과 팔을 끼고 있다는 사실이 주목을 끌었다. 그런 다음 내가 그의 뒤에서 나와 말을 할 때 청중은 졸 수가 없었다. 그들은 경청했다. 그런 다음 우리는 터놓고 의견을 교환했는데, 그들은 정확하게는 "우리는 마르크와 도치, 당신들을 사랑한다"고 말하고 있지 않았다. 이런 토론은 솔직하고 괴로운 것이었다. 이런 토론은 힘든 재주넘기로 하루 두 차례씩 장시간 계속되는 훈련이었지만, 그것은 긴장해소에 —— 말하자면 그들의 위장에서 가스를 빼내는 데 —— 기여했고 그들은 우리를 신뢰할 수 있음을 깨닫기 시작했다.

나는 당시 그들에게 말했다. "남녀 직원 여러분, 나는 여러분의 눈동자를 보고 말하고 있습니다. 여러분이 품질과 생산성에서 상당한 개선을 기록하게 되면, 나는 고위 경영진 및 이사회의 축복과 더불어 이곳에 새 제품을 투입할 계획입니다. 그렇게 되면 우리는 이 공장을 현대화하고, 여러분 모두를 훈련시키고, 새로운 현대적인 기술과 공정, 새로운 자재관리방식을 도입할 방침입니다."

그들은 다시 나를 바라보고 말했다. "도치 씨, 당신은 자신 만만하군요! 당신이 이곳에 있은 지 채 1년도 안 되었소. 그렇지만 우리는 이곳에서 30년을 넘게 있었단 말요. 당신은 대체 당신이 말하는 뜻이 뭔지도 전혀 모르는군요!"

나는 응수했다. "최고 경영진과 이 공장에 대해 몇 가지 정책과 전략을 만들지 않았다면, 이곳에 오지 않았을 겁니다. 오직 나만이 리 아이어코커와 팽팽하게 맞섰습니다. 그것은 내가 그를 위해 일하러 오기 전이었습니다. 그러나 나는 오늘 여기에 오기 전에 그의 지지를 얻었고, 우리는 이 공장을 180도 바꿔 놓기 위해 필요한 모든 일을 하려 합니다!"

그들은 곧 우리가 무엇을 꾀하는지 알았다. 이 노조회관의 회의에서 전달된 우리의 메시지는 팀워크, 협력, 품질개선, 시장변화에 대해 반응하는 민감성이었다. 우리는 우선 윈저의 미니밴을 필두로 신제품을 도입하면서, 반드시 균형 있는 계획을 세웠다. 윈저에다 우리는 4억 달러를 투자했으며, 그 중 2500만 달러는 오로지 훈련만을 위해 투입됐다. 우리는 신차량의 개발 2년 전에 그 같은 훈련을 시작했다. 우리는 나머지 3억 7500만 달러를 부품서열공급제와 적시납품 자재관리를 비롯하여 설비와 공구에 투입했다.

그 결과 사람들은 말하기 시작했다. "어럽쇼, 저 친구가 2년 전에 우리

노조와 함께 일하기 위한 충고

1. 노동자를 그들의 일터에서 만나라. 그들이 당신에게 상당히 접근할 수 있다고 느끼게 하라.
2. 노조 지도자들과 개인적인, 하지만 직업적인 관계를 맺으라. 그들은 노사관계 전문가들보다는 오히려 작업 경영자들과 거래하고자 한다.
3. 경영자와 노조 관리자 양자간의 평등과 협동성이라는 이미지를 갖는 공개적인 전시행사를 실시하라.
4. 회사의 목표, 업적, 요구사항을 놓고 노조원들과 자주 의사소통을 하라.
5. 지역 문제에 대해서는 지역적 해결방안을 모색하라. 공장의 문화는 제각각이다. 획일적인 접근이 모든 공장에 대해 적합한 경우는 드물다.
6. 회사의 성공은 물론 실패를 구성원 및 그들의 지도자들과 함께 나눠 갖자. 신뢰성 있고 공정하자.
7. 경영진과 연대를 유지하라. 관리자들간의 쓸데없는 논쟁과 경쟁심은 파국으로 가는 티켓이다.
8. 노조를 다루는 경영진 대표의 성실성이야말로 필수불가결하다.
9. 회사를 경영하는 능력에서 부당한 제한을 받고 있다고 생각하는 경우, '사태를 직시하고' 경영 생존력을 유지하기 위해 필요한 위험을 떠맡으라.

에게 말한 것이 몽땅 실제로 일어나고 있지 않나!" 1983년부터 1990년까지 이런 근대화 열풍이 조직 전체에 퍼지게 됐을 때, 그리고 우리가 8개의 조립공장을 같은 방식으로 전환했을 때 그들은 이것이 진짜 현실임을 깨닫게 됐다.

1981년 나는, 공장의 조업에 영향을 미치는 모든 협상에는 현지의 제조분야 관계자를 참여시키자고 제안했다. 우리의 극진한 존경을 받고 있으며 무리가 없는 인적자원 담당 부사장인 톰 마이너와 나의 상관이자 당시 제조 담당 임원 겸 부사장인 스티브 샤프는 이 점에서 나를 적극 지지했다. 크라이슬러는 1991년까지 이런 전술을 활용했다. 그것은 지역조직의 요구사항에 맞추어 각종 노사협정을 변경하는 것은 물론 노사협정을 좀더 효과적인 것으로 만드는 데 기여했는데, 그 까닭은 현지 경영진이 사상 최초로 노사협정의 완전한 권한을 가졌기 때문이었다. 이것은 또한 노조를 즐겁게 했는데, 왜냐하면 노조 지도자들은 이제 협정에서 제3자를 통해서 작용하는 것을 강요당하지 않았기 때문이다. 그 제도는 이제 한층 개인적이고 유연하며 실현 가능한 내용이 되었다. 팀워크 다지기에는 개인적 접촉이 중요하다. 그것이 품질, 생산성, 이윤, 도덕에 대해 미치는 긍정적 효과는 정말 극적이었다.

노조에 대한 찬성과 반대

일본인 소유의 대다수 미국 공장들은 노조로 조직되지 않은 종업원과 함께 일하며 이것이 유연성을 제공한다. 유연성에는 명확한 이점이 있다. 하지만 제조활동을 관리하는 개념과 원칙은 똑같다. 노조는 관리자에게는 값비싸기는 하지만, 많은 고려요소 중 하나에 불과하다. 계약 및 관련 사항의 협상과 관리에는 시간과 자금이 든다. 특히 대규모 조직에서는 계약 관련 업무들을 전문적으로 처리하고 나아가 경영진의 경영능력을 손상치 않도록 하기 위해 전문 간부들이 필요하다.

일부 학자들은 주장한다. 노조는 경영진에게 좀더 잘 경영하도록 강요한다는 것이다. 이것은 실로 종업원에 관련되는 행위가 건전하고 설득력이 있어야 한다는 뜻이다. 노조의 존재로 인해 경영진은 종업원의 이익을 좀더 철저하게 인식하지 않을 수 없다. 전형적인 경우 노조는 아무것도 없는 진공 상태에서 행동에 돌입하기보다는 오히려 경영진의 행위에 대해 반응하는 경향이다. 쌍방의 우호관계와 서로 잘 알고 조정된 경영의 풍토 아래서, 노조의 존재가 장애물이 될 이유는 전혀 없다.

내가 이미 언급했듯이, 1980년대 초 원저 조립공장의 호전적인 노조 대표는 켄 제라드였다. 협정기간이 만료될 때마다 파업하는 것이 그 공장의 역사였고, 따라서 파업은 평균 3년마다 한 번씩 일어났다. 노사관계는 적대적이었다. 바로 이런 참담한 배경에 맞서서, 나는 거기서 우리의 새로운 미니밴을 조립하자고 제안하는 위험을 무릅썼다. 내가 제라드에게 후륜구동 뉴요커(New Yorker), Y-차체의 임피리얼(Imperial), J-차체의 코르도바(Cordoba)와 미라다(Mirada)를 이제까지 누구도 대량생산한 적이 없는 자동차, 즉 미니밴으로 교체해야 한다고 생각한다고 말했을 때, 그가 내 정신상태와 출신성분을 어떻게 여겼을지는 새삼 말할 필요도 없으리라!

캐나다의 인사 담당 간부(당시 책임자는 빌 피셔)와 공장의 최고 경영진(책임자는 공장장인 조지 호헨도르프와 생산부장인 론 가그논)의 협력을 얻어, 우리는 활동에 착수했고, 윈저에서 공장종업원의 지지를 얻었으며, 나아가 노조 관계자와 좀더 좋은 관계를 맺고자 했다. 팀의 업적은 놀라운 것이었다.

나는 몸무게가 300파운드나 나가는 이 사람, 제라드를 좀더 잘 이해하고 그의 신랄함을 극복하자고 결심했다. 그러는 데는 시간이 걸렸지만, 우리는 마침내 좋은 관계를 발전시켜 이를 다른 노조 대표자들에게도 전파시켰다. 이런 노력은 공장의 현대화와 미니밴의 출범 —— 노조의 직업안정성 확보와 크라이슬러의 생존에 결정적으로 중대한 대규모 투자지출 ——을 성공시키는 데 사활적으로 중요했다.

그 차량이 자동차의 역사를 만들었을 때, 중요한 사실은 노조와 노조의 지도부도 같은 신뢰를 얻었다는 점이다. 100만 번째 미니밴을 생산한 것은 경영진과 주주에게는 자랑스런 순간이었고, 노동자들에게는 위풍당당한 일이었다. 나는 제라드와 연단에 같이 올라가 연설하는 것이 몹시 즐거웠다. 그는 마치 그 자축행사에서 자랑스런 아빠곰처럼 빛나는 존재였다. 그는 그 후 나의 출신성분을 정열적으로 치켜세웠다.

현대조업협정

크라이슬러에서는 노조관계가 정말 위태로운 상황들도 있었다. 예를 들어 1983년 세인트루이스 제2조립공장은 이미 3년간 가동중지 상태에 있었다. 크라이슬러는 후륜구동인 피프스 애비뉴(Fifth Avenue)와 기타 차량들을 조립할 공장이 필요했다. 하지만 당시 윈저 조립공장은 이 차량들을 이미 생산중단했고 미니밴생산시설로 바꾸고 있는 중이었다.

세인트루이스 제2공장에는 종업원이 없었기 때문에 단체협정을 체결하기 위한 협상은 국제 노조를 대상으로 벌여야만 했다. 만일 크라이슬러가 그 공장을 부활시키고 싶다면, 유리한 노조지부계약을 체결하는 것이 중요했다. 게다가 노조도 세인트루이스 지역에 있는 조합원들을 다시 작업장에 복귀시키고 싶어했다. 세인트루이스 제2공장에는 노동자가 없었다. 그 공장은 비어 있었고 폐쇄 상태였다. 따라서 제로 상태에서 현대조업협정(Modern Operating Agreement, MOA)을 체결할 수 있는 최초의 기회가 우리에게 온 것이었다. 우리는 유연생산활동을 지향하는 계획에 따라 직무분류를 좀더 합리적으로 설계할 수 있었다.

그러나 대다수 사람들은 내가 회사에 입사한 직후 멕시코 살티요 엔진공장에서 최초로 직무분류의 개수를 줄이기 시작했음을 깨닫지 못했다. 우리는 당시 미시간주 트렌턴 엔진공장의 4분의 1 축척모델을 그곳에 설치하고 있었다.

트렌턴에는 약 70개의 직무분류가 있었고 이들 똑같은 70개 기준이 살티요에 그대로 복사되어 있었다. 나는 말했다. "그걸 여기서는 시행하지 말고 그대로 있으라! 내가 이번 달에 이곳에 도착했다고는 하지만, 나는 이 따위 직무분류를 묵과할 수 없다! 나는 이런 쓸데없는 낭비를 없애고 싶다. 우리 노동자들은 자신이 감당할 수 있는 종류의 직무들을 처리할 수 있는 적응력이나 유연성을 전혀 갖지 못한 채 세분된 직무에만 매달려 있는 실정이다."

이런 권고 끝에 우리는 살티요 공장의 직무분류를 20개 미만으로 대폭 줄일 수 있었다. 엄청난 감축이었다! 이것은 세인트루이스 제2공장 현대조업협정의 전조였으며, 우리가 일을 좀더 잘 처리할 기회를 갖기만 한다면 단지 현상을 그대로 복사하는 것을 거절함으로써 직무분류를 대폭 삭감할 수 있음을 입증한 최초의 사례였다.

세인트루이스 제2공장으로 다시 돌아가 보자. 우리는 PQI(제품품질개선)에 대해 4년간이나 연구한 후, 노조 지도자들과 긍정적 관계를 발전시키고 있었다. 이제 마르크 스텝과 스티브 샤프와 나는 늘상 싸우는 관계가 아니라, 문자 그대로 마치 한 폭의 그림처럼 함께 여행하고 있었다. 1983년경 우리는 노조에게 말했다. "우리는 지난 3년간 폐쇄한 세인트루이스 제2공장에 상당한 자금을 투입하려 한다. 다만 전과 다른 노사협정을 갖는 경우에만 이 자금을 투입할 방침이다." 앞서 말한 중재와 당시 우리 관계의 개선으로 우리는 실제로 그것을 집행했다.

세인트루이스 제1공장은 제2공장에서 불과 200야드밖에 떨어져 있지 않았고 직무분류표가 100개를 넘었지만, 2공장은 불과 27개의 직무분류표를 갖고 출범할 수 있었다. 그것은 우리가 아직 현대조업협정을 들고 나오기 전이었다. 그것은 간단히 말하자면 제조활동 인력, 즉 노사 양측 모두가 "여보게, 우리가 싸우는 대상은 세계라네!" 하고 깨달았음을 보여 주는 사례이다.

세인트루이스 제2공장에 새로운 조업협정이 맺어진 덕분에 이제 낡고 세밀한 직무분류는 더 이상 작업의 효율적 배정을 저해하거나 노동숙련도의 발전을 제한하는 장벽이 될 수 없었다. 우리는 전보다 숫자가 줄고 범위가 넓어진 직무분류에 따라 좀더 높은 급료를 지급할 수 있게 되었으며, 감독자들은 이제 효과적으로 일을 배정할 수 있었다. 이 같은 진보는 총공장장인 알 스커더(Al Scudder), 세인트루이스 제1공장의 공장장 존 버커트(John Burkart), 인사부장 루 모리스(Lou Morris), 여타 간부 직원들이 없었다면 결코 실현될 수 없었을 것이다. 그들은 노조 지도자들과 확고한 작업관계를 수립했다. 그들은 한편으로는 대결하면서도 다른 한편으로는 단일한 팀을 창조하였다.

1986년경 우리는 노조와 협력하여 세인트루이스 제2공장에서 개발된 개념들을 향상시켜 그것을 확대시행할 수 있었다. 미시간주 스털링 하이츠 조립공장(16개 직무분류표로 축소), 델라웨어주 뉴어크 조립공장, 불과 10개의 분류표밖에 없는 디트로이트의 완전히 새로운 제퍼슨스 조립공장이 그 적용 사례들이었다. 현대조업협정을 채택하여 조업하는 공장들은 노동력 관리 면에서 유연성을 갖게 된 한편, 종업원 쪽에서는 기회, 혜택, 수입, 팀워크를 향상시킬 수 있었다.

노련한 협상

크라이슬러와 UAW가 과거에 맺은 숙련 노동자들에 관한 재래식 협정은 많은 분류표와 제한들로 가득 차 있었다. 수습사원들은 우선 연공서열제를 기준으로 선발되었다. 목표 수습자비율은 직무분류표에 구체적으로 명시되었지만, 크라이슬러의 재정난 때문에 규정된 비율이 급료지급 명부에서 지켜지지 않았다. 노조는 크라이슬러에게 수습사원을 채용하라고 주장했다. 반면 경영진은 그 직무분류표가 이제는 적합치 않으며 수습사원제에 대한 제한이 너무 엄격하다고 생각했다.

나는 이것이야말로 두 당사자 모두가 승리할 수 있는 상황이라고 보았다. 기업으로서는 숙련된 전문 노동자들이 필요했다. 나는 본부의 동의를 얻어 수백 명의 추가 수습사원을 채용키로 했다. 우리는 협정을 체결하여 전문 노동자의 분류표 숫자를 삭감하고 수습사원 선발에 대한 각종 제한을 완화하기로 했다. 동시에 우리는 일정 숫자의 수습사원을 채용키로 하고 쌍방 당사자간에 양해각서를 체결했다. 우리가 이 같은 성공을 이룩하는 데는, UAW의 알 부치(Al Bucci)와 크라이슬러 제조 그룹 인력자원부의 보브 마티스(Bob Mathis)의 도움이 컸다.

하지만 단일 공장 차원에서 훌륭한 노사관계라 해도, 그것이 다른 차원의 문제들을 항상 해결해 줄 수는 없다. 예컨대 오하이오주의 트윈스버그와 같은 자동차프레스공장의 경우, 그 공장은 통상 조립공장들에게 금속철판 부품을 공급하고 있었다. 그러나 특정 프레스공장이 생산중단을 겪고 있으면, 조립공장들은 얼마 안 가 문을 닫을 수밖에 없다.

트윈스버그 노조 문제의 역사는 일찍이 1959년까지 소급된다. 노조의 지부 지도부는 호전적이었고 경영진은 경직되어 있었다. 종래에 체결된 현지 노사협정은 나중의 협정에 의해 취소되거나 대체되지 않았고, 그 결과 특정 사항을 다루려면 해당 협정의 어느 조항에 의거해야 하는지 판정하기가 사실상 어렵게 되었다. 쌍방은 늘상 논쟁을 벌였다. 나는 몰렌코프 코치(일명 '사기꾼 잭')가 그런 혹을 어떻게 처리했는지 종종 의아하게 생각했다.

나는 1983년의 트윈스버그 노사협상중 노조의 요구사항을 들어주면 감당할 수 없는 큰 비용이 나가게 되고, 결국 사용자는 작업을 효과적으로 배정하고 공장을 관리할 능력을 상실할 것이라고 생각했다. 노동자의 추가 요구사항과 작업관행의 제한은 극단적이었다. 나는 우리가 입장을 분명히 해야 한다고 마음먹었다. 우리는 사태를 직시했다. 한 번의 짤막한 파업이 일어났다. 아이어코커가 나의 입장을 지원했고, 우리 모두에게 다행스럽게도 신속한 타결이 이루어졌다. 과거의 모든 현지 협정은 무효화됐고 새 협정에는 노조가 이전에 추구한 과잉 인력과 작업관행 어느 것도 담겨 있지 않았다. 노조 지도부는 다음 현지 선거에서 교체되었고, 트윈스버그 공장은 훨씬 개선된 노사관계의 풍토를 자랑하고 있으며 1983년 이후 파업으로 인해 단 한 시간도 잃지 않았다(이 점에 대해서는 제12장에서 자세하게 다루었다). 지도자들의 결정이란 이처럼 중요하다.

정치적으로 노조 대표들에게 매력적이면서 동시에 종업원에게도 이익이 되는 방식으로 회사의 목표를 달성하는 것이 중요하다. 발전을 이룩할 기회 또는 기존의 문제를 시정할 기회를 찾고 만들고 장악하라. 그러나 효과적으로 조업할 수 있는 역량이 위협받는 경우에는 확고한 입장을 견지하라.

자율이 이룩한 성공

내가 크라이슬러를 담당하는 동안 이룩된 중요한 기술혁신은 자율관리

팀의 탄생이었다. 팀에는 수많은 조직상의 변형체들이 있지만 일반적으로 팀은 생산계획책정, 자재구입, 품질, 채용, 때로는 해고까지 모든 것을 통제한다.

일찍이 1981년 우리는 델라웨어주 뉴어크 조립공장에서 자율관리팀을 활용하기 시작했다. 우리는 도장공장의 인산수와 초벌도장 구역을 선정하여 이런 팀 개념을 시험적용한 데 이어 후에는 다른 공장지역과 작업에까지 확대했다. 이 방안을 채택하는 데는 전문 노동자가 이상적인 것으로 나타났다. 이들 사원은 역량 있고, 자부심이 강하며, 품질에 대한 의식이 철저하고, 행동지향적인 사람들이다. 나는 그들이 믿기 어려울 정도로 대단한 일을 달성할 수 있다는 사실을 알게 되었다. 이 같은 팀은 필요한 정보와 경영진과의 개방된 의사소통라인에 접근할 수 있는 게 틀림없다. 또한 그들은 목표와 요구사항에서 사용자의 지지와 지도를 받고 있음에 틀림없다.

전문 노동자팀은 중요한 도전을 받아들이고 이를 수행하여 대단한 성공을 거두었다. 몇 가지 사례는 다음과 같다.

- 팀들은 스탬핑 프레스를 안전하게, 계획보다 훨씬 빨리, 예산범위에서 해체하고 옮기고 다시 조립하고 가동하는 업적을 달성했다. 그리하여 생산부는 턴키(turn-key : 키를 돌리기만 하면 되는 완벽한 상태 — 역자) 방식의 작업을 넘겨받았다.
- 팀은 기당 수백 만 달러나 나가는 가공기계라인을 해체하고 이전하고 재설치하여 탁월한 결과를 달성했다.
- 팀은 제조공장 모든 구역의 지붕을 다시 손질했다.
- 팀은 엔진검사장비와 변속기검사장비를 해체하고 재조립하고 다시 설치했으며, 작업원들에게 그것이 어떻게 하면 효과적으로 작동하는지를 가르쳤다.
- 자율관리팀은 또한 각종 부품들을 성공적으로 운용하고 생산조업팀에게 진정한 서비스를 제공했다.

1985년 크라이슬러는 가장 낡은 기계가공공장인 인디애나주 뉴캐슬 공장의 폐쇄방안을 신중히 검토하고 있었다. UAW와 협력하여 우리는 그 공장의 구출조치를 취하기로 결정했다. 우리의 첫번째 노력은 자율관리팀을 중심으로 이루어졌다. 노동자들은 '기술자'로, 직반장은 '팀 자문자'로 새로 명명되었고, 시간기록기는 사라졌으며, 관리자 전용주차장은 폐지됐다.

이 공장은 이제 77개 팀을 갖고 있는데, 각 팀은 작업흐름을 조직하고 과제를 배정하고 불량실적자를 견책하고 고객들과 직접 의사소통할 수 있으며, 심지어는 공장의 노사조정위원회와 협의를 거친 후 교대시간의 시작시각과 마감시각을 변경할 수 있는 등 광범위한 권한을 갖고 있다. 또한 추가 급여가 노동자들에게 동기를 부여하여 훈련강좌에 참가하도록 하고 있다. 결근율은 1988년의 7퍼센트에서 1991년 연평균 2.9퍼센트의 아주 낮은 수치로 하락했다. 뉴캐슬의 1988년 연간 고충처리 건수는 1000건으로 상당히 높았지만, 1991년에는 불과 33건으로 급감했다. 부품 100만 개당 결품은 1988년의 1000개에서 1991년에는 불과 20개로 대폭 감소했다. 비용억제는 품질개선과 보조를 맞추어 개선되었다. 자율관리팀은 공장을 경영진의 감각을 갖고 운영하는 방법을 깨닫고 긍정적 성과를 거두었다.

나는 뉴캐슬의 멋진 남녀와 만나고 함께 일하는 것을 몹시 즐겼다. 미국의 노동자는 적절하게 관리되고 (아니, 스스로 자율관리하고) 있어, 일반 사람들이 예상하는 것보다 훨씬 많은 것을 달성할 수 있다. 수많은 상황들에서 자율관리팀은 필요한 동기부여를 제공할 수 있다.

팀 발진

1986년 크라이슬러의 공장에서 지구 관리부장 레이 래시(Ray Lash)는 다지 다코타 4×4 중형 픽업을 개발하면서 생애 최대의 도전에 직면했다. 그는 시간제 노동자들 중에서 지원자를 찾아 훈련강좌를 개발했다. 다코타 개발팀은 다른 사람을 훈련시킨 과거의 업적과 능력을 기준으로 선발됐다. 훈련에는 조업설명표의 검토는 물론, 트럭의 조립과 해체까지 포함되어 있었다. 그 과정은 자신이 알고 있는 지식을 다른 노동자들에게 전수해 줄 수 있는 일단의 전문가들을 배출했다. 팀이 공장으로 가기에 앞서, 모든 요원에게는 빨간 재킷과 모자를 입게 했다. 이에 따라 그들은 다코타의 공정에 관한 질문을 하려는 어떤 노동자에게도 쉽사리 눈에 띌 수 있었다. 그들은 또한 생산관리 및 산업공학부와 긴밀하게 협력하여 정확한 장소와 정확한 일자리에서 정확한 부품들을 조립하도록 훈련받았다. 신차량의 개발을 성공시키려면 부품들을 정확한 칸에 배치해 두는 일이 매우 중요하다.

다코타 개발팀은 대단한 성공을 거두었기 때문에, 새로운 다지 램 대형 픽업(T-300)도 그 개발에 관련을 맺은 유사한 팀을 갖게 되었다. 가이 홀스타인과 데이브 시몬스를 비롯, 다코타팀의 몇몇 최고급 구성원들이 다코타로부터 램팀으로 자리를 옮겼다. 또 다코타팀의 일원인 필 로버슨도 다지 바이퍼의 개발을 지원하기 위해 다시 배치됐다. 다지 바이퍼 차종에는 그의 팀의 조립기술이 절대 필요했다. 일단 팀 형성에서 훈련이 성공을 거두면, 그 성과를 회사 구석구석으로 확산시킬 수 있다.

벨비디어 조립공장에서 빨간 재킷을 입은 병렬공학 개발팀의 두 구성원이 훈련모임에서 투입물을 보여 주고 있다.

납품업자도 팀의 일원

외부 납품업자는 제조활동팀의 또 다른 핵심 구성원이다. 납품업자의 업적은 크라이슬러의 경우 포드나 GM보다 결정적으로 중요하다. GM은 자동차부품의 불과 30퍼센트 정도만을 외부 납품업자로부터 구매할 뿐이고 포드는 50퍼센트를 외부에서 구하고 있지만, 크라이슬러는 부품의 70퍼센트를 본사 계열이 아닌 납품업체에 의존하고 있기 때문이다. 달리 말하면 크라이슬러의 품질은 납품업자가 공급하는 품질에 70퍼센트를 의존하고 있다. 1985년 그것은 구매 기준 총 76억 달러에 달했고 판매가 증가함에 따라 1991년에는 200억 달러로 늘었다.

일본의 계열체계는 납품업자를 제조업체의 가족으로 끌어안고 있어, 자동차업체가 납품업체의 품질과 금융에 대해 방대한 영향력을 행사할 수 있다. 실로 엄청난 이점이 아닐 수 없다. 유럽 업체들은 최근 들어 변모하고는 있지만 납품업자와 여전히 준적대적인 관계를 맺고 있으며, 북미와 유럽의 공급업체는 일본의 경우보다 조립공장의 위치로부터 훨씬 멀리 떨어져 있는 경우가 전형적이다. 거리가 멀어 품질 문제나 엔지니어링 문제에 신속하게 부응하기가 일본보다 어렵다.

부품업체의 품질은 결정적이다. 품질이 제조업체와 소비자에 대해 갖는 의미는 생산비에 있다. 납품업체에 대한 의미는 경제적 생존이다. 다음 일련의 사건들은 납품업체의 품질이 미치는 충격을 웅변한다.

- 어느 한 해 동안 경기가 좋다면, 크라이슬러는 하루 3300만 개의 부품으로 8100대의 차량을 조립한다. 연간 기준으로 그것은 200만 대(미국의 자동차생산공장의 경우 연간 가동일수는 250일이 기준—역자)의 자동차이며 부품은 80억 개가 넘는다. 불과 1퍼센트가 결품인 경우, 매일 불량으로 판정되는 부품 33만 개 이상과 연간 8000만 개 이상의 부품이 크라이슬러의 조립공장에서 관리되어야 한다는 말이다. 공장은 각각의 부품을 자재흐름에서 제거하여 좋은 부품과 교체해야 한다. 비용은 증가한다. 그렇게 되면 모든 적시납품 자재흐름은 항상 갱신되어야 하며, 결품은 만일 그것이 발생하지 않는다면 생산목적에 활용될 공간을 차지하게 된다. 실로 큰 낭비가 아닐 수 없다.
- 부품공급이 생산을 중단시킬 조짐을 보이는 경우, 일선 감독자, 사무직원, 품질심사부의 한 명 이상의 노동자들이 부품의 포장을 뜯고, 좋은 부품과 불량부품을 분류하고, 좋은 부품을 라인으로 보내며 다른 부품은 재작업할 것이다. 작업원들은 또 조립될 수 없는 부품들을 다시 포장해야 한다. 또한 분류하고 재작업하는 일에는 흔히 시간외근무가 수반된다. 품질심사부는 납품업자와 접촉하여 결품의 처분을 협의해야 한다. 납품업자가 기꺼이 조립공장에 와서 결품을 확인하고 즉각적인 시정조치를 취할 것인가? 납품업자는 해당 불량부품들이 반품되기를 원하는가, 아니면 현장에서 폐기처분해야 하는가? 불량품이 폐기되는 경우, 생산관리부서는 부품의 처분을 준비해야 하고 방출자재를 납품용 장소에 맞게 정리해야 한다. 그런 다음 품질심사부는 공

장 회계부서로 서류를 보내고, 회계부서는 그 자재를 손실로 상각처분하고 공장의 생산성에 불리하게 그것을 계정처리하게 된다.

납품업체 관리의 성공 비결

1. 납품업체들을 지리적으로 아주 가까운 곳에서 선정하라. 지리적 근접성은 문제를 매우 신속하게 해결하고 수송비를 절감하게 해준다.
2. 납품업체들의 총숫자를 가능한 한 적게 운영하라.
3. 기록상 무결함 제품을 일상적으로 납품할 역량이 있는 납품업체만을 선정하라.
4. 외부와 사내의 납품업체들에게 동등한 비용 기준과 품질 기준을 적용하라.
5. 납품업체를 선정할 때 경쟁입찰방식보다 목표가격 책정방식을 활용하라.
6. 새 납품업체의 선정이나 기존 납품업체의 계약기간 종료시 엔지니어링부서와 제조부서를 모두 참여시키라.
7. 납품업체들에게 5년 기간의 장기 사업을 약속하라. 이것은 그들에게 상당히 자극을 주어 매우 좋은 협력관계를 유지하게 해준다.
8. 모업체의 품질 및 납품체계와 납품업체들의 그것을 통합하라.
9. 납품업체를 가능한 한 일찍부터 제품 설계 및 개발공정에 편입시키라.
10. 납품업체로 하여금 부품의 품질을 스스로 인증하도록 요구하라. 이것은 값비싼 검수 및 검사장비의 필요성을 없애 준다.
11. 납품업체들이 자체의 경영지도력, 기술, 품질, 물품인도, 비용의 측면에서 제조업체의 요건에 부응하는지 정기적으로 감사하라. 최우량 기업은 포상하라.
12. 새로운 기술혁신, 통계방법, 보전, 컴퓨터이용설계, 컴퓨터이용제조의 분야에서는 납품업체들과 협의하여 그들을 지원하라.
13. 기업의 목적, 업적, 글로벌 경쟁에 관해 납품업체들과 자주 심도 있게 의사소통하라.
14. 완성차업체의 종업원들이 납품업체의 종업원들과 의사소통하는 기회를 자주 만들라.
15. 부품업체들의 연구개발을 지원하고 장려하라.

변화하는 납품업체

나는 크라이슬러 재임기간중 새로운 납품업체 관리방식을 시작하여 납품업체의 품질향상이 우리 자신의 품질에 버금가거나 능가하도록 했다. 그것은 제조업체가 부단히 재검토해야 하는 분야이다.

먼저 우리는 조립공장과 연결되어 있는 납품업체의 숫자를 획기적으로 줄이는 방안을 마련했다. 동시에 외부 납품업체와 본사 계열의 납품업체에서 들어오는 부품에 대해 무결품목표를 설정했다. 우리는 납품업체의 숫자를 1984년까지 10퍼센트, 1986년까지 20퍼센트, 1988년까지 40퍼센트 줄일 방침이라고 선언했다. 장래 생산비는 하락하고 품질은 우리와 운명을 같이한 납품업체가 더욱 큰 이익을 얻으려고 애쓸수록 향상될 것이다.

우리가 납품 관련 문화와 기준을 변경하기 시작하자 강력한 저항에 직면했다. 납품업체를 솎아 내는 정책은 수많은 업체, 경력자들, 직업안정성에 충격을 주었다. 일관된 논리, 합리적인 설명, 공정성이 이 같은 실행에서 가장 중요했다. 우리는 또한 동일한 무결점 기준과 비용목표를 본사 계열의 납품업체에게도 적용하기 시작했기 때문에 내부에서도 저항에 직면했다. 하지만 올바른 일은 설사 인기가 없더라도 반드시 추진해야 한다.

우리는 이론의 여지가 없는 자료와 추세를 활용하여 대다수의 반대주장을 설복시켰다. 예를 들어 미시간주 첼시어에 있는 크라이슬러 주행시험장에서 검사된 자동차의 대당 평균 경비 중 41퍼센트는 불량부품의 사용에서 비롯된 것이었다. 이런 부품의 4분의 3은 외부 납품업자로부터 공급된 제품들이었다. 1984년의 모델 연도 개시기간중 조립공장은 1983년 모델 연도에 대비하여 무려 140퍼센트나 늘어난 불량자재를 관리해야 했다. 1984년 6월 1일 이후 줄곧 조립사업부는 전년 7월부터 시작된 1984년 모델 연도의 결품을 4190만 개 찾아냈다. 이들 부품 중 2800만 개 이상이 외부에서 왔고 1370만 개는 사내 부품업체들에서 납품되었다.

조립공장에 있는 불량자재는 전체 제조업체계를 밑바닥부터 손상시킨다. 그것 때문에 작업장에서 자동차를 조립하지 못하는 사태가 빚어지기도 한다. 불량자재는 적시납품 자재관리와 부품서열공급제에 대한 책임약속을 파기시키고 지연시킨다. 그런 제도는 무결점 자재를 요구하고 있기 때문이다. 단 한 개의 불량품이 전체의 조업활동을 중단시킬 수도 있다.

불량자재는 또 고객의 품질요구를 충족시키는 능력을 밑둥부터 잘라 낸다. 게다가 검사비, 수선비, 분류비, 재작업비, 재고품을 최신품으로 교체하는 비용, 선적수송비, 보증수리비가 더 든다. 최악의 사태는 불량자재 때문에 시간과 자원을 낭비한다는 점이다. 이런 시간과 자원이란 조립공장의 인력이 통제하기로 되어 있는 공정과 직접 관련되는 조업을 위해 써야 하는 것이었다.

조립공장에는 불량주물품, 금속의 긴장균열, 도금의 불규칙성, 부적절한 열처리, 기타의 불완전부품을 탐지해 낼 장비가 배치되어 있지 않다. 그런 결함을 가진 부품이 도착하면 그것들은 그대로 자동차에 장착된다. 문제가 발견될 즈음에는 그 부품들이 들어간 모든 차량을 검사하고 교체해야 한다. 나는 무려 2000대나 되는 승용차가 품질 문제 때문에 수정작업을 기다리고 있는 경우를 본 적이 있다. 그것은 우리 조립업자들이 탐지할 장비를 갖지 못했기 때문이었다. 더 극단적인 사례를 들면, 우리는 1983년에 1300대의 차량에서 사용 가능한 부품들을 몽땅 떼어 내야 했다. 그런 다음 해당 승용차들을 파괴하여 폐기물로 포장했다. 나는 지금도 폐기물이라는 생각만 해도 지긋지긋하다.

이런 이유 때문에 우리는 납품업체품질엔지니어링부를 만들었다. 우리의 기사들은 모회사 사무실에서 보내는 시간보다 많은 시간을 납품업체의 공장에서 보냈다. 그들은 크라이슬러의 기술적 자원들의 도움을 받아 납품업체들로 하여금 결함공정을 떼어 내고 낡아빠진 방법을 시정하고 기타 복잡한 문제를 해결하도록 지원하였다.

신뢰할 수 있는 관계들

납품업체의 총숫자를 감축하기로 결정했을 때, 우리는 남아 있는 부품업체들과 새로운 관계를 정립해야 했다. 생존을 건 투쟁에서, 이들 납품업자는 우리의 대금지급이 축소되거나 늦어지거나 또는 양쪽 모두인 경우에도 변함없이 우리에게 충성을 바쳤다. 이제 회사는 대결 위주의, "최저 입찰금액이 일감을 얻는다"는 철학에서 벗어나 가치관리관계(Value Managed Relationship, VMR)로 나아가기 시작했다. 가치관리관계는 다음과 같은 원칙에 따라 운용된다.

· 납품업체에게 납품기간을 연장한다고 약속한다.
· 제조업체의 입장을 개선시킬 역량이 가장 큰 소수의 납품업자들로부터만 구매한다.
· 납품처의 결정은, 경쟁입찰이 아니라 실제의 비용에다 이윤을 합친 금액(부품이나 상품의 목표가격 산정방식)을 토대로 한다.
· 납품업체와 제조업체의 품질시스템을 통합운용하여 불량품을 방지하고 가치연쇄에서 불량품을 조기에 발견한다.
· 납품체계를 관리하여 재고 수준을 줄인다.
· 납품업체의 생산기술부를 가능한 한 조기에 설계공정에 참여시키되, 이 공정에는 본사의 디자인엔지니어와 제조엔지니어도 같이 참여토록 한다.

VMR은 와이어 하니스에 초점을 맞춘 시범계획을 세우는 것에서 시작되었다. 와이어 하니스는 납품업자들의 무분별한 확산으로 사태가 심각해진 부품이었다. 당시 생산구매 이사인 톰 스톨캠프가 VMR을 시범운용하는 특별대책반을 관장했다. 데니스 랭글루아 휘하에 있는 납품업체품질엔지어링 그룹이 실무팀으로서 대책반의 운영을 관장하여 외부 납품업체 품질문제에 신속하게 개입하여 해결하는 책임을 일차적으로 지고 있었다.

우리는 납품실적을 개선하는 데 전적으로 VMR에만 의존하지는 않았다. 이와 함께 납품업체 부품의 기능검사활동을 강화했다. 불량판정을 받은 납품업체를 초청하여 그들이 우리의 엔지니어링 기준을 준수하고 있는지를 판정하였다. 우리는 매주 이런 회의를 20~30번 정도 가졌는데, 그 중 다수는 권고된 시정조치를 실행했는지 확인하기 위한 후속회의였다.

우리는 또한 본부의 제조신뢰도센터(Corporate Manufacturing Reliability Center)를 창설하고, 제동장치 등 보안부품에 대해서는 보충 내구성과 신뢰도를 검사했다. 이것은 통상적인 엔지니어링신뢰도검사를 보완했다. 문제에 대해 사실상 이중의 검사팀을 만든 셈이다. 1982~83년부터 스털링하이츠 차량검사센터(Sterling Heights Vehicle Test Center, SHVTC)는 회사소유의 제품평가용 자동차와 임대용 자동차로부터 결함부품들을 떼 내어 그것들을 해당 납품업자와 크라이슬러 엔지니어링부에 보내 분석케 했다. 이 분석을 근거로 납품업체신뢰도향상 그룹(Vendor Reliability Improvement Group)이 시정조치를 권고하도록 했다. 부품 및 고객서비스 담당 부사장인 지노 지오콘디는 내가 현지 크라이슬러의 판매업자들로부터 지원을 얻을 수 있도록 협력했고, 그 덕분에 우리는 귀중한 정보를 활용하여 제품보증 문제를 다룰 수 있었다. 디트로이트 지역의 현지 판매업자인 마이크 모니카티는 판매업체 그룹의 지지를 이끌어 냈다. SHVTC의 책임자인 제이크 바스와 그의 부하 직원들은 크라이슬러의 차량 품질개선에 크게 기여했다.

우리는 2000개 부품의 인증계획에서 납품업자에게 첫 양산용으로 초기 생산 2000개 부품의 품질을 확인하고 보내라고 지시했다. 이 재료는 청사진상의 치수 및 발주사양과 대조하여 100퍼센트 인증된 부품임은 물론 제조실적 기준과도 완전히 일치하는 부품이었다. 제조부서는 나아가 납품업체품질보증(Supplier Quality Assurance, SQA) 그룹이 모든 새 납품업체를 조사하고 인증하며, 불량이거나 심지어 보통의 품질을 갖는 기존 납품업체를 몽땅 재조사하고 재승인하여 그들에게 새로운 사업을 주라고 요청했다. 고객과 경쟁은 우리 모두에게 한층 높은 철봉에다 턱을 걸라고 요청하고 있었다.

우리는 회사 전체의 구매관행을 바꾸는 작업을 적극 추진했다. 조달 및 부품구매부서의 일방적 부품조달에서, 생산기술부는 물론 제조분야의 품질 및 제품기술부가 모두 참가하도록 절차를 개선했다. 이런 노력은 마침내 인정을 받았다. 우리에게는 자신의 주장을 입증할 수 있는 강력한 논거가 필요했다. 1984년의 모델 연도중 우리는 납품업체의 단점을 문서로 정리했다. 그런 단점을 예로 들면 다음과 같다. 설비와 장비의 부족, 엔지니어링지원 부족, 불충분한 보관창고, 불충분한 도장 및 카펫 적용공정, 불충분한 포장, 2차 납품업자와의 조정 부족, 엔지니어링설계와 공정관리 능력의 부족, 불충분한 직원배치와 인사훈련, 설비시간 조정 실수와 설비의 가동준비태세 불량, 불충분한 부품 개발, 지지부진한 품질인증이나 기준 이하의 품질인증, 뒤늦은 장비설치나 기준 이하의 장비설치와 구경측정설비 등이다.

도움이 되는 패

우리는 납품업체들이 최고수준의 검사장비를 설치하도록 지원하여 그들이 자체의 고유한 엔지니어링 기준은 물론 크라이슬러의 기준에 대조하여 자사 제품을 확인하도록 했다. 우리는 납품업체들에게 핵심 생산공정에 대해 통계공정관리를 어떻게 시행하는지 방법을 보여 달라고 요청하고, 나아가서는 우리의 방법을 그들에게 공개하기도 했다. 우리는 그들이 자신의 생산장비에 대해 건전하고 정기적인 보전계획을 세우고 실시하도록 장려했다. 그 결과 우리는 효과적으로 함께 일한다는 사실이 납품업자와 크라이슬러 양측의 사기와 조직역량을 향상시키는 데 엄청난 촉매역할을 했음을 깨달았다.

우리는 납품업자들에게 컴퓨터이용설계(CAD)와 컴퓨터이용제조(CAM)를 도입하도록 유도하기 시작하여, 그들은 마침내 완전히 종이 없는 환경에서 전자적으로 크라이슬러와 직접 통신할 수 있게 되었다. 이것은 우리의 병렬공학의 시행에도 도움이 되었다. 우리는 납품업체들에게, 사후의 결함 부품 탐색이 아니라 사전에 예방하는 품질관리제도를 구축하는 방법을 보여 주고 아울러 시정행동을 위한 전략과 기법을 솔선수범했다.

우리는 쟁점이 되는 핵심 비용과 설계목적에 대해 함께 연구하고 쌍방 당사자가 개선의 과실을 같이 나눠 가질 수 있도록 매우 배타적이고 상호 신뢰에 입각한 협력자 입장에서 함께 일했다. 그것은 이기적인 처사가 아니었다. 우리는 또한 이런 노력이 일찍부터 선행 학습이 되어 경영 전반에 침투되기를 원했으며, 디자인 및 공정을 어떻게 개선하면 좋고 포장이나 생산계획을 바꾸거나 어쩌면 낭비이고 전혀 불필요한 사양들을 없애는 것이 좋겠다는 납품업체들의 지적을 적극 환영했다. 우리는 과거의 대결 위주의 거래방식에서 크게 벗어나 새로운 차원의 협력으로 나아가기를 원했으며, 그러면서도 쌍방 당사자 즉 크라이슬러와 각각의 부품업자는 계약에 따라 공정한 사업협정을 유지했다.

우리는 원탁회의를 개최하고 이것을 일찍이 1983년 초부터 납품업체회의로 만들었다. 우리는 납품업체들을 대량으로 초청하고 아주 정중한 환경에서, 매우 많은 크라이슬러의 경영진(우선 가장 중요한 사람으로는 조달 및 부품 담당 부사장인 데이브 플랫)은 우리의 신제품이 무엇인지, 그들이 어떤 부품, 자재, 혹은 물자를 공급하는지, 필요한 엔지니어링사양은 무엇인지를 심사할 수 있었다. 물론 그 속에는 아주 높은 수준으로 향상되고 있음이 분명한 품질 기준도 포함되어 있었다. 그것은 완벽한 팀의 노력이었다.

우리는 평소 강당 밖에다 제품을 전시하고 납품업체들이 완성승용차와 완성트럭을 직접 눈으로 볼 수 있도록 했다. 내부에는 구동장치, 엔진, 변속기, 부품류, 주물류를 비롯 그들이 납품한 제품 중 다수가 있었다. 납품업체 부품들의 전시장에는 와이어 하니스, 전구, 커넥터는 물론 신뢰성, 보증수리, 품질 결함 등 우리가 문제거리로 고민하는 엔진부품 같은 보안부품이 들어 있었다.

우리가 협력하여 창조한 또 하나의 중요한 의사전달통로는 우리의 생산

노동자들이 납품업체의 공장작업 관계자를 방문하여 그들과 직접 의사소통하는 것이었다. 그들이 기회 있을 때마다 자주 상호작용함으로써 각 조직의 제1선 병사들이 문제점을 신속하고 효율적으로 해결한다. 이것이 두 눈을 빠르게 뜨게 했다.

우리는 디트렉스, PPG, BASF 등과 같은 납품업자들에게는 독자적인 기술연구소를 세우고 그곳에서 연구개발활동을 수행하도록 장려했다. 그들은 생산방법이나 부품 및 재료를 혼자 혹은 크라이슬러의 설계 및 제조기사들과 협력하여 설계할 수 있었다. 우리는 그들과 상당히 많은 책임사항을 나눠 가졌고 비용억제와 품질개선 노력에서 결정적인 협력과 지도를 전개했다. 이런 노력은 1988년중 최고를 이루고 마침내 뉴맥 공정개발센터를 창립하기에 이르렀다. 그곳에서 우리는 납품업체와 더불어 새 공정과 기계류의 개발에 같이 돈을 대고 시험한 후 비로소 그것을 설치했다. 뉴맥은 또한 로봇, 3차원 좌표측정기와 레이저용접기 등의 장비들이 배치된 종합기술훈련센터를 제공했다. 다지 바이퍼의 설계와 개발은 뉴맥의 노력에 힘입은 바 크다. 아울러 뉴맥은 설비와 공간을 제공하여 차량을 조립하도록 했다. 특히 결정적으로 중요한 점은 수비 단다 박사가 지도하는 복합재료개발 그룹의 탁월한 작업이었다.

이것은 모두가 젖과 꿀의 일은 아니었다. 저항도 만만치 않았다. 우리는 납품업체가 우리의 권고, 제안, 요청, 품질요구를 재시행하지 않을 경우 비용공제시스템을 제도화했다. 우리는 납품업자가 원가를 제대로 산정하지 못할 때를 대비하여 부품의 원가를 철저하게 연구하여 크라이슬러가 지급하는 총원가를 계산해 냈다. 원가산정에서 대변에 포함되는 항목들은 다음과 같았다. 라인정지, 자재처리량, 시스템 경신, 저장, 재고보유비용, 기록유지, 분류, 재작업, 포장풀기, 재포장, 감독비용 등이다. 우리는 납품업자가 제출한 대금지급요청서에서 이런 원가항목들을 공제함으로써 납품업자의 주의를 끌었다. 우리가 일단 그들의 주목을 받으면, 우리는 행동을 취했다!

우리는 납품업자와 함께 일하는 외에도 자사의 관련 제도 특히 본사의 종합검사체계(Corporate Audit System, CAS)를 다시 연구했다. 1984년경 CAS는 35년이나 되었다. 그 동안 전혀 혁신이 없었다. 그것은 제품품질을 매일 표시했지만 내구성, 품질, 신뢰도 등에서 회사 전체의 목표 수준에 도달하지 못했다. 예컨대 한 차량에 대한 동급 최우량이라는 목표 수준이 당시의 종합검사 기준에 의해 달성되고 있었다. 그렇지만 현장의 업적평가에서 그 차량은 동급 최악의 수준으로 판정되고 말았다! 이 차량이 8개월간 시험운행된 후 보증수리 요구는 목표 수준보다 무려 64퍼센트나 초과했고 자동차당 수명주기 내의 평가에서도 6.3개나 되는 보증수리 건수를 기록하고 있었다. 이것은 일본의 경쟁차종보다 무려 3배에서 4배나 높은 수준이었다. 사실을 다루는 자세야말로 중요하다.

제조총괄부서는 일일 기준이 아니라 월간 기준으로 특정 공장을 검사하기 위해 종합검사확인팀을 만들도록 지원했다. 검사의 중점 방향은 공정 내 품질관리가 80퍼센트 수준을 책임 지고 있다는 명제에서 벗어나, 자동차조립에 결정적으로 영향을 미치는 3대 요소에 대한 40-20-40방식으로 옮겨 갔다. 다시 말해 입고자재의 품질 40퍼센트, 공정 내 품질관리 20퍼센트, 출고제품 40퍼센트라는 방식이었다. 종합검사내용은 마침내 개편되어 이런 역점 사항들을 반영하게 됐다. 전통이란 바꾸기 어렵기 마련이다.

생산이냐 외부 조달이냐

마지막 중점 추진사항은 자체에서 만들거나 외부에서 사는 종전의 결정을 바꾸는 것이었다. 구매부서는 왕왕 매우 많은 숫자의 납품업자와 높은 비율의 외부 조달을 찬성하는 경향이다. 그것이 구매일자리, 영향력, 두터운 경력을 제공하기 때문이다. 제조부서도 이와 비슷한 이기적 이익 때문에, 흔히 사내에서 가능한 한 많은 부품을 만들려고 하는 경향이다. 이런 영토싸움에서 심판은 금융부서에 있다. 특정 부품이 내부에서 제작되느냐 혹은 외부에서 구매되느냐를 최종적으로 결정하는 조직은 회사의 사장과 회장의 지도방침에 따르는 금융부서다.

구매부서는 외부 납품업자에 대해 제조부서보다 큰 통제력을 행사하기 때문에, 만들거나 사는 결정에서 관심사항은 품질보다 생산비였다. "그들은 품질을 말하지만 가격을 산다"는 태도는 바뀌고 있지만 여전히 존재한다.

제조부서는 사내의 계열 납품업자에 대해 구매부서보다 강력한 통제력을 갖고 있어 원가만이 아니라 품질과 생산성에 더욱 역점을 둘 수 있다. 따라서 제조활동에서 중점 추진사항은 품질과 생산성에 영향을 미치는 부품들을 최대한 자체 생산한다는 원칙이다. 그런 부품들에는 최종 차량조립, 엔진과 모터 블록 양산, 변속기 및 변속차축, 트랜스퍼 케이스 생산 및 관련 주물제품, 외부 차체 스탬핑부품, 내부 차체 구조자재, 전자제어 장치가 포함된다.

생산을 사내에서 하는 데 가장 힘든 싸움은 6기통 전륜구동 엔진, 외부 스탬핑, 차량전자부품을 둘러싼 전투였다. 구동장치사업부가 1985년 나의 휘하에 들어왔을 때, 나는 전미자동차노동자연맹의 마르크 스텝 및 인력담당 부사장 존과 협력하여 미시간주 크라이슬러 트렌턴 엔진공장 및 인디애나주 크라이슬러 주물공장 두 곳에 대해 현대조업협정(MOA)을 똑같이 시행하려고 했다(트렌턴 공장에서는 직무분류를 감축하는 전투가 1980년에 시작되었음을 상기할 것이다). 우리는 부회장 제럴드 그린월드와 다음과 같이 합의했다. 즉 우리가 이 협정에 대해 노조원 대다수의 승인을 얻을 경우, 6기통 전륜구동 엔진부품 중 50퍼센트를 사내에서 조달할 수 있다. 나머지 50퍼센트는 지금 당장은 여전히 미쓰비시에서 공급받는다. 이 안을 놓고 노조는 그런 협정, 다시 말해 또 다른 획기적인 돌파를 승인했다. 오늘날 이렇게 지극히 중요한 부품생산의 50퍼센트는 크라이슬러의 트렌턴 엔진공장에서 조립되고 있고 인디애나 주물공장은 엔진 블록을 납품한다. 시대가 바뀌고 있다.

우리는 스탬핑사업부에게 모든 작업을 입찰에 붙이라고 요청함으로써 많은 스탬핑작업을 사내에 유지하면서도 외부 납품업자와 동일한 품질 및 원가 요구조건을 확보했다. 담당 사업부의 관리진이 만들고 싶은 부품을 선정하고 나머지를 외부에서 조달했다. 새로운 실천에는 더욱 예민한 사업 감각이 필요했다. 그런 정책변화와 함께 그린월드 부회장이 말하는 "양발을 불에 가까이 놓으라"는 방침은 탁월한 전략이었다. 프레스부와 생산기술부의 짐 리지넨, 짐 클랜시, 짐 유니스, 멜 영의 창조적인 노력 덕분에 우리는 새 시스템에 적응했고 진정한 경쟁력을 갖추게 되었다.

나는 미국 전자산업이 일본인들의 손아귀에 슬그머니 장악되는 사태를 관찰하고 앨라배마주 헌츠빌에 있는 전자공단을 구출해서 더욱 발전시키기로 결심했다. 1980년에서 1983년까지 그것을 매각하거나 폐쇄하라는 압력이 강했다. 다행히 우리는 그 공장을 구출하고 발전시켰으며 완전히 새로운 헌츠빌 전자도시를 건설하고 전자사업을 확장했다. 오늘날 헌츠빌은 크라이슬러 전자제품수요의 대부분을 충족한다(헌츠빌에 관한 더 자세한 사항은 6장과 9장에서 언급된다). 대담하고 용감해야 의미 있는 지도력을 발휘할 수가 있다.

6 최고의 품질을 찾아서

1987년 제조컨설턴트 짐 하버는 《자동차산업(*Automotive Industries*)》지에서 다음과 같이 썼다.

과거 리 아이어코커 회장이 TV에 나와 "여러분이 품질이 더 좋은 차를 찾는다면 그 차를 사세요"라고 말했을 때, 그 말은 대체로 여러분이 옆에 있는 자동차 판매상으로 가야 한다는 말이었다. 그러나 최근 크라이슬러의 제품품질은 리가 다년간 떠벌리고 자랑한 수준을 실제 달성했다.

세인트루이스 공장에서 생산된 신형 선댄스(Sundance), 섀도 및 신형 'J' 차체는 일찍이 크라이슬러가 달성해 본 적이 없는 높은 품질수준을 자랑하고 있다.

크라이슬러는 불과 수년 전까지만 해도 자동차산업에서 가장 품질이 낮은 차량을 생산한 것으로 유명한데, 어떻게 하여 이렇게 높은 수준의 품질을 달성했을까?

같은 기사에서 《자동차산업》의 편집자 존 맥클로이(John McElroy)는 1986년의 '산업보고요약'에서 이렇게 논평했다.

연속 2년간 크라이슬러는 동급 최고의 차량을 생산했다. 펜타스타(Pentastar)의 제조 인력은 상태가 좋아 매우 잘 돌아가는 기계들을 운용하고 있으며 그들은 차량의 어느 부분을 보거나 전체적으로 엄청난 개선을 이룩했다. 품질 개념에서 J. D. 파워사의 고객만족도지수를 토대로 보면, 그것은 엄청난 약진을 하여 'A'급 점수를 얻었다.

동시에 크라이슬러의 생산성과 재고회전율 개념의 개선은 품질에도 긍정적 영향을 미치는 요소이다. 이 말은 그들의 개선이 이제 더 이상 허풍이 아니라는 점을 다시 한번 입증한다.

정말 허풍이 아니다. 품질 수준은 상세한 기획활동, 다년간의 근면성실한 작업, 현명한 투자, 팀워크, 정밀한 집중의 결과였다.

최고를 향하여

우리는 평소 작은 개선으로 시작하는 곳에서, 즉 사람, 구체적으로는 스타일링부문 그룹에서 출발했다. 왜냐하면 제조활동에서 품질이란 제품 설계와 동시에 시작되기 때문이다. 품질요소가 최종 제품의 품질에 얼마나 수익적인 영향력을 미치는지를 살펴보면, 제품 설계 단계가 100 대 1, 공정엔지니어링의 단계 10 대 1, 양산 단계 1 대 1인 것으로 밝혀져 있다.

톰 게일과 그의 디자이너들은 초기 밑그림을 그렸고, 잭 위드로와 그의 엔지니어들은 장래 양산용의 완전히 새로운 제품을 개발했다. 관련 접근전략이 이미 생산중에 있는 차량과 부품에 대해서도 시행되어야 했다. 이런 제품은 향후 5년간 생산되는 우리 제품 중 70퍼센트를 나타냈다. 제조활동은 모든 인력을 현재의 생산에 전면가동하지만, 그럼에도 불구하고 장래에 대해 상당히 많은 노력을 투입했다. 우리는 이 같은 조치가 기업의 장기적 건전성을 결정한다고 생각했다.

모든 문화변동의 경우와 마찬가지로 품질은 최고 경영자와 고위 경영진이 추진하는 역점 지도방향에 직접 비례하여 향상된다고 할 수 있다. 최고 경영진은 중요한 향상을 이룩하기 위한 사원들의 노력을 눈에 보이게 지원해야 한다. 그것이 없으면 여러분은 물 속에 빠져 죽는다!

목표달성에 대한 포상은 모든 품질향상계획에서 필수불가결한 요소이며 해당 부서는 개편되어 반드시 품질에 대한 새로운 중점 사항을 반영해야 한다. 최고 경영자가 반드시 품질향상방침을 지도해야 한다. 해당 경영자가 회장에게 직접 보고하지 않으면 이런 향상은 효과적으로 추진될 수 없다고 나는 확신한다.

다음 사항은 품질향상사업 추진계획의 성공 여부를 결정하는 기타 요인들이다.

- 경영자는 만인이 볼 수 있도록 품질지표를 게시하고 이 지표를 기준으로 삼아 실적을 토대로 칭찬하고 포상해야 한다.
- 경영자는 노조회의, 포상행사, 사내 언론의 기사 등 각종 형태로 정기적으로 품질향상의 아이디어를 보강해야 한다.
- 가장 중요한 점은 최고 경영진이 일체의 관료적 정체와 난관을 반드시 돌파하고, 아울러 변동을 지원하는 데 필수불가결한 자원을 제공함으로써 문화변동을 적극 뒷받침해야 한다.

크라이슬러의 제조부서는 다행히 모든 핵심 부문에서 리 아이어코커 회장의 전폭적인 지원을 얻고 있었다. 그는 최고 경영자회의에서 문화변동을 도입했고 자신의 연설을 담은 비디오테이프를 사내 구석구석에 배포했다. 그가 기본 틀을 잡은 품질정책은 모든 장소에서 문서화된 품질정책의 기본 지침이 되었다. 그것은 다음과 같이 지적한다.

크라이슬러 주식회사의 품질정책은 한마디로 말해 "최선이 되어야 한다"는 내용이다. 이 정책은, 모든 개인과 운영부서가 반드시 고객의 수요를 완전히 이해해야 하며 무결점의 차원에서 이런 요구사항을 충족하는 제품과 서비스를 제공하라고 규정한다.

아이어코커는 또한 사장인 '할 스퍼리치에게 직접 보고하는 품질 및 생산성 담당 부사장이란 직책을 만들었다. 회장상이 만들어져 별과 같이 빛나는 품질업적을 포상하였다. 우리는 제조 그룹에 고유한 포상관행을 제도화하고 후보자들을 선발하여 대상을 받도록 했다.

생산성장려 포상계획

미국은 지난 수십 년간 논쟁과 설득을 하면서 세월을 허송했다. 제조업에 얼마만한 수리와 회복이 필요한지 그저 논의하기만 하면서. 마침내 1984년이 되어서야 이 나라는 생산성향상에 대해 국가표창으로 포상하는 등 모종의 조치를 실제로 취하기에 이르렀다. 당시 의회는 전미생산성대상(American Productivity Award)을 제정했다.

내가 크게 격분하고 구출하려고 애쓴 공장은 앨라배마주 헌츠빌 전자공단(Huntsville Electronics)이었다. 이 공단은 크라이슬러의 라디오, 특허 전자제품 및 컴퓨터장치를 생산한다. 우리는 헌츠빌에서 1984년 사상 최초의 전미생산성대상을 쟁취했다. 한편 우리는 인디애나 뉴캐슬에서 한 개의 자매공장—— 세계적으로 크라이슬러의 가장 오래된 공장—— 을 갖고 있었다. 많은 사람이 뉴캐슬 역시 회복될 수 없다고 말했는데 나는 그 말에 다음과 같은 속담을 생각해 냈다. "일을 처리할 수 없는 자는 일을 하는 사람에게 결코 개입해서는 안 된다."

헌츠빌의 개혁 이후 나는 뉴캐슬로 가서 그곳 사람들과 만나 함께 일했으며, 그들은 1992년 제2회 전미생산성대상을 수상했다. 이 점에서 나의 주장이란 다음과 같다. 우리가 경쟁하려고 도전장을 내는 경우 동력은 사람들 속에 있다! 경영자는 사원들이 어디에 있는지를 정확하게 가르쳐 줘야 한다. 경영진은 사원들이 잘못한다고 화를 낼 것이 아니라, 사내의 다른 공장과 비교할 때 얼마나 떨어지는지 그런 엄연한 사실을 알려 줘야 한다. 그런 다음 그들에게 GM과 포드가 늘상 최선이 아니므로 빅 스리와 경쟁하는 정책방향은 이제는 훌륭한 전략이 아니라고 말하라. 아마 경쟁

대상은 도요타, 폴크스바겐, 혹은 혼다일 가능성이 크다.

오늘날에는 유일무이한 기준이 있다. 그것은 세계 기준이다. 우리가 그런 전략을 선택한다면 내가 헌츠빌, 뉴캐슬, 코코모, 모타운 어느 곳에서 논의하고 있다고 해도 그것은 중요하지 않았다. 그들은 미국인이 경쟁하기를 좋아했기 때문에 우리와 경쟁하고자 했다. 우리는 종전보다 배전의 노력을 기울여 경쟁에서 누가 이기는지 정확하게 인식해야 한다. 그들은 미국이 세계적으로 경쟁하는 역량을 배양하는 데 결정적으로 중요하다.

우리는 반드시 미국의 경쟁 정신을 계속 활성화해 나가야 한다.

크라이슬러의 문화를 바꾼다

1985년 품질 및 생산성 담당 부사장인 조지 버트가 최고 경영진의 협력을 얻어 품질개선과정(Quality Improvement Process, QIP)을 크라이슬러에 도입했다. 품질의 대가인 필립 B. 크로스비(Philip B. Crosby)의 발명품인 QIP는 전사품질관리를 위한 폭넓은 접근법에서 기업과 납품업체 전체를 참가시키고 있다. 최고 경영자 전원과 다수의 중관 관리자들이 플로리다주 윈터 파크에 있는 크로스비 품질대학에서 QIP과정을 이수했다. 그리고 난 후 본사의 훈련관들이 각각의 자체 공장에서 남아 있는 월급제 사원들과 수천 명의 시간제 노동자들을 교육했다.

크로스비의 연구는 엄청나게 많은 품질 사상과 전략을 종합정리하고 있다. 그는 '품질'이란 간단하게 말해 요구조건에 일치하는 것이라고 정의한다. 특정 요구조건이란 공급자와 고객 사이에서 구체적이고, 측정 가능하며, 달성될 수 있고 협상될 수도 있다. 우리 모두는 소비자인 동시에 공급업자이며 따라서 우리는 기준으로 삼는 요구조건에 서로 합의한다. 품질은 애초부터 제품의 상류부문과 공정의 상류부문에 사전에 설계되어 있는 것이지 나중에 최종 조립시의 검사, 재작업, 해체수리 속에서 이뤄지지 않는다는 점이야말로 중요하다. 크로스비의 업적 기준은 무결함으로, 이는 납득할 만한 유일무이한 기준이다.

나는 1982년 6월 17일 새로운 납품업체품질보증계획을 발표하면서 부품업체들에게 말했다. "우리가 하루에 조립하는 차량은 평균 5000대이고 각각 4000개의 부품이 들어갑니다. 매일 2000만 개의 부품이 조립된다는 말이지요. 여러분은 그 중에서 1600만 개 이상을 공급했습니다. 납품업체의 결품률은 10퍼센트이며 따라서 매일 약 200만 개의 불량품을 관리하고 있는 셈입니다! 그것이 품질과 생산성에 미치는 영향은 파멸적입니다." 우리는 무결함을 요구했고 납품업자들은 이에 부응했으며 마침내 1991년 5월 거의 그런 수준을 달성했다.

크로스비의 요구조건 일치 여부를 측정하는 방법은 소위 '비적합비용 (Price of Non-Conformance)'이다. 다른 말로 바꾸면 재작업, 재수리, 재계획, 재설계, 재서류작업, 기타 종류의 낭비에 들어가는 비용이 커질수록 제품의 품질은 떨어진다는 내용이다. 그는 자신의 널리 읽혀진 책에서 다음과 같이 썼다. "품질은 무료다. 그것은 선물이 아니지만 무료다. 돈이 들어가는 것은 품질이 나쁜 물건들이고 그런 사태는 처음부터 정확히 직무를 처리하지 않는 것과 관련된다."

품질개선공정에는 상당한 훈련투자가 필요했다. 우리는 사활의 위험을 무릅쓰고 그 같은 투자를 단행했다. 또 우리는 크라이슬러의 모든 신개발 차량 각각에서 대대적인 훈련을 최고의 중요 사항으로 선정했다. 시간제 노동자와 월급 노동자들은 1개 신차량당 100만 시간의 종업원 훈련을 받았다. 그런 훈련 중 많은 사항은 인적자원부서에서 파견 나온 첨단 기술 훈련 집단이 담당했고, 이로써 토니 레이네로와 키스 그린은 신제품 양산시에 나타날 수 있는 많은 값비싼 결함들을 사전에 예방했다.

이런 노력은 대담하고도 창의적이었지만 크라이슬러의 동료 모두로부터 즉각 수용되지는 않았다. 우리는 단지 비교적 새로운 제조활동팀이 크라이슬러를 벼랑 끝까지 몰고 간 위기적인 긴급 사태에 연관되어 있지 않았기 때문에 상당한 저항을 극복했다. 이것은 엄청난 이점이었다.

판매상의 의견을 청취하다

제조업체가 계속 시장점유율을 높이는 방법은 경쟁자가 가진 상품과는 다르며 나아가서는 그것보다 좋은 색다른 상품을 전시장에 전시하는 전략이다. 이것이 마케팅의 제1원칙이다. 1980년대 '승용차전쟁'의 시기중 시장점유율을 제고하는 방안은 이 전투에 참가하는 일선 전투부대인 판매상들과 제조부문의 관계를 개선시키자는 내용이었다.

크라이슬러는 유서 깊은 크라이슬러-플리머스 판매업자협의회와 다지 판매업자협의회를 갖고 있었다. 우리는 협의회의 회장 및 그들의 지적사항을 경청했다. 그들은 1980년대에 4000개의 판매상들을 대변했으며 크라이슬러의 제품을 판매하고 있었기 때문이다. 그들은 독립해 있는 사장들로 모두 자체의 고유한 판매망을 갖고 있었고, 더구나 그들은 크라이슬러보다 훨씬 빠르게 혹은 크라이슬러와 같은 속도로 파산하고 있었다. 우리는 같은 배에 타고 있었고 배는 난파선처럼 허덕이면서 우리를 여울목으로 데려가고 있었다.

우리가 그들의 중요 지적사항을 정밀검토해 본 결과 나온 제1의 중요사항은 운전편의성(driveability)이었다. 그것은 설계로 해결해야 했다. 대다수의 품질항목은 설계와 함께 해결됐다. 우리는 기계적 기화장치의 연료장치를 최대한 완벽하게 설계해야 했지만, 또한 10년이나 걸리는 등정을 기획하여 당시 '연료분사'라는 새로운 전기식 연료분사장치를 갖고 실제의 운전편의성을 해결하려고 시도했다. 우리는 우선 차체에 내장되는 (기화기) 분사장치를 갖고 시작했다. 그 후 우리는 다공분사장치(multi-point injection)로 나아갔고 마침내 연속 다공분사장치(sequential multi-point injection)로 넘어갔다(그런 이행에는 1980년부터 1990년까지 무려 10년 이상이 걸렸다).

판매상들의 다음 관심사항은 녹 버킷 이미지(rust-bucket image)였다. 그 이유는 제품의 펜더(fender)가 녹슬고 다른 차체 요소들이 차체 구조의 실체나 신뢰도를 전혀 주지 못하는 제품의 경우, 너무 뚜렷한 결함을 갖고 있었기 때문이었다. 우리는 그것을 다시 한번 핵심 설계변경으로 수리했다. 마치 냉간압연강판을 각기 다른 네 가지 종류의 전도금강판으로 바꾸는 것과 같았다. 도금강판은 함께 일하는 데 일대 난제였다. 우리는 도금강판을 제조업에서 어떻게 다뤄야 좋은지 처리방법을 새로이 결정해야 했으며, 전도금하지 않은 차체 패널이란 냉연강판지붕뿐이었다(도로상의 소금이 지붕까지 올라가기는 매우 어렵다). 통계적으로 볼 때, 미국 시장의 특정 부문은 다른 부문보다 눈에 띄게 열악한 시장임이 드러났다. 예컨대 일부 주는 도로상에 소금이나 칼슘을 허용하지 않는다. 하지만 다른 주는 길바닥에 소금이나 칼슘을 연간 주행 피트당 최고 40파운드까지 뿌린다! 운전 편의성 문제를 완전히 해결하는 데 무려 10년이나 걸렸고 녹이나 방청 문제를 실제로 해결하는 데 무려 4년에서 7년이 걸렸다.

결국 쌍방 모두 고객의 욕구를 매우 잘 이해할 수 있게 되었기 때문에 판매상들에게 우리 공장을 방문하여 건설적인 비판을 하며, 아울러 그들의 공장문도 우리의 시간제 및 월급제 인력에게 활짝 개방하라고 요구했다. 그들에게서 나온 메시지는 다음과 같았다. 즉 자동차가 판매상들에게 도달했을 때, 그것은 부드럽게 조용히 효율적으로 신뢰도 있게 운전되어야 하며, 불연소음을 내거나 앞으로 밀리거나 엔진이 꺼지는 문제가 일체 없어야 한다. 사람들이 여전히 눈으로 보고 구매하기 때문에 차체는 반드시 아름답고 완전해야 하며 도장은 광택이 있고 거울처럼 깊은 영상이 내비치며 마무리처리가 나무랄 곳 없이 완전해야 한다. 고객이 우리 자동차의 외관을 좋아하지 않는다면, 그들은 판매상에게 오지 않을 것이며 우리 차를 운전하기는커녕 그것을 사려는 방안을 고려하지도 않을 가능성이 크다. 이것이 우리의 도장공장을 격상시키겠다는 결심을 한층 굳혔다.

172

판매부대가 제조부문에 보내는 편지

나는 자동차의 판매상으로서 크라이슬러팀의 주력 선수라고 생각한다. 판매와 정비는 여러분이 자동차에 있건 가정설비나 스포츠장비 혹은 가정제품, 어디에 있건 모든 사업의 중요 요소이다.

1984년중 나는 판매상 몇 명과 함께 스털링 하이츠 조립공장을 순방했다. 이것은 딕 도치가 발전시킨 아이디어였다. 용접장비의 불꽃과 정신을 잃을 정도로 빠른 조립라인의 속도는 내가 결코 잊을 수 없는 두 가지 경험이다. 나는 자동화설비의 적용현장을 보고 크게 감명받았다. 그 여행을 통해 우리 모두는 우리가 팔고 있는 제품을 한층 깊이 이해하게 됐으며, 품질은 공장에서 헌신적으로 노력하는 사항임을 확신하게 되었다.

조직이 크든 작든 판매원은 고객에게 제품을 보여 준다. 우리는 모든 공산품을 대변하는 최종 대표자이며 고객환류로 이어지는 중요한 연결고리이다. 딕은 판매상의 서비스부서를 경유하여 고객에서 오는 보고가 제조부서로 연결되어야 한다고 주장했다. 특정 차량에서 되풀이해서 발생하는 문제가 하나라도 있다면, 직통회선이 그것을 신속하게 시정하는 데 기여했다. 제조 인력은 더 나은 제조활동을 통해 소비자의 불만사항을 해소하려고 심지어 나의 서비스부서에 직접 오기까지 했다. 이것은 의심할 바 없이 크라이슬러의 제조경비를 절약했고 그 결과 우리 제품의 품질을 향상시켰다. 서비스부서원 중에는 공장바닥에서 벗어나 있어 오히려 정확히 보는 사람도 있다. 내가 완성차조립업자들이 정비기술자와 회합하는 경우를 보기는 독특한 경험이었다.

만일 여러분이 제조업자라면, 제품을 팔고 서비스를 제공해서 먹고사는 사람들의 역할을 과소평가하지 말라. 당신이 판매부분에 있다면 더욱 노력하여 해당 제품이 어떻게 만들어지는지를 직접 두 눈으로 보도록 하라. 여러분도 결국 그런 팀의 일부이기 때문이다.

— 미시간주 햄트랙, 개러티 다지 부장 세이무어 클리저.

첫 단계 : 설계

　제조활동의 첫 단계는 제품 설계, 제품 엔지니어링, 제품 기획, 사업관리에서 고급 경영진과 동료의 지지를 획득하는 행위이다. 우리는 진정한 품질개선은 제품 설계에 의해 좌우됨을 깨달았고, 이에 따라 1981년 8명의 팀을 제조타당성 그룹(Manufacturing Feasibility Group, MFG)이라는 설계부서에 설치했다. 우리는 경력자를 MFG의 리더로 선정했다. 그는 짐 클랜시로 노련하고 조용하며 협동심이 강하고 전문 제조기사로서 기획, 공작기계설치, 금형 개발, 시작차제조, 시험생산과 양산조립공정의 전문가였다. 내가 아는 한 그는 고객이 기대하는 제품을 생산할 수 있는 공정과 설계 모두의 참된 균형을 창출할 역량을 가진 사람이었다. 그는 또 못처럼 강인해야 했다. 왜냐하면 그의 직무는 수십 년간 존속해 온 관료체제를 바꾸는 것이기 때문이다. "과거에 했던 행위를 지금도 그대로 한다면 과거에 늘상 가진 것만을 갖게 될 것"이라는 속담처럼 관료체제는 반드시 바뀌어야 했다.

　MFG는 이 같은 공정추진설계를 쟁취하는 전투에서 일선 공격조가 됐다. 팀은 우선 초창기의 노력을 차체 시스템에 집중했다. 팀장은 로랜드 뮤엘러로 그는 클랜시에 직접 보고했다. 팀은 우선 납땜을 없애라고 권고했다. 납땜 없애기는 우선 1984년 제품 개발부터 시작했고, 이어 차체 강판을 냉간압연강판에서 전도금강판으로 한 단계 격상시키는 요구를 승인했다. 그 목적은 자동차산업에서 가장 우수한 방청력을 얻기 위함이었다. 팀은 차체의 양쪽 패널에서 새로운 청소방법을 개발해 냈는데 목적은 플랫표면의 특징인 시각적 취약성을 줄이기 위함이었다. 팀은 또 패널당 요구되는 제조공정을 줄이기 시작했는데 그러한 신규개발에는 완전시행까지 여러 해가 걸렸다. 아울러 팀은 용접을 항공기조립에 쓰이는 첨단 화학제품인 구조용 접착제로 교체하는 방안을 지도하여 우선 1984년중 미니밴의 뒤쪽 리프트게이트와 사이드 슬라이딩 도어부터 시행했고, 그것을 다른 제품군에도 널리 확대적용했다. 탁월한 팀워크와 지도력을 발휘한 사람은 마리

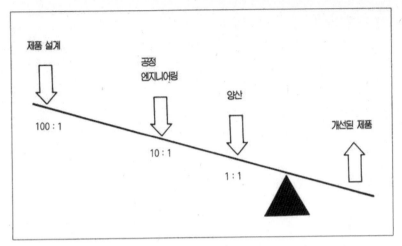

제품 설계

공정
엔지니어링

양산

개선된 제품

100 : 1

10 : 1

1 : 1

설계시의 품질은 중요하다. 제조부문에서 일찍부터 문제를 시정함으로써 중요한 절약을 달성할 수 있다. 품질개선에서 이득의 비율은 10의 법칙을 따른다. 이번 사례에서 보면, 양산 단계보다 제품 설계 단계에서 문제를 수리하는 편이 100배나 값싸다.

온 쿠모, 톰 게일, 보브 마르셀, 조 니그로, 로버트 싱클레어, 레오 월시였다.

그 그룹은 동시에 컴퓨터이용설계(CAD)와 컴퓨터이용제조(CAM) 프로그램을 개발하기 시작했다. 크라이슬러는 컴퓨터이용설계에서 선도기업이기는 했지만, 컴퓨터이용제조라는 말은 전혀 들어 본 적이 없었다. 나는 GM 방위사업부 재직 시절, 즉 오하이오주 리마 공장에서 미 육군의 주력 전차 XM-1(에이브럼스)를 양산한 시절에 이미 컴퓨터이용설계에 정통해 있었다. 이 경험은 내가 자동차제조공학에서 CAD/CAM을 효과적으로 배치운용하는 데 큰 도움이 되었다.

스퍼리치와 임원 겸 부사장 잭 위드로는 당시 우리가 CAM 역량을 확립하려고 고군분투하고 있을 때 기술을 지원했으며, 아이어코커는 우리가 가동하는 데 절대적으로 필요한 하드웨어와 소프트웨어를 살 자금을 승인했다. 프랭크 플롱카 박사와 잭 톰슨은 우리를 도와 이런 중대한 제조과정을 지도했다.

둘째 단계 : 더 멋진 마무리처리

크라이슬러 차량의 품질을 개선하기 위한 우리의 둘째 조치는 도장공장과 관련되는 사항이었다. 나는 GM의 반장으로 근무하던 시절부터, 도장작업이 자동화설비를 달라고 울부짖었음을 알았다. 분무실로 들어가 솔벤트투성이의 환경이 얼마나 빨리 나의 두 눈과 폐를 괴롭히는지 알았을 때, 나는 그것을 시정하기 위해 반드시 어떤 조치가 취해져야 한다고 확신했다. 우리는 이것에 대해 자세하게 설명할 수 없었다. 우리는 해결방안을 찾음과 동시에 차량의 마무리가 형편없다는 평판을 고쳐야 했다.

도장공장은 오늘날 핵심 문제가 되고 있다. 이것은 바로 내가 고급 경영진의 주의를 끌도록 한 사항이었다. 도장공장은 공장이 폐쇄될 때 아주 중요한 역할을 담당했는데, 그 이유는 대기보전법(Clean Air Act), VOC(휘발성유기복합물), RACT(합리적 활용기술) 등의 엄격한 요구조건에 따르자면 마무리품질과 그 어려움이 중요했기 때문이었다.

이것은 판매천재인 회장, 또 부회장이자 금융인인 그린월드, 제품 기획자이자 사장인 스퍼리치에게 설명하기에는 어려운 점이었다. 그래서 부담은 나에게 떨어졌다. 내가 도장기술을 실제 잘 알고, 더욱이 제조기술의 세세한 부분에 들어가면 금방 넌더리를 치고 도장작업이 돈이 많이 들어가는 포커게임이라는 점을 깨닫고 싶어하지 않는 사람들에게 도장기술이 중요하다는 점을 납득시키기에 가장 적합하다는 이유였다. 나는 새 도장공장을 건설하는 데 필요한 1억에서 2억 4000만 달러의 투자지출에 대해 논의하고 있었다. 그만큼 그것은 판돈이 거액인 게임이었다.

나는 검토과정에서 기존 공장들의 도장설비와 거기서 생산되는 최종 제품은 마무리품질에서 결함이 있음을 확인했다. 우리는 심지어 고객의 기대치를 맞추는 데도 접근하지 못하고 있었다. 우리는 미니밴의 개발 이전에 필링(peeling : 먼지나 머리카락이 붙어 있는 상태에서 도료를 발라 그 부분이 볼록 튀어나와 공기노출시 가장 먼저 손상되는 현상 — 역자), 기포현상(blistering), 기준 이하의 도장마무리라는 크라이슬러 자동차의 나쁜 평판을 획기적으로 바꾸는 작업에 착수했다. 스퍼리치는 나를 지원하여 1981년 도장 및 방청 그룹을 창설케 했다.

나는 항상 경이적인 젊은 임원 로이 스미스를 생각한다. 내가 그를 크라이슬러에서 처음으로 발견했을 때 그는 몹시 의기소침한 상태에 있었다. 그는 회사를 떠날까 생각하고 있었다. 그는 아무런 장래가 없는 망하는 기업에서 근무하고 있다고 느꼈을 때 매우 난처한 상태에 있었다. 로이와 면담하면서 나는 알았다. 그는 다른 젊은이인 르로이 들리즐(Leroy DeLisle)과 함께 정확한 기술화학지식을 갖고 있었고, 이곳에서 대단한 일을 처리하기에 딱 들어맞는 인재였다. 보브 피치릴리(Bob Piccirilli)라는 사람과 함께 이 두 사람을 합치자, 거기서 도장공장의 문제를 해결할 수 있는 게임 플랜이 나왔다.

로이의 지도 아래 이 그룹은 크라이슬러의 도장설비에서 기적을 이룩했다. 도장부분의 보증수리 요구를 85퍼센트나 줄였다! 그들은 우리에게 입증했다. 정확한 기술적·사회학적·납품업자적 금융투자가 어떻게 시간이 흘러감에 따라 도장과 보증수리의 요구조건에서 최악이던 성적을 10년 후 완전히 세계 최고수준의 성적으로 바꿀 수 있는지를 증명했다. 우리는 이들로부터 세 가지의 경이적 성적을 달성했다. 그들은 한팀으로 일하고 특정 목적을 위해 일치단결할 수 있음을 입증했다. 1990년 아이어코커는 최고 경영진이 모인 자리에서 도장 및 방청 그룹에게 회장상을 수여했다. 이런 포상은 지극히 당연했다.

도료가 마르기를 기다리면서

도장공장은 값이 비쌀 뿐만 아니라 —— 조립공장 중에서 가장 비싼 설비이다 —— 건설하는 데 많은 시간이 걸린다. 그들을 철저히 조사하는 데 집중하는 것은 대단히 큰 위험이다. 크라이슬러에서 도장공장의 혁신을 기획하면서, 우리는 도장공장이 밝게 빛나고 사람을 환영하고 깨끗하고 즐거우며 나아가 효율적이어야 한다고 선서했다. 공기교환은 작업자들에게 신선한 공기를 공급한다. 신형 도장공장은 9층에서 11층 높이로 완전히 침수인산수로 가득하게 될 것이 확실하다. 음극처리공정은 차량이 통째로 완전히 침수되는 한층 강력한 신형의 음극공정으로 격상된다. 컨베이어장치는 어디로 가든지 가공중의 차체에 먼지 하나도 떨어지지 않게 하는 인버티드 동력 및 자유이동의 다양한 장치이다. 1992년경 크라이슬러의 모든 도장공장은 1980년에 구상된 모델에 따르고 있었다(제10장에서는 크라이슬러가 이런 기술공학으로 무엇을 이룩했는지를 한층 완전하고 자세하게 언급한다).

우리는 또 도료납품업자들과 협력하여 고급 품질의 마무리처리를 보증하려고 했다. 우리는 조립공장당 도료공급업체의 숫자를 감축했다. 예컨대 도료납품업체의 숫자는 최대 5개에서 1개로 줄었고, 해당 납품업자는 공장에서 수마일밖에 떨어져 있지 않았음에도 불구하고 통신위성설비를 개발하여 우리의 적시납품 주문에 따르지 않을 수 없었다. 그들은 우리의 도장공장에서 실험활동을 하는 것이 아니라 독자적인 연구개발설비를 갖도록 권장되었다. 이것이 중대한 구조적이며 정책상의 변화였다. 우리는 PPG의 프레드 루이와 BASF의 래리 제임슨 및 댄 로건으로부터 훌륭한 지원을 받았다.

제품의 종류가 너무 많아 생기는 복잡성과 원가를 줄이기 위해 도장공정의 작은 부품들은 외부에서 조달했다. 또 차체공장과 도장공장에서 높은 업적 수준을 달성하기 위해 가공기계의 설계방식을 바꿨다. 기획자, 치공구 설계자, 제조기사를 하나의 설비에 통합하고 현대 엔지니어링에서 필수불가결한 첨단 공학기술지원을 최대한 제공했다. 1982년 유휴화된 프레스공장을 최신의 컴퓨터공학기술로 쇄신했다. 그것은 최고급의 도장설비 일부를 보유한 시험조립공장을 갖고 있었다. 외부주행제조기술센터라는 이 설비 덕분에 전문 노동자, 설계자, 제조기사는 서로 생각을 교환하고 프레스, 차체, 차량가공처리에서 서로를 지원했다. 이것은 새로운 크라이슬러 기술센터에서 현재 행해지고 있는 중이다.

문짝을 떼어 놓다

품질판단에서 또 하나의 핵심 부분은 제품이 어떤 방식으로 조립되는가, 또 그것이 공장 안에서 어떤 방식으로 수송되는가이다. 이것은 조립과 도장처리 양자에 영향을 미친다.

한 가지 사례를 검토해 보자. 제품이 라인에서 흘러나오면서, 조립라인의 작업자들이 얼마나 편하게 함께 일할 수 있는가? 노동자들이 제품품질에 얼마나 영향을 미칠 수 있는가? 물론 나의 경험은 자동차와 관련되어 있으며 따라서 이런 사례는 조립라인의 차량과 관련된다.

나는 평소 차량이 도장부서에서 나올 때 문짝들이 떼어져 있어야 한다고 생각했다. 대개는 자동차의 문이 열린 채 라인에서 아래로 이동한다. 이것은 필요공간이 14피트라는 말이다. 차량 내부에서 노동자에 대한 조명도가 떨어진다. 자동차가 그곳에서 조립라인을 따라 이동하므로 문짝들과 페인트, 그리고 후공정의 조업에서는 문의 내부 의장부분에 손상이 가

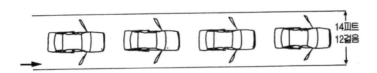

문짝들이 붙어 있는 상태에서 차량이 조립되려면 더 많은 공간이 필요하고 내부 장식에 대한 접근가능성이 훨씬 떨어진다. 이것이 전형적인 조립공정설비이다. 이 경우 차량은 12걸음의 조립대 위에 놓여지고 필요한 공간은 14피트이다. 손상이 아주 빈번하게 일어난다.

문짝을 떼 낸 상태에서 차량이 조립되려면 더 적은 공간이 필요하고 노동자들의 접근이 훨씬 쉬워진다. 이렇게 조립되는 차량에 필요한 공간은 불과 8피트이다. 손상이 최소화된다.

해질 위험이 있다. 마지막으로 문짝들이 그곳에서 60도 각도로 열려 있으므로 노동자들이 접근하는 데 한계가 있고, 노동자들은 차량의 내부 의장 부분까지 접근해야 하는 문제가 있다.

이제 문을 떼어 내는 방법의 장점을 고려해 보자.

필요공간이 14피트에서 무려 8피트로 감소한다. 제품 안의 조명도는 향상되고 노동자는 작업 상황을 더욱 잘 볼 수 있다. 제품의 문이나 도료에 아무런 손상이 가해지지 않는다. 노동자들은 차량의 내부에 더 잘 접근할 수 있다. 자동화설비는 매우 실용적이 되며, 결국 품질향상에도 크게 이롭다. 또 공장의 크기를 줄일 수도 있다. 이것은 생산비를 줄이는 데 기여한다.

여러분의 제품이 어떻게 조립되는지, 단계, 공정, 설계를 검토하라. 제품의 문들이 떼어진 채 나오는가? 이와 비슷한 난제를 갖고 있는가? 조립공정을 진지하게, 그리고 자주 검토하라.

통계공정관리

통계공정관리(Statistical Process Control, SPC)는 일정한 제어범위에서 제조공정의 반복 가능성을 측정한다. 물론 이 제어범위는 재래식의 엔지니어링 청사진의 허용범위보다 훨씬 엄밀하고 좁으며, 각기 다른 측정허용오차의 한계 안에서 정해지고 있다. 통계공정관리의 측정은 특정 공정이 무엇을 생산할 역량이 있는지와 해당 공정이 생산능력에 따라 제대로 잘 작동하고 있는지를 입증한다. 그것은 표준화를 향상함으로써 제조공정의 반복 가능성을 보장하고 나아가 예측 가능성을 확보한다. 또 그에 따라 품질을 정확하게 관리하기가 훨씬 쉬워진다. 조립공장의 경우 나는 윈저 공장에서 미니밴의 도입과 더불어 1983년 처음으로 SPC를 도입했다. 우리는 이 SPC를 1985년 다른 모든 공장과 사업부에 도입했다. 알렌 래(Allen Rae)는 나를 도와 통계방법에서 수만 명의 노동자들을 훈련시켰다. 그들은 이제 일상적으로 공정생산능력지표를 활용하여 공정과 장비의 성능을 측정했다. 이제 종업원들은 상당한 권한을 갖게 되었고 자연히 제품의 품질은 개선되었다.

크라이슬러에서 SPC를 가르치기 위해 우리는 최고 경영자의 경우 8시간 강좌, 중간 관리자들은 16시간의 강좌를 개설했다. 일선 감독자들과 시간제 노동자들, 공장바닥에서 실제로 SPC를 시행하는 사람들은 1주일 내내 그 강좌에 참석했다. 우리가 SPC의 경험을 얻은 후, 우리는 좀더 첨단기법인 실험디자인기법을 가르치고 실습하기 시작했다.

우리는 1986년 모델 개발의 경우 다음과 같은 일곱 가지 불가침의 원칙을 발표했다.

- 크라이슬러는 품질곡선이 아니라 품질목표를 향해 출발한다.
- 크라이슬러는 제품의 품질이 위험 수준에 있다 해도 이미 합의된 회사 전체의 기준에서 달라지거나 벗어나지 않는다.
- 크라이슬러는 개발기간중 제품결합(products mix)을 결코 바꾸지 않는다.
- 크라이슬러는 제품품질에 손상을 주는 어떠한 부품도 분해 재조립하지 않는다.
- 모든 크라이슬러 공장은 자재의 재작업에 저항하거나 그렇지 않으면 자재의 재작업을 최소한으로 유지하며, 그럼으로써 재작업을 사양 기준이나 품질 기준까지 끌어올릴 계획이다.
- 크라이슬러는 제품품질이 위험에 빠진다고 해도 공장 밖이나 조립순서를 벗어나서 조립하지 않는다.
- 크라이슬러는 인증부품이 없으면 차량을 조립하지 않는다. 품질인증부품을 공장에서 구할 수 없는 경우 조립공장의 가동을 중지한다.

《자동차산업》지의 짐 하버와 존 맥클로이가 크라이슬러가 높은 수준의 제품품질을 달성하면서 대대적 개선을 이룩했다고 보도한 때는 이런 개선과 품질의 개선 바로 직후였다. 게임계획은 유효하게 작동했다.

나는 노사공동의 제품품질개선 협력관계를 이미 언급했다. PQI 조정위원회는 공장장과 현지 노조 위원장이 각각 공동으로 회장을 맡고 있으며, 지금도 정기회의를 열어 품질 문제를 확인하고 노조와 경영인사부 양팀의 인력으로 팀을 구성하여 그들에게 연설하고 개선 여부를 측정하고 품질 비준수사항에 대한 지지를 모으고 있다. 물론 품질 비준수사항을 없애려면 부서간 혹은 복수공장간 협력이 절대 필요하다. 이런 협력관계는 동종산업에서 최초였고, 그런 제안들이 다른 미국 제조공장들에서는 지금까지 들어 보지도 못한 시대에서 현장사람들에게 상당한 권한을 주는 아이디어들이었다. 우리의 품질 추구는 미국 자동차산업을 주도하였다.

1 공장의 음지에 사는 사람들의 복수

현장기사와 설계자는 대개 간섭을 아주 싫어하고 매우 얇은 피부를 갖고 있어 민감하게 반응한다. 이제 그들은 전세계의 적과 경쟁해야 하므로 엉덩이에다 코끼리와 같은 두꺼운 피부를 발육시켜야 한다. 제조업에서 여러분은 그런 두꺼운 피부를 첫 1년 내내 가져야 하며, 그렇지 않으면 다음 이태나 3년에는 살아갈 수가 없다.

그것은 마치 빅 텐의 후위(fullback)가 되는 것과 같다. 주지하다시피 여러분이 태클에 나서거나 한방을 먹일 때마다 그 고집쟁이 바보가 바야흐로 여러분을 경기장에서 쫓아내려고 하고 있다. 그것이 여러분이 활동하는 위치이며 여러분은 마치 8번째 전위와 같고 스타가 되는 경우는 드물다는 말이다. 쿼터백은 지명받은 스타이다.

자동차사업에서 마케팅은 스타이고 금융은 슈퍼스타이다. 모든 사람이 돈을 존경하기 때문이다. 미국은 2차 대전 이후 마케팅 및 금융과 사랑에 빠졌고 제조와 생산기술과는 거리가 멀었다. 이제 우리가 진실로 이 나라를 다시 한번 공고한 국가로 만들고자 한다면 실력의 양대 지주란 바로 제조부문과 생산기술이라는 점을 아주 철저하게 깨닫고 있는 중이다.

나는 처음에 제조부문을 말했다. 그 이유는 제조부문이 생산기술을 이끌어야 하기 때문이다. 생산기술은 그런 배치를 좋아하지 않는다. 그들이 늘상 지금까지 제조부문을 이끌어 왔기 때문이다. 이제 이런 역할이 뒤바뀌었기 때문에, 설계기사는 우리의 역할에 대응하는 데 필요한 좀더 두꺼운 피부를 개발하기 시작하고 있다. 결국 이런 역할들은 몽땅 통합될 것으로 보인다. 제조생산기술과 설계공학은 나름대로 전문 직업이 될 것이다.

통합의 첫 신호

1992년에 조립라인에서 흘러나오기 시작한 다지 바이퍼는 병렬공학의 환경 속에서 활동중인 부서간 종합팀워크의 훌륭한 사례이다. 이 같은 한정생산의 스포츠카를 담당한 핵심 개발집단에는 설계, 제조, 관련 지원집단의 관계자가 몽땅 포함되어 있었다. 바이퍼팀(Team Viper)의 구성원은 몽땅 자원자로서 이들이 가진 전문 지식, 끊임없는 열정, 자기의 엔지니어링재능을 확장하고자 하는 욕구가 높이 평가되어 선발됐다. 그들은 자동차를 빠르게 몰기를 좋아했을 뿐만 아니라, 근무시간 외에도 자발적으로 전문 훈련을 이수했다.

1989년 크라이슬러는 80명이나 되는 이런 사원들을 커다란 방에 모았다. 전문가들의 교차수정과 원활한 의사소통에 필요한 개방공간을 만들기 위해 문자 그대로 벽을 뜯어내기까지 했다. 오로지 시끄러운 전동치공구를 갖고 시작차제조에서 일하는 기계공들만이 떨어져 있었다.

해당 그룹을 특별팀으로 편성할 필요는 없었다. 팀은 일을 합의하여 자발적으로 수행했기 때문이었다. 자본투자지출과 연구개발예산을 배정한 기술정책위원회가 개발사업을 감독했다. 그렇지만 그 그룹은 예산범위 내에서 움직이는 한, 그 돈을 어떻게 지출하는가 그 방법을 결정하고 위원회에 분기별로 보고하면 충분했고, 부서별 배정이 아니라 최저선을 유지하기만 하면 되었다.

이런 접근방법은 복잡한 승인경로와 인증절차를 무시하고 이루어졌다. 납품업체들은 애초부터 참가하도록 초청됐고 그 팀은 납품업체들의 전문지식을 최대한 활용했다. 납품업체들은 팀의 등록멤버로 환영받고 크라이슬러는 그들이 허가받지 않고도 필요하다고 생각하는 모든 사람과 접촉하기를 기대했다. 바이퍼팀은 납품업자들과 주간회의를 자주 열었다.

바이퍼 생산팀이 최초의 양산 차량 출하를 자축하고 있다. 승용차의 좌석에 앉아 있는 사람은 공장장인 하워드 루이스이다. 그의 바로 뒤에 넥타이를 맨 사람은 생산기술부장 빌 스미스이다. 바이퍼 설계 및 생산은 현재 채용중인 병렬공학의 중요 사례이다.

개발선행시간(lead time)을 줄이기 위해 바이퍼 부품들은 기능상의 치수만을 가진 상태에서 설계도면이나 모델에서 직접 방출됐다. 현가장치, 엔진, 차체 패널 설계들은 CAD 시스템을 이용하여 시간을 절약하고 공정을 간소화하는 데 기여했다. 그렇지만 그 팀은 또한 CAD 상태에 있지 않은 클레이 모델(합성수지를 배합하여 만든 산업용 점토 모델 — 역자)과 함께 일했다. 부품작업용 봉투들은 1차적으로 레이아웃 도면으로 만들어졌다.

그 팀은 섀시, 차체, 종합팀이라는 소규모의 세 가지 엔지니어링 그룹으로 발전적으로 확대됐다. 종합팀의 책임사항은 부품을 통합하여 균형감과 완전성을 가진 차량을 만들도록 하는 데 있었다. 종합에 대한 책임 여부는 팀 관리진에게 귀속됐으며 그들에게 사업관리는 일상 관심사항이 됐다.

바이퍼팀은 설계부와 제조생산기술부를 넘어 해당 자동차를 조립하는 현장의 노동자들까지 포함하도록 확대됐다. 초기의 외형 스케치작업부터 시작하여 완전한 자동차를 조립할 수 있는 능력과 훈련에 약 600시간 이상이 투입되었고, 그 결과 종업원들은 완전히 다른 사람들로 변했다. 이는 단 한 가지 단순반복작업에 한정된 재래식 조립라인 노동자들로는 상상할 수도 없는 일이었다. 바이퍼 조립원은 하나같이 폭넓은 책임사항을 담당했으며 양산에서 나타날 수 있는 문제를 일상적으로 기사들에게 구체적으로 지적했다.

바이퍼 개발사업의 성공에서 핵심이며 중요한 사실은 그 그룹이 신용을 얻고 실수에 대한 책임을 공동으로 졌다는 사실이었다. 만일 어떤 일이 제대로 되지 않을 경우 그것은 제조부서의 과실은 아니었다. 그것은 해당 팀의 책임사항이었다. 회사는 이제 바이퍼의 개발과정 내내 체득한 교훈을 조직 전체의 구석구석에 확산시키고 있다.

양지의 사람들과 음지의 공원들

그렇게 오래 되지 않았지만 바이퍼의 개발 경험으로 나는 연구 및 생산기술부와 제조부서가 각각 자기 벽의 반대쪽에 얼마나 깊이 틀어박혀 있었는지를 깨닫게 됐다. 내가 1964년 GM의 시보레사업부에서 근무하기 시작했을 때 두 그룹의 사람들이 신차 모델을 준비하고 있었다. 한 그룹은 사무실, 연구실, 시험장에서 일했다. 그들의 공간은 여유 있고 밝았으며 가끔은 전원적이며 때로는 사치스럽기까지 했다. 그들의 의상은 자유롭고, 작업 속도에는 여유가 있었으며, 가시적인 성과들을 즉시 제시해야 한다는 요구로 결코 방해받지도 않았다. 그들은 스타일리스트, 설계자, 제품기사였다.

이것과는 전혀 다른 곳――대개 조립공장 바로 옆에 붙어 있는 트레일러와 시험용 차고――에서는 잡다한 사원들, 전에 기계공, 금형제조공, 기계설치공이었던 사람들을 흔히 볼 수 있었다. 그들의 넥타이는 잘못 매어져 비스듬히 걸려 있었다. 시끄러운 목소리, 끊어진 문장, 불량한 언어 때문에 그들은 공장의 쥐새끼들 같았다. 그들은 공장에서 고립되어, 시끄러운 소리, 연기, 검댕을 먹고 살았다. 그들은 온종일 그리고 일평생 흔히 위험하고 보통 불쾌한 일에서 보내는 노동자들의 날카로운 항의소리를 들었다. 그들은 생산할당량의 무자비한 압력에 대해 무감각해졌다. 특히 이같은 할당량은 제품의 사양이 제조공정의 현실과 전혀 아무런 관계도 없어 더욱 감당할 수 없는 것이 되어 있었다. 그들은 살아 남고자 임시변통하고, 거짓말하며, 사기 치는 방법들을 터득했다. 제조 및 생산기술부의 공장 내 음지 사람들은 그저 한 발만 뒤로 물러서서 지옥 같은 생산라인의 귀퉁이 구멍으로 물러서기만 하면 되었다.

상아탑식 사고방식

1960년대의 자동차산업에서 제품기사들은 '굴뚝'에서 일을 했다. 브레이크 기사는 A-형 차체, B-형 차체, C-형 차체의 제동장치에 대해 연구하거나 현재 설계되고 있는 차체의 제동장치에 대해 그것이 무엇이든 연구했다. 현가장치 기사도 같은 일을 했고 이것은 범퍼기사, 계기판기사, 피스톤기사, 크랭크샤프트기사, 다른 모든 기사도 이 같은 기묘한 장난감의 나라에서 일을 했다. 그들이 1964년형 모델의 제동장치, 현가장치, 범퍼, 계기판, 크랭크샤프트 등을 설계한 후 1965년형에 대해 작업하기 시작했다.

신모델 작업이 시작된 지 약 4년이 지나면 엔지니어링 관련 문서감독 책임자는 밴에다 레이아웃 도면과 상세 설계도면——일부는 강화폴리에스테르 필름이고 일부는 연갈색과 청색의 인쇄된 설계도면——을 가득 채우고 수십 마일을 운전하여 제조기획부의 음울한 사무실로 가서는, 문서뭉치를 별 의식도 없이 접수계의 발 밑에 던져 놓고 '1965년형 인쇄물'이라고 중얼거린 후 다시 자기의 상아탑으로 도망 간다.

땀을 뻘뻘 흘리는 전(前)기계공은 전화를 받고 호출되어 몸을 웅크려 서류더미를 집어 들지만 그 서류들은 그의 인생을 쓰디쓰게 만들기에 혼자 투덜댈 것이다. 제조활동 인력은 제품기사에 대해 이렇게 느꼈다. 마치 전투에 나가라고 명령하면서도 자신은 대포의 사정거리 밖에 있는 벙커에서 편안하게 있는 사령관에 대해 보병이 느끼는 분노와 마찬가지였다. 그것을 경험해 보지 못한 사람은 이런 제도가 얼마나 격분을 유발하는지 전혀 이해할 수 없다. 특정 차량이 계획대로 생산되었을 때 성공은 이런 공장 내 음지의 사람들의 은신처에서 나왔음을 확실히 알 수 있다.

벽을 허물다

크라이슬러의 방향전환은 이런 체계를 변혁시키는 방침에서 나왔다. 돌이켜 보건대 내가 GM에 있을 때 1971년 GMC CK 픽업은 아주 핵심적인 트럭이었다. 공장장인 프레드 캐프리 덕분에, 제조부서에 있는 우리는 사상 처음으로 그 제품의 생산개시보다 2년이나 3년 앞서 상류부문으로 가서 수석 기사와 그의 핵심 보좌관들과 공동으로 작업하도록 허용되었다. 이것은 모든 사람이 그렇게 오늘날 사랑에 빠져 있는 병렬공학(concurrent engineering)의 전조였다. 다시 말해 생산기술부, 설계부, 납품업체, 제조부서를 모두 함께 일하도록 하고 단 1년뿐만 아니라 2년이나 3년 앞서 함께 일하도록 한다는 말이다.

나는 당시의 경험을 기억했다. 내가 10년 후 크라이슬러에 왔을 때, 그 것은 정확하게 말해 내가 하려고 한 모든 것이었다. 나는 그 생각을 크라이슬러에 도입했다.

그것이 내가 크라이슬러에서 아이어코커와의 첫 면담 이후 첫날 설계실을 담당하는 돈 들라로사와 만난 이유였다. 나는 실제로 몇 명의 제조인력을 1대의 신규 승용차나 신규 트럭이 아니라 **모든 신규개발 승용차와 트럭**에 대해 설계실에 투입할 수 있는지를 물었다. 르네상스가 시작됐다!

그것이 진짜 제품 개발 혁명이 시작된 때였고, 우리가 매일 함께 일하기 시작한 때였다. 오늘날 모든 차량은 공정추진설계, 병렬공학 속에서 이뤄지는 데 여러분이 그것을 어떻게 부르든 관계없다.

연도와 차체 스타일																
	78	80	83	84	84	85	86	86	87	88	88	89	90 N EXT	91	92	94
	L	K	E	G	S	H	P	N	J	C	A	Y		S	LH	PL
공정추진설계 (%)	25	30	35	45	45	45	45	50	45	50	50	50	55	50	80	90+
CAD로 설계된 중요한 패널들(%)	5	12	50	78	0	80	82	0	46	87	92	90	100	100	100	100
CAM으로 기계가공된 금형(%)	0	0	0	0	2	0	0	0	2	12	26	30	30	80	100	100

크라이슬러의 병렬공학(공정추진설계)과 CAD/CAM을 통한 향상. 크라이슬러의 모든 새 모델은 설계부와 생산기술부 양자의 향상된 상호작용의 산물이었다.

1981년 설계엔지니어링의 핵심부에 설치된 제조타당성 그룹(MFG)은 병렬공학을 향한 최초의 조치였다. 내가 이미 언급했듯이 특정한 설계를 구상하고 그것을 실제의 양산에 도입하기까지의 제품주기를 단축함으로써 상당한 원가절감이 실현됐다. 더 높은 품질 수준의 향상이 이제 가능해졌다. 부품생산이 과거처럼 제조시스템에 제약을 가하지 않게 됐기 때문이었다. 연구에 따르면 품질은 설계와 동시에 시작되고, 제품품질 문제의 3분의 1이나 2분의 1은 소급하자면 형편없는 설계에 원인이 있는 것이다.

병렬공학의 혜택은 크라이슬러 제조활동 전반에 쏟아지기 시작했다. 예를 들어 아홉 번이나 열 번의 프레스작업이 필요한 펜더는 이제 불과 두 번이면 족했다! 프레스가동이 준다는 의미는 곧 고가의 프레스 자체가 줄어도 된다는 말이었고, 라인상의 관련 장비가 감소한다는 말이며, 자본장비투자가 상당히 감소한다는 뜻이며, 특정 제품을 시장에 출하하는 데 걸리는 시간을 줄인다는 뜻이었다. 양산용 프레스작업의 횟수를 줄인다는 말은 곧 기계가동시간이 길어진다는 사태를 의미했고 따라서 생산량이 더욱 많아진다는 뜻이었다. 기계가동시간과 보전은 상호관련되어 있다. 특정 부품을 생산하는 데 기계와 장비가 많이 필요할수록, 기계비(非)가동시간과 고장시간은 더욱더 많아지기 마련이다. 프레스작업의 횟수가 가장 적은 프레스공장의 기계가동률은 75~80퍼센트에 달한다. 작업이 아주 많을 경우 기계가동시간은 무려 50퍼센트 이하까지 떨어질 수 있다.

양산용 제품 설계를 최적화하는 작업은 다른 부수적인 절약을 낳았다. 우리는 이제 크기와 구조긴장, 복잡한 금형틀, 벽들, 늑골재료들(ribs), 마모도금(wear-plates)을 줄이는 방안을 알 수 있었다. 많은 사례에서 우리는 삽입장치를 줄이고 값이 덜 드는 용접쐐기를 적극 활용했다.

MFG의 개척자들은 제품기사와 설계기사를 집요하게 촉구하고, 밀고 구워삶고 강권하고 자극하여 제조현장의 현실을 설계에 반드시 감안하라고 부탁했다. 각각의 새 모델은 모두 그들의 지문자국 이상을 간직하여 마침내 1980년대와 1990년대 초에는 탁월한 품질과 원가절감을 달성하기에 이르렀다.

LH 설계 시리즈의 제품들, 크라이슬러 콩코드(Chrysler Concorde), 다지 인트레퍼드(Dodge Intrepid), 이글 비전(Eagle Vision)이 대망의 꿈을 실현했다. 현재 제품기사와 제조기사 양측은 진정한 공정추진설계가 요구하는 평등한 지반에서 여전히 몇 발짝 떨어져 있다고는 하지만, 컨트리 클럽과 트레일러의 시대 이후 함께 팀을 이루어 지금까지 여행해 왔다.

병렬공학과 10의 법칙

여러분이 그것을 공정추진설계, 병렬공학, 양산능력설계, 조립용 설계, 품질기능배치, 동태적 제조활동, 품질공학, 동시제조, 혹은 생산가능성공학 그 어떤 것으로 부르든 상관없지만, 그것의 의미는 제조기사가 제품기사와 설계기사 바로 옆에 앉아 있다는 말이다. 제품기사가 특정한 선 하나를 그리기에 앞서 그들은 이런 문제들에 대답한다. "이런 윤곽의 부품을 주물공장에서 주물할 수 있는가?" "우리의 기계가공공장에서 이런 윤곽의 부품을 기계가공할 수 있는가?" "이 플랜지를 로봇이 요구하는 엄밀한 공차의 범위 내에서 용접할 수 있는가?"

물리적 인접성이야말로 필수불가결하다. 대면적 상호작용이 한층 큰 책임성, 긴급성, 심지어 관용을 이끌어 낸다. 팀의 구성원은 설계단말기에서 일어나 설계실이나 부품실로 건너가거나 혹은 다른 부서의 동료에게 가서 3차원 실물설명서를 얻고 전화로 의견을 나눌 때 전형적으로 따르는 오해들을 방지하고 있다.

병렬공학과 더불어 새로운 제품 개념을 제안한 후 며칠이나 몇 시간 만에 그 개념의 물리적 원형(prototype)을 얻을 수 있다. 3차원의 확실한 원형을 식각공정의 레진 폴리머 등의 재료와 레이저를 활용하여 CAD 자료로부터 얻을 수 있는데, 크라이슬러는 이를 바이퍼 이그조스트 매니폴드(Viper exhaust manifold) 등의 신규개발사업에서 널리 활용했다. 신속한 원형제조는 인간의 해석, 기계가공, 불충분하게 깎여진 부분에서 나타나는 문제점을 해결한다. 예컨대 블라인드 홀, 복잡한 내부 회선통로, 복잡한 곡선표면은 설계기사와 제조기사 간에 어려움을 만들 수도 있다. 그 공정은 개선부품을 시각적으로 나타내 줌으로써 그런 문제들을 해결한다. 그 후 일부 부품의 검사활동은 재료의 물리적 한계 내에서 진행되기도 한다.

10의 법칙이 병렬공학의 노력을 추동한다. 병렬공학의 이런 기본 법칙은 특정 제품이 개발의 다음 단계에 도달했을 때 변경 또는 설계오류의 시정을 시행하는 데 10배나 비싸다고 말한다. 예컨대 기획 단계에서 설계 문제를 수리하는 원가는 설계 단계의 원가보다 10배나 된다. 제조 단계에서 그 문제를 수리하는 원가는 기획 단계의 원가보다 10배이며 설계 단계에 비해서는 100배나 된다. 해당 제품이 소비자의 손에 들어가 있을 때는 하늘이 한계이다.

선수의 면면

병렬공학팀에는 강력하고도 노련하며 그러면서도 민주적인 사업 관리자가 절대 필수불가결하다. 만일 제품 설계에서 최선을 실현하려면 횡적·수직적·수평적 의사소통이 절대로 중요하다. 모든 부서의 견해를 반드시 경청해야 할 뿐만 아니라 그들의 아이디어도 최종 설계에서 흡수해야 한다.

나는 병렬공학 지도자의 자질로서 다음과 같은 특징을 꼽는다. 훌륭한 사람관리 기술, 자기 주장, 변화에 대한 개방성, 분석능력, 제품원가와 투입금액에 대한 훌륭한 이해, 결단력과 인내, 제조공정과 상대원가에 대한 정확한 이해, 조직 전반과 각종 기능집단에 대한 지식, 가능하다면 특정 제품에 대한 전문 지식 등이 그것이다.

제조와 엔지니어링을 담당하는 많은 사람이 스스로 창조적이지 않다고 주장할지도 모른다. 그들이 문제를 해결하는 능력과 예산 및 원가를 다루는 역량을 검토하면, 여러분은 이것이 한마디로 말해 진실이 아님을 알게 된다. 너무나 많은 사람들이 극소수의 창조적 개인만이 그림을 잘 그리거나 음악을 작곡하거나 출판을 위해 저술한다고 생각한다. 창의적인 사람은 많다. 그들은 대체로 풍부한 지식과 아이디어를 갖고 있지만, 실제로 그것은 가려져 있을 뿐이다. 때때로 그런 아이디어들은 부정적인 논평이나 '사망선고를 내리는 말들'에 의해 질식당하고 있을 뿐이다.

병렬공학팀은 참가자의 행동동기를 고양시킨다. 나는 과거 시대의 엔지니어링의 '굴뚝 현상'을 언급했다. 이 굴뚝 속에서 기사는 오로지 자기의 전문 분야만을 확인하면 그만이었다. 이제 그들은 차량 전체를 소유한다.

그들의 노동과실은 가시적이며, 형태가 보이며, 측정 가능하고, 운전할 수 있으며, 세탁이 가능하고, 광택도 날 수 있다. 그들은 자동차의 전문가들이 아닌 친구와 이웃과 그들이 함께 만든 자동차를 놓고 같이 토론할 수도 있다.

자동차산업에서 병렬공학팀 참가자의 숫자는 1000명이 넘을 수도 있다.

창의성을 죽이는 말들

"이곳에선 그걸 그런 식으로는 하지 않아."
"내가 알고 있기에 그것이 검토된 적이 있는 것 같다."
"전에도 이런 모든 사항은 철저히 검토한 적이 있다."
"그것은 조금 있다가 생각해 보자."
"그것은 이미 오래 전에 배제되었다."
"우리도 그것을 마지막으로 해보았지만, 제대로 작동하지 않았다."
"그것에 붙일 인력이 없다."
"그것은 상호교체할 수 있음이 틀림없다."
"그것을 결코 승인하지 않을 것이다."
"고객이 그것을 사려고 하지 않을 것이다."
"현재는 그것을 할 시간이 아니다."
"그것은 우리의 기준 XYZ에 부합하지 않는다."
"그것은 제조부서의 문제가 아니다."
"이미 최상의 시스템을 갖고 있다."
"제품을 설계하는 작업은 전혀 다르다."
"그들은 유자격 납품업자의 명단에 있지 않다."
"우리는 이미 조립을 위해 설계를 활용하고 있다."
"그것 참 좋은 생각이지만 나는 별로야."
"확실히 비용이 더 들지만 더 좋은 제품을 얻긴 하겠군."
"변경할 순 없다. 산업설계부서가 허용하지 않을 수도 있다."
"원가는 중요치 않지만, 중요한 점은 마케팅하는 시간이다."
"당신은 성공과 싸울 수 없다."
"안 돼!"
"우리는 다르다."
"우리는 너무 바쁘다."
"나는 그것을 좋아하지 않아."
"그것은 실천적인 제안이 아니다."
"그것은 낡은 기술이다."
"나는 거기에 예산을 배정할 수 없다."
"그것은 이전에도 한번 해본 적이 있다."
"실천적이어야 한다."
"그것은 내 일이 아니다."
"우리는 그것에 모험할 수 없다."

> "그것은 이미 해본 적이 있다."
> "우리는 나중에 그것에 도달할 것이다."
> "우리는 그것을 수년 전에 이미 시험해 보았다."
> "우리의 사업은 다르다."
> "그것은 입증된 디자인이 아니다."
> "일정상 허용할 수 없다."
> "우리는 그것을 할 여유가 없다."
> "그러나 우리 고객은 그것을 이런 방식으로 하기를 원한다."
> "공정의 숙달도가 지금까지 입증되지 않았다."
>
> (라몬 베이커잔 편, 《도구와 엔지니어링 핸드북》, 제6권, 1992.)

구체계의 경우 개발팀의 규모는 초창기에는 작았고 개발사업이 양산개시에 가까이 갈수록 점차 커졌다. 이제 병렬공학팀은 양산이 시작되기 전에 문제를 해결하기 때문에 축소된다. 자동차산업의 경우 이런 팀들은 주어진 개발사업을 완료한 후 해체되지만, 안정적인 간부진은 각각의 현장작업팀에 함께 남아 특정 유형의 차량을 전문적으로 연구하게 된다.

병렬공학에 관해 검토할 때 다음 문제들에 대해 해답을 갖도록 하라.

- 팀의 리더가 미래의 팀원을 어떤 방식으로 찾아낼 수 있는가? 그들이 자신의 자원을 어떤 방식으로 얻는가?
- 직무배정이 부서간 직능팀에서 어떤 방식으로 이루어지는가, 해당 직무배정이 끝나면 구성원들에게 어떤 일이 일어나는가?
- 함께 일해야 하는 그룹이 동일한 장소에 배치되어 있는가?
- 최고급 재능을 유치하려면 팀은 반드시 회사가 중점을 두는 인력배치로 간주되어야 한다. 당신의 조직은 그들을 그런 원칙에 대한 예외라고 간주하는가? 어떻게 그들이 기존의 경력경로에서 패턴을 바꾸는가?
- 팀원의 기여도가 개인 단위로 평가되는가 혹은 집단 전체로 판단되는가?

- 판단자가 팀의 지도자인가, 혹은 구성원의 기능적 조직인가?
- 각 직능부서에서 차출된 종합대책팀의 성공 여부가 상명하복의 위계 조직을 통해 어떤 방식으로 여과될 수 있는가?
- 팀원들은 반드시 특정 과제의 모든 단계에서 작업이 그들의 직능 외부에 있는 사람들에 의해 점검되는 것을 참아야 한다. 그리고 그들도 반드시 동일한 기준에 따라 다른 성원의 작업을 심사하고 비판해야 한다. 그들은 반드시 다른 성원과 더불어 기회 상실(tradeoffs : 가격 대비 실적)을 협상해야 한다. 사람들로 하여금 작업방식을 바꾸도록 하기 위해 여러분은 어떤 방식을 사용할 수 있는가?
- 설계기사는 설계의 우아함과 완성도에 따라 평가되고, 제조기사는 제품을 얼마나 비싸지 않게 양산할 수 있느냐를 기준으로, 서비스기사는 평균 수리시간을 기준으로, 기타도 같은 방식이다. 당신은 기능적 스테레오타이프와 신분상의 차이점을 어떤 방식으로 극복하려고 하는가?
- 당신은 특정 과제가 끝날 때까지 혼자서 일하는 데 이골이 나 있는 설계기사들을 어떻게 제조기사와 한라인에서 일하도록 준비시키고 있는가? 해당 팀의 제조기사는 그것을 벽 너머로 되돌리는 것을 방지하기 위해 어떤 새로운 기술을 익혔는가?
- 특정한 설계상의 특색이 업적을 향상시키지만 제조원가를 증가시키거나, 특정 제조공정이 비용절감을 가져오지만 서비스 가능성(Serviceability)을 줄인다면 해당 팀은 이 같은 모순관계를 어떤 방향에서 결정하려고 하는가?
- 특정 팀이 개발사업을 수행하는 데 기존 장비가 아니라 새 장비를 선정하거나 조립해야 한다고 결정할 때, 당신은 '이곳에서 발명되지 않았다는 증후군'을 어떻게 극복하는가?
- 경영진은, 팀들이 아무런 간섭도 받지 않고 제안을 내고 동시에 일상 문제들을 해결하도록 허용하고 있으면서도, 전략적인 방향을 어떤 방식으로 감시할 수 있는가?

병렬공학팀에 기여하고 있는 사람은 설계원가를 계산하고 투자사업의 예산이 그것을 감당할 수 있는지를 판별하는 금융 출신의 사원들이다. 판매 직원과 마케팅 직원은 고객의 욕구와 수요를 반영한다. 최고 경영진이 한쪽에 물러나 있어 해당 팀은 고객의 목소리를 청취할 수 있다. 서비스 부서와 부품부서의 직원들은 부품과 기기의 상호호환 가능성이 있는지 감시한다. 구매부서의 직원들은 문제부품을 경제적으로 정확하게 필요한 물량만큼 생산할 수 있는 납품업자를 물색한다. 병렬공학은 신제품의 개발 초기 단계부터 중요 부품업자들을 참가시킬 것을 요구하고 과거의 많은 적대관계를 없애고 있다.

개별 납품업자에게 더 많은 사항을 요구함으로써 그들의 숫자와 잠재적 사입품목(shipping points)의 숫자를 줄일 수 있는데, 이것은 중요한 절약을 의미할 수 있다. 스티븐 E. 플럼브는 이 점을 《워드의 오토월드(Ward's Auto World)》에서 다음과 같이 강조했다.

납품업자들에게 완전한 시스템을 이관함으로써 크라이슬러는 거래하는 납품업자의 숫자를 획기적으로 감축했다. 회사는 전액출자회사인 어쿠스타 주식회사를 비롯, 불과 230개의 부품 및 자재 납품업자들만을 활용했으며 LH의 경우 285개의 사입품목을 갖고 있을 뿐이었다. 이것은 일리노이주 벨비디어에서 생산중인 현행 뉴요커 차종이 456개의 납품업체와 626개의 사입품목을 갖고 있다는 점과 비교되고, 또 온타리오 윈저의 미니밴공장이 490개의 납품업체와 680개의 사입품목을 갖고 있다는 사실과도 비교된다고 하겠다.

병렬공학은 또 노사관계를 증진시킨다. 과거 노동자가 신규 차량을 보는 때는 최초의 시작차들이 조립라인에서 조립되는 때였다. 이제 그들은 개념 정립 단계부터 참가하여 자동차가 생산되고 있을 때 그들이 장래 함께 살아야 하는 작업공정과 조립기법에 대해 직접 자신의 의사를 제시할 수 있게 되었다.

제조기사와 생산직 사원을 개념 정립 단계부터 참여시키면 엄청난 시간과 자금이 절약된다. 그들은 제조장비와 공정에 아주 해박하다. 그런 방법은 옛 기계장치에서 이미 낡고 교체되었을지도 모르는 자동화설비를 다시 쓰도록 자극한다. 현대와 같은 빡빡한 예산과 틈새마케팅(niche marketing) 시대에는 엄청난 혜택이 아닐 수 없었다. 공정기술부 직원과 제조기술부 직원을 개발계획의 시초부터 포함시키는 방안 역시 기술혁신이 수반될지도 모르는 사전 경고를 제공한다. 명백한 점은 그런 경고가 빠르면 빠를수록, 스타일의 내용이 최적으로 최저의 원가로 가장 우수한 품질로 시행될 가능성이 더욱 높아진다는 점이다.

더 좋은 점은 제조 인력을 크라이슬러 디자인엔지니어링(Chrysler Design Engineering, CDE)에 덧붙인다고 해서 디자인공정을 방해하지 않는다는 점이었다. 우리의 결론은 미시간대학교의 제품 개발 연구에서 조사된 다른 자동차업체에 의해 다음과 같이 입증되었다. 즉 "좋은 성과를 칭찬하고 높이는 자동차업체는 상상력이 풍부한 스타일을 희생하지도 않으면서도 스타일링, 디자인, 양산기능을 통합운영하거나, 혹은 스타일링이 권위를 다른 기능들과 함께 나눠 갖게 한다."

병렬공학의 도구들

나는 병렬공학팀이 목적을 달성하도록 도와 주는 데 다음과 같은 공학 기술과 방법이 중요하다는 점을 깨달았다.

- 특색이 풍부한 고체 모델링 시스템.
- CIM(컴퓨터통합생산) 시스템 및 통합 데이터베이스와 훌륭한 원가추정 하위 시스템들.
- 지역 및 광범위한 지역에 미치는 네트워크 통신.
- 복수의 다기능작업을 도표로 만들고 통신망 조정자에게 완벽한 시간

일정표를 제공하는 임계경로방법시스템(critical path method system).
- 파레토 분석.
- 상호상관되어 있거나 배제된 품목들을 식별하는 행렬 다이어그램.
- 각 설계부품이 덧붙인 가치를 분석하는 가치분석공학.
- 각각의 설계특징이 하류기능에 대해 가하는 생산비를 평가하는 원가-민감성 특징분석(cost-sensitivity feature anaylsis).
- 재고한도와 재고의 허용물량을 계산하는 허용한도 분리프로그램.
- 모든 '······를 위한 설계', 즉 제조활동, 조립, 검증성, 신뢰도, 유지보수성을 위한 설계.
- 다구치(Taguchi)의 실험설계를 통한 건전한 설계평가.
- 응력을 설계하는 엔지니어링/응력/굴절력/열분석.
- 불량품을 검증하는 진지성, 확률, 가능성을 평가하는 불량품 양식 및 효과분석.
- 공장의 기계배치와 인력배치를 위한 공정 설계와 단순화 분석들.
- 빠른 시작차제조.
- 제조공정 모의실험과 애니메이션.
- 품질기능배치(Quality function deployment).
- 비교 가능한 생산환경 속에서 목표, 기술 및 공정을 타당하게 하기 위한 벤치마킹.
- 기계가공의 문제와 조립 문제를 오늘 식별하고, 미래를 위해 설정된 지표를 달성하기 위한 지속적 개선.

주지하다시피 컴퓨터가 이곳에서는 중요한 역할을 담당한다. 개인용 컴퓨터나 워크스테이션을 연결해 놓으면 혼란, 오해, 시간낭비를 제거하는데 도움이 된다. 컴퓨터통합제조는 핵심 공정정보를 제품 설계, 경영, 생산의 각 부문에 전달하여, 정확한 정보를 필요한 곳에 필요한 때에 제공한다. 공장 내 음지 사람들의 소리가 경청되고 있으며 이제는 제대로 존중받고 있다.

8 컴퓨터가 모든 것을 지원한다

크라이슬러 제품엔지니어링부(Chrysler Product Engineering)는 20년 이상에 걸쳐 독자적인 컴퓨터시스템을 개발하기 시작했다. 로버트 '보브' 싱클레어가 핵심 리더십과 지도를 제공했다. 현재 이 부서의 설계와 도면 산출물 중 3분의 2 이상이 완전히 컴퓨터이용엔지니어링으로 이뤄지고 있다. 대부분의 응용작업은 산술적인 표면설명, 설계와 엔지니어링, 밑그림 그리기, 고체모형 만들기, 차량포장연구, 수치제어 선반의 연삭가공, 금형모델과 무거운 치공구, 자재보관 배치도, 테스트 컨트롤과 분석 등이다.

크라이슬러는 세계 최대의 통합된 전문 컴퓨터시스템을 갖고 있다. 27개 이상의 상호연결된 대형 컴퓨터가 초당 640억 개 이상의 명령을 처리하고 있다! 이런 컴퓨터망이 지원하는 설비는 1000개 이상의 단말기로 그 중 500개 이상은 상호작용하는 그래픽능력을 갖고 있으며, 대부분이 크라이슬러가 만든 소프트웨어로 가동되고 있다.

크라이슬러의 제조기사는 이제 제품엔지니어링부에서 산출되는 모든 자료를 입수할 수 있다. 그들의 컴퓨터시스템은 공구류와 평삭반 등 고정장치의 설계, 공장의 배치, 시뮬레이션 연구모델의 제조, 수치제어 가공기의 프로그래밍을 완전히 처리한다.

모든 금형모델은 수치제어 밀링가공기로 만들어진다. 컴퓨터는 CAD 데이터베이스에서 받은 표면정보를 활용하여 기계가공 명령어를 전개한다. 금형의 표면수치들은 정확하고 따라서 쉽게 반영되어 오른쪽에 맞는 부품과 왼쪽에 맞는 부품을 만들 수 있게 된다.

스털링 하이츠 조립공장은 자체 컴퓨터를 활용하여 본사의 중앙제조엔지니어링부서의 컴퓨터와 통신하면서, 공장을 제품 및 금형교환과 순간적 반응관계에 놓고 서류상의 엔지니어링변경이나 부품도면의 인쇄를 위한 대기시간을 끝낸다.

또 컴퓨터는 모든 금속철판의 소조립품 공차한도를 검사하여 치수상의 사양이 세계 수준급의 기계장치(fit-up)를 달성하도록 한다. 또 그 자료는 프레스공장과 조립공장에 대한 현실적인 오차 내에서 평삭반 등의 고정장 치를 점검하는 설계에서 도움이 된다. 2개 지점과 4개 지점의 용접프레스 용 조립고정장치의 설계를 표준화함으로써 컴퓨터는 차체 설계를 자동 프 레이밍 고정공작물(framing fixtures)에 통합시킬 수 있어, 결과적으로 몇 주일간의 노력을 절약할 수 있다.

크라이슬러는 연간 2만 5000장 이상의 작업기술설명서를 만들고 편집한 다. 이 기술표는 하류의 지원작업에게 해당 차량을 어떻게 조립하는가 그 방법을 가르쳐 준다. 컴퓨터공정표의 최신예화를 자동적으로 처리한다. 차 세대 시스템은 비디오디스크를 내장할 수 있어 모든 공장의 작업자들에게 조립공정을 마치 영화처럼 보여 주게 된다. 모든 공장의 CAD 데이터베이 스는 현행 장비로 생산되는 새로운 설계의 빠르고 정확한 평가를 허용한 다.

1982년 우리의 제조기사는 CAD/CAM을 활용하여 로봇도장공정을 개발, T-왜건 미니밴, 플리머스 보이저, 다지 캐러밴의 내부 의장에 투입했다. 컴퓨터는 컨베이어와 도장공정의 요구조건들을 판정한 후 로봇사양을 설 계하는 데 기여한다.

제조기사는 모든 로봇의 움직임을 해당 움직임이 실제 일어나기 전에 검토하고 모의실험할 수 있으며, 컴퓨터를 활용하여 가장 효율성이 좋은 방안을 찾아 장래 발생할지도 모르는 일체의 간섭 현상의 가능성을 예방 한다. 나아가 조립을 시작하기에 앞서 조립공장의 공정을 컴퓨터모의실험 으로 시험하여 적시납품의 자재관리, 장비투입, 자재처리, 생산계획작성, 설비 설계가 통합체계에서 작동하게 한다.

공장의 고속컴퓨터모델을 가동하면 다년간의 생산 경험을 수일 만에 얻을 수 있다! 우리는 윈저 조립공장에서 공정 내 재고를 초창기의 K-카 공장들보다 무려 50퍼센트나 줄이면서도 생산량을 계획수요나 혹은 그것보다 높은 수준에서 유지할 수 있었다. 윈저 공장의 JIT 자재납품시스템을 모의실험함으로써 최적의 선적/수납공간과 재고 적재/하역 요구사항을 입증했다.

기사들은 또 자신이 갖고 있는 최선의 아이디어들을 제안에 투입했다. 그 제안은 스털링 하이츠 조립설비의 배치에서 최신예 공정 및 공작기계 전개상황을 통합처리했다. 우리는 컴퓨터모의실험을 발전시켜 공장이 어떻게 작동하는지 평가하고 검증하여 또다시 수년이나 걸리는 생산 체험을 며칠 만에 얻어냈다. 우리는 다양한 공정기본틀의 산출물을 알기 때문에, 공장장들에게 각종 생산전략이 작업에 어떤 영향을 미치는지 가르칠 수 있었다.

컴퓨터는 또 다방면에서 크라이슬러를 도와 주고 있다. 예컨대 결품자재추적, 문제발생 보고, 검사항목 세부내용표, 컴퓨터이용 차체 레이아웃, 모든 부문에서 제공되는 실적의 환류, 온라인 무작위 표본조사, 작업장 품질검사 등이 그것이다.

문제해결을 완전히 끝내다

컴퓨터제어공정과 장비에는 공장의 실적을 측정하고 감시하는 컴퓨터지원정보시스템이 필수적이므로 우리는 스털링 하이츠 공장에 실적환류시스템(Performance Feedback System, PFS)을 설치했다.

PFS는 메뉴방식의 프로그램으로서 누가 언제 무엇을 작업하고 있으며 그들이 무엇을 달성하고 있는지에 관해 분 단위의 정보를 제공한다. 그것은 누가 당일 병가를 요청했으며, 누가 몇 시에 공장에 들어왔고, 공장의 총인력은 몇 명이나 되는지, 각각의 일자리에 누가 있는지를 기록한다. 그것은 생산계획표나 제품결합이 변경되는 경우 요구되는 각 워크스테이션의 직무배정과 필요한 변경조치를 기술한다.

노동자는 일체의 문제점을 데이터단말기를 통해 보고하고 경영자는 즉각 지원조치를 시행할 수 있다. 가장 중요한 사항은 PFS가 각 차량이 공장에서 각 공정과 조립장을 통과할 때 해당 차량에 대한 완전한 기록을 만들어 내고 조립 및 검사 공정이 완전하다고 인증되기 전에는 결코 해당 차량을 조립작업장에서 떠나지 못하게 한다는 점이다.

PFS는 생산물량과 품질정보를 끊임없이 경신하고 그 자료를 막대그래프로 제시하기 때문에 공장운영에서 핵심 도구이다. 컴퓨터구동추적시스템은 모든 부품의 품질, 수량, 결합도, 소재지에 꼬리표를 붙인다. 이 시스템으로 우리는 생산계획변경에 즉각 대응할 수 있게 되었고, 재고를 3일 비축분에서 불과 몇 시간 경우에 따라서는 몇 분의 비축물량까지 획기적으로 줄일 수가 있게 됐다.

첨단 장비를 설치하고 부품서열공급제와 각 작업장간에 최저수준의 재고를 채택하는 데는 예방보전시스템과 감시시스템이 필수불가결한 도구였다. 우리는 윈저 공장과 스털링 하이츠 공장에 최고급 공장정보시스템(FIS)을 설치하여 해당 공장들을 예측 가능한 상태에서 가동토록 조치했다. 그 FIS는 IBM 시리즈 I 컴퓨터와 120대 이상의 프로그램 가능 컨트롤러(programmable controller)를 중심으로 설치되어 있다. 그것은 공장 전역에 있는 중요 생산부문에 모두 배치되어 있을 뿐만 아니라 컨베이어시스템, 로봇, 트랜스퍼 프레스, 페인트 분무실, 오븐에도 역시 배치됐다. 9개의 모니터가 손상된 기계 그래픽의 색채를 바꾸어 스크린에 순간적인 위기신호를 나타낸다. 공장에 있는 모든 생산기계는 자료고속도로시스템의 일부로서 노동자들에게 이런 실제 상황에 대한 경고를 제공한다. 50개의 비디오단말기가 보전직원들에게 '고장 난' 기계 중 어떤 부품이 고장 났는지 그리고 어디서부터 고쳐야 하는지를 알려 준다.

미래공장의 정형을 만들다

윈저에서 미니밴의 생산개시 이후 많은 우리의 제조이론은 입증되었고, 우리는 스스로의 자조노력을 계속할 수 있는 자본을 얻게 되었다. 이에 따라 우리는 '미래의 공장'에 대해 꿈꾸기 시작했다. 나는 가장 우수한 기획자들을 한곳에 끌어 모으고 그들에게 머리를 짜 내라고 요구했다. 다시 말해 경쟁을 완전히 뛰어넘어 글로벌 제조에서 탁월성을 입증하는 벤치마크가 되는 첨단 공장을 창조하는 아이디어를 내라고 지시했다.

검열을 통과한 아이디어들은 두 가지의 엄격한 기준에 맞는 제안이어야 했다. 그 프로젝트의 수명주기 내에서 할인된 현금흐름의 순현재가치가 0보다 커야 하며, 모든 제안은 범공장전략에 편입되어 있으면서 고립된 지역이 없이 자동화설비망의 성장에 대비하는 것이어야 했다. 오로지 시스템적 접근만이 고품질의 생산을 유지하고 아울러 시스템의 하드웨어와 소프트웨어 모두를 최대한 활용하는 데 필수적인 제어, 진단, 적응적 환류를 제공할 수 있었다.

나는 미래공장에 대해 다음 10가지 일반 원칙을 염두에 두었다. 우리는 이래야 한다.

- 무결점정책을 수립한다.
- 설계상의 직접노동내용을 줄인다.
- 제품과 공정의 복잡성을 줄인다.
- 공정 내 작업재고량을 최소화한다.
- 클레이에서 금형까지, 그리고 치공구시스템을 간소화한다.
- 기준시간일정표를 준수하거나 혹은 그보다 빠른 시간에 완료한다.
- 제품변경을 최소화한다.
- 공장 인력의 숙련도를 작업에 맞춘다.
- 유연자동화를 극대화하여 신모델 변경시간을 최소화한다.
- 부품서열공급제, 적시납품 자재관리 및 공장정보시스템을 완성한다.

우리의 싱크탱크가 안출한 계획은 제품이 가공처리되고 있는 가운데 공장 전역에 조립품과 차체를 운반하는 자동유도차량과 인버티드 동력 및 자유이동 컨베이어 혹은 선형모터 컨베이어이다. 부품은 즉시 빼고 박을 수 있는 탄창 형태로 이동하며, 자동저장/검색 및 회수시스템(AR/RS)에서 라인으로 가는 재활용 컨테이너는 차체와 공동보조를 취해 움직인다. 로봇은 이 시스템에서 부품을 차체에 장입한다. 부품은 자동창고에서 직무번호별로 선정되어 부품서열공급제를 활용하여 끊임없이 흐른다. 라인에 **비축물량은 전혀 없다.**

미래의 공장에서, 복합공작기계 팰릿은, 차체공장에서 부품의 소재를 찾아내는 데 활용된다. 또 로봇이 조작하는 고정장치를 통해 부품과 조립품을 운반하면서도 로봇은 조립품에 용접할 수 있게 된다. 고정장치는 신속한 변경이 가능한 설비여야 하므로, 갠트리 로봇(gantry robots)이 회수하고 가까운 위치에 있는 공구교체용 깔판 위에 걸어 놓게 된다. 다음에 로봇은 아무렇게나 놓여 있는 세부장비들을 회수하여 정해진 상대위치에 갖다놓는다. 고성능 갠트리 로봇은 온라인의 고정장치를 변경하면서도 자동유도차량은 인덱스를 붙인다. 조립작업을 수행하는 로봇은 프로그램을 변경하고 때때로 장비를 교체하지만 그런 동작을 하면서도 자동유도차량은 인덱스를 붙인다. 기계비전시스템(machine vision system)은 자동유도차량의 반복작업을 뒷받침할 수 있으며 로봇의 프로그램을 시정조치하고 로봇이 차체에 부품을 장입하도록 지원할 수도 있다.

자동창고시스템은 모든 생산된 부품을 모으고 저장하여 나중에 어느 부품이 처음에 들어왔는지 또 어느 부품이 처음에 나가야 하는지를 정해 조립라인에다 방출한다. 그것은 입고되는 모든 적시납품 분량을 수납하여, 그들을 부품별로 자동유도차량에 배분하고, 유도차량은 그 재료를 라인에 수송한다.

그 시스템은 재고저장은 물론 이와 관련된 카드박스, 나무포장재, 강철밴딩자재들을 공장에서 없앤다. 조립노동자들은 더 이상 적절한 부품을 고를 필요가 없다. 그들은 제품을 훨씬 더 다양하게 조립할 수 있고, 나아가 대량생산작업을 하면서도 주문에 따라 제품을 제작할 수 있게 된다.

우리의 싱크탱크는 조립에서 새로운 개념을 상세하게 나열하여 설명했다. 그 개념이란 문짝과 차체로 가는 완전한 경첩을 요구하면서도 문짝은 정확한 조립위치에서 차체에서 열린 상태로 붙어 있게 된다. 기계비전시스템의 유도가 필수이며 해당 제품은 재설계되어 용접에 적합하게 된다.

고가의 동력 및 자유이동 컨베이어시스템은 미래공장의 경우 선형유도 모터추진 팰릿에 의한 광학인식 및 마이크로프로세서제어로 교체된다. 그들은 정확하게 앞뒤로 다니면서 인덱스를 붙이고, 속도를 높이거나 줄이며 위치를 정확하게 잡는다.

비전유도로봇(vision-guided robot)은 구멍으로 향하는 지붕의 조인트 봉합부분을 찾아내 한 번 그곳을 지나가면서 조인트를 MIG-납땜하지만 금속제 조립장치의 편차에 대해서는 보정조치를 취해 나간다. 연마기와 모래연마 디스크를 가진 다른 로봇이 납땜이 끝난 조인트부분을 깨끗하고도 깔끔하게 마무리처리한다.

미래의 자동차공장은 공구교체용 깔판, 차체 운반차대, 도료 운반차대, 컨베이어 벨트 및 운송장치, 의장 운반차대에서 가볍고도 강력한 복합자재를 활용하여 컨베이어시스템이 받는 하중과 전력소비량을 줄인다. 최종 차량에서 더욱 많은 복합자재를 활용하려면 도장체계의 변경이 필요하다. 싱크탱크의 기사는 항공기의 조립에 쓰이는 첨단 화학제품인 구조용 접착제와 열강화방식이 바람직한 방법이 되어 재래식의 리벳과 나사를 대체할 것으로 보고 있다.

내가 미래공장에서 특히 선호한 한 가지 기술은 6축 프로그램 가능 로봇에 장착되어 있는 보편 불연속 지점 3차원 레이저 측정 고정장치다. 그것은 프레스공장과 조립공장 모두에서 수동측정기기를 없애고 중요한 위치점 및 관련 임계표면수치를 검사한다. 공장들에 상호연결되어 있는 이 시스템은 1교대당 적어도 10회 장비교체실적을 검사할 수 있다. 레이저의 속도와 관련 컴퓨터시스템을 활용하는 경우 스탬핑기계는 온라인의 '레이저자동차세탁기'를 완전히 통과한다. 레이저는 표면의 치수를 측정하여 시스템에 내장된 공식 CAD 표면자료와 비교한다. 그리하여 오차가 지정오차한도보다 큰 부품의 경우 금형을 교체하거나 조정해야 한다고 신호를 보낸다.

우리의 기획자들은 또한 재래식 수밀검사를 대체하기를 원했다. 차량에 헬륨을 가득히 부어 넣은 후 로봇의 '냄새 맡는 장치'가 누출가스가 있는지를 탐지, 차체의 누출 여부를 밝혀 내고 만족할 만한 데이터를 모아 시정조치를 추진하라고 지시한다.

공장에는 단 한 대의 포크트럭도 없지만 JIT 납품용의 트럭 수납대는 3배로 늘어나게 된다(바로 지금 170만 평방피트의 신형 제퍼슨노스 조립공장은 56개의 주변 수납대를 갖고 있다).

내가 지금까지 말하고 혹은 연구한 이런 모든 것은 오늘날 실천될 수 있다. 우리는 제퍼슨노스의 차체공장, 도장공장, 자재체계에서 그것을 실천했지만, 조립공장 전체에서 몽땅 실시하려 하지는 않았다. 우리는 또 모듈방식으로 이행했다. 다시 말해 계기판 전체를 모듈로 받아들였다. 이것은 현가장치에도 마찬가지였다. 전에는 전혀 해보지도 못한 것이었다. 말하자면 우리는 슬슬 걷고 뛰기 전에 엉금엉금 기는 것이 최선이라고 결정했다. 이제 우리 앞에 컴퓨터의 시대가 도래해 있다.

9 돈의 가치만큼 얻는다

오늘날 좋은 소형차를 만드는 데 원가가 얼마나 들까? 1992년 7월의 한 보고서에 따르면 포드는 소형차를 5415달러에, 크라이슬러는 그에 가까운 5841달러에 만들며, 도요타의 원가는 6216달러였다. 일본의 다른 3개 자동차업체는 더 높았다. 궁극적으로는 저원가의 고품질 생산자가 이 경쟁에서 승리할 것이다.

게임에서 살아 남기 위해 제조업체는 자본을 일관되게 투입하여 반드시 우수한 장비를 구매해야 한다. 여기서 나는 경영자로서 게임을 벌이기 전에 사전 계획을 마련하는 데 다음과 같은 여섯 개의 원칙을 세워 이를 적극 활용했다.

첫째, 나는 신규 사업이나 새로운 장비구매가 회사의 전략목표와 어떤 관계에 있는지를 찾았다. 그것이 사업을 팽창시키는가, 비용을 줄이는가, 혹은 제품의 품질을 향상시키는가?

둘째, 나는 숫자들이 항상 '금융적'인 것만은 아니라는 사실을 염두에 두면서, 현실적인 수치상의 가치를 개발사업의 편익과 비용에 놓았다. 예컨대 보전기록은 훌륭한 자료가 된다.

셋째, 나는 명확히 규정된 이정표를 갖고 시행계획과 일정표를 짰다. 계획은 시행, 팀원, 의무훈련을 포함하고 있다. 악마는 아주 사소한 곳에 숨어 있다는 사실을 기억하라.

넷째, 나는 새 공정이나 장비에 개재되어 있는 인간적 요인을 논의했다. 어떤 노동자들이 투입될 것인가? 그들에게 어떤 훈련이 필요한가? 원가가 얼마나 들어가는가? 나는 노동자의 어떤 이점을 기대하는가?

다섯째, 나는 쉽게 포기하지 않았다. 나는 길바닥의 돌멩이를 예상했고, 나의 제안을 다시 쓸 것을 예상했으며, 어려운 질문을 예상했다. 나는 모든 전투에서 이기리라고는 생각하지 않았다. 여러분도 마찬가지겠지만 여러분의 금융가설이 정확하고 여러분이 제시한 제안이 확실한 것이라면, 여러분은 생산성향상, 품질개선, 유연성의 제고에서 제 길을 찾아갈 것이 틀림없으리라.

마지막으로 나는 제안이 거절되어도 장래 그런 제안이 수용되는 때가 반드시 오리라고 확신하고 그런 제안의 파일을 보관했다. 금년의 거절은 기술이 발전하고 금융의 양상이 바뀌면서 내년중 당선이 확실한 후보자가 될지도 모른다. 나는 크라이슬러 재직시, 현대식 프레스장비와 야금장비, 자동화된 차체공장, 세계 수준급의 도장공장, 현대식 충격금형주물공정, 최고급 컨베이어시스템, 새로운 자재관리제도를 추가했는데, 모두가 정확하게 말해 본사의 통합체계 속에서 기획되고 집행된 사안들이었다. 이런 투자가 결정되기까지 무려 10년이라는 길고도 괴로운 세월이 걸렸다. 나의 철학이란 경영에서 간과된 사항은 어느 것이나 마침내 시정되기를 요구한다는 점이다.

먼저 전략을 세우자

제조업의 투자전략은 우선 장기 제품 계획부터 시작해야 하며 이 계획 역시 특정 회사와 산업에 적합하도록 편제되어야 한다. 크라이슬러는 장기 제품 계획과 다음 질문에 대한 대답을 활용하여 제조활동의 투자전략을 결정하고 있다.

· 평균 연간 판매비율. 특정한 연도 및 시장에서 해당 산업의 총물량은 어떻게 될 것인가?
· 개별 기업의 시장점유율 예상. 우리는 몇 퍼센트의 시장점유율을 기대

하는가? 이 비율이 얼마나 많은 제품 단위로 바뀌는가? 그것들이 어떻게 특정한 제품라인으로 나뉘어지는가?

- **생산능력.** 제품을 얼마나 많이, 어떤 유형의 제품을 생산할 수 있는가? 과거 실적을 토대로 하여 예상되는 주기적 수요에도 불구하고 어떻게 하면 합리적인 안정을 유지할 수 있는가?
- **설비가동률.** 어떤 설비가 가장 생산성이 좋은가? 품질, 위치, 유연성, 원가, 설비연령, 노동력, 기타 변수를 이유로 어느 것이 어느 제품에 가장 적합한가? 어느 것이 합병되고 유휴화되며 심지어 파괴되어야 하는가?
- **자동화설비.** 신규 자동화설비가 어디에 배치되어야 생산능력을 확장하고, 생산성을 향상시키며, 품질을 제고하고, 시스템을 향상시킬 수 있는가? 어떤 종류의 자동화설비가 활용되어야 하는가?
- **방법의 변화.** 수천 개의 작은 개선을 이룩하기 위해 무엇을 할 수 있는가? 이런 작은 개선이야말로 일상적으로 실현되어야 비로소 효율과 생산성을 향상시킬 수 있기 때문이다.
- **작업 인력을 추가배치하는가 혹은 내부 인력으로 충당하는가?** 해고 노동자와 일자리 대열의 사람들을 재고용하려면, 또 부분설비능력으로 가동되는 설비를 활용하려면 기업에 어떤 일자리들을 다시 배정해야 하는가?

우리는 일단 이런 문제를 정확하게 평가한 후 투자계획을 세우고 예산을 적절하게 배정했다.

10일간의 판매 주기, 90일간의 금융 보고 주기, 혹은 연차 주주총회 등에 입각한 단기 기획은 제조업 투자에 전혀 도움이 되지 못한다. 전망은 적어도 5년간 연장되어야 하며 10년이나 또는 그 이상이 바람직하다.

크라이슬러 금융 기획의 중대 취약점은 그 동안 근시안적이었다는 점이며, 따라서 나는 향후 확고한 5년의 기간과 그 다음의 5년의 기간 동안 명확한 방향을 제시하는 승인받은 기획안을 갖고 자본투자지출을 기획하는 방향으로 몰고 나갔다.

크라이슬러에서 1980년대와 1990년대 초 달성한 탁월한 품질성과는 다음과 같은 분야에 대한 기술개발투자에 의해 가속화되었다.

- 차체공장(각각 3000만~9000만 달러).
- 도장공장(각각 1억~2억 4000만 달러).
- 조립공장(각각 2억 5000만~5억 달러, 다만 제퍼슨노스 공장은 제외한다. 그 공장은 8억 달러가 투입됐다).
- 프레스공장(각각 8000만~2억 달러).
- 주조공장(각각 2500만~1억 달러).
- 엔진공장(각각 2500만~3억 달러).
- 변속기공장(각각 2억~5억 달러).
- 외부주행제조기술센터에는 6000만 달러가 투입됐다.

크라이슬러의 제조생산능력을 재구축하는 데는 35억 달러가 투입됐는데, 그것은 사상 최초의 가장 우수한 자동차설비투자의 하나였다! 그것은 물론 GM이 새턴 자동차 1개 프로젝트에 투자한 금액(50억 달러)보다는 적은 것이었다. 크라이슬러의 투자는 세계적인 제조생산능력의 확충을 위한 투자였다.

활용할 수 있는 자율역량

자율성은 쟁취하는 것이다. 공장이 성숙 단계로 발전하고 숙련 인력이 많아지고, 제조기술, 장인급 기계공, 치공구와 금형, 공장의 생산기술직무 등의 분야에서 자신을 얻음에 따라 우리는 사람들에게 더 많은 자율성을 부여했다.

하지만 우리는 예컨대 로봇에서 1980~81년 기간에 원저 조립공장에게 자율성을 부여할 수 없음은 명백했다. 그들은 로봇이 무엇인지 전혀 몰랐기 때문이다. 그들은 컴퓨터도 전혀 이해하지 못했다. 그들은 레이저가 무엇인지도 몰랐다. 그들은 새로운 도장공정이나 공장가동정지 비상벨을 이해하지 못했다. 그래서 나는 1980년부터 1984년까지 이들 공장에 많은 자유재량을 부여할 수 없었지만, 끊임없이 숙련 수준을 높여 가면서, 많은 의사결정권을 현지 차원으로 이관하기 시작했다. 1987년부터 1991년까지 대다수의 공장들은 장비구매를 스스로 통제했다. 그 기간중 그들이 그런 일을 함은 당연했다. 중앙사무실에 있는 우리가 결정을 내리는 것보다 그것이 한층 적합했기 때문이다. 우리는 의사결정과정을 현실 행동에 더욱 가깝게 추진하는 데 성공을 거두고 있었다. 분권화는 진화하고 있었다.

1979년부터 1985년까지 크라이슬러의 개별 공장들은 10개 중 1개는 폐쇄되고 나머지도 낡은 장비를 교체하지 않았기 때문에 공장의 인력들은 자신의 운명을 예측할 수 없었다. 그들의 최고 인력 중 대다수는 고등학교 졸업자였다. 학위를 받은 기사는 드물었다. 예를 들어 컴퓨터공학기술을 전공한 사람은 진짜 드물었다. 1980년대 말이 되면 거의 모든 공장의 관리자와 기계공학도들은 전문대학 졸업자나 기사이거나 전공학위를 가졌다. 우리는 월등하게 많은 교육, 신뢰, 믿음을 시스템에 주입했다. 공장은 1980년대에 최소한의 권위를, 1984년에 어느 정도의 권위를, 1987년에는 최고의 권위를 가졌다고 말할 수 있으리라.

지금도 각 공장이 중요한 결정을 내리는 데는 반드시 본사의 승인을 얻도록 되어 있다. 하지만 그들이 어떤 방식으로 그것을 처리하는지는 그들 자신의 재량에 맡겨져 있다. 그들은 우리가 직접 구매하지 않기 때문에 여전히 구매부서를 통해 일하고 그들의 구매사양을 확정해야 한다. 대기업에서, 제조 인력은 자체의 구매사양을 정하고, 구매부서는 납품업체와 협의하여 누가 새로운 공장을 지을지 그리고 누가 컨베이어, 공작기계, 용접장비, 도장설비, 동력공장 등을 공급할지 결정한다. 나는 어느 누구도 나의 최종심사 없이 이런 결정을 하도록 내버려 두지 않았다. 결국 나의 마음이 라인안에 있었다고 할 수 있다. 우리의 공장은 항상 가동할 수 있었다. 균형이 중요하다.

헌츠빌의 무용담

1980년에 다각화 그룹에 소속되어 있는 우리의 헌츠빌 전자부품설비가 거품 상태에 있었다. 터지기 직전이었다. 우리 분석자들 중 절대 다수는 결국 헌츠빌 공장을 팔거나 폐쇄해야 한다고 생각했다. 미국은 자국이 조립하는 가전산업분야에서 일본인과 유럽인에게 지고 있었고, 미국의 경쟁자인 그들 또한 내가 크라이슬러를 위해 항복하기를 원했다.

이 점에서 나의 전략은 다소 정감적인 성격을 띠었다. 헌츠빌은 전자이지 전기가 아니었고, 나의 머리와 내 몸 사이에 있는 것인 만큼 아주 달랐다. 나는 정책위원회에서 다음과 같이 말한 것으로 기억한다. "나는 그저 사람들에게 애걸복걸함으로써 이번 사건에서 이길 수는 없다. 때때로 다수는 거짓말을 하거나 잘못된 견해를 가질 수도 있다. 나는 여러분에게 오로지 숫자만을 토대로 헌츠빌을 구원하자는 주장을 할 수는 없다."

제11장에서 언급할 계획이지만, 우리의 공장폐쇄 결정의 근거 중 70퍼센트는 명확한 사실이었고 나머지 30퍼센트는 주관적 판단이었다. 그래서 여기에서 논거의 3분의 2 이상이 나에게 불리했고 나는 내 주장의 근거를 그들의 주의를 끌기 위한 세일즈맨 정신에 호소하지 않으면 안 되었다.

나는 말했다. "여러분, 1979년 크라이슬러 자동차는 자체에 컴퓨터라고는 전혀 없었습니다. 완전히 제로였습니다! 그렇지만 우리는 1981년에는 3대의 컴퓨터를 장착한 임피리얼을 생산했습니다. 그런 추세가 1990년에는 어떻게 될 것이라고 생각합니까? 우리는 당시 그 차에 상당하는 K-카에 적어도 6대의 컴퓨터를 장착할 것이며 그들을 어디에서 조립하겠는가 생각해보십시오. 바로 이곳 헌츠빌입니다! 컴퓨터와 전자는 차량의 머리와 두뇌입니다. 이제 여러분은 진실로 심장과 두뇌를 외부에서 조달하고 싶은가요?"

일부 사람은 내 말을 경청했음에 틀림없었다. 그 공장을 RCA, 혹은 지멘스, 독일의 보시(Bosch)나 일본인 상대기업들에게 팔지 않고, 우리는 헌츠빌을 지켰다. 당시 그 공장의 인력은 2000명이었고 100야드 떨어진 곳에 있는 각기 다른 두 개의 공장이 있었다. 그것은 라디오에서 동력안테나까지 모든 전자장치를 제조했다. 그것은 올바른 일을 하고 있음에 틀림이 없었다. 왜냐하면 그것은 회사가 하루 700만 달러의 적자에서 하루 700만 달러의 흑자로 돌아가게 하는 데 핵심적 공로자였기 때문이다. 1988년 우리는 헌츠빌 전자시티라는 새 공장을 건설하고 헌정했다. 나는 올바르고 꼭 필요한 일을 하고 있다고 확신한다. 그릇되고 인기에 영합하는 일은 하지 않고 있다고 생각한다.

자동화설비의 확산

크라이슬러 공장에서 일어난 대대적인 자동화설비의 배치는 공정관리에서 대대적인 투자를 대변한다. 이런 진보는 경쟁력 있는 공학기술의 씨앗과 노동자 훈련에서 얻어졌다. 그러나 미국인의 한 사람으로서, 나는 본인이 최근 국립제조과학센터의 한 연구에서 배운 사실로 고민하고 있다. 그 내용은 미국 제조업체 중 90퍼센트가 새로운 기술을 채용하는 데 55년이 걸린다는 것이다. 일본의 경우에는 18년이 걸린다. 낡고 '지지부진한' 금융 제도와 사람이 여전히 미국 제조업을 지배하고 있다.

미국의 제조업자가 혁신하기를 기피하는 현상은 지난 10년 로봇공학에서 아주 극명했다. 코네티컷주 댄버리에 있는 이행연구사(Transitions Research Corporation)의 회장인 조셉 F. 엥겔버거는 산업로봇공학의 대부로 불리는 사람인데, 잡지 《제조엔지니어링(Manufacturing Engineering)》의 편집자에게 보내는 편지에서 첨단 제조공학기술에서 미국의 기반이 지지부진하고 있다면서 자신의 좌절감을 다음과 같이 지적한다.

내가 볼 때 제조공학기술의 최대 실망은 로봇공학이 생산까지 침투하지 못하고 있다는 점이다. 언론매체의 선정 언론인 및 금융 전문가의 무책임한 전망도 이제는 한번쯤 짚고 넘어가야 한다.

무엇이 일어났는가? 거대한 후발기업들은 열띤 추적을 벌이면서 로봇공학을 마치 상품처럼 부르는 값에 사들였다. 제너럴 일렉트릭(GE), 웨스팅하우스(WH), 유나이티드 테크놀로지(UTC), IBM, 그런 대기업들이 시장점유율을 제고하려는 싸움에서 엄청난 금액의 손실을 입은 후, 일부는 포기하고, 작은 기업들을 혼란에 빠뜨려 놓고 말았다. 일본은 누적적 발전을 이룩하여 산업로봇시장을 장악했고 이제는 지배하고 있다. 한편 어느 누구도 기본적으로 예술의 경지까지 발전하지 못하고 있다.

만일 우리가 로봇이 자율적으로 움직이고 감각을 갖고 말을 하게 하고 또 인공지능으로 채워 넣었다면, 혼자서 일하는 로봇 노동자는 현실이 될 수 있었을 것이다.

그러나 걱정하지 말라. 로봇이 내부 서비스활동을 수행하려면 더욱 인간에 가까운 존재가 되어야 한다. 그것이야말로 서비스 로봇에 대한 연구에 종사하는 우리가, 로봇을 지금까지 그저 또 하나의 자동화설비의 부속장치로 격하시켜 온 제조 인력들에게 로봇에 관한 지식을 아낌없이 나눠 주려고 하는 이유이다.

엥겔버거가 훌륭하게 지적을 하고 있지만, 경영자로서 나는 다음과 같은 실천 문제에 봉착하고 있었다. 즉 새로운 자동화기술을 지난 20년 동안 마비 상태에 있던 제조현장에 도입하는 문제가 그것이었다. 기술장벽과 사회적 장벽은 그만큼 무시무시한 것이었다. 예컨대 30세 노동자는 로봇공학에 대해 상당한 두려움을 갖고 있고 40세는 좀더 많이, 50세는 그것보다 엄청나게 많이, 60세는 이런 새 기술에 대해 흔히 완전히 과대망상적일 정도이다!

각성

우리는 우선 컴퓨터모의실험을 활용하여 완전히 새로운 제조시스템을 설계하고 배치하기 시작했다. 동력 및 자유이동의 컨베이어는 조립라인의 각종 애로점과 지체 부문을 없앴다. 차량당 한때 1500대 이상이나 되는 수동 용접기가 이제는 정밀프로그램이 붙어 있는 로봇에 의해 수행되고 있었다. 용접의 완전성은 거의 모든 워크스테이션에 배치된 단말기를 갖고 있는 우리의 최신형 공장정보시스템을 통해 컴퓨터로 감시되고 있었다.

공장정보시스템(FIS)은 문제점이 제품과 생산공정에 악영향을 미치기 전에 해결하고 예방하는 데 기여했다. 그것은 중대한 기계상의 오작동이 일어날 때마다 정확하게 그것을 지적하고, 잠재 문제에 대한 초기의 경고를 제기하고 품질을 감시하고 기계상의 실적자료를 수집하여 예방보전과 예측보전을 기획할 수 있도록 해주었다.

윈저는 차체의 내장부문을 분무도장로봇으로 코팅하는 북미 최초의 자동차조립설비였다. 일찍이 1981년 우리는 자동차의 내부 구멍을 도장하는 데 단 한 사람도 쓰지 않기로 작정했다. 거기에는 세 가지 이유가 있었다. 그것은 내가 직장과 감독자 시절에 경험한 것 중 가장 무시무시한 일이었다. 어떠한 인간도 실제로 자동차에 들어가서 도료를 뿌리기를 원치 않는다. 그 도료가 얼굴과 폐에 날아 들어가기 때문이다. 한편 로봇은 결코 피로해지지 않고 과잉 분무로 폐가 더러워지지도 않는다. 프로그램되어 있는 분무량과 분무력은 도료도포의 품질 수준을 향상시킨다. 둘째, 우리는 컨베이어, 도장실, 로봇의 프로그램 가능한 기술을 활용하여 이것을 할 수 있다고 생각했고 사람을 그같이 열악한 환경 속에서 빼내고 싶었다. 셋째, 그것은 제품의 품질을 향상시킬 것으로 보인다. 제조엔지니어링 이사인 G. 폴 러소는 이런 프로젝트를 성공으로 이끄는 탁월한 일을 했다. 우리는 지금까지 크라이슬러에서 300만 대의 밴을 생산하면서 한 사람에게도 차체 내부에 들어가 도료를 뿌리라고 요청한 적이 없었다. 또 이 300만 대의 차량에 대해서도 내장 도료의 하자에 대해 보증수리를 받은 적이 한 번도 없었다. 그것은 미니밴의 도장품질이 탁월하다는 점을 입증하며 생산성도 마찬가지이다.

도료분무작업에서 해방된 노동자들은 더 안전하고 더 편안한 작업에서 일할 수 있지만 사람을 현장에서 빼다는 말은 사회적 의미를 갖는다. 우리는 로봇을 갖고 새 장비를 투입하려고 생각하는 공장들에서 노동자의 마손

로봇 팔이 차량 안에 들어가 내장에 도료를 분무하고 있다(크라이슬러의 사진).

율을 연구했다. 그것은 최저 3퍼센트에서 최고 14퍼센트까지 달했으며 우리의 제조 인력 중 약 6.4퍼센트가 매년 상실되고 있었다.

　우리가 엄청난 숫자의 로봇을 배치하고 있는 동안 노동자는 나머지 40여 개의 공장에서 계속 늘고 있었다. 예를 들어 1980년과 1986년까지 연간 생산량은 100만 대에서 230만 대로 증가했다! 우리의 노동자는 증가일로에 있었다. 이와 동시에 자동화와 기타 요인들 덕분에 우리는 전보다 훨씬 복잡한 제품결합으로 나아갈 수 있었다. 우리는 점차 소형의 연료절약형 엔진을 6기통, 8기통 심지어 10기통 엔진으로 교체했다. 소비자의 요구에 부응하여, 중간규모차, 대형차, 고급차들을 소형차로 교체했고, 그렇지 않았다면 로봇과 기타의 자동화설비로 대체되어야 했을 사람들에게 새로운 업무를 제공하고 있었다. 제조업에서 로봇을 활용하려면 종업원의 숙련도를 높여야 했지만 우리는 해고를 가급적 피하기로 했다.

　품질관리를 강화하고자 우리는 우선 사내 금속철판부품의 조립과 소조립을 늘리기 시작하여 더 많은 일자리를 창출했다. 또한 자체 엔진을 더 많이 조립하기 시작하여 폴크스바겐과 푸조에서의 구매를 점차 축소하기 시작했다. 그런 다음 우리는 미쓰비시 6기통의 구매량을 총수요량의 100퍼센트에서 50퍼센트로 줄이고, 엔진과 변속기를 미쓰비시와 다이아몬드스타 자동차에 팔 채비를 갖췄다.

로봇의 교훈

우리의 첫 로봇은 유압기계식이었다. 1978년 옴니(Omni)와 호라이즌(Horizon) 차종의 신개발에서 일리노이 벨비디어 조립공장에 설치한 로봇은 약 36개 정도였다. 그 숫자를 1980년 배로 늘려 델라웨어주 디트로이트 제퍼슨과 뉴어크 조립공장에서 K-카를 발진시켰다. 당시 그들은 오로지 차체공장에서 저항용접용으로만 활용됐다. 우리는 마침내 로봇을 스터드용접, 납땜용접, 아크용접에도 배치했고 그런 다음에는 도장공장, 차체 실링, 자재처리, 측정, 융착용접, 중소 소조립품까지 확대적용했다.

1980년부터 1983년까지 우리는 공장 내에 있는 로봇의 숫자를 불과 100대에서 1000대로 10배 늘려, 모든 프레스공장과 조립공장이 안전훈련과 보전준비를 위해 적어도 1대를 갖도록 했다. 로봇은 존경심을 갖고 다루지 않으면 위험할 수 있다.

로봇의 기획과 실제 실험에서 로봇이 노동자들에게 가할지도 모르는 위험을 줄일 수 있고, 특정한 제조직무에 내재하는 단조로움을 줄이며, 나아가 인체공학적 개선을 통해 피로를 줄임으로써 작업자의 안락감을 향상시키는 방안도 다각도로 탐구했다. 아울러 로봇들은 품질을 획기적으로 향상시킬 수 있었는데, 이것은 우리가 차량의 기본 기하구조를 결정하는 프레이밍(framing)에 로봇을 적용했을 때 깨달은 사항이었다. 래스팟(respot)용접라인——'칠면조 농장'으로 불렸는데 그 이유는 이런 수십 개의 용접기계장치가 제각기 수백 개의 발작적 운동을 하고 있기 때문이다——은 정확하게 시간책정된 일련의 동작들을 통해 온갖 색채의 불꽃 소나기와 같은 스파크를 내며 차체에 강도와 완전무결성을 덧붙였다.

로봇공학산업협회(Robotics Industries Association, RIA) —— 미시간주 앤아버에 본부가 있는 로봇제조업체의 업종별 협회 —— 와 더불어 50시간 원칙을 제정했고, 이에 따라 새 로봇은 반드시 50시간 동안 연속으로 모의실연된 생산 상황에서 결함 없이 작동해야 비로소 납품되어 공장에 배치됐다. 그 로봇이 1초라도 오작동한 경우에는 모든 공정을 다시 반복해야 했다. 납품업자의 대금지급송장은 실제의 인도와 동시에 이뤄지므로 우리는 원칙을 시행할 수 있는 영향력을 가졌다. 생명이 수단이다.

내 휘하에 있는 제조부문의 기술 관리자들은 가장 믿을 만하고 정확하며 신축성이 있고 내구성 있는 장비(로봇 적용에서 핵심 문제)를 찾아 온세상을 구석구석 뒤져 스웨덴, 프랑스, 독일, 이탈리아, 일본, 북미 전역을 여행했다. 이런 여행으로 우리는 전에는 생각지도 못한 부문에 대한 로봇 적용의 지식을 확대할 수 있었다.

우리가 유압로봇을 활용하여 적용한 분야는 높은 수준의 긴장, 동력, 힘, 범위가 요구되는 분야, 즉 장입과 풀기, 혹은 프레스용접과 같은 압력이 큰 분야였다. 그렇지만 대다수의 다른 적용분야(로봇 활용의 약 80퍼센트)에서 우리는 전기로봇으로 진화했다. 다만 우리가 로봇을 도장공장의 도료도포에 활용할 수 있게 된 때는, 용접불꽃이 문제를 일으킬 수도 있는 환경에서, 로봇어 절대 안전하다고 입증된 후였다. 안전 문제가 해결된 후에야 우리는 로봇 투입대수를 늘렸다.

전기로봇은 스위치가 내려진 후에도 전력이 100만분의 몇 초 동안 완전 가동상태이기 때문에 아주 높은 정밀성을 갖고 작동할 수 있다. 유압기계는 오일압력이 최고의 동력까지 증강되는 사이에 주춤주춤한다. 상황은 동력이 끊어졌을 때에도 똑같다. 다시 말해 전기장치는 거의 즉각 풀리지만, 유압기계의 기름은 관성상 더욱 천천히 복귀한다는 말이다. 또 전기로봇은 유지가 더욱 단순하고 쉬우면서 기계가동시간을 향상시킨다. 전기로봇은 크기가 비교적 작아, 유압로봇을 놓기에는 공간이 너무 좁은 곳에도 배치할 수 있으며 천장에 걸 수도 있고, 벽에 걸 수도 있으며, 혹은 가벼운 페

달에 장착할 수도 있다. 그러나 유압로봇은 반드시 바닥에 장치해야 한다.

로봇에서 어떤 실패도 겪지 않았다는 말은 아니다. 우리나 로봇 제조자가 다룰 수 있는 수준보다 높은 위험성에 부딪치거나 '긴장 상태'를 겪은 두 가지 사례가 있다. 우리는 로봇에서 98퍼센트의 효율성을 갖고 있었고 말할 수 있다. 약 2퍼센트에 대해 우리는 시간외작업을 하거나 혹은 일을 다시 해야 했지만, 그렇다고 '환자 즉 기계'를 위험 상태에 빠뜨리는 일은 전혀 하지 않았다.

우리가 로봇을 필요로 한 일차적인 이유는 간단하게 말해 로봇이 품질과 유연성을 향상시키기 때문이었다. 로봇은 아주 재미없는 일거리를 다루는 사람들을 대체하는 데 기여한다. 여러분이 한 번이라도 용접을 해본 적이 있다면 하루 9시간, 주 6일, 나아가 일평생 용접만 하는 일은 그야말로 전혀 재미가 없는 일자리임을 알 것이다. 내가 직장을 떠나기 전 우리는 용접의 거의 100퍼센트를 로봇과 다른 자동화설비로 전환했다.

만일 내가 로봇 1대를 도입하고 각 교대조에서 일하는 개인을 로봇으로

로봇 활용 초심자를 위한 조언

1. 안전을 존중하라.
2. 모든 기술납품업자에게 당신의 실적 변수를 만족시키라고 요구하라.
3. 원산지를 불문하고 가장 우수하고 효율성이 좋은 기술을 사라.
4. 우선 관리자와 직원이 로봇를 긍정적으로 생각하는 부서부터 로봇을 배치하라.
5. 로봇의 선정과 구매에 반드시 기술직원과 기타 종업원들을 참여시키라.
6. 현재의 요구 수준에 맞는 로봇을 사라.
7. 로봇 조작자를 철저하게 훈련시키라.
8. 보수와 소프트웨어를 아주 중요하게 생각하라.
9. 훈련목적과 보수목적 용도로 1대의 로봇을 전담배치하라.
10. 가능한 경우 새로운 기술로 높여 항상 최신의 상태로 유지하라.

대체한다면 또한 보전 담당 개인 0.5명을 대체한다면, 모두 합쳐 2.5명이 일을 잃게 된다. 그들을 어떻게 다룰 것인가? 나는 충분히 동정적이어서 몰리와 조 같은 사람을 활용하여 은퇴하는 자니와 수지로 교체하고자 했다. 그러나 그것은 몰리와 조가 훈련을 받아야 한다는 뜻이다. 여러분은 이런 것을 기획할 수 있고 이런 일을 사업적인 방식에 따라 처리할 수 있다. 아무리 수천 명의 몰리와 조가 있다고 해도 그렇다.

기술훈련

많은 회사가 '현대화하고자' 하는 욕망에서 그리고 기계장치에 매혹되어, 1980년대중 자동화설비로 치달았다. 적절한 훈련도 없었다. 그 결과 자동화를 위한 많은 값비싼 노력이 실패했다. 그런 일은 크라이슬러에서는 일어나지 않았다. 고도의 자동화설비를 도입하기에 앞서 우리는 그것을 관리하는 노동자들이 그것을 받아들이고 잘 활용해야 한다는 점을 숙지시켰다.

미국 노동자들이 현대 공학의 복잡한 기계류를 다루는 데 서투르다는 점은 이제 공지의 사실이다. 미국의 관리자들은 사람들이 복잡한 기계류를 조립하고 구경을 측정하며 나아가 조작하는 데 필요한 지시문을 읽고 이를 실행할 능력을 갖고 있지 않다고 생각한다. 뿐만 아니라 그들은 노동자들이 속도, 투입량, 적절한 공차를 계산하는 데 필요한 단순산술능력도 갖고 있지 않다고 생각한다.

여러분은 자동화설비를 도입하기에 앞서 노동자의 일반 교육 수준과 숙련 수준을 정확히 평가해야 한다. 여러분은 스스로 확인한 사실에 기초하여 계획을 수정하고, 복잡한 부품을 배제하고, 기타 사항을 단순화하고, 훈련강좌를 시작하여 노동자들의 읽기, 산수, 통신기술을 제고시켜야 한다.

공장에 새로운 자동화설비를 도입하기 훨씬 전에 예를 들어 1대의 로봇과 같은 샘플이 친숙화와 훈련용으로 도입되어야 한다. 내가 전에 이미 언급한 것처럼 많은 노동자가 신기계와 신기술에 대해 일종의 공포심을 느끼고 있다. 여러분이 이런 노동자들에게 초기에 신기술을 도입하고 그들이 오랜 기간에 걸쳐 그 기술에 익숙해지게 한다면 그들은 해당 기술을 더 적절하게 활용할 수 있게 된다. 그런 친숙화과정에서 반드시 소프트웨어 프로그래밍에 대한 몇 가지 안내를 포함하도록 조치하라.

구체적인 수리와 읽기는 아마 전문직 노동자들에게는 필요하지 않을 수도 있다. 여러분이 가능한 한 오랫동안 신규 기계류의 조립, 분해, 보전, 문제해결, 수리에서 그들을 혹독하게 훈련시켜라. 여러분이 자동화하기로 했으면서도 무엇을 사야 좋은지 아직 결정하지 않았다면, 여러분의 노동자들은 지역 현지의 대학에 개설되어 있는 일반 강좌에 참석함으로써 원칙에서 여전히 속도를 따라잡을 수 있다.

자동화기계류를 구매하는 계약에는 장비납품업자가 집중훈련을 제공한다는 조항이 반드시 포함돼야 한다. 우선 그것은 여러분의 회사가 구매주문서를 떼자마자 시작해야 한다. 새로운 장비와 함께 일하는 모든 인력의 자격검사를 요구하라.

많은 자동화설비 프로그램은 지금까지 낭비적이고 형편없이 집행되고, 실행될 수도 없는 훈련과 기준에 미달하는 훈련에 의해 황폐화되었다. 자동화설비에는 대대적인 투자가 필요하며 그 같은 투자는 교육과 훈련이 제공하는 보험을 틀림없이 보증한다. 그것은 전기, 유압동력, 첨단 기계장치처럼 자동화에 핵심적인 구성요소이다(나는 이 점을 제14장에서 더 자세히 언급하고자 한다). 우리는 돈의 가치에 상당하는 것을 획득하고 그것을 향유했다.

Ⅱ 폐쇄냐 회복이냐

크라이슬러에서는 신제품이나 신공정 또는 개량제품 및 개량공정의 도입시 제조와 조립의 유연성이 전체 계획의 일부에 포함되었다. 그것은 대량생산방식에서 전문화된 생산으로 이행하는 세계적 변화를 반영하고 있었다. 유연설비를 채택한 결과 금형교체가 더욱 빨라졌고, 동일 생산라인에서 여러 가지 제품을 동시에 생산할 수 있게 되었으며, 신제품을 한층 빨리 시장에 투입하게 되었고, 아울러 상황에 따라 생산계획과 제품결합을 수시로 변경할 수 있게 되었다. 예를 들면 우리는 윈저 공장의 조립라인에서 S형 차체의 밴과 스테이션 왜건을 함께 조립했다. 스털링 하이츠 공장에서는 크라이슬러와 다지의 H형 차체, P형 차체의 플리머스 선댄스 및 다지 새도가 각각 혼류 생산되었다. 워런 트럭조립공장은 유연조립기술을 이용하여 대형의 다지 램 픽업과 중형의 다지 다코타 픽업을 조립했다. 심지어 우리는 쿠페(coupe)와 세단(sedan)과 같은 라인에서 컨버터블을 생산하기까지 했다.

유연조립방식은 생산수요의 증가에 따라 셀(cell : 조립식 설비)을 추가설치할 수 있게 함으로써 설비능력의 확장을 가능케 한다. 설비 전체의 조립순서는 소프트웨어로 관리되며, 조립과정에서 변화가 발생하면 즉시 수정할 수 있다. 기계는 모두 최대의 생산능력으로 가동될 수 있다. 라인의 균형을 잡는 문제는 아주 사소한 일이므로 각기 다른 납품업체로부터 공급받는 장비들을 다양한 공정작업에 사용할 수 있다.

훌륭한 구식 금형을 찍어 내다

GM, 포드, 크라이슬러는 한때 미국의 자동차시장을 지배하면서 동일한 금형설비를 이용하여 복수의 제품명 아래 각종 자동차들을 생산하고 판매하였다. 폰티악 X는 그릴, 헤드라이트와 꼬리등, 크롬 몰딩, 휠 커버, 내장에서만 시보레 Y와 달랐을 뿐이다. 이런 사정은 포드 X와 머큐리 Y 또는 플리머스 X와 다지 Y도 똑같았다.

그런데 세계가 변화했다. 어느새 빅 스리는 갑자기 미국의 소비자 사이에서 30개가 넘는 다른 자동차제조업체와 경쟁하게 되었다. 구매자는 더이상 이런 마이너 체인지(minor makeovers : 기준 차종 내의 사양변경 — 역자)나 페이스리프트(facelift : 일부 부품의 변경 — 역자)에 만족하지 않았다. 제조업체들은 더욱 큰 제품차별화나 차종 단종을 요구하는 소비자의 요구를 충족시켜야만 했다. 그들은 또한 생산비를 줄여야 했고, 그것은 물론 부품업체에게도 영향을 미쳤다.

표준화는 지역별 초대형 프레스공장, 긴 프레스가동시간, 여유 있고 경제적인 금형교환을 가능케 했지만, 이 표준화 역시 돌연 중단되었다. 다양한 차종을 생산하려면 프레스가동시간이 한층 짧아져야만 했다. 자본은 당장은 방대한 재고에 잠겨 있기 때문에 이제 새로운 차종과 사양을 설계하기 위해 자본이 필요해졌다. 프레스공장에 대한 투자비율이 변해야만 했다. 시간, 즉 금형을 교환하고 부품을 압형하며 부품을 조립공장에 보내는 시간이 우리의 적이었다. 전에는 1교대나 2교대 근무조가 프레스 6대가 직선으로 놓여 있는 라인에서 금형을 교환할 수 있었다. 하지만 이제 그것은 수분 이내에 이루어져야 했다. 우리는 새로운 설비와 공정을 설계하고 건설하고 구매했다. 공정개선을 도모하기 위해 경연대회가 개최되었다. 오하이오주 트윈스버그의 프레스공장에 있는 금형교환팀은 거대한 프레스가 5대나 있는 슐러라인의 금형을 불과 2분 35초 만에 교환했는데, 이는 자동차산업의 가장 빠른 경쟁업체보다 8초나 빠른 것이었다. 제조기사가 금형교환공정을 분석하고 향상시키는 데 비디오카메라가 이용되기도 했다.

동시작동되는 프레스라인은 크라이슬러의 강판압형작업에서 생산성과 품질향상을 뜻했다. 이 사진에서 작업자는 미시간주 워런 프레스공장에서 프레스라인을 개발하고 있었다. 5대의 슐러 프레스가 뒤에 있다. 이것이 동시작동되는 프레스라인을 구성했다. 이 프레스라인 덕분에 점진적 방식으로 부품을 프레스할 수 있었다(프로그레시브 프레스란. 예컨대 병뚜껑을 만들 때 단 한 번에 눌러 만드는 것이 아니라 —— 그럴 경우 구멍이 뚫어지고 만다 —— 철판을 깊이가 점차로 깊어지는 금형 위에 놓고 여러 대의 프레스로 누르면서 앞으로 전진시키면서 만든다 — 역자) (크라이슬러 사진).

다음 사항들은 이 같은 활동이 낳은 혁신의 사례들이다.

• 프레스라인의 크기를 표준화했다. 우리는 가능하면 상하운동시간이 긴 프레스만 활용하여 부품고정과 금형교환설비 및 공정에서 고가설비의 교체를 줄였다.
• 동시치합식 구동 프레스를 배치하여 1회 작동시간과 금형의 일반적마모 및 파열을 줄였다.
• 프로그레시브 금형(progressive die)을 많이 사용하여 한 번의 프레스하강으로 몇 개의 작업을 동시에 수행함으로써 금형 및 프레스의 효

율을 극대화했다.

- 프레스의 자동화 쪽이 더욱 신속하고 비용도 더 적기 때문에 스태커(stackers)가 통일적으로 관리되고 적절한 공간을 가진 경우, 자재의 장입과 쌓기를 자동화했다.
- 마스터 스크랩 컨베이어시스템(Master Scrap Conveyor System)의 작동순서를 정해 공장지역을 관리토록 했다.
- 프레스라인의 끝에 금형수리지역을 두고 대형 금형의 공장 내 이동을 없앰으로써 수리시간을 단축하고 공장의 효율성을 제고했다.
- 공구 및 금형 보관소를 분산시켜 즉시 활용할 수 있게 했다.
- 유압과적보호에 이용되는 시어 칼라(shear collars)를 가능한 곳에서는 어디서나 없앴다.
- 크레인에 진자제어장치를 붙임으로써 크레인을 바닥위치부터 자재를 집고 놓을 지점 가까운 곳까지 작동할 수 있었다. 이것은 금형과 장비를 이동하는 데 필요한 시간을 단축했으며, 안전도를 제고했고, 아울러 공구류의 마모를 최소화했다.
- 라인 끝에서 하는 부품조작을 자동화했다.
- 프레스를 드립 팬 시스템(drip pan system)에 고정시켜 기름유출을 억제함으로써 프레스의 수리가 필요할 때까지 생산라인은 계속 가동하게 되었다.
- 금형검사(die-tryout) 프레스라인의 숫자를 늘렸다.
- 자동금형청소실을 건설하여 금형청소를 개선했고 그 시간을 단축했다.
- 각 작업장에 차체 패널 조명대와 녹색 형광등을 설치하여 전에는 보이지 않던 결함을 비추게 한 덕분에 상당한 품질개선을 이루었다.
- 프로그레시브 금형 스트립(progressive die strip), 형상금형 스파팅 랙(form-die spotting rack), 마스터 블랭크 템플릿(master blank template), 라스트 히트 이밸류에이션 패널(last-hit evaluation panel)을 위한 저장공간을 설계하고 건설했기 때문에 이것들을 재래식 보관에 따른 손상

크라이슬러 스털링 프레스공장에 있는 트랜스퍼 프레스. 이 대형 프레스는 한 세트의 장비 안에서 한 개 이상의 자재 프레스작업을 수행함으로써, 자동차업체의 품질과 생산성을 제고시켰다.

으로부터 보호하고, 노동자들이 더욱 신속하게 찾아낼 수 있었다.

· 보전업무의 기준을 생산량 수치에 둔 것이 아니라 금형의 숫자와 목표품질 수준에 두었다. 예방보전과 예측보전은 컴퓨터를 활용한 통계방법에 입각해 있어, 장비가동시간을 늘리고 프레스의 과도한 충격동작으로 인한 불량 히트(hit)를 줄임으로써 압형현대화작업을 보강해 주었다. 보전 상태가 불량하거나 과대 응력을 받은 금형은 내구력이 좋아야 무리한 남용을 견딜 수 있는데, 이것은 경비의 추가를 의미한다. 좋은 보전 상태는 더 가볍고도 잘 관리된 금형의 이용을 가능케한다. 이런 보전은 또한 부품의 품질을 충분히 향상시켜 프레스공장에서 활용되는 품질관리장비와 일정한 검사공정을 줄이거나 없애도록했다.

· SPC(통계공정관리) 훈련, 도표화, 감시시스템을 설치함으로써 압형공정관리를 향상시켰다.

- 회전받침대를 설치하여 금형의 세팅효율을 제고시켰고, 유압금형물림 장치를 활용했고, 프레스와 프레스 사이에 금형밀개와 레일을 설치 했으며, 나아가 공장 칸막이 사이의 금형이동을 위해 트롤리카를 배 치했다.
- 프레스라인에 톤 측정기기를 설치하여 관리를 한층 개선했다.

함께 누르기

비용, 품질, 재고품에서 최적의 경쟁력을 달성하려면, 프레스공장은 조직상으로나 지리적으로나 작업상으로 볼 때 반드시 조립작업에 연결되어 있어야 한다. 북미의 자동차제조업체는 전통적으로 지구별 프레스공장을 활용하여, 광대하고 지리적으로 분산되어 있는 시장들에 원래는 철도를 이용하여 프레스제품을 공급하였다. 제품의 수명주기가 길고 물량이 클 때 확장된 프레스공장은 경제적이었다.

하지만 이제 제품주기는 짧아지고 물량은 더욱 소량화되며 소비자의 높은 기대치는 수송중의 손상을 용납하지 않는다. 수송시의 파손을 수리하는 비용은 엄청나게 늘어난 수송비와 더불어 지구별 프레스공장을 불필요한 것으로 만들었다. 병렬공학 역시 프레스와 조립이 지리적으로나 조직적으로 병렬되어 있어야 한다고 주장한다.

이상적인 배치는 프레스작업을 제품조립공장 안에 배치하는 것이다. 하지만 거기에는 어마어마한 자본투자가 필요할 뿐만 아니라, 프레스부서의 조직 및 하부구조의 완전한 재편이 뒤따라야 한다. 대다수의 제조업체는 이런 대대적이며 획기적 변화를 일으킬 의사가 없거나 실천할 수 없기 때문에 절충하고 있다.

1983년에서 1984년까지 크라이슬러의 절충은, 조립공장 옆에다 프레스공장을 설치하는 것이었다. 이 두 가지 해결책이 적어도 지리적으로는 이미 존재했다. 미시간주 워런 프레스공장은 다지시티의 트럭조립공장 옆에 있었고, 미시간주 스털링 하이츠 프레스공장도 스털링 하이츠 조립공장 옆에 있었다.

유연생산계획

제조자동화설비의 확산에도 불구하고 조립은 여전히 사람을 의미한다. 조립라인의 많은 부분을 손으로 처리하거나, 자동화설비를 지도하고, 생산율과 품질에 영향을 미치는 판단을 하는 주체는 여전히 사람이다. 《오토모티브 뉴스(*Automotive News*)》에 최근 실린 한 기사 제목이 표현한 바와 같이, "조립라인이 가는 것만큼, 명성도 같이 간다."

1982년 품질과 유연성을 위해 일부 조립라인의 임시휴식(tag relief) — 공장을 계속 가동하기 위해 일부 라인에서 정규 노동자가 다시 복귀할 때까지 예비 노동자로 교대하는 것 —— 을 모든 조립공장의 집단휴식(mass relief)으로 바꿨다. 예비 노동자가 주어진 직무의 세부사항에 숙련되지 못했음은 명백했고, 따라서 임시교대는 필연적으로 품질의 하락을 뜻했다. 집단휴식은 모든 노동자가 동시에 휴식시간을 갖기 때문에 이런 품질하락을 줄인다. 집단휴식은 작업의 연속성과 일관성을 유지해 준다. 예비 노동력의 숙련 수준과 품질의식을 제고하기 위해서는 시간이 필요했다.

나 역시 '스윙 플랜트(swing plant)'라는 개념을 도입했다. 이 개념은 특정 조립공장을, 다음 신제품 생산을 위해 다시 개조되기까지 유휴화시키자는 내용이었다. 이런 관행은 제품주기와 시장수요에 맞추기 위해 이 공장에서 저 공장으로 옮겨 가며 '건너뛴다'는 전략이다.

미국의 재래식 조립공장은 주 5일 2교대로 가동된다. 평일과 주말의 시간외근무에는 약간의 유연성이 있다. 첫 교대조는 보통 오전 6시에 시작하여 오후 2시 30분에 끝난다. 흔히 교대 사이에는 1시간 가량의 여유가 있어 주차장은 2교대 사원들을 위해 비워 두게 된다. 2교대조는 오후 4시에 시작하여 오전 12시 30분까지 일한다.

월급제 지원 노동자는 통상 오전 7시 30분이나 8시부터 오후 4시 30분이나 5시까지 일하며 점심시간을 갖는다. 통상적인 장비수리를 위해 보전부는 교대시간 사이의 정지시간과 휴식시간(각 교대조의 작업 전반부와 후반부에 각각 20분에서 25분), 점심시간(30분)을 이용한다. 좀더 대규모 보전과 특별 자재조정은 제2교대조의 끝과 첫 교대조의 도착 사이인 새벽 0시 30분과 6시 사이의 4~6시의 시간대에 이루어진다.

조립공장을 건설하거나 쇄신하는 비용이 자동화설비, 로봇, 환경수요의 대두와 더불어 치솟았기 때문에, 우리는 공장을 계속 장전 상태에 놓고 완전히 활용하며 계속 가동하는 방안을 모색했다. 대체작업계획(Alternate Work Schedule, AWS)이라는 또 하나의 혁신은 놀라울 정도로 긍정적인 효과를 낳았다. 크라이슬러 세인트루이스의 노동자들이 이 AWS에 승인했을 때 그것은 하나의 추세를 예고했다. 이 방법은 조립공장의 가동시간을 크게 향상시켰다. 간단하게 말하자면 AWS는 매일 좀더 많은 시간씩 공장을 활용한다. 크라이슬러의 경우 더욱 많은 차량이 같은 공장에서 조립될 수 있었고, 그 결과 새로운 공장을 건설하거나 기존 설비를 확장하거나 또는 낡은 설비를 없애고 쇄신하는 데 추가투자를 하지 않고도 이익을 높일 수 있게 되었다.

크라이슬러의 AWS 프로그램은 지루한 기획 끝에 1992년 초 시작되었다. 팀워크가 중요했다. 나는 4인 연구팀을 발족시키고 부공장장 리처드 어코스타와 인사 담당 부공장장 세인트 존을 팀장으로 임명했다. 이 팀에는 제조 기획 담당 부장 아비드 구맨, 제조관리 이사 조지 초마코스가 보강되었다. 어코스타, 구맨, 초마코스는 나에게 보고했다. 팀은 성공적이었다. 어코스타는 AWS 계획을 성공적으로 시행하였다. 미국에서 최초였다.

우리는 우선 스페인 사라고사와 벨기에 앤트워프에 있는 유럽 GM의 조업활동을 기준치로 삼았다. 우리는 AWS를 추진하기 위해 세인트루이스 공장을 선정했다. 그 이유는 그 공장이 인기 있고 수익성이 높으며 휠베이스가 긴 미니밴, 즉 다지 캐러밴, 플리머스 보이저, 크라이슬러 타운 앤드 컨트리를 조립하고 있었기 때문이다. 이 작업계획표에 입각한 제1교대조의 생산증가는 노동력에 대략 3분의 1의 추가를 필요로 했다. 덕분에 우리는 해고 노동자를 다시 데려올 수 있었다.

AWS는 노동자에게 실질이득을 가져왔으며, 그 결과 협약된 시간외근무를 포함하여 유급시간이 약 12퍼센트 증가했다. 더욱이 우리는 최우수 노동력을 훈련시키고 배치함으로써 품질을 향상시키고자 했다. 노동자의 자유시간 증가는 지속적인 훈련을 가능케 하며, 가정과 가족 생활의 질을 향상시킬 수도 있다. 시간외근무와 피로는 줄어들 것으로 예상된다.

회사의 이점은 생산증가였다. 즉 연간 생산량이 20만 5000~21만 8000대에서 25만~26만 5000대까지 늘어났다. 연간 5만 대나 증가한 것이다! 자동차 1대당 노동비용은 약 4퍼센트 증가했지만 연간 수입과 변동이익은 그보다 훨씬 많이 상승했다.

그들은 3개조가 주 6일 노동하는 작업계획을 채택했다. 3주 중 2주를 이렇게 노동한다. 셋째 주에는 단지 5일만 일하고 이틀간의 주말을 즐기게 된다. 일요일에는 항상 논다. 토요일 교대조는 여전히 8~9시간 일한다. 작업계획표는 교대의 전후반부 각 10분간의 휴식시간과 25분의 점심시간을 제공한다. 보전은 보통 때처럼 휴식시간과 점심시간 및 교대시간 사이에 실시된다. AWS의 도입 이후 세인트루이스 공장의 품질은 향상되었다. 노동자의 작업실적은 시간외근무가 감소하고 노동환경이 안정된 덕분에 향상되었다.

AWS를 시작하여 성공하려면 아주 세밀한 부분까지 계획해야 한다. 계획관리팀은 반드시 전향적으로 생각하고 유연하며 또 일관성 있어야 한다. 노조도 아주 초기 단계부터 개입하여 새롭거나 중요 부분에서 수정된 계약을 협상해야 한다. 이와 마찬가지로 부품업체도 종래의 납품관행을 바꿔야 한다. 자본투자가 시설의 구석구석 주차장에서 야적장에 이르기까지 이루어져야 한다.

전미자동차노동자연맹(세인트루이스 공장의 경우)과 캐나다자동차노조(윈저 공장의 경우)는 장래 시장 상황이 자신들에게 유리하게 호전될 때 대체

작업계획표를 활용키로 하는 협정을 체결했다. 이들 노조와의 협정은 시장점유율, 채산성, 고용, 생산비의 경쟁력, 설비의 최적능력활용과 노동력에서 필수불가결하다.

모듈방식으로 만든다?

모듈조립방식이란 간단히 말해 부품업체들이 부품들을 소조립(sub-assembly)과 통합시스템에 들어갈 수 있도록 설계가공하여 이것을 조립공장에 모듈로 보내도록 하는 생산관리기법이다. 이런 부품들에는 섀시장치, 구동장치, 시트 및 내부 의장이 포함된다. 다지 바이퍼는 모듈방식의 조립원칙을 활용하여 조립하도록 설계되어 있다.

모듈방식은 조립공장에 방대한 투자를 하지 않는다는 뜻이다. 고가의 차체공장과 도장공장은 이제 공장에 없다. 가격이 비싼 조직설계와 노동비용이 획기적일 정도로 감축되고 있다. 부품업체의 초기 관여는 개념 설계부터 최종 생산까지 걸리는 시간을 단축한다. 그러나 단점도 있다. 예를 들어 최종의 차량제조업체가 실질적으로 부품업체로 가는 제품디자인과 제품가공공정의 1퍼센트만을 관리한다면, 조정작업에서 엄청난 난제가 발생하기 때문이다.

제조업체가 반드시 보장해야 하는 점은 조직 밖에 있는 강력한 회사가 자사의 부품구매 파트너의 기준을 반드시 지키도록 해야 한다는 원칙이다. 현대 산업체의 문화와 철학은 엄청나게 다양하기 때문에 자칫하면 파국을 초래할 수도 있다. 부품업체의 실수, 부품업체의 노사 문제, 심지어 부품 가격의 무리한 인상은 그런 이점들을 하룻밤에 사라지게 할 수도 있다. 또한 자동차산업의 역사가 보여 주듯이, '조립장치(kit)' 조립업체나 다름 없게 된 제조업체들은 스튜드베이커, 패커드(Packard), 아메리칸 모터스처럼 실제로 소멸된다. 모듈조립이 나름대로 이점을 갖고 있지만, 아마 그것은 자동차제조에서 결코 광범위하게 시행되지 못할지도 모른다. 그것은 바이퍼와 같은 생산량이 낮은 틈새제품(niche product)에 가장 적합한 방식이라고 여겨진다.

새로운 미래를 그린다

1980년대 크라이슬러에서 전개된 프레스공장의 개선과 차체공장과 조립공장의 혁신을 혁명이라고 부를 수 있다면, 도장기술분야에서 발생한 모든 사항은 새로운 우주의 창조였다. 1981년부터 1991년까지 줄곧 그랜드 체로키와 왜거니어(Wagoneer)를 출범시키면서 크라이슬러는 총 15억 달러를 투자하여 도장설비를 최고수준의 기술로 올려 놓았다. 무상수리 요구는 1985년과 1989년 사이에 승용차의 경우 45퍼센트, 트럭의 경우 38퍼센트나 하락했다.

도장 및 방청 그룹은 1981년 결성되어 도장작업에서 1985년부터 1989년 사이 2억 6480만 달러의 생산비절약을 달성했고, 도장설비 내에 매년 1억 1550만 달러의 절약을 설계했다! 훌륭한 법적 지도와 환경 기준의 수용이 기획과정에서 조직설계에 의해 이루어졌다. 프레드 노이만과 피터 질리잔이 법률 문제와 환경 문제를 확실하고 지혜롭게 지도했다.

대중도 이 노력에 반응했다. 로저스 연구소는 1986년 크라이슬러 승용차가 도장미관에서 포드와 GM보다 우월하다고 평가했다. 몇 대의 크라이슬러 차량은 도장작업의 마무리에서 이물질이 가장 적은, 동급 최고의 차로 평가됐다. 리바론 쿠페(LeBaron Coupe)는 미립자 돌파편 손상에 대한 저항성에서 동급 최우수차로 평가됐다. 1990년 초 모델의 신규 승용차 구입자에 대한 <1990년 소비자태도 조사연구>는 크라이슬러 임피리얼의 도장미관이 국내 자동차 중에서 가장 우수하다고 평가했다. 크라이슬러의 방청성은 1985년 이후 자동차산업 중 최고라고 인정되어 왔다.

공장들로 돌아가 보면, 도장공장의 대기오염물질 배출량은 1989년 모델 연도에는 1985년의 수준보다 450톤이나 감소했다. 도장공장에서 누적 대기

오염물질 감소는 이제 연간 2200톤 이상에 달한다. 도장공장의 전문 환경보호 기사들이 기준치에 부합하는지 공정들을 꼼꼼하게 감시한다. 도료찌꺼기는 차체 접착제로 환류되고 있다.

다음 사례는 1980년대중 실현된 도장설비의 업적과 기술혁신이다.

- 미국, 캐나다, 멕시코의 모든 조립공장(필레트와 라고 알베르토는 제외)을 연속 색채도료처리에서 하도/청정코팅(basecoat/clearcoat)으로 전환했다.
- 좌우측 차체에 대한 분말 안티칩(powder anti-chip)의 자동차 적용을 처음으로 시작했다. 분말 안티칩은 어떤 유체보다도 내구성이 좋고 완제품에서 떨어지지 않는 매끄러운 모양을 가진다. 그것은 휘발성유기복합물(VOC)도 매우 낮고 전착효율도 아주 높다.
- 수분함유 하도용으로 최초로 도입된 컴퓨터제어 적외선투과는 벨비디어 조립공장에서 운용되고 있다. 물은 반드시 용제코팅이 적용되기 전에 하도에서 제거되야 한다. 컴퓨터는 차체에 대한 열분산을 고르게 해주는데, 이로써 하도는 매끄러워지고 이미지의 심도가 향상된다.
- 크라이슬러는 초벌도장 표면처리업체가 아니라 하이빌드 전착도장(hligh-build E-coat)에 의존하는 미국 유일의 자동차업체이다. 이 박막 빌드 전착도장(low-film-build E-coat)은 원가를 줄이며, 한편 저온 상태가 도장공정 전체에 걸쳐 차체에 붙어 있는 각기 다른 플라스틱의 가공처리를 가능케 한다.
- 세정 솔벤트에 대한 환류기술의 도입은 1991 모델 연도 말경에 이르러 5개의 미국 조립공장에서 완벽해졌다. 그 결과 대당 평균 40센트의 절감이 실현됐다.
- 내장표면용 저비용 컬러오프셋은 연간 50만 달러의 절감을 가져왔다.
- 아연 인산수에서 망간조정 인산수로의 교체가 1991 모델 연도중 달성되었다. 새 인산수는 전착융착도를 향상시키고 언더커팅 비율을 줄임으로써 제품의 방청력을 제고시킨다.

- 내가 크라이슬러에서 재직하는 동안, 분말코팅공정이 몇 개 분야에서 효과적임을 알았다. 이것은 고품위의 마무리를 실현하는 것 외에도, 공정경제를 향상시킨다. 용제배출물의 제거는 총마무리 비용을 줄이는 데 기여한다. 환류되는 분말은 효율적이며 원가절감에 기여할 수 있다. 하지만 주문코팅업체는 매일 몇 차례의 컬러 교환을 해야 하므로 특수 분말은 시정에 극히 부적합할 수 있음을 주의해야 한다.
- 크라이슬러는 직원을 환경보호청의 규제 기준에 맞는 문서의 작성과 기준치 보증에 전담배치하고 있는 미국 유일의 자동차업체이다. 이 직원은 독자적인 컴퓨터프로그램을 통해 일일 배출물질 기준 합격증서를 발부하고 또 공장 내 전착효율도 검사한다. 우리는 혁신하고 지도하는 데 만족했다.
- 크라이슬러는 도료쓰레기를 쓰레기 매립장으로 보내지 않는 미국 최초의 자동차업체였다.

환경보호시책

나는 일부 인사들이 말하듯이 '나무 애무자'가 아니지만, 제조업체들이 계속 폐기물로 대기를 오염시키거나 쓰레기 매립장을 메울 수는 없다고 생각한다. 사회적으로 책임을 져야 한다. 아무리 쓰고 버리는 사회에서도 산업은 반드시 자재를 재활용하는 방안을 찾고, 위험폐기물을 최소한으로 줄여야 한다. 그것은 소박하게 말해 좋은 일이다. 그리고 그것은 경영진, 설계 인력, 제조기사를 포함하여 공장에 있는 모든 사람이 해야 할 일이다.

크라이슬러가 나의 감독 아래 손을 댄 최대의 가장 효과적인 환경사업은 미시간주 워런에 있는 다지시티 조립공장의 쓰레기건조공정이었다. 1980년대 내내, 그리고 1990년대중에도 환경과 경제 문제가 부상했는데, 도장작업중 과잉 분무로 인해 엄청난 물량의 도료쓰레기가 발생했기 때문이었다. 미국 자동차공장이 젖은 쓰레기를 연간 3000만 갤런이나 만들고 있다. 쓰레기 처분장의 급속한 감소, 치솟는 처분비용, '자궁에서 무덤까지'라는 정부의 강제정책과 폐기물에 대한 보상책임이 문제를 더욱 복잡하게 만들고 있다.

크라이슬러는 삼중의 폐기물관리전략을 채택했다. 첫째 전략은, 발생 단계에서 폐기물을 없애거나 줄인다. 발생 단계부터 폐기될 수 없는 것은 재활용하거나 환류시킨다. 그리고 폐기물 혹은 없애거나 환류될 수 없는 배출물에 대해서는 '파이프의 끝까지 활용하는' 적절한 통제를 가한다. 이 초기 전략은 하이빌드 전착도장기기를 활용하여 도료사용량을 줄이고, 중간분무 표면도장기기를 제거하며, 고체형 도료와 고효율장비를 사용한다는 방안이다.

우리는 폐기물 처리장의 급속한 감소와 1986년의 자원보호법(Resource Conservation and Recovery Act) 때문에, 슬러지(sludge : 쓰레기) 처분량을 줄이고 환류가능폐기물을 생산하는 기술을 연구하기 시작했다. 가장 적합한 방안은 슬러지의 건조였다. 이를 위해 크라이슬러는 아서 게이저가 사장인 헤이든 자원보호공사와 계약을 체결하고, 2년간 공동개발사업을 추구키로 했다. 크라이슬러 헤이든 공동개발사업은 물의 재순환설비로 쓰레기 제거량을 늘리고 쓰레기를 100퍼센트 고체물로 최종 건조하는 방안이었다.

1988년 헤이든은 다지시티 조립공장에 쓰레기건조설비를 전면설치키로 계약했다. 이 공장이 선정된 이유는 이곳에서 조립되는 대형 트럭 차체에 쓰이는 도료물량이 다른 공장에 비해 많아 다른 공장보다 많은 쓰레기가 나왔기 때문이었다. 이 장치는 1988년 11월부터 운영되기 시작했는데 자동차산업에서는 최초였다. 우리는 1986년에 다지시티의 50만 평방피트의 도장공장을 건설했다. 트럭은 자동인산수 및 전착도장기계 속에서 가공되고 재가공작업을 비롯하여, 네 곳의 분무실에서 상도도료로 분무되고 있다. 도장작업시의 과잉 분무는 재순환되는 물에 의해 부스실의 바닥에 설치된 받침반 위에 모아진다.

화공약품을 써서 옮겨진 슬러지는 2개의 30만 갤런 통에 모아진다. 슬러지는 물 위에 떠서 이동하는 둑에 의해 옮겨진다. 1퍼센트 고체형 슬러지는 부유낭 속에서 30퍼센트의 고체로 농축되며, 회전여과기는 남은 자유수를 옮긴다. 슬러지는 작동중인 배수펌프를 이용하여 건조설비 쪽으로 펌프된다.

뜨거운 유기오일이 파이프 안에서 순환하면서 슬러지를 대류로 가열하며, 휘발된 물과 용제는 재연소장치 속으로 이송된다. 슬러지는 포장대로 이송되어 수집되고 저장된다. 특허등록된 스크루 건조기와 보조장비가 이 장치의 자동청소를 담당함으로써 장치는 거의 고장 없이, 또 사람이 청소할 필요도 없이 불특정기간 동안 가동될 수 있다.

다지시티의 건조설비는 시간당 20퍼센트 고체형 슬러지를 1800파운드씩 처리하여 하루 2000파운드의 분말을 생산한다. 건조기작업은 1988년 8월부터 시작됐고, 이 설비는 579만 1986파운드의 슬러지를 가공처리하여 1991년 5월중 총 70만 7687파운드의 분말을 생산했다. 그 결과 크라이슬러는 500만 파운드의 슬러지를 쓰레기 매립장으로 보내지 않았다! 대신 그것들은 지붕자재, 콘크리트 블록, 폴리머 콘크리트, 하체 코팅재와 접착제로 환류되고 있다. 분말은 탄산칼슘이나 기타 불활성 충전물과 안료 대용품으로 쓰인다. 이제 다지시티 조립공장은 모든 분말을 환류한다. 앞장 서는 데는 용기와 비전이 필요하다.

환류가 끝나 처분하기로 결정된다 하더라도, 물량이 감축되고(다지시티의 경우 87.7퍼센트), 분말의 무해한 성질 덕분에 수송과 처분비가 줄어든다는 이점이 있다. 이 작업은 **모든 도료 슬러지를 쓰레기 매립장에서 없앨 수 있는 가능성**을 입증하고 있다.

대기, 수질 또는 고체 폐기물 어느 것에 관한 것이든 환경규제는 복잡하지만 위험폐기물의 관리책임이 회사에게 있다면, 반드시 시간을 들여 법률고문과 회의하여 그것을 이해하고 환경규제를 조업에 정확하게 적용해야 한다. 이런 노력을 하는 제조 관리자들은 정보에 통달해야 하며 생산비에 효과적인 결정을 내려야만 한다(그래야 감옥에 가지 않는다).

실패 사례

성공에는 어두운 면도 있다. 우리가 시도하려 한 모든 일이 첫번째부터 잘 된 것은 아니었고, 두번째에도 마찬가지였으며, 세번째에도 잘 안 된 경우도 있었다. 몇 가지의 실패 사례를 기억 나는 대로 적어 본다.

· **오 엉터리!** 우리는 마지막 도장을 하기에 앞서 각 구역 사이에 장입된 자동차 차체에서 먼지, 실보푸라기, 섬유 등 기타 대기오염물질을 제거하고자 했다. 우리가 해외에 있는 우량 기업을 방문하여 확정한 개념의 하나는 타조털솔을 넓이가 승용차나 트럭의 크기인 대형 롤러에 붙이고 이 솔 밑으로 차체를 통과시켜 오염물질을 닦아 내는 방안이었다. 우리는 다지시티에서 그 방법을 시험적용했지만 공정 관리자가 만족할 만큼 작동하지 않아 마침내 그 아이디어를 포기했다. 그 후 고압공기 링과 사람이 직접 닦는 작업으로 복귀했다(아마도 어쩌면 더욱 잘됐는지도 모른다. 금명간 우리는 타조가 못 뛰는 곳까지 달려갈 터이니까).

· **성스러운 기관차!** 다지시티의 도료가공처리 건물을 개축하면서, 우리는 공기화장실(air-makeup house)을 넣기 위해 최종 건설을 변경해야 했다. 철강회사로부터 매입한 인접해 있는 땅을 일부 활용키로 했다. 대지를 정지작업하는 도중 경악스럽게도 핵심 샘플도면은 우리가 매몰된 기관차, 중폐기물, 제철용 국자, 구조용 철강찌꺼기들 위에 앉아 있음을 밝혔다. 이에 따라 우리는 설계실로 다시 돌아와 마침내 좀더 안전한 땅 위에 공기화장실을 재배치해야만 했다.

· **로봇의 버터 바른 손가락.** 자동부품장입기는 프레스 사이를 이동하고 조립라인에 부품을 계속 공급하는 데 핵심적이다. 우리는 구동장치라인에서 이런 신기술을 완성했지만, 믿을 만한 로봇기계로 하여금 몇몇 스탬핑 프레스에 있는 부품을 꺼내도록 하는 데 큰 어려움을 겪었다. 그 결과 기계의 비가동시간과 하류조업에서 긴 대기시간이 문제가 되었다. 유일한 해결책은 추가 노동자를 배치하여 이들 공정이 지속적인 흐름을 유지하고 있는지를 감시하고, 로봇이 물건을 떨어뜨릴 때 필요한 경우에는 개입하는 것이었다.

· **벤딩의 새로운 뒤틀림.** 전(前)코팅처리된 차체 자재에서 녹 버킷 이미지와 싸우기 위해 전력을 기울이는 행위는 말이 쉽지 실행하기는 어려운 일이었다. 일단 우리가 그것에 뛰어들자 형상화작업, 용접, 마무리 등 모든 것에서 문

제에 부딪쳤다. 아연도강판자재의 조립은 금형에 있건 부품에 있건 간에 이미 도장된 후에야 사람의 눈에 포착될 수 있지만 그때는 너무 늦는다. 금형설계(맞는 스프링을 되돌려 놓는 일)와 금형보수(신뢰도를 제고하는 일)는 완전히 다시 학습되어야 했다. 트랜스포머나 건팁(gun tip) 등 용접장비는 최신 기술로 재배치되어야 했다. 그것을 배우기란 오랜 시간이 걸리는 데다가 어려운 학습이었다. 우리는 금속벤딩과 차체조립에 대해 알고 있는 모든 지식을 버려야만 했다. 하지만 크라이슬러가 자동차산업에서 가장 좋은 7년간의 보증수리를 제공할 수 있게 되자, 그럴 만한 가치가 있었음이 드러났다.

- **실패한 로봇**. 고장력 접착제, 하체코팅, 플로어블 개스키팅 자재(flowable gasketing materials)의 로봇 적용은 어려웠다. 로봇을 이용한 픽업 트럭 박스의 접착작업은, 자동화설비가 믿을 만하지 못해 결국 중단해야 했다. 데드너(deadner)와 언더코트(undercoats)를 적용하는 노즐이 조립공장에서 어느 지점인가를 막고 있었다. 구동장치 개스킷을 내려 놓는 작업에서 건너뜀은 허용될 수 없었다. 좀더 단순한 적용을 위한 신속한 해결안은 확장용 접착자재와 다소 새로운 하체코팅방식이었지만, 좀더 까다로운 작업을 위해서는 지속적인 연구가 필요하다.

- **잃어버린 종자 옥수수**. 대졸수습사원 훈련제도(CGT) 강좌사업에서 너무나 많은 수습생들이 조기탈락하고 있었다. 제조업을 활성화하는 데 필요한 새로운 피를 다른 부문에 빼앗기고 있었다. 이 젊은이들 중 일부는 심지어 회사를 아주 떠났다. 우리는 이것을 직시하고 CGT 강좌사업을 완전히 변경하여, 훈련과제를 재설정하고 교관과 좀더 좋은 유대를 갖도록 하며, 이들을 제조에 좀더 빨리 투입하도록 했다. 공정유연성에 주의해야 한다.

II 폐쇄냐 회복이냐

나는 1980년 크라이슬러에 입사한 이후 각종 제조사업의 장래 경쟁력을 평가해야 했다. 크라이슬러는 파산 직전의 상태로부터 회복할 수 있는 역량을 갖추는 데 장애가 되는 공장들을 계속 가동할 수 없는 입장이었다. 또한 나는 계속 조업해야 할 지역에서는 노조와 좋은 관계를 발전시키는 것이 긴요하다고 인식했다.

크라이슬러는 인종차별과 기타 사항을 검토한 결과 남아프리카의 공장 가동에 계속 참여하지 않기로 했으며, 그곳 자산을 처분했다. 반면 멕시코와 캐나다의 사업은 우리의 미래에 아주 중요했다. 일부 최고급 크라이슬러 관계자는 멕시코의 조업중단에 찬성했다. 하지만 나는 다르게 생각했고, 이들 공장을 유지하고 확장하자고 열심히 로비했다. 나의 계획은 수요가 왕성한 미국 시장에 팔기 위해 미국 자동차업체로서는 처음으로 멕시코에서 승용차를 조립하자는 안이었다. 이 계획안은 승인되었다.

공장폐쇄의 기준

어떤 공장이나 조업은 개선 대상으로 선정되지만, 다른 공장은 매각되고 유휴화되고 폐쇄되거나 혹은 파괴되는 까닭은 무엇인가? 이 문제에 대답하기 위해서는 광범위하고 제대로 정의된 철저한 평가방법이 필요하다.

특정 공장 상황의 경쟁력을 분석할 때, 우선 특정 산업의 연간 평균 판매율(Sales Average Annual Rate, SAAR)을 추정하는 데서 시작한다. 연간

1500만 대의 국내 판매대수가 유효한 숫자라고 치자. 그 다음 예를 들어 귀사가 10퍼센트의 시장점유율을 원했다고 치자(내가 크라이슬러에 입사했을 때 회사의 시장점유율은 8퍼센트였다. 당시 10퍼센트의 점유율을 달성하려면 25퍼센트의 성장이 필요할 것으로 추산되었다). 1500만 대의 10퍼센트는 연간 150만 대이다. 이어 150만 대를 어떻게 구성할지를 결정한다. 당시 50만 대가 K카, 25만대가 트럭, 30만 대가 미니밴, 10만 대가 후륜구동 차량이 될 수 있었다.

1981년 내가 크라이슬러에 입사한 지 1년 후 나의 업무는 확대되어, 갑자기 11개의 조립공장을 배정받았다. 각 공장은 평균 25만 대를 생산할 수 있다. 그래서 나는 총 275만 대의 생산설비를 가졌지만, 이 가운데 필요한 설비는 오직 150만 대뿐이었다. 나는 조립설비에서 중대한 삭감을 해야 했다. 누군가의 암소들은 도살될 운명이었다!

그래서 당시 나는 "나에게 중요하고 측정 가능한 특징을 달라"고 말해야 했다. 첫째, 나는 누가 가장 좋은 대인관계를 갖고 있는지를 알고 싶었다. 나는 태도와 관계를 살펴보고 있었다. 누가 파업중에 싸우지 않고, 또는 한 번도 태업이나 감산을 경험하지 않았는가? 나는 또 그들의 숙련도를 검사해야 했다. 이 노동력이 신속히 훈련되어, 우리의 신기술이 요구하는 숙련 수준에 도달할 수 있는가?

다음으로 나는 실제의 고객보증 클레임으로 평가된 품질을 살폈다. 누가 고객을 위해 가장 좋은 제품을 생산하고 있는가? 나는 실제의 비용을 점검했다. 나는 상대물량을 살펴보고, 몇몇 사례에서 연간 10만 대를 생산할 수 있는 필레트 같은 공장과 50만 대의 다지 메인 공장 사이에서 엄청난 차이점을 찾아냈다.

그 후 나는 설비와 기술을 점검했다. 바닥에서 천장의 크레인 선까지의 수직 높이는 중요한 판단척도이다. 일부 공장은 16피트였고 다른 공장은 28피트였다. 엄청난 차이였다. 특정 공장은 40피트의 기둥 간격으로 20피트였고, 또 다른 공장은 20피트의 기둥 간격으로 12피트였다. 이것은 신기술을 설치할 수 있는가를 판단하는 데 매우 중요한 점이었다. 신기술을

공장의 장래를 평가할 때 다음을 고려하라

1. 어떤 제품이 생산되고 있는가? 판매는 늘어나는가 혹은 줄어드는가?
2. 공장전환에 얼마나 많은 시간이 걸리는가?
3. 생산성은 얼마나 높은가?
4. 원자재를 공장에 보내는 데 얼마나 비용이 드는가? 최종 제품을 시장으로 보내는 데는 얼마나 드는가?
5. 제품의 품질은 얼마나 좋은가? 그것은 향상될 수 있는가?
6. 공장이 폐쇄될 때 어떤 기계류가 이동되고, 저장되고, 재설치되거나 혹은 폐기되는가? 그 비용은 얼마인가?
7. 노동력의 숙련도와 교육 수준은 어떤가? 종업원관계의 역사는 어떤가?
8. 설비는 얼마나 노후했는가?
9. 노동규칙이 얼마나 유연한가? 경영진과 사원의 관계가 유연한가, 아니면 적대적이며 대립해 있는가?
10. 지방정부가 그 공장을 계속 열어 놓도록 훈련, 세금감면, 기타 금융혜택을 제공하려고 하는가?

무작정 일부 공장에 들고 들어갈 수는 없었다. 크라이슬러의 대다수 공장들은 1900년과 1950년 사이에 건설되었기 때문에 건축상의 차이점이 몹시 컸다.

그리하여 내가 초점을 둔 사항은 첫째로 사람, 즉 그들이 얼마나 잘 협력하는가였다. 둘째로 작업의 결과, 즉 고객이 그 제품의 품질을 좋아하는가 아닌가였다. 셋째로는 비용, 다시 말해 누가 최소한의 비용으로 자동차를 조립하고 있는가 하는 점이었다. 넷째로는 생산량, 즉 생산능력이었다. 다섯째로 미래의 기술, 즉 우리가 그 기술을 합리적인 비용으로 그곳에 설치할 수 있는가, 혹은 그것이 비용상 불가능하지는 않은가 하는 점이었다.

이런 기준은 대부분 사실적이고도 객관적인 것이었다. 나는 약 70퍼센트는 숫자계산이고, 나머지 30퍼센트는 나 자신의 경험에 입각한 주관적인 것이라고 말하고 싶다.

또 하나의 핵심 사항은 유연성(flexibility)이다. 어떤 공장은 조정하면 많은 변경을 하지 않고도 승용차나 트럭, 또는 미니밴을 생산할 수도 있다. 반면 다른 공장들은 유연성이 전혀 없다. 공정의 유연성을 반드시 살펴야 하는데, 그것은 엄격히 말해 장비 문제이고 사람과는 아무런 관계가 없다.

그 밖의 중요한 고려사항은 수송비이다. 공장이 델라웨어주 뉴어크 이스트코스트에 있고 그곳으로 부품을 보낸 후 최종 차량을 받아 온다면 수송비가 이중으로 들기 마련이다.

이런 것들이 275만 대의 생산능력을 장기 계획인 200만 대 수준까지 감축할 때 고려하는 핵심 사항이었다. 나는 우리가 세 개의 조립공장을 폐쇄해야 한다는 점을 알았다. 우리는 다지 메인(당시 햄트랙이라고도 불렀다), 린치 로드를 폐쇄했고, 세인트루이스 제2공장을 1980년부터 1983년까지 잠정폐쇄했다. 우리가 선정한 공장들은 품질이 가장 나쁘고 비용은 가장 높으며, 미래의 기술에 적응할 수 있는 생산설비는 가장 적고, 노동력의 숙련도 가장 낮으며, 설비가 가장 노후하고 유연성이 가장 적은 공장들이었다.

공장폐쇄를 결정한 다음 그것을 관련 사람들에게 발표하기란 얼마나 괴로운 일인가? 이 일도 매우 괴롭지만 개인적으로는 이것보다 훨씬 어렵다고 생각한 사항들이 있었다. 공장에서 방금 사망한 사람의 약혼자에게 그 사람의 소식을 전하는 일이 그것이다. 우리 공장에서 희생자가 나거나 중대한 사고가 발생하여 그 소식을 직접 또는 부하 직원을 통해 약혼자나 가족에게 전해야 할 때, 그것이야말로 내가 지금까지 반드시 해야 하는 일들 중 최악의 일이었다.

둘째로 최악의 일은 내가 공장에 가서 그들에게 가미가제가 되라는 말을 전할 때였다.

최후통첩의 시간은 없다

어떤 공장에 가서 최후통첩을 할 수 있는 때도 있다. "모일까지 구체적 개선계획을 세우라, 그렇지 않으면 이 공장은 폐쇄된다." 가능하다면, 누구나 이런 식으로 최후통첩을 하게 된다.

그러나 그렇게 할 여유가 없는 상황도 있다. 크라이슬러에겐 1980년대 초가 정확히 그런 때였다. 우리의 제조공장들은 하루 700만 달러의 적자를 낼 정도로 엄청나게 나쁜 상황이었다! 만일 당신이 환자로서 이렇게나 많은 피를 수혈받고 있다면, 당신은 얼마나 인내할 수 있겠는가. 그것은 연이율로 환산하면 15억 달러였으며 당시 우리의 대출보증액은 정확히 15억 달러였기 때문에, 앞으로 수혈받을 수 있는 시간은 불과 1년밖에 남지 않았다. 나로서는 공장들이 얼마나 잘 운영되고 있는지를 입증할 2, 3년의 유예기간을 전혀 줄 수 없었다. 다시 말해 오직 1년어치의 혈액이었다!

공장을 폐쇄하는 데에는 엄청난 자금이 소요된다. 여러 차례 환경청소가 실시되어야 한다. 기계류는 다른 곳으로 이송, 저장, 재설치하거나, 팔거나 폐기처분해야 한다. 사원들은 반드시 인수되거나 전출되거나 해고 혹은 퇴직되어야 한다. 해당자들을 위한 연금 역시 반드시 미래까지 연장되는 금융부채와 함께 제공되어야 한다. 공장을 폐쇄하는 데에도 새 공장을 건설하는 것에 못지 않은 자금이 소요된다! 사회보장비용만도 엄청나다.

특정 공장의 폐쇄는 지역사회, 과세 기반, 사회 서비스, 학교, 병원, 은행, 교회, 경찰과 소방, 도로 등의 하부구조에 심대한 충격을 준다. 사회복지비용은 계산할 수조차 없는데, 실업보험이 바닥날 때 지역사회와 국가에게 돌아가는 복지 부담, 실업에 따르는 자살, 알콜중독, 원치 않는 임신과 매춘 등의 가족 해체, 범죄 및 파괴된 인생과 생활이 그것이다. 많은 사람의 금융적 장래는 불확실하고 때에 따라서는 절망적이 된다. 따라서 예민하고도 사려 깊어야 한다.

또 폐쇄된 공장이나 회사의 고객으로부터 반발도 있다. 적절한 납품업체를 제때 찾을 수 없다면 그들 역시 파산의 위험에 직면하게 된다. 명백한 점은 이것이 과거에는 조립공장에게 맞는 말이 아니었지만, 이제 부품생산공장의 경우에도 맞는다는 점이다.

공장을 폐쇄한다는 결정이 내려질 때, 나는 그곳에 가서 사람들을 모아놓고 이렇게 말하곤 했다.

"이곳에 여러분의 공장과 저들의 공장, 두 개의 공장이 있다. 나는 앞으로 하나만을 열어 놓을 수 있다. 나는 이런 비용을 이곳에서, 그리고 저 비용을 저곳에서 부담하고 있다. 나는 이런 품질을 이곳에서, 그리고 저런 품질을 저곳에서 얻고 있다. 이것은 나의 의견일 뿐만 아니라 엄연한 사실이다. 나는 이런 기술을 도입하고 싶은데, 그것은 이곳에서는 잘 안 된다. 게다가 저들의 공장에는 50개의 직무분류표가 있고 이 공장에는 100개나 된다.

그래서 저곳보다 이곳에서 조업상의 유연성이 훨씬 적어 당신네들은 나를 올가미에 매어 놓았다. 그리고 나의 상사는 방금 나에게 연간 8만 대 이상 팔 수 없다고 말했다. 내가 지금 여러분에게 확언하건대, 나는 여러분의 공장을 죽이려는 것이 아니다. 하지만 우리는 월별 계획에 따라 체계적으로 공장을 폐쇄하고 있다. 해당되는 사람들은 계약에 따라 해고된다. 나는 우리가 언제 다시 문을 열지 다짐할 수 없다. 내가 말할 수 있는 것이란, 나 또한 진심으로 이 공장을 재가동하기를 바라지만 그것은 오로지 상황이 달라졌을 경우에만 적용된다는 점이다."

여러분의 일자리를 구제하는 방법

공장사람들이 자신의 일자리를 구제하기 위해 어떤 일을 할 수 있을까? 그들의 어떤 행동이 공장의 장기 경쟁력에 영향력을 미칠까?

첫째, 그들은 적극적으로 듣고 무엇이 진짜 문제인지 명확하게 인식할 수 있다. 둘째, 그들은 공장 차원에서 어떻게 하면 상황이 개선될 수 있을

지에 대한 의견을 갖고 명확하게 견해를 발표할 수 있다. 셋째, 그들은 환경을 돌아보고 어떻게 하면 생산성을 좀더 높이고 낭비를 없앨 수 있는지를 살펴볼 수 있다. 공장 차원에서 작업원과 이들의 직반장팀이 개선할 수 있는 점들은 크든 작든 백만 가지나 된다. 제품은 수리를 위해 어떻게 옮길 수 있는가? 어떻게 하면 쓰레기를 없앨까? 기계비(非)가동시간을 최소화하는 방법은 무언가? 안전하고 효율적인 작업환경을 어떻게 유지하는가? 생산 애로사항을 어떻게 하면 극복하는가? 이것은 사람들이 반응하고 또 행동한다면 공장바닥에서 매일 실행될 수 있는 사안들이다.

특정 공장이 임박한 폐쇄를 뒤엎기 위해 할 수 있는 최선의 반응이란 개방적인 정신, 적극적 접근태도, 변화에 대한 준비태세를 갖고 일련의 특별한 수요를 고려해야 한다는 점이다. 그런 다음 그들은 반드시 신뢰할 수 있어야만 하고 나아가 협상의 정확한 자기 역할을 집행할 수 있어야 한다. 이것이 매우 중요하다.

정부는 공장을 계속 열어 놓기 위해 어설픈 양보를 할 수도 있다. 예를 들면 토지가 공급되거나 도로가 건설되고 세금이 유예되거나 건설자재가 면세로 조달되고, 노동자는 훈련을 받고 심지어 교육을 받는 동안 정부로부터 급료를 받을 수도 있다. 노동자의 일반 교육 수준은 자동화설비가 증가하고 통계방법이 점차 큰 비중을 차지함에 따라 더욱 중요해지고 있다.

또 사원관계는 공장폐쇄에서 중요한 고려사항이다. 결근율이 높은지, 마약과 알콜중독 같은 사회 문제의 역사, 폭력, 파업, 또는 경직된 노동규칙이 있는지 등이다. 이런 모든 것이 생산성을 하락시킨다. 이것이 바로 크라이슬러가 1928년산의 윈저 조립공장을 폐쇄중에 있음에도 불구하고 다시 건설하고, 그 후 이보다 좀더 신형인 1948년산의 린치 로드 조립공장을 매각한 이유이다. 또한 이것이 우리가 1960년대에 건설한 후버 주철공장은 놀리면서 1948년산의 인디애나 주철공장을 쇄신한 이유이기도 하다. 뉴어크 조립공장, 뉴캐슬 기계가공공장, 코코모 주철 등 다른 세 개의 공장은 소멸될 위기에 봉착했을 때 방향을 180도 전환했다.

뉴어크의 혼돈

뉴어크의 상황을 좀더 면밀히 검토해 보자. 1984년 이 공장은 K 플랫폼을 조립하고 있었다. 이 K 플랫폼은 1980년 여름 이곳에서 생산이 시작되었다. 일일 생산량은 2교대 기준 968대였다. 작업실적에는 편차가 있었고, 품질은 한계상황이었으며, 평균 직접노동시간은 대당 30시간으로 너무 높았다.

차종간의 결합은 옵션이 지나치게 많아 아주 복잡했다. 즉 여러 가지 색깔로 세로줄 무늬를 결합시킨 차종, 여기에는 나뭇결 무늬나 가죽이 있지만 저기에는 없으며, 아주 다양한 음향기기 오락사양이 그것이었다. 1개의 라인에서 우리는 플리머스와 다지의 4도어 세단과 스테이션 왜건을 동시 조립하고 있었고, 각각은 2개의 가격대로 판매되었으며, 크라이슬러 리바론 4도어 세단과 스테이션 왜건이 프리미엄 클래스로 판매됐다.

최종 조립라인을 벗어나 '첫번에 끝낸' 제품은 참담한 것으로, 전차량의 62퍼센트는 수리가 필요한 상태였다. 수리부는 조립부보다 더 장시간 일하고 주당 6일 9시간 2교대로 운영된 반면, 조립부서는 주 5일 하루 8시간 2교대로 근무하였다. 조업의 관점에서 보면 이 공장은 심각한 문제점을 갖고 있었다.

내가 전에 말한 대로, 이 공장 역시 물리적 결함을 가졌는데 수십 년 전에 건설된 데다가 위치 때문에 비정상적 수송비용을 부담하고 있었다. 또 동부연안은 다른 어느 지역보다 인구가 조밀하기 때문에 상당한 비정상적인 환경 문제를 갖고 있어 도장공장을 어떻게든 개조해야 하는 처지였다. 이 공장은 큰 지역사회에 너무 가까이 있던 반면 몇몇 공장은 조금 동떨어진 지역에 있어 환경적으로는 덜 민감했다.

뉴어크를 구원한 것

뉴어크를 구원한 것은 사람이었다. 공장을 구원할 때 언제나 제1요인은 사람이다. 사람들이 와서는 말했다. "도치 씨, 당신이 우리와 이야기하기 위해 온 크라이슬러의 대표로군요. 우리가 이 공장을 지키고자 한다는 점을 사람들에게 알려 주십시오. 우리는 진실로 그것을 구하고자 합니다!"

"알았습니다. 자, 나는 돌아가렵니다. 그리고 다음 번에 나는 동료 스텝 형님과 같이 오겠습니다." 나는 말했다. 나는 마르크 스텝과 함께 돌아와서 그들에게 물었다. "자, 당신네들이 전에 나에게 무엇을 이야기했는지 말해 주시오. 하지만 이제 나의 동료 스텝 씨와 한팀인 우리에게 말해 주시오."

우리는 개방적이고 솔직하고 성숙한 대화를 했고 그들은 약속을 되풀이했다. 그 다음 마르크와 나는 인사 담당 임원인 토니 세인트 존을 관여시키고 이것이 현대조업협정(MOA)의 중요 초안이 된다는 데 합의했다. 이어 우리는 회사로 복귀하여 제리 그린월드를 비롯하여 관련자들의 승인을 얻었다. 그는 아이어코커와 조정했다. 만일 우리가 그 공장에서 조업변화를 다짐할 수 있다면 경영진은 사원의 태도와 중요한 발전을 이룩하려는 헌신성 때문에 이 공장에 신제품의 생산과제를 부여하리라는 것을 나는 확신하고 있었다.

뉴어크 사람들은 실제로 우리에게 말하고 있었다. "우리는 교훈을 터득했습니다. 당신이 우리에게 보여 준 자료는 우리가 현재 회사 안에서 내부적으로는 경쟁할 수 없음을 입증하고 있습니다." 그들은 스스로 스털링 하이츠 조립공장, 윈저, 벨비디어를 이길 수 없음을 알고 있었다. 그들이 크라이슬러 내부에서 경쟁력이 없다면, 그들은 범세계적으로는 거의 경쟁력을 가질 수 없고, 그래서 그들은 우리의 판단을 받아들였다.

우리가 최종적으로 그곳에 배정한 신제품은 다지 스피리트인 A-카, 플리머스 어클레임, 4도어 크라이슬러 리바론이었다. 그리하여 뉴어크는 신차를 가졌고, 우리는 품질, 생산비, 조업분류표, 기능 수준향상, 기술향상,

교육, 훈련, 조업상의 유연성에 초점을 둔 새 협정 즉 MOA를 체결했다.

개혁

우리는 공장의 핵심 문제를 분석함으로써 개선을 시작했다. 기준차와 옵션차 양자가 라인정지와 품질 문제를 야기하고 있다는 점에서, 큰 문제는 조립공정 전체에 있는 작업내용간의 차이였다. 이를 해결하기 위해 우리는 미가공 차체, 차체 도장, 의장 각 부서 등으로 구성되는 종합분석팀을 조직하여 애로점과 근본 원인을 확인했다. 우리는 시간의 경과에 따른 주문조건을 분석했고, 그리하여 작업내용에 중대한 영향을 주는 차체 스타일과 옵션을 통제할 수 있는 ('게이트라인 gateline'이라고 부르는) 조립계획표를 개발할 수 있었다.

이와 동시에 우리는 예방보전을 개선하여 예시적 보전계획으로 발전시키는 중요한 조치를 취했다. 그리하여 시간제 노동자를 비롯하여 숙련노동자, 생산, 월급제 기사, 생산과 보전감독의 각 부서에서 팀들이 속속 조직되었다. 그들은 매주 만나 제조처리량을 제고하기 위한 새로운 방법을 논의했다.

기계가동시간이 향상되고 계획책정능력이 더욱 고도화됨에 따라, 지속적인 개선의 기회가 떠올랐다. 예를 들어 종래에는 바닥 팬, 엔진실, 차체의 측면 소조립, 메인 프레이밍(main framing) 등 주요 부품의 공급설비는 시간당 80대로 가동하고 있었는데 차체공장의 순수요는 시간당 68대에 머물러 17.6퍼센트의 과속을 나타내고 있었다.

1984년부터 1988년까지 줄곧 처리량이 향상됨에 따라, 과속과 관련 노동 및 생산부품은 시간당 80대에서 72대로 하락하고 목표가 달성되었다. 더욱이 우리는 차체 보관장치(약 200개)와 바닥 팬 보관장치(약 120개)를 없앴다. 이로써 모든 창고를 폐쇄할 수 있었다. 또 금속공장에서 획기적으로 개선된 공정 덕분에 내장부문에서 4명의 도어 장착자를 줄이고 최종 조립에서 2명을 없앰으로서 연간 30만 달러를 절약하게 되었다.

우리는 지구 관리자를 만들어 총반장과 총직장을 교체했으며, 관리계층을 여섯 단계에서 다섯 단계로 줄여 결정권자(지구 관리자)를 직반장에 훨씬 가깝게 놓았다. 직제개편은 또 지구 관리자를 사무실에서 쫓아내 공장 바닥으로 내몰았고 회의의 횟수를 상당히 줄였다. 상급 관리자는 정기적으로 부서간, 직능간에 품질개선과 생산성향상 팀들과 회의를 갖고 그들을 창의적으로 돕지 않을 수 없게 되었다. 지구 관리자의 부서별 목표시스템은 모든 품질, 물량, 생산비, 훈련, 제 위치 지키기, 조업효율과 제품 품질에 긴요한 안전목표를 각각 세부적으로 정했다.

또 하나의 핵심 전략은 품질과 생산성의 '선 채 대화하기'였다. 1주일에 두 번 공장장, 생산기술부장, 품질관리부장은 일정 구역의 조립공장을 걸어 다니면서 작업자와 팀에게 무엇을 달성했으며, 무엇을 작업하고 있는지, 어떤 도움과 지원이 필요한지를 물었다. 이로써 그들의 노력을 지속적으로 지원하고 있음이 입증됐고, 노동자들이 '상관'에게 자유롭게 접근할 수 있게 됐으며, 또 그들의 생각과 노력이 중요하다고 여겨지는 문제와 쟁점의 해결방향으로 접근하게 되었다. 노조 지도자들도 이런 팀워크 개념에 관계했다. 생산 관리자, 제조엔지니어링 관리자, 산업공학 관리자, 보전 관리자, 제품 지구 관리자도 역시 매월 각 생산부의 팀들과 회의를 갖고 그 팀이 품질, 보증, 생산성향상 대상품목의 '목표 리스트'라고 부르는 것을 검토했다. 그들은 신규 투자사업을 추진하는 데 필요한 직원배치와 투자금액을 세밀하게 심사했다. 이 집단은 중점 추진사항을 책정하고 크라이슬러의 자립정책의 일환으로 현지 자원을 배정했다. 매우 적은 자본만이 요청되거나 지출됐다. 대다수의 개선은 인력지원으로 이루어졌고 투자된 자금은 공장의 지출예산에서 조달됐다.

도장부와 의장부의 팀도 역시 활발했다. 한 팀은 구조용 접착제 적용을 집중연구하여 누수를 제거하고 도료 아래에 있는 접착제에서 컬러코팅의 결함을 최소화했다. 생산부는 엔지니어링부, 품질부와 함께 개인별 과제부여 전략을 세웠는데, 이 전략에서 접착제의 적용과 청소는 팀의 책임사항이 되었다. 뉴어크는 곧 이런 노력을 통해 이익을 낳기 시작했다. 라인 내 테스트시의 누수는 2년 사이에 50퍼센트 감소했다. 데크리드(deck-lid) 상의 누수는 거의 사라졌다.

우리는 도장 대기용 차체를 창고 구역에서 끄집어내는 공장의 장치구조를 재편했다. 이것은 우리가 '블록 도장'(2장 참조)이라 부른 연구방법에서 최초의 실질적인 성공으로 이어졌다. 큰 절약은 자재에서 이루어졌으나, 추가적인 혜택은 착색-세정 주기중 차량에 대한 과잉 분무의 제거였다. 이 모두는 꼭 2년 만에 이루어졌다. 우리는 마치 얼어붙은 밧줄처럼 최고속도로 달리고 있었다.

이 기간중 공장은 새로운 전극의 위치선정 유니 프라임 완전침수설비를 설치하고 생산중단이 없이 두 개의 새로운 분무실을 건설했다. 이것에는 엄청난 협력이 필요했다. 접착제와 도료 적용의 교정 및 내부 시스템 손실의 축소로 말미암아, 우리는 저수준 건조 도료 수리 노동력을 2교대 작업에서 1교대 작업으로, 시간당 16대 수리에서 1985년경에는 7대로 줄였다. 힘들여 얻은 결과로 희망이 생겨났다. 시종일관 높은 공정품질이 빠르게 현실이 되고 있었다!

도장팀과 의장팀이 협력하여 결정한 사항은, 특정한 옵션에 따른 배선과 스위치류 설치 및 트럭 드레싱은 세단 비닐지붕라인과 스테이션 왜건의 측면 나무 무늬 설치라인에 있는 도장공장 안에서 수행될 수 있다는 점이었다. 이에 따라 전체 의장라인에 있는 차량들간의 작업책임량이 평준화되었고 라인 길이가 늘어났다. 그 후 우리는 '뜨거운 자동차' 공정을 활용할 수 있게 됨으로써 이 공정에서 차량의 전기장치가 완전히 점검된 후 배선부분은 카펫, 도어 패널, 쿼터 의장 패널, 가니시 몰딩(garnish moldings) 등으로 덮어지게 되었다. 이런 절차는 궁극적으로 최종 조립라인의 끝에서 '첫번에 끝내기'의 역량을 제고시키는 데 기여하여, 1984년중 38퍼센트에서 1985년중에는 거의 87퍼센트까지 향상되었다. 우리는 자신을 얻기 시작했다.

시정조치들은 생산 구역 밖에서도 진행중이었다. 생산기술부는 내구성

컨테이너를 개발, 본사 자재수발부와 착실하게 협력하여 공장 안에 있는 골판지 상자, 목재, 강철 밴딩 등 포장용 자재들을 교체하는 데 성공했다. 공동작업과 포장 상류부문을 기획한 덕분에 공장의 골판지 상자 꾸리기작업은 마침내 없어지게 되었고, 6명의 봉급제 근로자가 줄었으며 보전의 악몽이 사라졌다. 그것은 또 공장을 난장판으로 만드는 쓰레기 일부를 깨끗이 없애는 데도 기여했다. 작업을 하나라도 줄이려고 할 때는 하찮은 노력도 도움이 된다.

1984년 크라이슬러 중앙품질심사부가 평가한 평균 결함은 대당 총 50개에 달했다. 이 중 3~4개 정도는 중대한 결함으로, 각각은 다시 10개의 세부 결함을 갖고 있었다. 이 같은 중대 결함은 중앙품질심사부가 관리감독하는 결함으로서, 소비자가 차량을 딜러에게 수리용으로 반환하여 보증수리를 해야 할 만큼 중대한 결함이었다.

뉴어크 공장의 제품품질개선실 산하에, 우리는 기술 직원, 시간제 공원, 숙련 전문 직원으로 구성되는 10개 결함제거팀을 만들었다. 1987년경 이런 노력은 평균 검사실적을 대당 결함 총 20개 이하로 떨어뜨렸고, 그리하여 하루 10대에 달하던 결함차를 1대 이하로 줄였다.

뉴어크의 업적은 1980년대중 크라이슬러의 조립공장에서 이루어진 수천 개의 개선 중 **전형적인** 사례였다. 품질에 대한 이런 일관된 헌신적 노력으로 사람들은 전에는 감히 꿈꾸지도 못한 수준을 달성할 수 있었다.

스컹크 씨, 냄새는 이제 그만

우리가 반드시 변해야 한다는 엄연한 사실을 받아들이기란 늘상 괴롭다. 또 특정 공장의 업적이 과거 다른 공장의 업적에 뒤떨어진다고 기억되는 것도 괴로운 일이다. 게다가 내가 항상 그들에게 나쁜 소식을 전하는 스컹크가 된다는 점은 물론 더 괴롭다. 그것은 "여보게, 동지들, 누가 뒤에 있는지 보게! 우리가 경쟁력이 없다고 말하는 나쁜 뉴스 도치 씨라네"라는 말을 듣는 일이었다.

그는 깡패부대와 같은 힘을 지니고 다닌다. 제조회사에서, 회장이나 사장은 수석 제조 임원을 향해 말한다. "좋은 뉴스가 있소. 가서 이걸 전하시오." 혹은 그는 이렇게 말한다. "나쁜 뉴스가 있소. 가서 이걸 전하시오." 1980년대 초부터 36개월 동안 나는 60개 공장 중 20개를 없애려고 한다는 뉴스를 가끔 전해야 했다. 그것은 기분 좋은 일이 아니었지만, 회사를 구하기 위해서는 어쩔 수 없었다. 10년 후에 보니, 우리는 회사를 구하고 있었을 뿐만 아니라 세계 정상급이 되도록 준비하고 있었다. 즉 어떤 나라의 자동차산업의 어떤 업체와도 경쟁할 수 있는 공장을 세계 도처에서 갖게 되었다! 게다가 우리는 공장을 증설하지 폐쇄하고 있지 않았다. 우리는 전체의 공장관리체계를 변혁시키는 데 성공하기에 이르렀다.

이런 변혁을 가능케 한 것은 중요하고도 성실하게 전진하고 변화하는 뉴어크와 같은 공장들이었다. 우리는 그들에게 두 번의 기회를 주었고 그들은 우리와 세계에게 자신이 세계 정상급이 될 능력이 있음을 입증했다.

나는 독특한 접근법을 활용하여 뉴어크팀으로 하여금 그들이 마침내 전쟁에서 승리했고, 기필코 죽지 않으며, 그들의 공장이 미래를 갖고 있음을 알려 주었다. 나는 마르크 스텝과 그의 가장 가까운 동료들에게 나와 몇몇 나의 친구들과 함께 공장이 아니라 뉴어크에 있는 노조회관에서 회의를 갖자고 요청했다. 그는 왜 그러는지 궁금해 하면서 나에게 물었다. "도치 씨, 도대체 당신은 무엇을 하려는 거요?"

"나는 특별회의를 갖고 싶어요." 내가 말했다. "먼저 그 공장으로 가고 싶지는 않아요. 먼저 노조회관으로 가고 싶어요."

"왜 꼭 그래야 하나?" 그는 물었다.

나는 대답했다. "지난날 나와 당신을 만나서 재기의 기회를 요구한 사람들에게 몇 가지 중요한 사항을 말하고 싶기 때문입니다. 당신은 지도자로서, 당신의 팀과 현지 팀과 함께 열심히 일했고, 그들이 MOA 잠정협정을 잘 이해하도록 애썼지요. 한편 나는 그 길의 옆쪽을 달려왔고, 고위 경영진이나 이사회의 이사들과 함께 일하면서, 나의 인사 담당 그룹을 통해 새 협정을 체결하려고 노력했습니다. 그 협정은 그 공장에게 새로운 재기의 기회와 신제품을 주자는 것이었지요. 나는 이 시점에서 당신에게 이 이상은 더 말할 권한이 없습니다."

그는 나를 바라보며 말했다. "이미 충분히 말했소." 그 말과 함께, 우리는 공장장, 인사부장을 대동하고 뉴어크로 날아가 노조회관에서 현지의 노조 위원장, 전임 위원장 및 노조 임원들과 회의를 가졌다.

함께 멋진 아침식사를 한 후 내가 소개되었다. 나는 뉴어크가 완전히 새로운 재기의 기회를 갖게 되었다고 발표했다. 크라이슬러의 미국 및 캐나다의 수요를 충족시키기 위한 A-카 생산계획이 바로 이 뉴어크 공장에 제시될 예정이라는 말이었다. 아무도 일평생 그렇게 애정에 찬 회합을 경험하지 못할 것이다! 나는 스스로 이 공장을 살리는 데 1980년부터 1987년까지 8년이라는 긴 시간 각고의 노력을 경주했기에 매우 감격해 있었고, 그것은 마침내 좋은 성과를 냈다. 뉴어크의 전 노조 위원장 보비 클레먼트는 이런 말로 모든 사람의 감정을 대변했다. "우리의 협동 정신, 생산성, 신제품은 바로 이곳 뉴어크에서 세계 정상급의 노동자 정신을 낳을 것이다!" 그들은 우리를 실망시키지 않았다. A-카의 출범은 뉴어크에서 이루어졌다.

그것은 '거의 완벽한' 업적이었다.

코코모의 마비

뉴어크와 마찬가지로 크라이슬러의 인디애나주 코코모 알루미늄주물공장도 궁지에 몰려 있었다. 55만 평방피트의 이 공장은 단일설비로는 최대 규모로, 한 번에 60만 파운드 이상의 용해알루미늄을 장입할 수 있는 5개의 용광로를 갖고 있었다. 이 공장의 114개 금형주물기계는 하루 70만 파운드 이상의 알루미늄을 주물했다. 늘상 평균 10대의 금형주물기계들이 교대로 폐쇄되고 104개의 기계가 생산에 투입되고 있었다. 하지만 이 주물공장은 하루 평균 불과 46대만 가동하고 있었다. 설비능력의 44퍼센트에 불과한 수준이었다. 보통 그 이유는 장비 불량, 금형 불량, 또는 사양에 맞지 않거나 품질과 관련된 이유로 경영진이 지휘한 폐쇄였다.

1985년 이 공장은 하루 3교대, 주 7일 가동하여 연간 50만 개의 제품을 생산수송하고 있었다. 920명의 시간제 사원과 115명의 월급제 사원은 피곤에 지쳐 있었고, 품질과 생산성은 금형 및 기계의 보수를 위한 시간 부족으로 계속 떨어지고 있어서 새로운 지도체제, 기강, 지도, 교육이 절실하게 필요했다.

품질은 완전히 엉터리였다. 제품 중 무려 8퍼센트가 사내 고객으로부터 결품으로 반품됐다. 공장의 폐기율은 대형 제품의 경우 12퍼센트, 중소형 부품의 경우 6.8퍼센트를 기록했다. 통상 2~3일의 생산량에 상당하는 제품들이 분류, 재작업 또는 수리실에 들어가 있었다. 우리는 코코모 주물공장의 사람들을 많은 고객공장에 파견하여 하루 종일 그저 결품을 분류하고 재작업하도록 했다.

최고 경영진의 대다수 임원들에게 코코모 알루미늄주물공장은 버려도 좋은 대상이었다. 그들의 감정은 그것을 팔아 치우고 주물제품을 구입하거나, 아니면 주물제품을 외부에서 조달하고 그 공장을 폐쇄하고 싶다는 마음이었다.

코코모는 실은 두 개의 공장이다. 반쪽은 코코모의 변속기공장이다. 크라이슬러 유일의 자동변속기공장이다. 그것이 멈추면 우리는 죽게 된다. 밤중에 변속기를 납품받을 수는 없기 때문이다. 그 공장은 필수불가결한 것이었고, 노동력도 그 점을 알고 있었다. 그곳 사람들은 디트로이트로부터 멀리 떨어져 있어서 우리의 다른 공장들만큼 빨리 변화할 필요성을 느끼지 못했다.

또다시 나는 우리가 아마도 조금씩 변해야 한다고 그들에게 개인적으로 전달하는 책임을 맡게 되었다. 나는 퍼듀 출신이었기에 인디애나주 사람의 사고방식을 아주 잘 알고 있다고 생각한다. 우리는 우리가 어디에 있는지를 놓고 대화했다. 즉 냉엄한 자료, 추세, 사실 그리고 포드, GM, VW,

도요타와 같은 경쟁자와 기타 변속기생산업체와 비교한 결과들을 제시했다. 나는 그들에게 말했다. "당신들은 나쁘지 않습니다. 당신들은 평균 수준이지만, 그런 수준으로는 이제 더 이상 안 됩니다. 우리는 반드시 함께 협력하여 새로운 개선계획을 들고 나와야 합니다."

코코모의 재창조

이 일에 우리는 많은 사람을 참여시켰다. 나는 인디애나 주지사 로버트 D. 오르에게 가서 이 일을 주의 정치적 환경에 결부시켜 최대한 활용했다. 이어 공장 경영진, 퍼듀대학교 지도자, 인디애나대학의 지도자, 볼대학교와 노조의 지도자와도 회동했다. 우리는 계획안을 만들었고, 나는 그 안의 대변인이 되어 경영진에게 돌아가 5억 달러의 투자를 확보할 수 있었다. 이 공장을 폐쇄하고 그것의 중요성을 없애는 과정을 시작하는 대신 우리는 그것을 확장하고 고치고 키워 보기로 했다.

바로 그것이 내가 최선을 다하는 이유이다. 나는 공장이나 사람을 죽이고 싶지 않다. 부모님은 내게 사람을 만드는 일에는 사람이 필요하며 누구도 다른 사람을 해쳐서는 안 된다고 가르치셨다. 나는 사람들을 해치고 싶지 않다. 나는 변화의 촉매가 되고 싶고, 사람들이 자립하도록 도와 주고 싶다.

코코모의 간부 직원들과 첫 회의를 갖고 나자, 흔히 그렇듯이 그들도 낮은 품질과 낮은 생산성은 다른 사람의 문제라고 생각하고 있다는 것이 분명해졌다. 다음 몇 달간 나는 공장장, 생산부장, 산업엔지니어링부장, 생산관리부장, 플랜트엔지니어링 및 공정관리부장, 치공구실장을 교체했다. 재편된 조직팀은 크라이슬러 제조본부가 중요 사업부임을 재빨리 깨달았다.

신임 공장장 릭 로스만은 나에게 자신의 전략을 브리핑했다.

"나는 현지 및 국제 노조 간부들과 회의를 갖고, 이 공장의 처지가 얼마나 불확실한지, 또 폐쇄나 매각 또는 적어도 주요 부품의 외부 조달은 막아야 한다는 점을 상세하게 설명했습니다. 우리는 다음 12개월간의 세부 실천계획을 짰습니다. 노조 간부들은 나의 평가 및 제안들을 환영했지만 착잡한 감정을 내보였습니다. 하지만 일단 그들은 우리의 목표가 진실로 처리량을 늘리고 품질을 개선함으로써 공장의 일자리를 유지하는 방침임을 납득하자, 사원들에게 가서 나의 제안을 설명키로 합의했습니다.

나는 즉시 3교대 사원 전체를 상대로 45분간 시청에서 회의를 가질 계획을 세웠습니다. 시청의 사원총회는 이 주에 소재한 모든 크라이슬러 공장에서 처음 있는 일이었습니다. 월급제 사원, 시간제 사원, 노조 대의원들 모두가 참석하도록 되어 있습니다. 공장 현황에 관한 메시지를 통해 성실하지만 단호하게 지지와 협력, 참가를 호소했습니다. 나는 사원들에게 우리의 의도는 해고가 아님을 다짐했고 계획을 평가했으며 이 계획에 관리자들이 참가하기를 원한다고 말했습니다. 우리는 비록 앞으로 어느 정도의 자본을 얻을 수 있다고 믿지만, 실질적인 개선을 위해 36개월간의 자조계획을 시작할 능력이 있으며 시작한다는 방침을 본사 경영진에게 증명해야 한다고 설명했습니다."

그 날 로스만이 제안한 몇 가지 사항은 다음과 같다.

- 기계가동시간과 시스템의 처리량을 현행 43퍼센트 수준부터 향상시킨다. 가동시간과 처리 수준을 향상시킴으로써 36개월 후 공장은 주 5일 작업계획표에 따라 가동되었다.
- 폐품률을 2.9퍼센트에서 제로로 줄인다. 고객공장에서 기계가공을 실시한 후 폐품률은 1986년 2.7퍼센트로, 1987년 2.2퍼센트로 하락했다.
- 사내 주물폐기물은 6.8퍼센트로부터 감축한다. 사내 주물폐기물은 1988년 5.6퍼센트로 하락했다.
- 금형교환을 신속하게 완료한다. 500~700톤급 기계의 금형교환시간은 7.1시간에서 2.4시간으로 떨어졌고, 800~1200톤급 기계는 7.6시간에서 2.5시간으로, 1600~2500톤급 기계의 경우 23.3시간에서 12시간으로 줄

었다.

측정치와 지표는 제조업에서 핵심이다. 일단 코코모 주물공장에서 반드시 추구해야 한다고 생각하는 수준을 확정한 뒤, 우리는 목표를 달성하기 위한 과제를 시작했다. 행동팀이 3교대 전체에 걸쳐 조직되어 세부 실천 계획을 개발하고 시행하기 시작했다. 공장 역시 생산 및 지구 관리자가 후원하는 팀을 만들었는데 이 팀은 직무설정자, 금형제조자, 기계수리원, 생산공원, 엔지니어로 이루어졌다. 그들은 고온금속의 기계로의 이송, 기계시동절차, 자동화설비 및 금형보수, 기능사 훈련 등 전체의 설비가동시간에 영향을 미치는 모든 공정요소를 집중연구했다. 그들은 총주물설비의 가동시간을 1985년 43퍼센트에서 1987년 73퍼센트로 향상시켰다. 이런 개선이 공장을 구원한다!

어느 조직에나 뛰어들어 공정개량을 권고할 수 있는 권한을 지닌 이와 비슷한 팀들이 폐기물의 상위 10개 요인에 달라붙었다. 그 결과 폐기물은 총비용 대비 백분율로 6.2퍼센트로 하락했다. 당초 희망한 수준에는 못 미치는 결과였다. 그 이유는 적절한 금형보수가 생산계획상의 요구로 인해 이루어질 수 없었기 때문이었다.

코코모에 대한 우리의 접근방식은 유연성에서 획기적 변화를 요구했다. 나는 숙련 직종과 생산-조업 직종에서 대규모 감축을 원했고, 공장 전체에 걸쳐 기술, CIM, 컴퓨터, 유연제조시스템을 대대적으로 개선했다. 나는 또한 그곳에 레이저가공기기를 들여놓기를 원했다. 코코모 공장에서 처음 적용된 10대의 레이저가공공정은 604식 전자자동변속차축에 적용됐다. 그것은 모두 잘 가동됐다.

왜 그런가? 나는 노동자들이 총명하고 기계조작에 매우 능숙하기 때문이라고 생각한다. 돼지 치는 농부들은 대부분 기계사항을 잘 이해했고, 나역시 돼지와 가축을 치는 농부로 자랐다. 이런 일을 하려면 반드시 펌프를 고쳐야 하고 기계를 계속 잘 가동시켜야 하며 전선의 상태를 잘 살펴야 한다. 이런 사람들은 올바른 기본 적성을 가졌고, 공부를 잘할 수 있으며, 필요한 특별교육을 받을 능력도 있다. 우리는 이런 교육을 퍼듀대학교, 인디애나대학교, 볼대학교에 위탁할 수도 있지만 이들 남녀는 결코 공장을 떠나 배우려고 하지 않으려 한다는 사실을 나는 잘 알고 있었다.

공장은 잘 작동되었다. 우리는 인력계획, 방법개량, 신기계를 서로 조화시켰다. 500대의 수치제어기계가 이 공장에 투입됐다. 이것은 '느린 걸음의 전진'이 결코 아니다. 그 기계들은 우리가 처음 시작했을 때만 해도 하나도 없었다. 제조기사라면 누구나 첫 기계는 기술혁신이지만 500대의 기계는 엄청난 비약임을 알고 있다.

나중에 대대적인 제품변경이 필요해졌으며, 만일 우리가 낡고 교체하기 어려운 설비를 가졌더라도 설비를 바꾸는 데는 2~4개월이면 충분했다. 그곳에 신형 컴퓨터장비와 수치제어장비가 도입됨으로써 모든 사람은 이런 이행에 철저한 준비를 하게 됐다. 오늘날 이 같은 제품변경의 대부분은 두 시간이나 이틀 만에 이루어진다. 이것은 엄청난 발전이다.

코코모 조직의 지속적 개선 노력 및 팀의 협력을 통해 효율은 비약했다. 직접노동시간당 알루미늄주물량은 1984년 95.4톤에서 1987년 115.3톤으로 20.9퍼센트나 증가했다. 이 공장은 나락으로부터 완전히 벗어났다.

이것이 전체적으로 몰락하고 있던 제조지역에서 이룩된 일이었다. 1980년 북미의 주물공장수는 약 4600개였다. 1991년중 그 숫자는 약 3000개로 줄었다. 코코모는 소멸 기업의 명단에 들지 않았다.

과실을 분배한다

'1980~83년'의 계획은 프레스공장을 6개에서 2개로 줄인다는 안이었다. 나는 저항했다. 워런 프레스공장은 거품 위에 떠 있었다. 그것은 도시 안에 있으며 도시 노동력을 가진 공장으로 1948년에 건설되었다. 그것은 당시의 대다수 제조설비처럼 20년간이나 방치돼 있었다. 프레스설비, 금형제조기계, 또는 인력 훈련사업에 대해 아무것도 추가되지 않았다.

아이어코커가 미시간주 워런 프레스공장에서 시간제 보너스수표를 선물하고 있다. 1987년 사상 최초의 이익분배수표가 시간제 노동자들에게 지급되었다. 이 보상은 크라이슬러의 역사적 경영개선을 나타내는 또 하나의 중요한 상징이었다. 워런 프레스공장의 사원들은 열심히 일해 공장의 실적을 개선했으며, 그들이야말로 최초의 수표를 받을 적임자였다(조 윌센 글, 《오토모티브 뉴스》 사진).

나는 그것을 구하기 위해 죽어라고 싸웠다. 우리는 마침내 마크 프레스공장을 폐쇄했다. 8마일 프레스공장, 아우터 드라이브 프레스공장도 폐쇄됐지만, 워런 공장은 그렇지 않았다. 8년 후인 1987년 리 아이어코커가 나에게 "딕, 우리는 노동자들에게 사상 최초의 시간제 노동자 이익분배수표를 수여하려고 한다. 다른 몇 사람에게도 물었지만, 당신은 그것을 어디에 처음으로 분배하고 싶은가?"라고 물었다.

나는 이것 때문에 괜한 흥분을 하고 싶지 않았다. 모든 사람은 내가 특정 조립공장을 손꼽을 것이라고 생각했지만 나는 말했다. "주물공장에 보내고 싶습니다. 왜냐하면 만일 당신이 지난 5년간 자신의 생명을 한 가닥의 실에 걸어 놓았다면 어떤 심정이었겠습니까? 그것이 바로 워런의 이 사람들이 겪어 온 일입니다. 지난 5년간 매일 그들은 자신들의 공장이 폐쇄될지 혹은 계속 문을 열지조차 알 수 없었습니다."

때때로 우리는 특정 공장에게 기회를 줄 수도 있고 때로는 그렇지 못할 수도 있다. 워런 공장의 경우 나는 그들에게 매년 새로운 기회를 주었고 그들은 계속 새로운 기회를 쟁취했다. 하지만 나는 그들에게 "자, 여보게, 이제는 됐네"라고 말할 수 없었다.

1987년경이 되자 그들은 진짜 행동을 통일했다. 나는 특히 그들이 자랑스러웠다. 나는 그들이 비참한 시기를 겪었음을 알고 있었다. 이것은 큰 보상일 것이다. 지갑에 넣고 집으로 가져갈 수 있는 금전적인 금액뿐만 아니라, 매우 상징적인 보상이 될 수도 있다. 그들이 크라이슬러 창업 이후 사상 최초의 보너스수표를 나눠 주는 회장과 함께 있는 사진이 신문에 실릴 것이다.

그것은 1925년에 출범한 회사로서는 사상 최초의 시간제 보너스였고, 워런은 TV와 언론을 통해 명성이 전국적으로 널리 알려지게 됐다. 그들은 가장 오랫동안 싸우고 최고의 대가를 치렀기 때문에, 나는 그들이 당연히 받아야 한다고 생각했다. 그들은 폐쇄되지 않았다. 그들은 돌아왔다!

12 적시납품의 정당성을 입증하다

이런 속담이 있다. "도는 만큼 번다." 내가 크라이슬러에 입사했을 때 자동차조립공장은 자재를 연평균 약 15회 돌리고 있었다. 1980년대 말 그 것은 평균 60회에서 65회로 증가했고 몇몇 공장은 100회를 넘어섰다. 나는 조립공장이 자재를 매일 혹은 1년에 240회 돌리는 날이 올 것으로 예상한 다. 15회에서 240회로 늘리는 것, 그것은 비유컨대 늙은 돼지의 엉덩이에 서 군살을 떼어 내는 것과 같다!

대금을 지급해야 하는 30일분의 재고를 갖고 있는 경우, 만일 그것을 하루에 회전시킨다면 그 돈을 29일간 무이자로 쓰고 있는 셈이다. 제조분 야의 인력은 경제에 그다지 밝지 못하다고 여겨지지만, 나는 대학에서 이 주제를 배워 공장을 어떻게 운영하고 자동차와 트럭을 어떻게 조립하는지 를 잘 이해하고 있다.

재고는 장비, 설비, 현금과 똑같은 자산이다. 그것은 공장의 총자산 중 50퍼센트를 차지하기도 한다. 재고가 제로로 떨어진다면, 그것에 잠긴 모 든 자금, 즉 정지자산은 다른 목적으로 활용될 수 있는 현금자산이 된다. 이런 모든 사항은 총자산을 증가시키지 않고도 이룩될 수 있다.

하지만 재고가 모두 처분되거나 현금으로 바뀔 수는 없다. 일정량은 공 정중에 있는 작업에 필요하다. 핵심 문제란 바로 이것, 즉 "조업을 효율적 으로 유지하기 위해 얼마만큼의 재고를 반드시 가져야 하는가"와 "현재 재고를 얼마나 갖고 있는가"이다.

쌓아 두어 봤자 성공에 불리하다

제2장에서 언급했듯이 1980년 크라이슬러 공장에는 가공 대기중인 재고, 너무 흔히 전혀 쓰이지 않거나 손상된 재고가 천장까지 쌓여 있었다. 구시대의 직반장은 결품을 방지하는 최선의 방안이 부품들을 잔뜩 저장하는 것임을 알고 있었다. 어떤 납품업체가 주요 설비의 가동을 중단하거나 파업중에 있다면, 수송중인 트럭이 고장 났다면, 생산소요량이 돌연 증가한다면 그런 안전은행이 임시수요를 충족시킬 수 있다. 납품업체는 부품을 빨리 선적할수록 크라이슬러에서 대금을 빨리 받을 수 있는데, 왜냐하면 구매지시서에는 부품이 선적되자마자 대금지급을 청구하도록 되어 있기 때문이다.

이런 관행의 결과 크라이슬러의 장부에는 산더미 같은 재고가 기록되었다. 아무런 수입도 낳지 못하는 잠재운영자본의 증가가 그 결과였다. 더욱 나쁜 사태는 재고가 통제불능 상태에 있었다는 점이었다. 많은 부품이 필요할 때 찾을 수 없었고 마침내 발견했을 때는 이미 쓸모 없거나 손상되어 있었다. 이것은 처분과 상당한 손실을 뜻했다.

이 같은 기강의 부재는 크라이슬러의 품질에 참담한 영향을 미쳤다. 조립라인에서 비공식적 분류를 통해 일정한 수준의 품질을 유지할 수 있었지만, 품질이 얼마나 좋은가는 오직 분류의 정밀도에 달려 있을 뿐이었다. 더욱이 라인의 품질 문제는 우량부품을 재고에서 가려 뽑아 그 날 생산차량에 들어간 나쁜 부품과 교체하기까지 수개월간 덮어질 수 있었다. 부품들은 어떤 특정한 순서에 따라 활용되지도 않았다. 그러므로 불량부품을 무더기 속에서 찾아내 그것이 어느 날 어느 원자재 입고분에서 생산된 부품인지를 추적하기란 불가능하지는 않더라도 실로 어려운 일이었다. 이것은 우리가 불량품을 따로 분리해서 시정할 수 없다는 사실을 뜻했다.

나는 재고관리를 맡자 조지 델라스에게 그 일을 맡겼다. 그는 원래 GM에서, 훗날 폴크스바겐에서도 나와 함께 일했다. 그는 엔지니어링, 생산, 품질, 자재관리에 노련했다.

그와 그의 팀이 크라이슬러의 생산계획과 부품 문제를 다루기에 앞서 우리는 우리가 어디에 있고 어느 정도 발전을 이루었는지를 나타내는 추적장치를 개발해야 했다.

우리는 두 가지의 기준을 선정했다. 첫째는 재래식이었다. 손으로 재고 부품을 세는 방법이었다. 하지만 이런 셈법은 생산에서 중요한 증감이 있거나 모델결합에서 변경이 있는 경우 잘못될 수도 있다. 더욱이 부품은 부품업체의 공장을 떠났을 때 송장이 발부되기 때문에 장부재고의 약 50 퍼센트는 수송중에 있기 일쑤였다. 따라서 우리는 두번째 기준, 즉 재고회전을 활용했다. 이것은 특정 공장과 사업부의 총재고가 완성품으로 바뀌어지는 횟수를 말한다.

재고의 알파와 베타

우리는 추적조치에 합의한 후 중점 추진목표와 시간별 추진계획을 수립했다. 혁명적 방식은 혼란을 초래할 수 있어 그런 방식을 채택하지 않고, 빠른 속도의 점진적 개선방안을 수립하여 가장 빠른 투자수익률을 나타내는 제품에 집중했다. 그 제품은 1984년식 미니밴이었다. 우리는 먼저 윈저 조립공장의 생산계획 및 부품 문제를 해결한 후 바로 다른 공장으로 옮겨 갔다.

델라스는 경제주문물량(Economic Order Quantity, EOQ)을 활용하여 이 문제에 달라붙었다. EOQ의 첫번째 유용한 변수는 알파, 즉 항상 수중에 있는 재고총량을 뜻한다. 재고가 알파로 줄면, 해당 재고를 사전에 예정된 수준으로 회복하기 위해 납품을 받아야만 한다. 납품되는 부품의 물량은 베타인데, 이는 일정한 시간대에 걸쳐 상당히 달라진다. 재고소진율은 감마이다. 생산이 보유재고를 알파 수준으로 감소시킬 때면 또 다른 납품이 도착한다. 납품과 납품 사이의 시간을 델타라 부른다.

델라스는 재고의 알파-베타를 이렇게 설명한다. 알파가 0, 베타가 1, 감

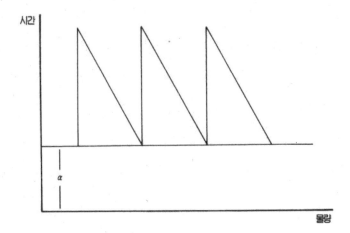

크라이슬러의 적시납품제도는 경제주문물량을 사용했다. 알파는 언제나 수중에 놓여 있는 재고의 조업비축량이다. 재고가 알파일 때 새 자재를 주문하여, 재고를 미리 정한 원하는 수준까지 끌어올린다.

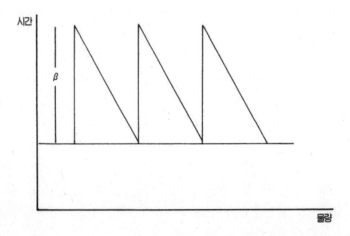

베타는 납품된 부품물량이다. 표에서 보듯이 이 물량은 시간이 지남에 따라 상당히 달라질 수 있다.

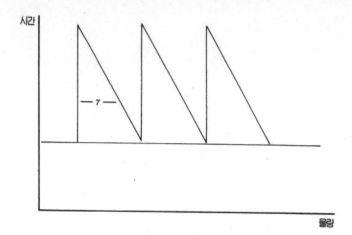

감마는 생산으로 초래된 재고소진율이다.

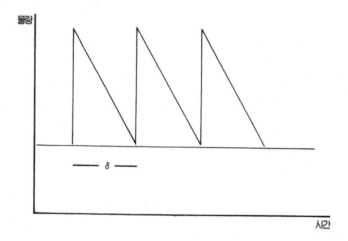

델타는 납품과 납품 사이의 시간이다. 델타는 변할 수 있고, 변화는 납품차량의 고장, 예측치 못한 납품차량의 정지 등 여러 요인에서 비롯될 수 있음에 주의하라.

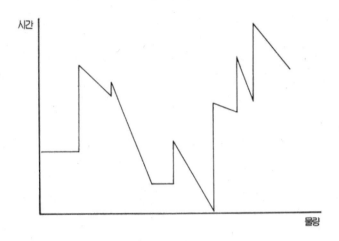

알파(조업비축량)의 실제 증감. 조업비축량은 증가하거나 감소하고, 때로는 제로까지 떨어진다. 제로가 되면 생산이 정지된다.

마가 상수여서, 수중의 조업재고는 없다고 가정하자. 그러면 유일한 재고품은 현재 가공되고 있는 것일 뿐이다. 가공이 끝나면 또 다른 부품(베타-Ⅰ)이 공장에 도착한다. 생산비율(감마)이 일정하다면, 이 사이클은 반복된다. 일본인은 이것을 간판(看板)이라고 부르며, 흔히는 적시납품 또는 JIT라고 한다. 명칭이 무엇이든 간에, 그것은 일본이나 미국의 제조공장에서 실현되기 훨씬 전부터 미국의 대학교에서 강의되었다.

EOQ 행렬표를 이용하여 델라스와 그의 팀은 윈저 공장의 자재흐름체계를 재편하기 시작했다. 그들의 목표는 재고자산을 현금자산으로 전환하는 한편, 자재공급을 안정시키는 일이었다. 하지만 델라스가 그 모델을 들고 공장으로 갔을 때, 그는 EOQ의 변수들 중 어느 것도 상수가 아님을 알았다. 생산비율(감마)은 가동중지, 생산계획변경, 작업자의 임무변경 등으로 크게 변화했다. 부품업체의 납품(델타)도 역시 변화했는데, 트럭이 고장 나거나 운전자가 한 번도 정지하지 않고 곧바로 달려오는가 하면 친구를 방문하기 위해 계획에도 없는 정지를 했다. 원자재가 우발적인 사유로 화물

280

센터에 방치되는 경우도 있었다. 납품된 부품물량(델타)도 특정 부품업자가 너무 많거나 너무 적은 물량을 자재적하장에 보내는 것에 따라 변동했다. 조업재고는 상승하거나 하락했고, 때로는 제로까지 감소되어 생산중단을 빚기까지 했다.

이 같은 사례에서 우리는 오로지 한 가지 부품만을 논의하고 있음을 명심하라. 자동차조립의 평균 수요품목은 약 4000개의 부품이다. 평균 조립공장은 완전생산시 하루 약 1000대를 조립한다. 우리가 자신을 위한다면 당장 이 일에서 손을 빼야 한다!

부품들은 원저 공장의 여기저기에 야적되었다. 부분조립된 차량들이 빈 공간 어디에나 주차되어 있었다. 많은 원료공급 담당자가 납품업자에게 계약상의 의무를 지키라고 훈계했다. 그것은 통상 이런 말이었다. "이 청구물품을 즉시 더 많이 우리에게 보내라!"

부품공급의 안정화를 위한 첫 조치는 부품서열공급제(in-line sequencing)였는데, 그에 따르면 생산으로 들어가는 차량을 시간순서에 따라 표로 만들고 조립공정 전체에서 이 시간표를 보유한다. 생산라인은 이를 달성하기 위해 아무런 휴지시간이 없도록 설계되었다. 완충재고의 조립장과 수리실은 없앴다. 오로지 연속조립만이 가능하다.

부품서열공급제는 생산율(감마)의 가변성을 상당히 축소시켰고, JIT 납품을 최초로 가능케 했다. 우리는 감마통제권을 갖게 되었다. 이것은 시작일 뿐이었다. 우리는 여전히 판매부서의 주문을 전혀 통제하지 못하고 있었다. 궁극적으로는 바로 이 주문이 우리가 조립할 차량의 숫자와 거기 붙는 옵션을 결정하게 된다.

조립계획표

이를 극복하기 위해 우리는 10일 '조립계획표'를 수립했는데, 이것에서는 판매대수가 중요한 문제로 등장했다. 우리는 판매 담당 부사장 톰 패

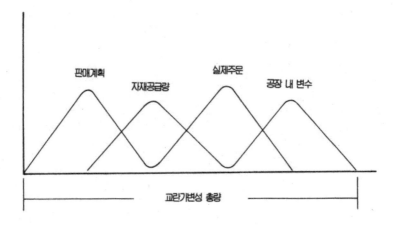

교란가변성(noise variability)이란 판매계획의 변경, 부품업체의 자재공급량, 실제 주문, 공장 내 변수로 인해 계획에 없던 자원이 지출되는 것이다. 적시납품제도에서 핵심 사항은 교란가변성을 줄이는 것이다.

퍼트에게서 탁월한 협력을 받았다. 조립계획표는 1800대를 생산하는 작업순서에서 맨 앞에 온다. 10일간의 조립계획표는 판매부서가 회사의 10일을 제공하겠다는 약속이자, 생산주기에 선행하는 조립주문이다.

10일 조립계획표는 상당한 위안을 제공했지만, 우리는 여전히 교란가변성과 싸워야만 했다. 그것은 다시 말해 판매계획, 부품업자의 자재공급, 실제 발주된 주문, 공장 내 주문처리가 안정적이지 않다는 사실이었다.

판매계획은 경제지표와 현장의 예측을 토대로 만들어진 18개월간의 예측이자 조립전망치다. 임원위원회가 매달 열려 조립계획을 확정하고 분석하며 조정한다. 그것은 시간외작업과 차종별 총대수 등과 같은 항목을 다루기 때문에 거시적인 견해를 취한다. 가변성은 다음과 같은 두 가지 기본 이유 때문에 존재한다. 두 정기월례회의 사이에 시장수요가 조립생산 조정을 명령할 수도 있고, 거시결정을 컴퓨터의 미시언어로 번역하는 하급 관리자들이 특정 차종간의 믹스를 일방적으로 변경할 수도 있다. 예를 들자면 2도어 대 4도어의 비율과 컨버터블 모델의 비율 등을 바꿀 수도 있다. 그것은 매우 교묘하다.

부품업체에 대한 자재공급량은 월별로 밝혀지는데, 이것은 최신 판매계획과 이에 따른 조립계획을 기초로 한다. 그것은 매주 조정되어 부품 부족과 같은 요인을 반영하게 된다. 부품 부족이 생기는 까닭은 공장이 생산의 연속성을 유지하기 위해 특정한 주문을 제한하고 다른 주문을 과잉 조립하도록 하기 때문이다. 실제의 판매주문은 시장수요의 증감, 수요의 계절성, 또는 지정마감시한까지 반드시 조립해야 하는 법인체의 대량 주문 같은 특별한 우선 조립주문 때문에 예측과는 거의 아무런 관계가 없을 수도 있다.

스파게티 주문

제조상의 과제는 판매계획, 납품업자에 대한 자재공급, 주문발주, 주문의 처리를 적절한 단계에 놓는 것이다. '스파게티 주문' 투입 시나리오가 그것의 해결책을 제공했다. 델라스는 언제 어떻게 현장의 주문이 처리되는지 분석하면서, 상호독립되어 있으면서 상호배타적인 몇몇 부서들이 판매상의 주문을 예측하고 약속받고 또한 획득하고자 시도한다는 사실을 발견했다. 윈저 공장의 경우, 이런 부서들은 예를 들자면 '미국 소매영업부' '미국 법인판매부' '정부판매부' '캐나다 소매영업부' '캐나다 법인판매부' 같은 것들이다.

이런 독립된 부서들이 저마다 예측하며 주문을 관장하고 있었다. 이 주문을 근거로 하여 몇 천 명의 부품업자는 만족스러운 부품들을 만들고 이것들을 각각 생산계획과 조립계획에 맞춰 조립공장에 적시에 납품하였다. 이 주문흐름을 표로 나타내면 그 모양은 벽을 향해 던져진 스파게티와 비슷했고, 그래서 이런 이름이 붙게 되었다. 물론 특정 주문투입지역이 전망을 하지 못하면 다른 지역들과 거래할 다른 수송수단이 필요해진다. 이런 임시변통 때문에 전체 체계에 가변성이나 '교란'이 생겨, 그 결과 시스템의 비용이 늘어났다.

각 조립공장이 자체의 생산계획을 책정한 이후, 제조활동은 이런 공통기능들을 간부 차원에다 집중시켰다. 그것이 생산을 안정화시키는 관건이었다. 그것은 또한 추가적 자재관리개선의 촉진제였다. 이를 위한 첫 조치는 중앙생산계획부를 만들고 이 부서에다 각 공장의 생산계획부에서 차출된 인력을 12개월 이상 배치하는 일이다. 중앙생산계획부 창설을 끝낸 뒤, 우리는 새로운 부서를 하나 만들고 직원수를 줄였다. 이 부서는 투입지역에서 주문을 받고, 이를 각 조립공장에 10일 조립계획표 형태로 보냈다. 나아가 중앙생산계획부는 각각의 주문투입부서가 예상된 전망대로 정확히 주문을 발주했는지를 확인했다. 중앙생산계획부는 조립공장에게 주문흐름의 상류부문의 안정성을 제공했다.

다음 조치는 하류부문의 개선을 공장 자체에 제공하는 일이었다. 공장은 지시된 부품결합대로 제품을 조립하도록 세워지고 인력이 투입되어 있다. 예를 들어 한 조립공장이 하루 1000대의 차량을 조립하도록 편제되어 있으며, 이 1000대 중 50퍼센트는 에어컨을 달고, 20퍼센트는 두 가지 색깔의 작업이며, 35퍼센트는 비닐지붕을 갖고 있다고 치자. 물론 실제 주문은 이 중 일부 혹은 전부를 포함하거나, 또는 이런 옵션의 어느 것도 포함하지 않을 수도 있다. 산술적인 생산계획으로 본다면, 이 세 가지 옵션을 모두 가진 차량은 12대당 1대가 조립되는 셈이다. 관련 옵션비율과 주문들의 순서는 제각각이다. 그리하여 공장은 세 가지 옵션을 모두 통합하여 한 라인에서 두세 종류의 차량을 조립하게 된다. 다시 말해 12대 중 1대의 비율로 깔끔하게 배치되어 있지 않다.

이에 대한 한 가지 해결책은 이런 최악의 시나리오에 임시변통하기 위해 작업장에 인력을 과다하게 배치하면 된다. 과잉 배치된 작업장은 특정 시기에는 매우 바쁘지만 다른 때에는 과소 활용되게 된다.

중앙생산계획부는 일련의 산술적 연산법(mathematical algorithms)을 개발했다. 이 연산법은 무작위로 하루 1000대의 주문을 산정하고 이들의 조립

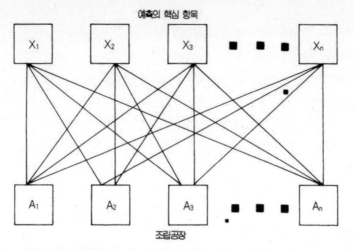

예측의 핵심 항목

조립공장

독립된 부서들이 저마다 예측을 내놓으며 스파게티 주문을 낳았다. 주문이 이리저리 겹치는 것이었다. 투입은 차량주문 전망물량이었다. 예측의 핵심 항목은 수많은 상이한 조립공장들로 보내질 수 있다.

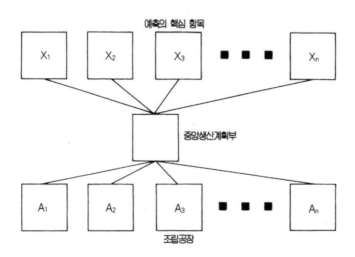

예측의 핵심 항목

중앙생산계획부

조립공장

중앙생산계획부의 창출로 스파게티 주문은 해소됐다. 이 부서는 주문투입지역에서 주문을 받고, 이 주문을 각 조립공장에 공급한다.

순서를 재배치하여 교대의 처음부터 끝까지 유연한 작업패턴을 만드는 것이다. 이로써 특정 작업장에 인력을 과잉 배치할 필요가 없어졌고, 그 결과 직접노동시간이 줄어들었으며 아울러 품질과 인체공학은 향상됐다.

알파 혹은 조업상의 예비품수는 제조부서에 의해 완벽하게 통제되고 있다. 우리는 그것을 이용하여 부품업체로 가는 월간 자재공급량을 토대로 발주된 총부품물량을 계산했지만, 실제의 알파 숫자는 부품을 납품받는 공장이 기업의 생산계획부에게 제출하는 물량이었다.

그 후 우리는 시각관리요령을 각 공장에 시행했다. 이 요령은 라인에 있는 재고자재는 크라이슬러의 재활용 컨테이너의 높이인 54인치 미만이어야 한다고 규정했다. 그리하여 공장의 어느 곳에 서 있든 다른 모든 구역을 볼 수 있게 되었다. 시각관리를 부서별로 시행함으로써, 각 공장은 얼마만큼의 자재가 필요한지를 알고, 필요량과 재고물량을 비교하고, 수요를 측정하며, 더디지만 일관되게 알파 요구량을 감소시킬 수 있게 되었다.

베타(부품업자가 납품한 부품물량)에 대한 통제에는 제조부서와 구매부서의 협력이 필수적이었다. 두 부서는 어느 부품업자가 가장 심술궂게 과대 납품하고 과소 납품했는지 판정했다. 우리는 자사 계열의 일부 업자들이 '불량배' 납품업자 명단에 있음을 알았다. 과적의 한 요인은 월말에 장부들을 빠르게 훑어보는 회계관행이었다. 일부 업자는 이런 인센티브를 이용하여 장부 상태를 더 좋게 보이려고 월말경에 자신들이 할 수 있는 모든 것을 납품하곤 했다. 과소 납품의 한 이유는 생산계획변경으로 빚어지는 비상교환의 필연성이었다. 이 경우 목표는 납품수량을 안정화시키는 것이었고, 전략은 납품업자와의 교육적 대화였으며, 업적에 대해서는 보상하는 대신 과대 납품된 부품들은 부품업자가 비용을 부담하고 반송조치한다는 내용이었다.

부품서열공급제 덕분에 우리는 감마(생산으로 인한 재고소진율)를 통제할 수 있게 됐다. 넷째 변수 즉 델타(납품 사이의 시간)의 통제에는 제조부서와 물류부서의 협력이 절실했다. 여기서도 못된 수송 위반자를 적발하고, 교육적 대화를 교환하는 일이 문제였다.

단위	옵션 A 50% 이용	옵션 B 33 1/3% 이용	옵션 C 25% 이용
1	×	×	×
2			
3	×		
4		×	
5	×		×
6			
7	×	×	
8			
9	×		×
10		×	
11	×		
12			
13	×	×	×

세 가지 옵션의 부품을 가진 주문흐름의 상류부문 안전성. 이 숫자는 50퍼센트, 33퍼센트, 25퍼센트의 설치율을 나타낸다.

수송 문제

미국 내 대형 트럭 선대의 하나인 크라이슬러 트랜스포트는 물류본부가 운영하고 있었는데, 불량배 명단에 들어 있었다. 하지만 '크라이슬러 로지스틱스(Chrysler Logistics)'의 사장 보브 스크로지가 신속하게 이 문제를 해결했다. 사실 그와 동료들은 제조부문과 더불어 강도 높게 일한 끝에 자동차산업과 보조를 맞추었다. 그것은 최초의 단위화물열차(unit train), 즉 매일 디트로이트에서 세인트루이스로 가서는 다시 디트로이트부터 델라웨어주 뉴어크까지 여행하는 전용열차였다. 이 단위화물열차는 프레스부품과 엔진 등 대형 중량부품을 수송할 수 있으며, 납품속도에서도 통상의 철도수송과는 판이하게 다르다. 그것은 출발지를 떠난 당일 목적지에 도착한다. 이에 반해 정규열차를 이용한 환승에는 여러 날이 걸린다. 이 추가시간의 태반은, 열차 자동차가 야적장에서 노선교체를 기다리거나 실제 여행하기보다는 한쪽으로 밀쳐져 있는 동안 낭비되는 시간이다.

우리의 수송선대는 우리가 크라이슬러 트랜스포트에서 배운 교훈을 배웠다. 그들 모두는 자신들의 업적에 대해 보상을 받은 셈이다. 만일 그들이 협력하지 않으려 하거나 할 수 없다면, 우리는 계약을 취소했다. 그것은 사람의 주의를 끄는 행위였다.

정당한 재고 전가인가

나의 JIT 철학은 1970년 GM의 플린트 조립공장에서 성숙됐다. 나는 당시 약 7년 동안 자동차사업에 종사하였고, GM은 당시 적시납품방식을 활용하지 않고 있었다. 그것은 당시 미국에서는 대단한 사항이 아니었다.

그것이 알려지지 않아서가 아니었다. JIT에 관한 책을 읽어 보면, 이미 헨리 포드가 리버 루지에서 JIT 제도를 운영했음을 알 수 있다. 그러나 다음 수십 년간 모든 사람이 그 생각에서 아주 멀어졌다. 그러다가 1950년대에 일본인이 그 사상을 재창조했지만, 1970년대까지 미국은 그것으로 복귀하지 못했다.

나는 여기저기에서 단편적인 지식을 얻어 일찍이 1960년대 말에 그것이 중요하다고 인식하기 시작했다. 하지만 당시 나는 충분한 권위가 없었고, 그것을 실천할 수 있는 권한을 주는 견장도 내 어깨에 달지 못했다. 게다가 나는 폴크스바겐에 있는 독일 동료들과도 불화가 깊어진 상태였는데, 그 이유는 자재처리에 대한 그들의 철학이 안전재고(여분의 자재)에 의존하고 있었기 때문이다.

JIT에 대한 나의 생각이 1960년대 말에 발전되었지만, 내가 그것을 정책으로 토론할 기회를 잡은 때는 1979년 초로, 당시 나는 리 아이어코커에게 내가 크라이슬러를 위해 해야 할 일이 무엇인가를 놓고 이야기하고 있었다. 리가 당시 적시납품방식에 대해 알고 있었을 거라고 생각하는가? 대다수 사람들처럼 전혀 아무것도 몰랐다! 하지만 나는 만일 그가 자기 밑에서 내가 일하기를 바란다면 나는 크라이슬러가 적시납품제도로 전환하기를 바란다고 말하면서 그것을 강조했다. 우리가 진정한 권력을 가질 수 있는 유일한 때는, 새로운 직업을 시작하기 직전이다.

그러자 그가 웃으면서 말했다. "오케이, 당신이 이겼소."

일단 내가 그것을 추진키로 한 이상, 나는 만일 예측 가능성과 반복성을 드러내는 제조활동에서 나의 방법을 확인하지 못한다면 JIT를 달성할 수 없음을 깨달았다. 프레드 캐프리와 나는 이미 1968년 초에 GM의 플린트 조립공장에서 부품서열공급제를 놓고 이 궁리 저 궁리를 하고 있었다. 나는 제조 담당 부사장으로서 폴크스바겐 웨스트모어랜드 공장에 부품서열공급제를 도입했지만 JIT를 활용할 수는 없었다. 그것은 당시 폴크스바겐의 철학에 배치되었기 때문이다. 그들은 생산비 문제 때문에 아직 창자검사를 할 준비가 되어 있지 않았다. 하지만 그들도 마침내 배우게 될 것이다.

내가 처음 크라이슬러로 옮겨 갔을 때 부품서열공급제를 즉각 도입할 수는 없었지만, 5년의 기간에 걸쳐 그것을 단계적으로 도입했다. 나는 그것을 윈저에서 처음으로 미니밴에 활용했다. 그것은 내가 도입한 최초의 신제품이었다. JIT를 채택한 공장은 6개월 이내에 달러가치로 70퍼센트의 JIT를 달성할 수 있었다!

한편 나는 생산계획의 책정방식을 변경하면서 다른 공장들을 20~25퍼센트 JIT까지 끌어올리고 있었다. 10년 후 모든 조립공장은 최소 70퍼센트의 JIT를 달성했고 부품서열공급제에서도 최소 70퍼센트를 자랑하게 되었다. 오늘날 크라이슬러의 모델 공장—— 아마도 세계의 모델 공장—— 인 제퍼슨노스는 100퍼센트의 부품서열공급제와 90퍼센트 이상의 JIT를 기록하고 있다. 만일 특정 조립공장을 벤치마크로 삼고자 한다면, 크라이슬러의 제퍼슨노스부터 시작하라.

JIT 납품을 비난하는 자들도 있다. 그들은 그것이 안전재고를 납품업자한테 보관하는 방식에 지나지 않는다고 말한다. JIT는 또한 납품업자에게 고객에 좀더 가까운 곳에 공장을 설치하라는 압력을 가한다. 미국에서 그것은 국내 제조업체에게, 일본의 부품공급을 그처럼 효율적이게 만드는 계열제도를 채택하라고 강요한다. 계열의 효율성은 부분적으로 부품업자가 조립공장에 가능한 한 가까이 위치하고 있다는 사실에 기인한다. 사실은 너무나 가까워서 파스너와 스위치 같은 일부 부품들은 자전거로 직접 라인에 배달되고 있다!

북미의 부품업자가 고객에게 좀더 가까이 갈 수 없다면, 그들은 반드시 부품구매 주문계약서에 정해진 JIT 요구조건들에 부응할 수 있도록 조업 효율성을 달성해야 한다. 그들은 유연생산방식을 채용하고, 조립업자의 판매량과 사양변경에 적응할 수 있도록 적절한 제품결합을 개발해야 한다. 그들은 또 파업과 작업차질을 배제하는 안정적인 노사관계를 발전시키거나, 그 같은 우발사고에 대비한 부품공급의 다른 방안에 따르는 비용을 부담해야 한다.

조립공장에서 작업중단을 초래하는 파업이나 경기침체는 부품업체가 반드시 공급해야 하는 부품의 물량에 악영향을 미친다. JIT 납품은 시각관리 방침과 더불어 제품과 효율적인 자재관리에 매우 중요하므로, 납품업체는 줄어든 물량을 다시 반영시키기 위해 재협상하는 방안 외에는 구매계약으로부터 아무런 구원도 기대할 수 없다. 하지만 대다수 구매주문은 물량을 기준으로 하는 가격연동의 여지를 남겨 두고 있다.

JIT와 트윈스버그 실화

당신은 JIT 때문에 납품업자에게 취약할까? 절대적으로는 그렇지만, 당신이 하는 모든 일에는 항상 어느 정도 취약성과 위험이 있다. 예를 들면 사람은 오직 1개의 심장을 갖고 있고, 만일 그것이 갑자기 터진다면 당신은 이제 만사휴의인 셈이다. 이런 일들은 우리 모두가 살면서 겪어야만 하는 것이다.

1983년 오하이오주 트윈스버그 프레스공장에서 발생한 파업이 대부분의 크라이슬러 공장을 닫게 만들었다. 언론은 이것이 JIT의 취약성의 한 사례라며 이 사태를 공격했다. 그때나 지금이나 내 생각은 다르다.

우리는 1980년부터 1983년까지 윈저 공장에 초점을 두고 부품서열공급제 쪽으로 옮겨 가고 있었고, 다른 공장에 대해서는 그다지 역점을 두지 않았다. 이 점은 이미 언급한 바와 같다.

트윈스버그는 스털링과 워런과 더불어 우리가 살려 낸 세 프레스공장 중 하나였다. 그 중에서도 트윈스버그는 가장 급진적이었다. 그 공장은 1958년에 건설되어 거의 햇수만큼이나 많은 25번의 파업을 기록했다. 그래서 급진적이라는 것이다.

공교롭게도 바로 아이어코커와 내가 윈저 조립공장에서 최초의 미니밴을 대중에게 선보인 1983년 10월 어느 날, 트윈스버그 프레스공장이 파업에 돌입했다. 우리는 JIT를 시행중이었기 때문에 하루 만에 거의 모든 곳에서 결품 사태를 겪었다. 우리는 단 1주일 사이에 9000만 달러의 변동이익을 상실했다! 트윈스버그의 행동은 윈저뿐만 아니라 다른 모든 조립공장들도 마비시켰다. 말할 필요도 없이 그 공장은 손익토대이자, 우리의 수입원천이다. 바로 이것이 모든 자동차업체 사람들이 두려워하는 사태이다.

명백한 점은, 내가 아이어코커 속에 1명의 열혈 코만치 인디언을 가졌다는 점이었다! 아이어코커와 나는 노사관계 담당 부사장과 부회장, 그리고 스티브 샤프와 회담했다. 이 핵심 회의는 미니밴 시판의 '엄청난 선전 파문' 바로 직후 열렸다. 그것은 괴로운 회의였다. 좋다. 나는 대단한 선수이다. 나는 경기장에서 몇몇 최고의 축구영웅들과 뛰었고 몇 개의 히트도 기록했다. 그 방에서 나에게 매질할 수 있는 사람은 아무도 없었다. 또 그 방에서 자동차조립과 제조를 나보다 더 잘 이해하는 사람은 없었다. 왜 트윈스버그에서 파업을 하고 있는지에 대해 우리가 밝힌 견해들은 제각각이었다. 그것은 정말 흥미로운 회의였다. 그것들 중 하나는 결코 잊지 못할 견해이리라!

그것이 정말 JIT의 잘못인가? 아니다. 나는 그들에게 주장하고 회장에게 역설했다. "똑바로 봅시다. 우리는 세 가지 이유로 파업중입니다. 크라이슬러는 항상 너무 쉽게 이런 사람들에 굴복했고 바로 그 점이 적어도 지난 25년간 그곳에서 25번이나 파업이 발생한 이유입니다. 그자들은 우리를 향해 파워 플레이를 벌이고 있습니다! 그들은 당신이 개인적으로 허둥지둥하고 있기 때문에 바로 지금 자신들이 대단히 주목받고 있다고 생각합니다. 당신이 방금 미니밴을 시판했는데, 이제 당신은 강판이 떨어졌기 때문에 더 이상 그것을 조립할 수 없다는 겁니다."

그는 물었다. "내게 하려는 말이 무엇인가요?"

나는 그 물음에 이렇게 답변했다.

"이것은 부품서열공급제나 JIT에 관한 사항이 아닙니다. 초점은 노동 문제입니다. 현지 노조는 발전하는 기술을 받아들이고 싶지 않습니다. 왜냐하면 그들이 받아들인다고 해도, 그것은 결국 사람들을 그 공장에서 쫓아내는 결과를 빚어 낼 것이라고 여깁니다. 예를 들면 우리가 현수관리로 전환함에 따라 사람들을 크레인에서 밖으로 쫓아낼 수도 있습니다. 그들은 그 사실을 압니다. 그들은 수많은 여분의 인력이 대부분의 시간을 저기 높은 곳에 앉아 있으면서 공장바닥에서 일하는 사람들을 내려다보기만을 바랍니다. 또 한 가지 문제는, 부품들을 한 라인에서 다른 라인으로 보내는 것에 가해지는 제한에 관한 점입니다. 그들의 요구사항은 계속 늘어나고 있습니다. 그 요구들은 너무나 제한적이기 때문에 만일 수락한다면 우리는 그 공장과 노동력을 효과적으로 관리할 수 없게 됩니다.

이 파업은 기술진보와 작업의 신축성을 억제하는 겁니다. 그것에 굴복하면 당신과 크라이슬러는 죽어요! 그 경우 당신은 여기서 일할 필요가 없어집니다. 나도 여기서 일하지 않게 되지요. 빌어먹을. 당신이 입장을 분명히 하고 의지를 보여 줄 때가 바로 지금입니다!"

이것은 지역 노조가 완전히 제멋대로인 고전적인 사례였다. 그들의 요구는 엉터리임이 널리 인정되었다. 경영진, 국제 노조, 공장 종업원, 확실한 점으로는, 영향을 받은 다른 공장의 종업원들도 공장이 재가동되기를 원했다.

내가 열심히 촉구한 결과 경영진은 지역 노조와 상대하면서도 자신의 입장을 고수했다. 지역 노조가 협상 상대자와 사원들의 지지를 상실했음을 깨달은 후 만족할 만한 타협이 이루어졌다. 어떠한 제한적인 요구도 인정되지 않았고 현지 노조 위원장은 다음 선거에서 패배했다.

나는 그곳의 파업 지도자들이 자기 부대의 지지를 받지 못하고 있다는 점을 알고 있었다. 나는 사람을 보면 조직을 안다. 나는 이런 공장에서 자라났다. 나는 낮교대조, 밤교대조, 주말교대조에서 주 6일 내지 7일을 일하며 7년을 지냈다. 그들 중 가장 우수한 사람을 기준으로 삼더라도 나의 경우는 지나치게 많이 일했다. 나는 그들의 지도자가 과잉 교육을 받은 급진파임을 알 수 있었다. 또한 그가 자신이 트윈스버그를 통제했다고 생각했으며, 아이어코커나 UAW 위원장 더글라스 프레이저와 협상할 필요가 없다고 생각한다는 것을 나는 알고 있었다.

좋다. 나는 당시 대단히 미쳐 있었지만, 해고되는 것 따위에는 신경 쓰지 않았다. 이런 상황에서 나는 올바른 것을 실천하고자 하지, 가장 쉽거나 인기 있는 것을 실천하고자 하지 않는다. 나는 JIT와 우리가 도입한 시스템이 진실로 옳다고 믿었고, 그것을 지키기 위해 기꺼이 싸울 채비가 되어 있었다. 그것은 실로 온힘을 기울인 싸움이었다.

오늘날 제퍼슨노스 조립공장은 JIT를 넘어 부품서열공급제로 향하는 거보를 내딛고 있다. JIT가 자재들을 4시간에서 8시간 동안 늘어놓는 기법이라면, 부품서열공급제는 승용차가 라인에서 흘러나오는 순간 거기 집어넣을 시트들을 싣는 납품트럭이 대기하고 있기를 바라는 셈이다. 이제 우리는 시간을 분 단위로 쪼개고 있다. 세상의 어느 누구도 그만큼 효율적인 시스템을 갖지 못하고 있지만, 빅 스리 중 누가 갑자기 최대의 이윤폭을 갖게 될지는 짐작할 수 있지 않은가? 도는 만큼 번다.

제조업에서 영원히

크라이슬러의 관점에서 보자면, JIT 자재관리로부터 다시 예전의 재고 쌓아 두기 방식으로 되돌아갈 수는 없다. 그것은 작업장을 변혁시켰고, 그 결과 예전 같으면 통제하기만 하던 관리자를 작업장 속으로 내몰았다. 그것은 미친 상태에서 건전한 상태로의 전환이다. 우리는 JIT를 토대로 납품업자용으로 매번 바뀌는 10일 납품예정표를 개발했다. 이것은 그들에게 정확히 무엇을 미리 납품해야 하는지를 알려 준다. 그 예정표는 그들의 생산계획을 안정시켰고, 또 그들 자신의 납품업자로부터 받는 자재주문을 안정시켰다.

전공정을 크라이슬러 전체에 시행하는 데는 여러 해가 걸렸다. 그것은 그만한 가치가 있었다. 바로 이것이 내가 1979년에 리와 그렇게 솔직하게 토론한 이유였다. 당신은 정책사항에 대해 먼저 합의해야 한다. 우리는 15억 달러를 넘는 누적재고로부터 해방되었고, 재고회전율은 예상 밖으로 치솟았고, 대당 할증 수송 벌금은 산업 내 최저수준으로 떨어졌고, 과잉 및 불용 자재는 기록적인 수준까지 하락했고, 부품 부족과 대기조달(attendant expediting)은 획기적으로 떨어졌으며, 딜러에 대한 납품일자는 개선되었다. 제조업의 자재관리에 관한 그 이론이 현실의 시험에서 성공적으로 살아 남을 수 있음을 우리는 입증했다! 다른 사람들이 당신을 위협하거나 공갈하여 정책사항의 중요한 개선을 중단시키도록 허용해서는 안 된다. 우리는 적시납품제도의 정당성을 입증했다.

13 벤치마크는 어디에 있는가

나는 1976년 독일 제조업의 실제를 처음으로 견학했다. 당시 나는 미국 폴크스바겐의 제조 담당 부사장이었다. 나는 GM에서 12년간 근무한 뒤 폴크스바겐에 입사했지만, 입사 전까지만 해도 글로벌 시장전략, 통화교환, 제품인증(외국법에 적응), 또는 다언어 의사소통 등에 관한 토론에 참여해 본 적이 드물었다. 따라서 폴크스바겐의 볼프스부르크 본사를 방문한 나의 첫 여행은 충격이었다. 이런 문제들이 내가 입사한 회사의 성공에 핵심이었기 때문에, 나에게도 핵심 관심사가 되었다.

독일인 기질

나는 새 동료들에게서 단호한 의무, 헌신성, 여타의 군인적 덕성들과 습관, 민족주의를 발견했다. 이런 것들은 내 나라 미국에서는 '용광로'의 역사 때문에 상상할 수도 없는 것들이었다. 독일인은 자신의 욕구와 소망을 미국인보다 훨씬 쉽고 자연스럽게 나라와 회사의 욕구와 소망에 종속시킬 수 있는 것 같다. 독일 문화 역시 집약적일 정도로 동질적이다. 따라서 '독일인 기질'이 궁극적인 성공과 번영으로 가는 유일한 길이다. 일사분란함을 향한 이런 압력이, 미국인에게는 억압적이지만 그곳에서는 조화와 협동을 창출하고 있다. 나는 이 점을 폴크스바겐 노조와 경영진 간의 덜 적대적인 태도에서 보았다. 정부가 이 회사의 일부를 소유한다. 노동력의 노조화는 감독자 직급에까지 존재하는데, 이런 것은 미국의 경우 지금까지 들어 본 일이 없다. 첫 방문에서 나는 회사 관리직의 50퍼센트가 노조원임을 알았다. 이것은 미국과는 완전히 다른 시스템이다.

폴크스바겐의 초점은 다른 독일 회사와 마찬가지로 뚜렷이 세계적이었다. 독일은 지리적으로 수십 년 동안 자급자족할 수 없었기 때문에 원료를 수입해서 첨단 공산품을 만들고 이를 수출하여 부의 커다란 부분을 얻고 있다. 기본적으로 독일 경제는 기능과 지식의 판매로 운영되고 있으며, 따라서 그들의 자질은 그들의 가치체계에서 높이 평가된다.

미국인이 모든 인종, 성, 신앙에 대해 평등한 기회를 규정하는 법률을 통해 작업장에서 공정성을 창조하려고 하는 데 반해, 독일의 작업장은 남성이 지배하는 준군사주의적인 사회적 단일체로 공정성보다 근면성을, 개인주의보다 집행의 정밀성을 높이 평가한다.

개인적인 차원에서 나는 관용이 우리의 엔지니어링도면에 못지 않게 인간적 상호관계에서도 엄격함을 알았다! 나의 독일인 동료들은 정중하고도 정확하다. 아니 오히려 냉정하고 거리를 두고 있었다. 직함을 이름보다 선호했다. 사사로운 따뜻함은 작업하지 않는 시간을 위해 유보되어 있었다. 나는 작업장에서 벗어나 가정, 음식점, 또는 술집으로 갔을 때 이런 독일인의 개성이 얼마나 확연하게 바뀌는지를 보고 깜짝 놀랐다.

그들에게 존재하는 인간과 기계 사이의 관계도 미국과는 다르다. 나는 제품과 기계류에 대한 대단한 존경심을 보았다. 그것은 아마도 대부분의 원자재가 수입되어야 하고 미국보다 비싸기 때문이리라. 독일인은 정밀성, 품질관리, 보전을 높이 평가한다. 폴크스바겐은 예방 및 예시보전계획을 실천하고 있었는데, 그것은 미국 제조업체들이 이런 생각을 하기 훨씬 전의 일이었다.

내가 폴크스바겐에서 근무하던 때만 해도 품질관리관행은 철저하지만 낡은 것이었다. 제품은 출고되기에 앞서, 수많은 인상적인 계측기, (내경두께) 측정기, 형틀을 사용해서 점검되고 재작업되고 재검사된다. 사람들은 서로 옮겨 다니면서 이런 작업을 하고 있었다. 이것은 독일인을 괴롭히지 않는다. 아마도 그 까닭은 일종의 사회주의 체제에서 대기업의 책임

사항은 가능한 한 많은 사람을 고용하는 것이기 때문이다. 그들도 언젠가는 터득할 것이다. 오늘날 글로벌라이제이션의 시대에 그것은 효과적이 아니라는 사실을. 하지만 산업에 대한 정부의 책임은 진지하게 생각되고 있다. 노동자의 건강보호비용은 오늘날 미국 제조업자들을 마비시키는 큰 부담이지만, 독일에서는 대체로 정부가 지급하고 있다.

독일에서는 조직에서 엔지니어와 제조 관리자가 높은 지위를 차지한다. 금융인, 제품 기획자, 판매 및 마케팅 임원은 흔히 미국의 경우에는 최고 직급까지 승진하는 데 비해, 폴크스바겐은 엄밀한 균형을 유지하고 있었다. 경영이사는 폴크스바겐 사업의 모든 분야를 대변했다. 제조부문은 엔지니어링, 판매, 금융, 구매와 동등하게 취급되었다. 심지어 미국에서는 흔히 쓰레기업자처럼 대우받는 서비스와 부품부문이 회사의 중요 결정에서 동등한 발언권을 가지고 있었다.

제조엔지니어는 높은 존경을 받았는데, 그 까닭은 일반인들이 기계류와 장비에 대해 갖고 있는 존경심, 정밀작동이 요구하는 꽉 조여진 인내력 때문이었다. 미국에서 폴크스바겐 공장을 건설한 나의 동료, 고(故) 위르겐 에머 박사는 이 분야 출신으로서 회사 내의 훨씬 책임이 무거운 지위로 올라간 사람이었다. 멕시코의 폴크스바겐에 있는 나의 친한 친구이자 공장운영 최고 임원인 고 빌프리드 브레너 역시 제조기사였다.

토니 슈메커는 내가 폴크스바겐에 있을 때 경영이사회 회장이었는데, 나에게 폴크스바겐 제품전략과 세계적인 사업전망을 브리핑한 적이 있다. 그의 설명에 따르면, 첫째로 폴크스바겐(VW)은 창업시에 비틀(Beetle : 딱정벌레차 — 역자)에 의해 창조된 고품질과 제품신뢰도의 이미지를 내세우려 한다. 다음으로 VW이 아우디를 인수하고 미국에서 포르셰와 협력한 이후로, 이 회사는 고도 기술 이미지를 개발하기 시작했지만, 그 용어의 독일적인 의미에서만 그랬을 뿐이었다. VW의 고도 기술은 스타일링과 강판과는 거의 관련이 없었고, 오히려 구동과 섀시부품, 조향, 제동, 연료시스템, 시트, 현가장치에서 나왔다. 독일인들은 마력과 성능을 사랑한다. 셋째로 VW의 강점, 슈메커의 설명에 따르면 탁월한 서비스인데, 이 부문은

VW의 조직에서 판매와 동등한 지위를 갖고 있었다.

또한 슈메커는 내게 금융계와의 우호관계가 중요하다고 가르쳤다. 나의 VW 재직기간중, 최고의 자금 담당 임원이자 부회장은 박사교수 프리드리히 토메였다('교수'는 독일어에서는 최고의 명예인데, 사람들로부터 인생상담을 받으며, 일상적으로 어떤 상황에서나 이 직함을 가진 사람을 칭하는 데 사용되고 있다). 이 직함 자체만으로도 독일 금융계의 위세를 알 수 있었다.

VW이 미국에 생산거점을 만들었을 때 임원이사회는 독일인 전문가들을 미국에 파견하고 그들 각각의 미국측 파트너를 고용하며, 이들이 해당 전문가들과 동등한 지위에 오를 준비가 될 때까지 감독키로 계획했다. 예정 날짜에 미국인이 인수하고 독일인은 고국으로 돌아온다는 계획이었다.

독일인은 아주 꼼꼼하고 시간 관념이 철저했다. 그들은 시한을 신앙처럼 중시한다. 계획은 공식적이며 항상 문서로 기록되고, 그것을 실천해야 하는 모든 사람의 동의를 받도록 되어 있다. 일단 구상되고 수락되어 확정된 계획은 위반할 수 없는 기준으로서 마지막 사람까지 그것을 시행하려고 분투한다. 그들의 체계에 약점이 있다면 아마도 유연성의 결여일 수 있다.

그리하여 미국인이 인수할 때가 되었을 때, 미국인의 의무와 책임사항을 아주 세밀하게 규정하는 정교한 문서가 마련되었다. 그런 다음 공식적인 서명작업이 시작되었다. 첫 서명자는 미국 VW의 사장인 맥러논과 VW의 제조 담당 최고 임원이자 경영이사인 하르트비히(Guenter Hartwich) 박사였고, 이어 에머 박사와 내가 서명했으며, 다음으로 아래로 내려가며 프레스공장, 치공구와 금형부, 차체공장, 도장공장, 기획, 의장, 섀시, 보전, 품질부서의 순서로 서명했다. 이런 철저한 절차는 독일인과 우리 미국측 모두에 의해 지독할 정도로 중시되었다. 하지만 그것은 미국인 간부를 초조하고 신경질 나게 했다. 미국의 문화는 우리를 그러한 의례적인 공식 절차에 익숙하도록 단련시켜 주지 않았지만, 그런 절차는 잘 처리되었다.

미국 생산거점을 구축하는 이 일을 위해 우리에게 허용된 시간은 불과 18개월이었다. 독일인은 항상 서두른다. 통신, 문화, 시간대, 노조화, 철학상의 차이점들을 처리한 후에, 우리는 인력을 채용하고 훈련하고 생산조직을 배치하고 VW이 크라이슬러로부터 구매한 공장건물을 마무리하고, 공장이 하루 800대씩 조립할 수 있도록 장비를 배치하고 공정을 설치해야만 했다. 우리는 또한 하루 800대의 차량조립을 뒷받침하는 프레스공장을 조립하거나 매입해야만 했다. 우리의 차량은 VW의 기준을 반영해야만 했다. 우리의 생산비는 독일의 엠덴 조립공장을 모델로 하되, 10퍼센트를 줄이도록 되어 있었다. 이 생산설비는 VW의 범세계적 사업의 일환에 통합되어야 했다. 모든 프로젝트는 VW의 품질 기준에 따라 예산 내에서 적시에 제품을 출시하도록 되어 있었다. 1978년 4월 10일 우리의 첫 래빗이 라인에서 흘러나왔다. 제 시간을 맞추었고, VW의 품질 기준에 적합했으며, 예산계획에 부합했다. 게임은 계속되고 있었다.

펜실베이니아주 웨스트모어랜드에 있는 조립공장은 미국 최초의 대규모 현지 조립공장이었다. 그 전이나 그 후에도 이렇게 빡빡한 기간 내에 조립공장을 건설한 사람은 아무도 없었다. 우리의 독일인 파트너들 외에도, 공장장 R. S. 커민스, 인사 담당 이사 M. G. 맥파든과 간부들이 3개 대륙에서 밤낮으로 일해 그런 일을 이루었다.

왜 래빗이 죽었는가

주지하다시피 일대 사건들이 1980년대 중반과 후반에 독일의 미국 내 현지 투자활동을 덮쳤으며, 그 결과 북미 자동차시장의 소형차, 중형차, 중간규모 차종들에 대한 독일측의 도전은 하찮은 것이 되고 말았다. 일본인이 몰려오고 있었기 때문이었다!

실패의 한 가지 요인은 내 생각으로는 독일의 산업체에도 있었다. 독일 산업체는 경영이사회와 감독자이사회라는 2개의 핵심 그룹으로 이루어져 있다. 그것은 미국의 시스템보다 훨씬 더 정치화되어 있다. 이사회에 가보니 나는 이 양대 그룹의 모든 임원이 확장과 애초의 북미 제품생산계획에 전폭적으로 지지하고 있다고 느낄 수는 없었다. 하지만 이것에 대해서 내가 할 수 있는 일이란 거의 없었다. 상황을 최대한 이용하고 그들의 계획과 생산목표를 정확히 집행하는 것 외에는 별다른 길이 없었다. 그런 역할은 잘 이루어졌다. 우리는 모든 목표를 품질, 타이밍, 예산에 맞춰 세웠다. 하지만 우리는 결국 해당 공장을 매각하고 말았다. 래빗은 우리가 빨리 만들어 내는 만큼 팔리고 있었는데도 말이다.

나는 다년간의 고용계약에 동의했는데 그만한 기간 정도면 투자사업을 시작해서 제품을 생산하는 데 충분한 시간이며 그때쯤이면 양측이 서로를 한층 잘 이해할 수 있을 것이라고 생각했다. 나는 장기고용에 대해서는 걱정하지 않았지만, 외국인 회사에 근무하는 데는 다소 위험이 있다고 느꼈다. 그래서 계약이 필요했다. 유럽 회사의 전통은 외국인을 채용할 때 임원 차원에서는 계약에 입각해서 채용하는 관행이었다. 내가 근무한 미국 회사에서는 어디서나, 특히 GM과 크라이슬러의 경우 고용계약은 다음에 받는 급료수표였다. 만일 한 달에 두 번 급료를 받는다면 그것은 2주 간의 계약을 한 셈이 되며, 한 달에 한 번 급료를 받으면 30일 계약을 한 셈이 된다. 그 점을 잊지 말라.

나는 스스로 모험을 하고 있고 VW도 모험을 하고 있음을 알았다. 우리는 서로를 거의 모르는 채 갑자기 하루 24시간 함께 지내려 하고 있었지만, 그것은 좋은 배움의 경험이었다. 나는 곧 VW의 각종 비용이 너무나 높다는 점을 알았다. 우리가 독일에서 자재를 계속 수입한다면, 미국 조립업체와 경쟁할 도리가 없었다. 일본인은 논외로 치더라도 그러했다. 소형차의 신규 판매의 경우 생산비가 결정적이다. 일단 부품의 많은 문제점이 높은 생산비 구조에서 나오고 있음을 안 이상, 또 노조의 존재 때문에 노동비용이 높다는 것을 안 이상, 나는 그 현지 회사가 당초 VW 기획자들이 예측한 대로 그렇게 간단히 작동하지는 않을 것이라는 점을 감지했다. 하지만 우리는 VW의 미국 시장점유율을 4퍼센트까지 재구축하는 데 성공했다.

내가 VW을 떠날 때, 그들은 여전히 수지균형을 맞추고 있었고 —— 그들은 승용차나 트럭공장을 추가로 건설할 수는 없었다 —— 1년 후쯤까지는 그랬다. 나는 당시 VW 경영진에게 제품주기가 너무나 길다고 말했다. 내가 이미 언급했듯이 크라이슬러에서 긴요하고도 중대한 사항은 현재 진행되고 있는 신제품의 흐름이었다. 폴크스바겐과 다른 유럽 업자는 당시 일본보다 2배, 미국 회사들보다 50퍼센트나 긴 자동차주기를 갖고 있었다. 예를 들어 일본 혼다의 경우 자동차의 제품주기는 4년이었지만 미국의 경우는 6년이었고 독일의 경우 8년 또는 그 이상이었다. 나는 그들에게 말했다. "소형차로 8년의 주기를 갖고는 결코 먹고살 수가 없어요. 너무나 많은 신차들이 나와 있는데, 당신네 생산비 구조는 딜러 수익률이 너무나 박하기 때문에 반드시 통제되어야만 합니다." 딜러의 육체는 여전히 당신들의 생명선이다. 당시 VW 딜러조직은 강력했고, 대부분 단일차종계약이었으며, 그 숫자는 1100개가 넘었다. 그들은 전문가들이었다.

또 하나의 중요 요소는 VW가 이미 멕시코 푸에블라에 확고한 생산기지를 갖고 있었다는 점이었다. 푸에블라에 그들은 주물프레스공장, 조립공장, 우량한 부품업체로 이루어지는 하부구조를 갖고 있었다. 이런 부품업체 상태는 결코 VW의 펜실베이니아 조립공장 주변에는 발달하지 못했다. 프레스공장은 조립공장의 옆이 아니라 웨스트버지니아에 있었다. 우리는 주물공장이 없었고 따라서 독자적인 엔진 블록과 기계가공을 할 수 없었다. VW 설비에 핵심적인 부품업자들은 예상한 대로 결코 미국으로 이전하지 않았다.

15년이 지난 오늘날, BMW는 이미 60여 개 독일 부품업체들로부터 이 회사를 지원하기 위해 남북 캐롤라이나주와 그 부근으로 이전한다는 약속을 받아 냈다. 이것은 지원, 정책, 하부구조에서 엄청난 차이를 가져올 것이다. VW 웨스트모어랜드 공장은 나에게 좋은 배움의 경험이었고 아울러 독일 자동차산업 경영자들에게도 마찬가지였다. 파는 곳에서 생산한다는 원래의 계획은 여전히 맞는 말이다. 그러나 속담은 말한다. "너무 빠른 때가 늦은 때이고, 너무 늦은 때가 빠른 때이다."

일본인 기질

1980년 크라이슬러 종합사업부의 임원급 부사장이 되자 나는 미쓰비시 자동차와 대결했고 후에는 다이아몬드스타 자동차와 맞서게 되었다. 크라이슬러는 1971년 이후 미쓰비시의 주식을 보유했고 합작투자를 전개하고 있었기에 나는 그 회사에 부분적으로 깊이 개입하게 되었다.

미쓰비시와 다이아몬드 자동차에 관여한 일은 VW에서 한 만큼 그렇게 직접적이지는 않았지만, 매우 중요한 사안이었다. 1980년 크라이슬러로 옮겨 왔을 때 나는 모든 국제 판매를 관장했다. 그것은 곧 매일 미쓰비시의 일본인과 함께 일한다는 뜻이었다. 당시 우리는 호주 크라이슬러(이 회사가 직접 나에게 보고했다)를 미쓰비시에 매각하는 중이었다. 이 과정은 내가 그곳에 가기 전에 이미 시작됐지만, 상급 임원들과 이사회의 임원을 대신하여 매각을 마무리하는 일이 나의 임무였다. 즉 어떤 조건에서 이전하고 또 미쓰비시가 어떻게 우리를 위해 계속 승용차와 트럭을 조립하고, 해당 자동차들을 어떤 조건으로 미국에 수입하는가에 관한 협상이었다. 당시 미쓰비시는 우리가 악성질병에 걸려 있다고 생각하고 우리와 결별하려 하고 있었다! 그들을 달래고 계속 행복하게 해주는 일이야말로 나의 임무였다. 물론 나의 신뢰도도 잃지 말아야 했다.

1980년 나는 그들과 매일 토론했다. 그런 후 1981년 나의 임무가 확대되었을 때 나는 그들에 대해 다시는 일상적인 책임을 지지 않았고 그것은 1983년까지 계속됐다. 당시 리 아이어코카와 미쓰비시 자동차의 회장 구보 박사, 산 사장 간에 개인적으로 합의된 사항은, 양사가 미국 내 합작 조립공장 건설 가능성에 관심을 갖는다는 내용이었다.

나는 팀과 함께 일본으로 건너가 이 특별과제를 책임 지고 있는 미쓰비시의 제조 담당 최고 임원 나카네를 만났다. 우리는 오카자키 소재 미쓰비시 조립공단의 초원에 세워진 (1977년 설립된) 그의 최신예 공장에 관해 검토하고 토론했다. 나의 최신예 공장은 내가 1970년대에 VW에 있을 때 기획되고, 크라이슬러가 1983년 사 들인 설비였다. 바로 스털링 하이츠 조립공장이었다. 이처럼 우리는 각기 상대방, 최신 일본 조립공장의 사상과 우리의 사상을 최대한 활용하려고 했고 어떻게 하면 양자를 통합할 수 있는지를 결정하려고 노력했다.

1983년부터 1987년까지 나는 매달 이 사람들과 다이아몬드스타 자동차를 발전시키는 방안에 대해 서로 협력했으며, 그것은 우리의 제퍼슨노스 조립공장 발전에 매우 중요한 벤치마크가 되었다. 다음 1988년부터 내가 크라이슬러를 떠날 때까지 나는 매달 다이아몬드스타 자동차측에 사람을 보내거나 데려왔고, 나카네는 사람들을 데려와 내가 기획중인 공장 즉 제퍼슨노스를 심사하게 했다. 이같이 우리는 10년 동안 함께 친밀하게 협력했다.

독일과 일본의 지리, 인구, 문화는 매우 유사하다. 양국은 과잉 인구에다 천연자원이 빈약하고, 지식과 기술에 의존하여 값비싸게 구입한 원재료를 가공하여 복잡한 고품질의 수출용 공산품으로 바꾸고 있다. 그들 양국은 육체적인 용기라는 덕성, 충성심, 조국에 대한 충성, 의무와 명예로 물들여진 군사적 전통을 이어받았다. 양국은 단색적 사회로 일사분란함——'독일인 기질' 혹은 '일본인 기질' —— 을 귀중하게 여기며, 공정함보다는 근면함을 우대한다. 집행의 정밀성이 개인주의보다 높은 평가를 받는다. 여자라든가 혹은 소수파 인종, 부족, 종교집단의 일원은, 이들 나라에서는 동등한 대우나 특별한 존경을 받지 못할 수도 있다.

독일과 마찬가지로 일본에서 개인에 대한 불관용과 저평가의 뒷면은 협동이다. 일본의 노조는 기초가 회사이며 매우 양순하다. 일본인 노동자는 검정색 완장을 두르고 더욱 열심히 일함으로써 항의한다! 부품업자는 자동차회사의 '가족'으로 간주되고 있다. 그들은 조립공장 가까이에 위치하고 있으며, 갖은 아양을 떨면서 강력한 고객의 기분에 맞추려고 애쓴다. 일본인은 독일인에 못지 않게 아니 그 이상으로 품질을 강조한다.

제조업은 나라의 혈액처럼 여겨져 최고의 지위를 누린다. 제조기사의 지위는 디자인기사의 지위와 동등하며 일본 회사의 경영이사회는 기사와 제조 인력에 의해 지배되고 있다.

일본의 기획과정은 고도의 합의에 토대를 두고 있으며 독일 스타일과 마찬가지로 꼼꼼하고 시간소모적이다. 나는 일본에서는 계획이 독일과 똑같은 군사적 정밀성을 갖고서 지켜진다는 점을 알았다.

이런 유사성은 미국에게 한 가지 교훈을 준다. 즉 이런 나라들은 우선 제조업을 통해 높은 생활수준과 세계 경제력을 달성할 수 있는데, 제조업의 탁월성은 아마 고도의 일사분란함과 협동을 요구하는 강력하고도 준군사적인 조직에 의해 가능한 것 같다. 민족주의, 자기 희생, 의무에 대한 헌신, 명예는 개인들을 강력하고도 생산적인 팀에 융합시키는 접착제이다. 엔지니어는 합의, 사명감, 균형, 초점에 기초를 둔 세부적이고도 시간소모적인 기획과정을 지도한다.

일본 자동차업체 임원 중 50퍼센트 이상이 제조부문이나 생산공학분야의 출신이다. 이것은 미국의 실제와 아주 다르다. 이런 관행의 엄청난 이점은 자본투자지출의 결정에 있다. 미국의 경우 대부분의 자본투자지출은 비교적 빠른 수지타산을 보증해야 한다. 일본인은 흔히 단기 금융수익을 요구하지 않는다. 만일 그것이 해야 할 옳은 일이라면, 즉 그것이 품질향상, 소비자만족도의 향상, 나아가 사원에 대한 인체공학적 이점을 가져온다면 그들은 그것을 한다. 미국의 임원이사회의 간부들 중 얼마나 많은 사람이 과잉 긴장의 제거, 불규칙적 운동의 제거, 또는 불필요한 행동의 제거라는 주장에 의해 투자하도록 설득될 수 있을까?

제조업의 경험을 가진 일본인 임원은 노동 인력의 기술적 주장과 그의 필요성을 이해한다. 그들은 금융상의 수지타산에 관한 시시콜콜한 이야기를 원치 않는다. 반면 미국의 임원은, 흔히 경제학, 법학, 기획, 또는 마케팅에서 자신의 경험을 쌓기 때문에 금융과 마케팅에 관한 주장을 경청하는 편이 훨씬 편안하다. 그들 중 대부분은 결코 제조업에서 일해 본 적이 없고, 십중팔구는 공장바닥을 걸어 본 적도 없는 사람들인 경우가 많다. 일본인은 자본투자가 자국과 회사에 가져올 이점을 이해한다. 하지만 수많은 강력한 미국인 동료들은 그렇지 못하다.

코트(K. Court) 박사는 아시아 소재 도이처 뱅크 캐피틀 마켓(Deutche

Bank Capital Markets)사의 초대 부사장을 지낸 동경 주재 캐나다 경제학자인데, 그는 1992년 5월 미국 의회에서 이렇게 예언했다. "일본은 1990년대 중반에 세계 제1의 산업 강대국이 되며, 2000년 직후에는 미국을 능가하여 세계 최대의 경제 대국이 될 전망이다." 그는 또한, "그것은 사상 유례 없는 수준을 기록한 민간부문의 공장과 장비투자의 결과"이자 일본의 연구개발지출의 지속적인 증가에 기인하고 있다고 말했다. 또한 일본은 국민총생산의 20퍼센트 이상을 신규 설비투자에 지출한다고 코트는 보고했다. 미국의 경우 이 비율은 10퍼센트이다. "지난 25년간 미국이 백분율로 일본만큼 투자한 적은 한 번도 없다"고 그는 지적했다.

일본 문화는 한 가지 장점을 갖고 있다. 즉 '무엇을' '왜' '어떻게'라는 질문이, 지속적으로 개선하고자 하는 그들의 노력 속에 넘치고 있다는 점이다. 미국에서는 '누가'라는 문제가 너무 자주 거론된다. 즉 "누가 이것을 책임 지고 있는가"라는 말이 심심찮게 거론되어, 성공이 한 개인에게 귀속될 수도 있지만 너무나 자주 '누군가'가 잘못된 것에 대해 책임을 진다. 희생양을 만드는 행위는 미국의 경우 흔히 출세하거나 '영토'를 지키려는 욕망에서부터 비롯된다. 그것이 회사의 경제적 목표를 발전시키는 데 거의 아무런 기여도 하지 못한다는 점은 확실하다.

일본의 경우, 생활의 모든 측면에서 안정은 예측 가능성과 반복성에 기여하고 이런 자질은 제조업의 탁월성을 보증하는 상표이다. 일본인 경영자는 미국인 경영자보다 돈을 덜 벌지만, 그의 직업은 더 안정적이다. 그는 다음 분기의 이익이 예측보다 밑돌아도 해고될 것을 우려하지 않는다. 이 시스템은 납품업자에게 안정성을, 보통은 안정적이며 낮은 금리, 장기 기획의 안정성을 준다. 하지만 이 시스템의 가장 중요한 점으로는 제조업체에게 판매예측의 안정성과 그에 따른 생산계획의 안정성을 제공한다는 것이다. 미국에는 이런 것이 거의 없다.

응집성, 일사분란함, 동질성은 사회의 최고층부터 최하위층에 이르기까지 목표의 통일성을 창출한다. 일본의 자동차업체는 학교, 은행, 노조, 전체 체제의 부드러운 작동을 보증하는 정부 관료제의 지원을 받는 국민적 조직이다.

미국의 경우 우리는 서로 경쟁하기에 바쁘다. 아주 최근까지도 독점금지법은 자동차업체들이 협력하여 에어백, 축전기술, 대기오염 통제장치 등과 같은 상호필요하고 관심 있는 분야를 연구하는 처사가 불법이라고 단속했다. 극히 최근에야 우리는 일본과 독일의 제품과 조직을 벤치마크로 활용하기 시작했을 뿐이다. 미국에서는 완성차업체와 부품업체, 노조와 회사 경영진, 자동차산업과 정부 사이의 적대적인 관계로 얼마나 많은 에너지가 소모되고 있는가? 낭비된 이 모든 에너지가 제대로 투자된다면 우리는 무엇을 달성할 수 있을까?

일본은 자원빈국이기 때문에 자원을 보존하지 않을 수 없다. 그들은 공간이 부족하다. 따라서 그들은 소형차와 작은 공장을 짓는 방안을 터득했다. 그곳에는 부품저장실, 수리실, 폐기물창고를 둘 여유가 없다. 일본 문화는 기강이 잡혀 있고 낭비를 싫어한다.

《1990년 하버 보고서 : 10년 후》에서 하버(J. Harbour)는 1981년중 일본 자동차의 결함은 100대당 240개, 다시 말해 대당 2.4개였다고 말한다. 같은 해 포드차는 670개였고 GM은 740개였으며 크라이슬러는 810개였다. 1991년의 모델 연도중 일본 자동차는 평균 100대당 125개의 결함을 가졌던 데 반해, 미국 빅 스리는 평균 155개, 대당 1.55개를 기록했다. 이 같은 개선은 대단하지만 충분치 않다. 버스틴(D. Burstein)은 1991년 베스트셀러 《유럽의 대지진(Euroquake)》에서 그 이유를 다음과 같이 말한다.

서기 2000년의 세계는 이렇게 될 것으로 보인다. 일본은 부와 기술력에서 세계 최대의 집중지가 된다. 일본을 둘러싼 아시아 태평양 지역은 다시 한번 세계의 최고급 성장지역이 될 전망이다. 독일이 주도하는 유럽은 1990년대에 방대한 경제적 확장과 지리적 팽창을 이룩하며, 그 결과 엄청나고도 널리 공유된 번영을 향유하게 된다. 소련 시장은 마침내 성숙하여 대규모의 성공적인 기업체를 지탱해 나갈 가능성이 크다. 유럽은 미국, 구소련, 일본 3자와의 관계 때문에 새로운 세계 질서에서 정치적 영향력이 가장 큰 세력이 되며, 세계 체제에 대해 많은 신사상을 창출한다. 미국은 이들 3대 지역시장 중 경제적으로 가장 역동성이 떨어지는 지역이 된다. 그럼에도 불구하고 미국은, 영광으로부터의 추락에도 불구하고, 여전히 부유하고 강대한 나라가 된다. 미국 재탄생의 과정이 이제 막 시작될 것이다.

그러나 우리는 미국의 재탄생을 위해 세월을 기다릴 수가 없다! 우리가 미국의 글로벌 경쟁력과 국민적 생활수준을 지키고자 한다면 반드시 지금 행동해야 한다. 포드 자동차회사의 회장 폴링(R. Poling)은 말했다. "일본은 세계 구석구석에서 자동차산업을 겨냥하고 있다. 그들은 현재 1400만 대의 생산능력을 갖고 있다." 일본의 국내 시장은 760만 대에 불과하다. 그들이 나머지 640만 대를 어디에다 내다 팔 계획인지 상상해 보라. 1990년중 일본은 새로운 공장과 설비에 대해 미국보다 360억 달러 이상 투자했다! 그들은 세계 시장을 공격적으로 공략하고 있으며, 제조업을 전략무기로 삼고 있다. 우리도 똑같은 일을 할 때이다.

최고수준을 벤치마크로 삼다

오늘날 최고 경영자는 공장에서는 한 번도 일해 본 적이 없는 수치 전문가이거나 기획자인 경우가 흔하다. 일본의 경영진, 독일의 경영진, 미국의 경영진 사이에는 큰 차이가 있다. 일본과 독일의 대다수 경영자는 공장에서 일하도록 되어 있지만, 이에 반해 대다수의 미국 지도자 유망주는 제조 이외의 다른 부서에서 일하도록 되어 있다. 너무나 많은 미국 경영자는 단지 6개월 동안 출근카드를 찍었다는 점 외에는 공장에서 일해 본 적이 없다. 심지어 이것조차 문제로 되지 않는다. 바로 그 점이 우리가 지난 수십 년 동안 제조업을 게을리한 이유이다. 또 그 점이 제조업을 곤경에 빠뜨리기 위해 열을 올리는 이유이다.

최고 경영자가 제조업이 도대체 무엇인지 전혀 모르기 때문에, 막상 실행의 열풍이 공장에 불어 닥치면 그들은 허둥대는 경향을 보인다. 일부 인사는 위관장교를 세계 곳곳에 보내 뛰어다니게 하고, 누가 가장 우수한 제조모델을 갖고 있는지를 평가하고 있다. 그것은 현재 '벤치마크'라고 일컬어지고 있으며, 수행해야 할 가장 중요한 경영과제가 되고 있다.

나의 팀은, 내가 1976년 폴크스바겐에 입사하여 국제적인 관련을 갖게 되었을 때부터 시작하여 지난 15년이나 20년에 걸쳐 벤치마크를 찾고 있었다. 나는 곧장 일본, 독일, 스웨덴, 영국, 프랑스, 이탈리아, 멕시코를 여행했다. 이들 모든 지역에서 나는 1970년대 중엽부터 말까지 미국에서 우리가 얼마나 일을 하지 않았는지를 정확히 볼 수가 있었다.

크라이슬러에서 나는 사람들을 15개국에 보냈다. 그것은 4M 즉 인력, 자재, 기계, 방법에 따른 공식 계획이었다. 그들이 독일, 한국, 호주, 스웨덴, 일본 등에서 돌아오면 언제나 우리에게 정식 보고서를 내도록 되어 있었다. 당신은 무엇을 보았는가? 그들이 어떻게 제품을 개발하는가? 무슨 자재를 사용하는가? 코팅 전의 철판을 사용하는가? 도금강판은? 한 쪽인가? 두 쪽인가? 어떻게 용접하는가? 이런 모든 것들에 관해서 말이다!

이것은 결코 산탄총식의 접근방법이 아니었다. 그것은 매우 공식적인 방식이었다. 그것이 바로 1980년부터 1983년까지 4년 만에 우리가 윈저 조립공장에서 대규모의 양자역학적 비약을 이룩할 수 있었던 이유다. 이를 위해 우리는 1980년, 1981년, 1982년 보고서를 작성했고, 내가 이미 폴크스바겐에서 1976년부터 1980년까지 터득한 경험을 보충했으며, 내가 GM에서 12년간 재직하면서 터득한 실제를 토대로 삼았다.

그 결과 나는 염소도 기겁을 할 만큼 방대한 도서관을 차리게 되었다. 여기서부터 시작하여 중요한 것은 입장을 세우고, 자료를 몽땅 취합하고, 그런 다음 듣고자 하는 누군가와 의사소통을 하게 되었다. 바로 여기서 감사하게도 리 아이어코커가 듣고 탁월한 지도력을 제공했다.

벤치마크는 어디에 있는가

오늘날 나는 크라이슬러의 제퍼슨노스 공장을 차체공장 중에서 가장 바람직한 벤치마크라고 말하고 싶고, 또한 도장공장의 벤치마크라고 자신 있게 주장하고 싶다. 그 공장은 조립공장에게도 몇 가지 점에서는 벤치마크가 되겠지만, 차체공장과 도장공장에서 달성된 수준에는 이르지 못하고 있다. 그 까닭은 처음 계획부터 그렇게 하기로 했기 때문이다. 즉 우리는 우리의 일반 조립공장의 자동화율을 약 2~5퍼센트에서 10~15퍼센트로 높이려고 계획했다. 우리는 일부 다른 기업이 35~40퍼센트의 자동화를 이룩했음을 알고 있었지만, 그렇게 하지 않기로 했다. 만일 당신의 관심이 자재관리라면 제퍼슨노스를 기준으로 삼을 수 있다. 그것이 자재 모듈이든, 자재회전율이든, 적시납품이든, 또는 부품서열공급제 어느 것이든지 말이다.

그런데 당신은 이 공장을 보고 이렇게 말할 수도 있다. "나는 결코 노동력에 대해서는 그곳을 벤치마크로 삼을 수 없다." 아마 당신들이 이상향을 찾고 있는 게 아니라면, 그 이유는 그곳의 노동력 중에는 건강이 안 좋은 특히 나이 들고 굼뜬 사람들이 포함될 수도 있기 때문이다. 게다가 그들은 나이가 젊은 사람들만큼 신속하게 움직이지도 못하고 좋은 교육을 받지도 못했다. 그럼에도 불구하고 크라이슬러는 지난 12년 동안 그들을 훈련시켰고, 그들이 직무를 수행할 자격이 있을 뿐만 아니라 충분히 잘할 수 있음을 알고 있다. 그들은 좋은 사람들이다.

여러분이 경이적인 구동장치공장을 보고자 한다면 코코모 변속기공장이 604와 606 전자자동변속기를 조립하도록 혁신되었다는 점에서 세계 수준급이라고 나는 생각한다. 트렌턴 엔진공장은 급속도로 세계 수준급의 엔진설비가 되고 있으며, 크라이슬러의 조립공장은 대체로 항공모함공장이라고 부를 수 있다. 그 이유는 그들이 종업원 훈련, 현대적인 기계배치, 유연한 자동화설비에 대한 오랜 투자 끝에 이제 수지균형을 맞추고 있기 때문이다. 벨비디어, 뉴어크, 세인트루이스, 윈저, 그라즈(오스트리아), 제퍼슨노스, 스털링 하이츠, 브라말레아, 다지시티는 세계 수준급에 도달해 있다. 세인트루이스도 가까운 장래에 그렇게 되리라고 생각한다.

늘상 하던 방식은 통하지 않는다

독일인과 일본인의 생각으로는 벤치마킹이 세계 수준급의 작업달성에 초석이 된다. 그것은 경쟁자를 아는 것만큼 간단한 (또는 복잡한) 일일 수도 있지만 생존에는 필수불가결하다. 미국 생산성품질센터의 회원에 대한 1990년 10월 여론조사에 따르면 조사대상의 70퍼센트는 제조업자가 살아남으려면 반드시 벤치마킹을 해야 한다고 믿고 있는 것으로 나타났다. 또한 75퍼센트는 '상당히 많은' 벤치마킹 노력을 할 예정이라고 응답했다.

그 과정은 우선 벤치마크할 지역을 선정하고, 연구 대상기업을 확인하고, 자료를 수집하는 작업이다. 여러분은 각기 일정한 부문의 1등과 비교해서 평가해야 한다. 오직 한 사람의 경쟁자만을 보아서는 안 된다. 어떤 회사도 모든 점에서 최고는 아니다.

여러분과 부문 1위와의 격차는 상당한 수준일 수도 있지만 결코 포기하지 말라. 한 번에 조금씩 개선하고 그런 열기를 계속 유지하라.

벤치마킹의 자료수집 단계에서는, 어느 회사가 지속적일지 무엇을 교환할지를 고려하라. 어느 회사나 특히 경쟁자는 공장견학을 하게 하거나 제조정보를 제공하지 않으려 한다. 대가로 무엇인가를 구하고자 할 것이다. 회사들의 기록과 영업정보를 비교하도록 하라.

벤치마킹은 상당히 수지가 맞는다. 우리 회사의 일부 경쟁자들은 여러 달 동안 (심지어 수년간) 자신의 새롭고 고도로 자동화된 공장을 가동시키려고 분투했지만, 우리의 신규개발 장치는 비교할 수 없는 정밀성을 갖고 기록적인 시간 안에 성과를 거두었다. 우리의 JIT 자재납품시스템은 그 동기가 된 일본의 간판방식을 능가했다.

때때로 기존의 상태가 뒤죽박죽일 수도 있다. 생산성향상을 가져올 신기

사업상 여행하는 사람을 위한 조언

나는 국제 기업에서 근무하면서 광범위한 외국여행 기회를 가졌다. 도움이 되는 사항들을 몇 가지 싣는다.

1. 여행 90일 전에 초청자와 논의할 안건을 계획한다.
2. 여행팀 참가자를 신중하게 선발하라. 팀의 크기를 작거나 중간 정도로 유지하라. 2명부터 8명이 이상적인 규모이다.
3. 각 개인의 책임과 여행 이유를 명확하게 하라.
4. 여행중 매일 팀회의를 열라. 각 사람을 정예화하고 적절한 조정을 실시하라.
5. 적절한 시간을 주어 사회화, 관광, 쇼핑, 방문국에 관한 교양을 갖추게 하라.
6. 한 가지 특별 활동을 개발하여 여행팀과 초청자를 융합시키라(예를 들어 일본에서는 스모, 독일의 경우에는 오페라).
7. 규율 있고, 초점이 맞추어져 있고, 통일된 전략을 지니고 있음을 과시하라. 단 예의 바르고 조용한 태도를 취하라.
8. 방문국의 관습, 예절, 스타일에 주의하라.
9. 어느 때나 긴장을 풀고 상쾌한 기분을 유지하라. 장거리를 여행할 경우, 야간숙박은 시차를 극복하는 데 도움이 된다.
10. 첫 여행의 목적은 안정된 관계를 발전시키는 데 있지, 그 관계로부터 행동을 이끌어 내자는 의도가 아니다.
11. 팀원과 함께 모든 사업회의에 대한 적절한 기록시스템을 개발하라. 이 기록은 후속회의에 필수적이다.
12. 현지의 요리를 과식하지 말라.
13. 여행기간을 7일에서 14일로 한정하라.
14. 제품혁신, 공정혁신, 설비활용방법, 세계 수준의 납품업자, 인력수급계획을 조사하라.
15. 귀국하면 적절한 시기에 정중하고 진실된 감사 편지를 초청자와 그 동료들에게 써 보내라. 되도록 간단하게 쓰라.

술, 생산비인하나 품질향상을 초래하는 신기법, 시장을 확장할 신전략은 기존의 업무처리방식에 위협이 될 수도 있지만, 이런 것들은 반드시 조사되고 시험되어야 하며, 성공적일 경우에는 시행되어야 한다. 오늘날의 격렬하게 경쟁적이고 품질에 집중하는 세계에서는, 과거에 늘상 하던 방식을 지금도 계속 할 수 없으며, 늘상 갖고 있던 것을 계속 가질 수도 없고, 또한 특정 사업에만 머물 수도 없다.

나는 11년 동안 리 아이어코커의 지원을 받아 대양 건너편의 동료들로부터 배우고 시행할 수 있었던 점에 대해 매우 감사하게 여기고 있다. 일단 이런 생각을 확고하게 갖고 나면, 이런 확신 덕분에 거의 파산에 직면한 회사가 오늘날 제2의 신데렐라가 될 수 있다.

14 대학은 산업 경쟁력의 기반이다

직무수행에 좀더 많은 교육과 고도의 숙련도가 요구되는 이 시대에, 미국은 가장 중요한 공장인 학교의 기계설비를 보강하는 데 무감각한 것 같다. 일본과 독일의 학교 생활은 미국보다 긴 데다가 학습내용도 더 많고 읽기, 쓰기, 외국어, 수학, 과학 등의 과목에서 훨씬 더 엄격한 필수과목을 두고 있다.

예를 들면 일본의 대학생은 한 해 평균 242일을 학교에 다니지만 미국 대학생은 평균 180일 등교한다. 게다가 일본인들은 한층 기초적인 교과내용, 한층 높은 성적, 한층 좋은 교사의 수업준비, 공부를 돕는 가족 생활을 강조한다. 그렇다면 여러분은 제품 —— 사람들 —— 의 품질이 어떨지 충분히 생각할 수 있으리라. 바로 이런 사람과 오늘날의 미국인이 경쟁하고 있다. 미국 내의 교육관행이 이와는 얼마나 먼 것인지 비교되지 않는가?

개척기의 원시 제조업의 특징인 단조롭고도 단순반복적인 노동이 고도화된 자동화설비로 점차 대체됨에 따라, 생산비 및 품질 압력은 공장 지도층을 기업사다리의 아래로 밀어 내리고 있다. 로봇, 전자공학, 레이저, 컴퓨터가 확산되고 있지만, 우리에게는 그것을 설계하고 조립하고 조작하고 유지하고 프로그램을 짤 수 있는 첨단 인력이 극히 적은 실정이다.

리하이대학교의 아이어코커연구소가 1991년 발간한 <21세기 제조기업 전략 : 하부구조>라는 문서는 오늘날 제조업에서 교육과 훈련이 차지하는 중요성을 다음과 같이 기술하고 있다.

매우 현실적인 의미에서 볼 때, 노동력의 교육 및 훈련은 오늘날 대단히 중요하다. 그 이유는 너무 오랫동안 그것이 중요치 않다고 간주되어 왔기 때문이다. 제조조립라인에 관한 고전적인 시나리오에서는 전문화가 종업원 활용에서 핵심 요소였다. 노동력은 특정 직무를 전문적으로 수행할 필요성이 있는지의 여부에 따라 조율된다. 일단 해당 직무가 터득되고 제품의 구성요소나 조립라인에서 필요한 업무처리방식이 습득되면, 전문 지식은 달성된 셈이고 학습은 더 이상 중요시되지 않는다.

종업원 활용의 핵심은 직무지시서, 필수기능, 변화를 조장하는 지식 등 빠른 변화에 적응할 수 있는 융통성과 자발성이자, 급변하는 주변 환경에 예민하게 대응할 수 있는 능력이다. 종업원의 기능 수준이 저하되지 않을 것이 틀림없지만 장래 종업원에게 요구되는 기능 수준은 한층 높아질 수도 있다. 앞으로는 종업원이 전날 실행한 행동과 동일한 직무를 실행한다는 예측 가능성이 보장하는 편안한 수준은 결코 존재하지 않을 수도 있다. 오히려 그 반대이며, 끊임없는 변화에 수반되는 불안은 보충 훈련으로 점검되지 않는 한, 결국 업적하락과 종업원의 교체를 초래할 가능성이 크다. 오늘날 유수 기업체가 종업원 훈련에서 채택하고 있는 핵심 구성항목은 노동력의 기능적 문맹을 제거하는 작업이다. 기업은 고등 교육을 받은 사람이 모두 같은 수준이며 그들에게는 약간의 보충 교육이 필요할 뿐이라고 가정하는 것이 아니라, 시간을 비징벌적 검사에 쓰고 있고 또한 사람들이 우선 기능적으로 유식해지도록 하는 교육을 제공하고 있다. 이것은 보충 훈련이 완전히 활용될 수 있고 변화의 공포가 극복될 수 있기만 하면, 매우 중요한 일이다.

공장을 재숙련화하다

크라이슬러처럼 오래된 산업체에서는 구조개편과 규모축소를 통해 발전을 모색하고 있지만, 연공서열제는 부당하리만큼 수많은 젊은 노동자를 해고하게 만든다. 이런 규모축소가 진행됨에 따라 노동력의 평균 연령은 놀라우리만큼 높아진다. 혁신에는 이 나이 많은 노동자들의 재훈련이 필수적으로 뒤따라야 하지만, 이들이 새 기능을 습득하는 데는 더 긴 시간이 걸리는 경우가 많다. 재훈련비용은 일차적으로는 해당 산업체가 부담한다.

크라이슬러에서 재숙련화사업은 UAW와의 협약에 따라 노동시간에 토대를 둔 '푼돈기금(nickel fund)' 모금사업과 더불어 시작된다. 노동시간 1시간에 대해 회사는 다음 3개 기금 각각에 5센트를 예치한다. 하나는 공장차원의 현지 훈련이고, 또 하나는 좀더 광범위한 회사 차원의 훈련이며, 셋째는 건강 및 안전 훈련이다. 자금이 모금되는 방식이 이런 방식이든 혹은 다른 방식이든 간에 재훈련비용은 제품가격에 반영된다.

과거 크라이슬러는 신제품 개발을 위한 종업원 훈련시 각종 형태로 정부의 지원을 받았다. 그 지원에는 7일간 근무하는 교관, 책, 훈련 보조장비의 비용, 드물지만 심지어 학교 교실의 임대까지 포함되어 있었다. 한편 회사는 급료비용을 부담했다. 1982년부터 1992년까지 크라이슬러는 모든 신차량 개발시 100만 시간 이상의 종업원 훈련을 시행했다.

왜 그런가? 그 이유는 돌이켜 보건대 초창기 고용협상에서 내가 그것을 고집했기 때문이었다. 나는 1979년 리 아이어코커에게 말했다. "내가 첨단 기술과 유연자동화에 초점을 맞출 수 없다면 당신에게 오지 않을 작정입니다. 따라서 나는 모든 노동력을 재훈련시킬 계획입니다. 당신은 돈을 들이지 않고서는 노동력을 재훈련시킬 수 없습니다. 훈련에는 많은 시간이 걸리고 그 시간마다 많은 돈이 들지요. 나는 훈련을 한창 벌여 놓고서 재훈련비용을 달라고 요청할 경우 금융 관련 부서가 줄곧 사사건건 반대할 것이라는 점을, 이 사업에 오래 있어 본 경험으로 잘 알고 있습니다. 그들이 삭감하는 첫 경비는 훈련과 유지보수에 드는 돈이지요. 당신의 약속을 먼저 받아 두지 못한다면 나는 오지 않을 예정이고 이런 돈을 놓고 늘상 싸우지는 않을 작정입니다!" 나는 먼저 사장의 정책지원이 필요했다.

가장 중요한 훈련협정을 이같이 끝까지 고집한 덕분에, 나는 모든 신제품에는 100만 훈련시간이 수반된다는 공약을 갖고 크라이슬러에 왔다. 당시 훈련비용은 시간당 25달러였으며 따라서 우리는 금융 관료들과 싸우지 않고도 2500만 달러를 활용할 수 있게 되었다. 내가 이것을 실행한 까닭은, 그것이 만일 정책의 일부가 아닐 경우에는 숫자계산하는 사람은 물론 심지어 인사부 사람과도 1년에 몇 차례나 방에서 머리를 맞대고 치고 받는 사태가 일어나리라고 예상했기 때문이었다. 주지하다시피 인사부는 훈련을 맡고 금융 담당자는 자금을 맡는다고 생각한다. 어느 쪽도 깨닫지 못하는 점은 돈을 벌거나 잃는 장소는 제조업이라는 사실이다. 제조업은 돈 버는 기계가 될 수도 있다. 하지만 내 생각으로는 비즈니스에서는 이익과 기다림이 늘상 맨 앞에 놓여야 한다! 따라서 여러분은 새로운 고도기술 기계를 돌리기에 앞서 먼저 사람을 돌려 적절한 훈련을 받게 해야 한다. 크라이슬러는 세계 도처에서 1980년대에 1500만 종업원의 제조부문 훈련시간에 약 5억 달러를 투입했다. 비즈니스 철학의 이런 혁명적 변화로 인해 우리 회사 사람들은 신기술과 조화롭게 발전할 수 있었다. 사람들과 기계류를 한 단계 향상시킬 때는 균형이 결정적으로 중요하다.

전문 노동자를 훈련시키다

미국의 제조업체들이 생산직 사원을 재훈련시키는 데서는 상당한 일을 했다고 하더라도, 그들이 숙련 노동자와 감독자를 훈련시키는 중대한 일에서 갈 길은 여전히 멀다. 단 한 대의 기계도 숙련 노동자의 상당한 관여가 없으면 돌지 않는다. 이런 작업을 위해 선발된 개개인과 그들의 훈련은, 해당 기계가 필요한 때에 정확하게 제대로 작동하여 계획된 생산비

일본 : 학생들이 성공을 위해 애쓴다

　루이스 박사는 일본의 교육방법과 미국의 교육체계를 확연하게 구별하는 많은 특징을 다음과 같이 설명한다. 결론은 독자가 끌어내 보라.

- 일본에서 경쟁은 어릴 때부터 시작된다. 두 살배기 아이조차 시험을 치르고 영아원에 들어가며, 이런 시험은 교육사다리의 맨 꼭대기까지 계속된다.
- 일본에서 대다수의 학생들은 '학원', 다시 말해 사숙(私塾)에 다니면서 과외 수업을 받는다. 이는 계속 우수학교로 옮겨 가기 위함이다.
- 수업은 1년을 주기로, 토요일을 포함하여 주 6일 운영된다.
- 집에 머물 수 있는 납득할 만한 변명은 화씨 102도를 넘는 질병뿐이다. 이보다 약한 병일 경우 학생은 마스크를 쓴 채 등교하게 된다.
- 교사들의 대우는 꽤 좋은 편이지만, 평일에는 아침 8시부터 오후 5시까지, 토요일은 8시부터 3시까지 일한다. 매주 토요일과 임시휴일에는 회의와 특별행사가 있다.
- 국민학교 수업은 주 3일은 오전 8시 30분부터 오후 3시 30분까지, 2일은 오전 8시 30분부터 오후 2시 40분까지, 토요일은 오전 8시 30분부터 정오까지 있다.
- 일본에서는 학생이 '예습하고' 학교에 오도록 되어 있다. 이 말은 학생이 교육받을 내용을 미리 알고 있다는 뜻이다. 이것이 바로 사숙의 수업이다.
- 사숙은 방과 후 값비싼 교육을 가리키는 말로서, 열성파 중학생과 고교생이 다니는 학원이다. 국민학생도 많이 다닌다. 사숙은 학생에게 다음 단계의 입학시험에 대비케 한다.
- 여덟 살배기들이 학교에서는 3학년의 공부를 할지 모르지만, 하교 후에는 사숙에서 6학년 공부를 배운다.
- 고등학교에 들어갈 무렵이면, 일본 학생은 학교에서 오전 8 ~ 오후 5시까지 보내고, 이어 사숙에 가서 3시간을 보낸다. 흔히 대부분의 토요일, 일요일, 방학에도 그렇다. 그런 다음 밤에는 학교 숙제를 한다.

('일본인의 교육계획 : 경쟁하라 순응하라', 《디트로이트 뉴스》, 1982년 3월 8일자에서 인용 개작.)

율로 고품질의 부품을 생산하는가 여부를 결정한다. 숙련 노동자 수습제도는 철저하게 관리되고 훌륭한 내용을 갖고 있어야만 하며, 그래야만 수료자들은 급변하는 기술이 요구하는 작업을 처리할 수 있다. 나와 같은 고참 자동차 임원이자 나의 좋은 친구인 독일계 미국인 하인츠 프레히터는 미국의 대규모 수습제도를 촉구해 왔다. 이런 제도는 현장의 작업 경험과 학계를 융합시키기 위해 필요하다.

직무기능의 향상과 직무훈련의 개선 역시 국립제조업자협회(NAM)가 지원하고 있다. 불행하게도 우리는 명백한 패잔병으로서 세계 수준의 수습제도를 이제 시작하려 하고 있다. 그 이유는 다음과 같다.

- 다른 모든 산업 국가는 수습제도를 관리하는 연방-주 체계를 갖고 있다. 미국은 이 점에서 정말 독특하다.
- 매년 약 50만 개의 독일 기업은 전체 노동력의 6퍼센트에 상당하는 180만 명의 10대 청소년 실습자들에게 현장실습훈련을 제공한다. 그 비용은 대략 100억 달러이다. 미국의 경우 실습 노동자는 미미하게도 노동자의 0.3퍼센트에 그친다.
- 혼다 등의 일본 제조업체의 경우 모든 종류의 직무에는 각기 일정한 연구과정이 있다. 종업원은 소위원회의 도움을 받아 훈련기획안을 만들며, 이 위원회는 필요한 훈련에 관해 상담해 주고 종업원이 특정 과제를 달성하는 능력을 개발할 수 있도록 지원한다. 훈련계획은 업적과 전망과 잠재력에 비추어 승인된다.
- 크라이슬러의 경우 숙련 노동자의 40퍼센트만이 공식적인 실습기간을 이수하고 있다. 게다가 그 실습의 형태는 지난 50년간 변하지 않았다. 지역의 대학은 수습생에게 일반적이며 전통적인 때로는 죽은 이론을 가르친다. 더구나 실습자들이 계약에 규정된 학습과정을 성공적으로 이수했는지를 확인하는 감독도 느슨한 게 보통이다. 졸업생의 기능 수준을 측정하기 위한 객관적 기준은 일체 없다. 나는 크라이슬러가 예외적이라고는 생각하지 않는다.

제조업피용자위원회가 크라이슬러 전체에 걸쳐 많은 숙련 노동자들에게 설문조사를 했다. 이 설문조사를 활용하여 우리는 숙련 노동자 수습제도를 재편했다. 새 계획은 다음 사항들을 제안했다.

- 수습과정 내 작업의 최신예화 : 일부 주제를 첨가하고, 어떤 주제들은 삭제한다.
- 1차 연도에는 제조업훈련센터에서 실시하되, 여기서 피훈련자는 이론교육과 실제의 참여교육을 동시에 받는다.
- 2차 연도에는 각종 공장을 돌면서 순회교육을 받는다.
- 3차와 4차 연도는 한공장에 근무하며 수습기간을 완료한다.

코코모가 공부하다

훈련은 인디애나주 크라이슬러의 코코모 변속기공장에서 최고의 성과를 나타냈다. 320만 평방피트, 110에이커의 이 설비는 65개 종류의 변속기 조립부품을 생산하여 크라이슬러, 미쓰비시, (영국의) 이베코, 커민스, 위니배고 등의 고객에게 공급한다. 이 설비는 전세계에 제품을 판매한다.

4단 전자자동변속기의 도입은 우리가 과거 했던 방식과는 진정 다른 것이었다. 제품 설계는 세계의 경쟁업체보다 앞서 있었다. 제조 철학과 목표, 통계공정관리, 공정설계와 생산능력, 훈련과 의사소통, 인증절차, 기술응용은 과거의 시도와는 완전히 다르고 한층 발전된 내용이었다. 코코모 철학은 다음과 같이 간단했다. 생산부서와 특히 작업원은 처음부터 끝까지 제품을 완전히 책임진다. 공정은 통계방법의 광범위한 활용을 통해 관리되며 확인/인증절차는 품질시스템 내에서 활용되는 유일한 감시장치가 된다. 그것은 종업원에 대한 권한위임에서 큰 진전이었다.

1988년과 1989년중 이 신형 변속기 발매를 위해 시간제 작업원과 월급제 감독 및 지원 직원을 훈련시키는 작업이 집중적으로 20만 5000시간 동안 전혀 직무를 수행하지 않으면서 실시되었다. 거기에는 10단계의 문제 해결 코스가 포함되어 있었는데, 그것들은 품질인식 워크숍, 공동작업 워크숍, 실험설계기법, 실패양식과 효과분석, 레이저, 로봇, 기계 컨트롤러에 대한 기술훈련 등이었다.

1990년 우리는 종업원에게 신제품 및 신공정에 대비케 하고 팀워크와 참여의 신문화를 갖추게 하려고 또다시 8만 6000시간을 투자하여 SPC(통계공정관리), 실험설계기법, 숙련 노동자의 안전, 감독자와 전미자동차노동자연합 대의원의 안전 및 건강, 크라이슬러의 품질, 공동작업 워크숍, 위험폐기물의 조작과 비상시 대응, 관리자직능, 청력보전방법, 레이저용접기와 안전관리, 지구 관리자 능력 개발 등을 훈련시켰다.

이 훈련의 초점은 신제품, 공정, 기술, 문화적 태도에 맞추었지만, 우리가 장래 경쟁하고자 한다면 현장 내외에서 지속적인 연구교육이 필수적이라는 점이 분명해졌다. 또 명백한 사항은 다소 놀랍게도 미국의 공식 교육제도가 산업의 진정한 수요에 부응하지 못하고 있다는 사실이었다. 이런 충격으로 인해 나와 다른 제조부문 고위 경영진은 서둘러 공장장과 간부에게 주와 지역의 학교제도에 적극 관여하라고 촉구했다. 나아가 이들은 교과서 편찬을 지원하도록 요청받았으며, 해당 교과서는 학생에게 도움을 주고 미국 산업의 경쟁력향상에 크게 기여할 것으로 전망되었다.

코코모의 광범위한 교육과 훈련계획은 신제품 개발에서 효과가 입증됐다. 신제품 개발 이전에 이뤄진 심도 있는 준비는 자동차산업에서 사상 최초였다. 모든 기계는 납품회사의 공장에서, 또한 납품 후 설치된 공장에서 다시, 24시간 연속 가동 품질검사를 받았다. 우리는 기계의 모든 임계치수에 대해 시청각 보조교재를 개발했고, 이것을 작업장에 SPC 차트와 함께 비치했다.

컬러코드가 붙은 공정도표와 작업자편람이 작업자 훈련중에 제작되어 널리 활용되었다. 신제품과 어떤 식으로든 연관되어 있는 모든 작업자는 최소 8시간의 SPC 교실훈련은 물론 현장실습훈련을 받았다. SPC는 이 공장의 공정관리에서 중요한 역할을 담당하고 있으며 현재 275개의 차트가 활용되고 있다.

우리는 또한 목표조직 및 리더십에 관한 첨단 제도를 개발시행했다. 이 제도는 객관적인 방법을 규정하여 리더의 자격요건을 명확하게 설정하고, 아울러 리더가 자격요건을 정확하게 이해하도록 했다. 새 제도는 각급 수준의 작업에서 일하는 모든 작업원 개개인이 반드시 정기자격검사를 받도록 했다.

이 제도는 경영진이 각 부서에 내리는 지시와 요구를 구체적으로 규정토록 했다. 즉 그것은 회사가 일반적으로 중점을 두고 있는 사항을 각 부서의 각급 수준에 맞게 정확하고도 자세하게 부여하도록 했다. 또한 품질, 비용, 물량, 보증수리에 대한 벤치마크를 설정하고 간단한 평가수단도 제공했다. 또한 지속적 개량을 보장하도록 개개인의 업적책임제를 요구했다. 또한 그것은 측정체제에서 유연했고 영속적인 것이었다. 다른 이점은 관리층을 줄이면서도 '통제범위'를 확대할 수 있다는 점이었다. 그 제도는 부드럽고 신속하게 시행됐으며, 기대와 업적 기준이 항상 명확했기 때문에 각 부서는 그에 만족하게 되었다. 우리는 또 노조 지도자, 관리층, 종업원과 아주 터놓고 대화했다.

오염된 훈련

나는 직무훈련과 교육이 컴퓨터, 전자, 로봇, 기계 비전(machine vision), 레이저, 유연제조, 신회계제도 등 신기술의 시행에 핵심이라고 확신한다. 그러나 '훈련'이 무엇인지는 반드시 정의되어야 한다. 예컨대 방에 사람들을 모아 놓고서는, 이들에게 회사의 상태, 이들에게 영향을 미치는 새로운 발전, 회사가 계속 경쟁력을 갖기 위해 반드시 취해야 하는 정책방향 등에 대해 이야기하는 '훈련회의'가 있다. 이것은 훈련이 아니다. 그것은 단지 노동자와 의사소통하는 회의에 불과하다. 흔히 그것은 정치적 로비 활동이다. 나는 이런 회의를 참지 못한다.

기술능력을 가르치기 위한 또 다른 종류의 '훈련'이 있다. 그것은 통계방법강좌와 같이 학교에서 시행될 수도 있고, 에어컨장치의 문제해결 강좌와 같이 공장바닥에서 시행될 수도 있다. 이 같은 훈련은 솔직하고도 기술적이지만, 학생이 직무에 복귀한 뒤 습득한 기술을 실천할 것이라고 가정하고 있다.

가장 유용성이 적은 셋째 유형의 '훈련'은 행태변화를 목표로 한다. 기술훈련도 똑같은 목표를 피하지만, 여기에서는 요구사항이 웅대하다. 즉 해당 훈련이 바라는 행태변화는 문화변동으로부터 나오기 때문이다. 한 떼의 양순한 종업원들이 불임교실로 몰아 넣어져서는, 기업예절로부터 실패양식과 효과분석에 이르기까지 관료적으로 살균처리된 온갖 종류의 주사를 맞는다. 피훈련자는 다시 작업장으로 복귀하여 새로운 기능을 즉시 실천하라고 지시받는다. 그 후 최고 경영진은 훈련받은 학생들이 기업의 작업장을 훈련자가 기획추진한 모델대로 즉시 바꿀 것이라고 기대한다.

하지만 실은 이런 훈련은 흔히 기업 경영진에 대한 피훈련자의 태도 외에는 거의 아무것도 변화시키지 못한다. 처음에 그들은 기업문화가 좋은 방향으로 바뀌고 있다고 생각할 수도 있지만, 그들이 자신의 책상이나 작업장으로 복귀하고 회사가 전과 마찬가지임을 알게 될 때, 냉소주의가 횡행하게 된다. 경영진은 지금까지 결코 실현된 적이 없는, 훈련에 의해 창출된 비전을 지지함으로써 오히려 신뢰를 상실하게 된다. 일단 신뢰를 상실하고 나면, 그것은 동일한 경영팀에 의해서는 회복되기가 좀처럼 어렵다. 여기서 교훈은 "어떤 대가를 치르더라도 반드시 당신의 신뢰성을 보호하라"는 말이다.

기업문화를 재창조한다

문화변동을 목적으로 하는 훈련을 시작하기에 앞서, 여러분은 반드시 미국 기업문화의 동력과 본질을 기억해야 한다. 그 문화는 **전형적으로** 다음과 같은 요소들을 갖고 있다.

- 소방활동을 포상하며 가장 극적인 활동을 벌인 소방수는 첫째로 승진시킨다.
- 시간약속을 개인적 명예의 문제로 삼고 지킨다.
- 단기 이윤을 극대화한다.
- 항목을 점검하는 횟수를 늘림으로써 품질개선을 도모한다.
- 대형 품질관리부서가 품질 수준을 관장케 한다.
- 단기 치료주사를 선호하고, 직원을 빈번히 교체하며, 장기 해결방안의 모색에 반대한다.
- 경영훈련은 신부학교다. 다시 말해 태도를 개선하여 노조 문제를 회피하고 기업의 이미지를 향상시키려는 노력이다.
- 훈련관의 지위는 낮다. 그들은 현재나 앞으로나 경영 주류의 외곽에 있을 것이다.
- 대부분의 훈련은 파업, 제품변경, 또는 설비비(非)가동시간과 같은 활동이 부진한 때에 실시한다.
- 기준은 '가정'되고 고도로 주관적이다.
- 결함의 일정 비율은 불가피하다고 생각한다.
- 생산계획과 비용이 품질보다 우월하다고 강조한다.
- 시간제 및 하급 월급제 종업원의 행동만을 도표화하고 그래프로 만든다.
- 객관적 기준과 비교될 수 없는 애매모호한 태도를 취하는 일부 개인을 골칫거리라고 비난한다. 개개인의 노력을 강조한다.
- 제품비용을, 이 제품이 소비자에게 가게 하는 데 들어가는 모든 비용을 근거로 삼아 계산한다.

중요한 점은 아무리 훈련이 많다고 해도 그것이 지속적인 문화변화를 가져올 수 없다는 점이다. 금세기의 공산주의 체제는 최고 계급과 최저

계급 사이에 존재하는 신분상의 불균형을 줄이려고 했다. 그들은 인간이란 본질적으로 영토적 존재이며 사유권의 폐지는 생산수단을 감소시켰다는 사실을 무시했다. 그들은 개인의 자산과 업적을 줄이고 집단공동체와 국가를 옹호하려고 했다.

인류 역사에서 70년간의 집중노력과 엄청난 희생 끝에 이들 전체주의 방법들은 실패했지만 아직도 많은 기업체는 여전히 자신의 문화를 값비싼 대량 훈련을 통해 바꾸려고 계획한다.

일정한 기업관행은 바뀔 수도 있고 훈련이 작은 역할을 담당할 수도 있지만, 문화변동은 반드시 높은 지위를 갖고 카리스마를 가진 개개인에게서 비롯되어야 한다. 새로운 문화의 용어는, 기저를 이루는 철학이 교수될 수 있듯이, 가르칠 수 있다. 사례는 제시될 수 있다. 목표행태는 훈련자와 피훈련자에 의해 모방될 수 있다. 일체의 모방행위는 피훈련자로 하여금 행태를 바람직한 방향으로 바꾸지 못하게 할 수도 있는데, 그 이유는 훈련자나 피훈련자 어느 쪽이나 자신의 행태의 광범위한 모방을 촉발하기에 충분한 지위를 갖지 못하고 있기 때문이다. 따라서 기업문화의 변화는 반드시 최고 경영진에서 나와야 한다.

이 말은 곧 관리자가 자신이 어떤 종류의 새로운 문화를 원하는지 반드시 알아야 한다는 지적이다. 그들은 반드시 스스로 새로운 행태를 실천하고 부하에게도 그렇게 하라고 요구해야 한다. 가장 중요한 점은 관리자들은 이런 행태의 일관된 실천이 습관이 될 때까지 꼭 포상해야 한다는 점이다. 새 습관은 새 문화를 창출하기에 충분히 뿌리내릴 때까지 오랫동안 반복되고 보강되며 또 포상을 받아야 한다. 관리자가 새 문화의 행태를 실천하지 않거나 포상하지 않는 경우, 문화변화는 일어나지 않는다. 부하는 관리자가 말하는 대로가 아니라 관리자가 행하는 대로 행한다. 그들은 또한 보상받는 행동을 실천한다.

사장과 그에게 직접 보고하는 사람들은 우선 신문화의 본질과 목표에 합의해야 한다. 그들은 반드시 전략과 행태의 실천방안을 아주 세부적으로 규정해야만 비로소 그것을 현실로 만들 수 있다. 이런 행태는 종업원의 연차평가에서 중요시되어야 한다.

회사의 임원들이 신문화를 일관되게 공개적으로 이를테면 1년간 실천하고 그리하여 눈에 띄게 보상을 받는다면 대다수의 부하들은 상사들을 본뜬다. 오직 그때서야 당신은 최고층에서 무엇이 일어났는지, 조직 전체에 걸쳐 어떻게 그것이 일어나야 하는지를 나머지 조직에게 알릴 수 있다. 그런 메시지를 전하기 위한 회의들은 훈련회의가 아니라 단지 인식기회일 뿐이다. 훈련은 관리자나 감독자가 신문화행태를 모방하고, 그것을 장려하고 그것을 실천하는 자를 보상할 때, 실효성을 발휘하게 된다.

새로운 교육학

주간 기업경제지 《비즈니스 위크》는 '미국이 경쟁할 수 있는가?'라는 제하의 1987년 4월의 기사에서 이렇게 지적했다.

대학은 첨단 기술이나 첨단 생산시스템의 선도적인 우세분야에서 새로운 수요를 충족시키기에 충분한 과학자와 엔지니어를 양산하지 못하고 있다. 또한 그들은 제조업의 연구를 장려하지도 않는다. 두뇌 유출 뒤에는 최고급 학생이 수익성이 더 좋은 금융과 법률방면으로 탈출하고 있다는 사실이 존재한다.

11월 말 '우리의 경쟁력을 회복시키자'는 나의 기사가 같은 주간지에 실렸다. 거기서 나는 대학은 우리의 기업체에 필요한 재능을 만들어 내고 있다고 말했다. 우리 모두가 학교, 실험실, 공장에서 공동협력함으로써, 우리는 악화일로에 있는 제조업의 기반이라고 인식되고 있는 모든 것을 바꿀 수 있다.

그 후 많은 긍정적 변화가 일어났고, 사람들은 이제 다음과 같은 세 가지 기본 사실을 인식하고 있다.

- 미국이 계속 정치 강국이 되고자 한다면, 반드시 강력한 경제 강국이 되어야 한다.
- 미국이 경제 강국이 되려면, 반드시 제조업을 통해 경쟁해야 한다.
- 미국이 제조업을 통해 경쟁하기 위해서는, 대학이 가장 총명한 학생을 제조분야에 모집해야 하며 가장 우수한 교사를 충원하여 이들을 가르쳐야 한다.

너무 오랜 세월에 걸쳐 미국은 일본 제조업의 기적에 관한 일상적인 스토리로 최면에 걸려 있다. 그것들은 기적이 아니다! 일본인은 교육과 산업 양자의 연관관계는 물론 제조업이 경제에서 핵심 역할을 담당하고 있음을 잘 알고 있다. 일본의 경우 가장 총명한 학생이 제조업에서 인생을 추구하는 사례는 드문 일이 아니다. 최근에야 비로소 불과 극소수의 미국인만이 상아탑과 공장바닥 양자간의 연계를 파악했고, 미국의 경제적 건전도와 대학의 연관관계를 알았을 뿐이다. 제조업은 기업 본위의 미국에서 마땅히 받아야 할 존경을 받지 못하고 있을 뿐만 아니라, 그것은 고등 교육이라는 산에서 밑바닥에 있다. 크라이슬러에서 나는 홀로 주장했다. "나는 불평불만을 털어놓지 않고 무엇인가를 하고자 한다. 나는 대학의 교과과정과 대학지도자의 정책에서 큰 변화를 요구하고자 한다."

크라이슬러 경영진은 나를 전폭 지지하였다. 1980년대 중반 크라이슬러는 과학적 제조활동의 철학을 응용하고 신제품을 개발하며, 또 사람들에게 권한을 부여함으로써 업계의 신데렐라가 되었다. 리 아이어코커는 미국 경쟁력의 회복에서 대학이 차지하는 역할이 중요하다고 생각하여 그런 노력을 앞장 서서 추진했으며, 그 같은 노력은 마침내 결실을 맺어 펜실베이니아주 리하이대학교에 아이어코커미국기업재단으로 나타났다. 크라이슬러의 우리도 그에 못지 않게 회사의 직원을 적절하게 교육시킴으로써 미국이 국제 경쟁력을 갖추도록 하는 데 헌신했다. 이런 헌신에 관해 논의하기는 쉽다. 하지만 그것을 완수하기는 그렇게 용이하지 않다. 거기에는 모든 사람이 가진 생각에서 획기적인 변화가 필요하기 때문이다. 직원

경영대학원이 제조업을 강조하다

캘리포니아 산호세에 있는 미국 후지쓰가 1991년 조사한 미국 상위 25개 경영대학원 연구에 따르면, 경영대학원생의 제조업에 대한 관심이 다시 높아졌다. "제조업의 획기적 변화가 학계에서 일어났다"고 로스앤젤레스대학교의 휠라이트 교수는 말한다. "생산과 제조공정에 관심을 보인 대학교의 숫자가 늘었으며, 아울러 등록 학생의 숫자와 교수진의 배치가 증가하고 있다."

이 연구는 경영대학원이 학생의 요구에 따라 제조업 강좌를 추가했음을 밝히고 있다. 응답자의 약 83퍼센트는 1991~92년중 제조업 강좌를 신청했는데, 이는 5년 전의 43퍼센트와 대비된다. 61퍼센트가 제조업/공장경영학을 전공하거나 집중 공부하겠다고 답변했는데, 이것은 5년 전의 48퍼센트와 비교된다. 제조업 강좌 담당 교수의 숫자도, 조사대상 대학의 48퍼센트에서, 증가했다.

조사대상 대학의 83퍼센트는 제조업/공장경영학에서 학생수가 증가했다고 보고했다. 대학들의 56퍼센트에서, 경영학석사의 제조업 취업이 증가한 반면 다른 분야들에서는 감소했다. 대학의 87퍼센트는 더욱 많은 학생들이 제조업에서 1986년보다 더 많은 직장을 구했다고 답했다.

응답자들은 또 1990년대 제조업에 대해 다음과 같은 추세를 전망했다.

- **세계적 합작개발**. 대기업들은 전세계에 걸쳐 중소전문기업을 구입하거나 또는 그들과 협력하여 틈새시장을 개척하거나 장악해 나갈 것으로 보인다. 생산기술 노하우는 국경을 넘어 급속하게 확산될 전망이다.
- **유연성**. 부피가 큰 제품은 앞으로 계속 주문제작된 제품에게 자리를 내 줄 가능성이 크다.
- **첨단 자동화**. 대형 공장과 중형 공장은 고객의 수요를 충족시키기 위해 자동화를 추진해 나가지 않을 수 없다.
- **상품주기가 짧은 생산**. 설계─제품인도주기의 단축으로 인해 생산의 방향은 한층 더 소비자의 요구, 즉 잉여 축소 및 간접비절감 쪽으로 나아갈 수 있다.
- **경영 스타일의 변화**. 다(多)기능팀들이 관료제를 축소시키고 노동자책임제를 제고할 것이다.
- **주문형 물류관리**(*Customized Logistics*). 기술은 주문부터 제품인도까지 물류관리의 체인 전역에 걸쳐 조정과 효율의 증대를 가져온다.
- **제조를 위한 디자인**. 제조설비의 역량과 한계에 관한 지식은 앞으로 계속 체계화되어 제품 설계과정의 의사결정에 통합될 가능성이 크다.
- **품질관리와 통제**. 경쟁력은 조직의 모든 단계를 총괄하는 품질관리부서를 설치하느냐 여부에 따라 결정된다 (《매뉴팩처링 엔지니어링》, 1992년 1월호).

들과 나는 미국과 유럽의 수많은 대학을 방문하고 그들이 제조업에 관한 노력을 강화하도록 격려했다. 우리는 제조업의 중요성을 역설했다. 우리는 연구와 관련된 제조업의 문제를 토론했다. 몇몇 경우 우리는 말로 떠들었던 곳에다 자금과 시간을 투입했다.

그 결과는 1988년부터 나타나기 시작했다. 몇 개 대학이 제조업 교육을 향상시키기 위해 새 강좌를 개설하기 시작하거나 또는 개설 여부를 진지하게 고려했다. 그 최초는 나의 모교인 퍼듀대학교였다. 이 대학의 공과대학은 시종일관 미국 내 최우수 학교로 평가받고 있으며 산하 크래너트경영대학원은 드높은 명성을 자랑한다.

제조업 교육에서 퍼듀대학교의 두 강좌는 산업과의 공동협력을 수반하고 있다. 하나는 엔지니어링스쿨(공과대학)이 관장하는 '컴퓨터통합설계와 제조업자동화센터(Computer-Integrated Design and Manufacturing Automation Center, CIDMAC)'이다. CIDMAC은 크라이슬러를 비롯하여 몇 개의 산업체 파트너를 가지며, '지능제조시스템을 위한 엔지니어링연구센터(Engineering Research Center for Intelligent Manufacturing Systems, ERCIMS)'의 일부이다. CIDMAC은 국립과학재단의 지원 아래, 상품들이 제조되는 방식을 바꾸는 개발사업에 대해 연구한다. 참여 교수진과 학생들은 자신들의 지식을 확장하기 위해 궂은 일을 마다하지 않는다. 두번째 강좌는 크래너트경영대학원에 설치된 '제조기업경영센터'이다. 이 센터는 세 가지 임무를 갖고 있다. 우선 센터는 제조업 경영을 부전공과목으로 이수하면 산업경영학 학사학위를 수여한다. 또 교수와 학생이 제조업 환경에 의해 대두된 경영상의 도전에 대응할 수 있도록 하는 기회와 혜택을 제공한다. 이어 크래너트경영대학원의 학생, 교수, 제조업 실무자 사이에 발전적인 대화연결망을 제공한다.

크라이슬러는 이 강좌의 잠재적 성공에 크게 감명받아 향후 5년간 매년 100만 달러를 기부하기로 약속했을 뿐만 아니라, 기타 다수의 대학들에도 이 같은 강좌개설에 자금을 지원키로 했다. 이런 강좌들은 장래 크라이슬러와 미국 산업이 경쟁하는 데 도움이 될 것이라고 확신한다. 나는 여타

회사들도 이와 비슷한 기부를 해 달라고 강력히 촉구한다.

1992년 6월 노스웨스턴대학교는 49명의 경영학 학사학위를 가진 제조업 경영학석사(Masters of Manufactruing Management, MMM)를 처음으로 배출했다. 이 학생들은 경영학과 제조업을 모두 교육받았다. 가장 중요한 점은 치열한 취업시장에서 그들 모두가 평균 세 곳의 입사 제안을 받았다는 점이다! 같은 해 듀크대학교의 경영대학원은 졸업생들이 5명 중 1명 비율로 제조업의 취업을 수락했다고 전했다. 1990년 통계의 세 배이다. 이 결과들은 우리의 철학을 뒷받침하는 의미 있는 진보를 나타내는 사례였다.

고전적 사례는 매사추세츠공과대학교의 '제조업 지도자과정(Leaders For Manufacturing, LFM)'이다. 이 과정은 1988년 초 시작되었는데, 학생들의 연구성과를 종합하고 분석하는 한 편의 논문 —— 공과대학과 경영대학의 지도교수들이 승인을 한 창의적인 논문 —— 으로 종결된다. 학생들은 각각 경영학석사와 엔지니어링 석사학위를 수여받는다. 11개 '파트너 기업', 알코아, 보잉, 크라이슬러, DEC, 코닥, GM, 휴렛 패커드, 존슨 앤드 존슨, 모터롤러, 폴라로이드, 유나이티드 테크놀로지가 통상 2개년 강좌의 2차 연도에 학생들에게 6.5개월의 응용연구 수습기간을 제공한다. 졸업생들은 공학과 과학은 물론 팀워크 능력과 강력한 지도력 적성에서도 확고한 신뢰를 받게 된다. G. L. 윌슨 공과대학장과 슬론경영대학장인 레스터 서로의 지도는 대학과 산업 간의 탁월한 협력사례로 꼽히고 있다. 나는 내 아들 릭이 1992년도 LFM 졸업생임을 정말 자랑스럽게 생각한다. 그는 뛰어난 세계적인 제조업 경영자가 되리라고 생각한다.

관리자 교체

내가 제조업에 관한 미국의 교육제도를 역설하고 돌아다니는 동안, 나의 직원들과 나 역시 크라이슬러의 제조 그룹 내에서 교육기반을 향상시키고 있었다. 하지만 우리가 원한 점은, 학교가 제조업이 요구하는 집행의

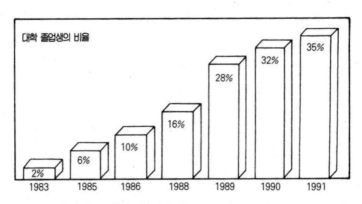

대학 졸업생의 비율

2%	6%	10%	16%	28%	32%	35%
1983	1985	1986	1988	1989	1990	1991

크라이슬러의 수업료 보상 강좌는 매년 확충되어 종업원은 물론 회사에도 도움이 됐다. 수업료 보상 강좌는 회사의 일선 감독자 중 35퍼센트가 1991년에 대학 졸업 학위를 갖게 된다는 것을 의미했다. 그 통계치는 1980년에는 1퍼센트에 불과했다.

정밀성을 학생들에게 훈련시킨 後에 졸업생을 우리에게 보내 주었으면 하는 바람이었다.

1983년 크라이슬러의 제조활동은 공장장들에게 우선 자신의 경영관리팀의 중요한 교육적 향상을 계획하라고 요구하기 시작했다. 나는 크라이슬러의 고참 인사 및 조직 담당 부사장인 글렌 화이트로부터 전문적 도움과 자문을 받았다. 현지 대학들은 학위취득 강좌를 크라이슬러 종업원의 수요에 맞추어 조정했다. 일부 강좌는 심지어 공장 회의실에서 개설되었다. 이제 수백 명의 관리 담당 사원이 학사과정 및 석사과정의 강좌를 이수할 수 있게 되었다. 크라이슬러의 수업료 보상 강좌는 종업원의 직무에 적합한 강좌의 비용을 부담했다.

우리는 또 대졸사원 연수계획을 세워, 새로운 피가 생산과정에 흘러 들어오도록 했다. 주로 기술이나 공학분야의 대학 졸업생이 공장이나 사업부의 강좌에 적극 응모했다. 공장강좌의 규정에 따르면 그들은 각종 부서에서 6개월간의 훈련을 받은 뒤 생산 감독자로 2년간 근무해야 했다. 사업부의 계획은, 졸업생들을 18개월간 직원 훈련과 공장 각 부서의 순환근무에 배치했고, 또한 2년간 생산 감독자 직책을 맡아 해당 경험을 마무리하도록 했다. 제조업 관리에서 절대적으로 중요한 점은 최전선의 지도와 경험이다.

1983년 크라이슬러공과대학(CIE)은 설립된 지 50년을 넘었지만, 제조부서의 생산직 노동자 중 단 한 사람도 지금까지 이 대학에 입학허가가 된 적이 없었다! 우리는 입학하는 방법을 협상했다. 내가 크라이슬러를 떠날 무렵 20명의 제조기사가 CIE를 졸업했다. 그들은 미래를 위한 종자 옥수수이다. 당신은 올바른 일을 위해 싸워야 한다. 역사는 오고 역사는 가지만, 원리는 영원하다.

1980년대 말엽 전세계 크라이슬러의 제조부서에는 200개 종합대학교와 단과대학에서 학사학위를 딴 직원이 1500명 이상 근무하게 되었다. 우수한 재능은 당신이 그를 발견하는 곳에 있고, 우리는 세계에서 가장 우수하고 가장 총명한 사람을 찾았다. 우리는 석사가 400명, 박사가 10명이나 되었다. 제조부서의 6000명이 넘는 월급제 종업원 중 약 45퍼센트가 대학교를 졸업했거나 또는 학업중에 있었다. 그들 대부분은 기술분야였다. 나는 회사의 일선 감독자 중 35퍼센트 이상이 대학학위를 갖거나 이수중이라고 자부한다. 이 비율은 1980년에는 1퍼센트를 밑돌았다. 이것이 바로 내가 말하는 "자부심을 갖는다"는 주장이다.

1988년, 《포천》지는 상위 7대 경영대학원 출신의 경영학학사 중 29퍼센트가 제조업에서 일자리를 구했으며, 이는 1987년보다 6퍼센트가 증가한 수준이라고 보도했다. 이런 관심은 다른 경영대학원들에서도 나타나기 시작하고 있다. 퍼듀대학교의 크래너트경영대학원의 전 원장 도널드 프랭크 박사는 《월스트리트 저널》에 기고한 글에서 이렇게 썼다.

경영대학원의 인기 상실에 관한 귀지의 기사에 따르면 1987년 10월 증시 대폭락으로 금융 위주 경영학학사 강좌 수요가 감소했다. 하지만 기술과 제조에 초점을 맞춘 경영학학사 강좌의 수요는 증가추세다. 이는 퍼듀대학교 크래너트경영대학원의 경우 확실히 맞는 말이다.

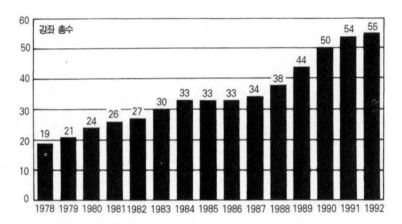

제조 관련 강좌는 교육기관에서 꾸준히 증가하고 있는 것으로 나타났다. 강좌 숫자는 현재 55개로, 51개 교육기관에서 교수되고 있다.

프랭크 박사는 현재 에모리대학교의 총장으로, 미국의 제조업 역량을 향상시키자는 운동에서 학계의 강력한 지도자이다. 미국의 젊은 남녀가 만일 그들이 자신의 양친과 똑같은 번영을 향유하고자 한다면 자신들은 반드시 월스트리트의 종이 추적보다는 경제의 부가가치부문에 더욱 집중해야 한다는 사실을 마침내 깨달은 것일까? 그들이 그렇게 할 것이라는 확실한 증거가 있다. 그 결과는 미국 도처에 있는 단과대학과 종합대학교에서 나타나기 시작하고 있다. 예를 들면 1992년 현재 51개 교육기관이 '엔지니어링 및 기술 인증위원회'가 인증한 제조엔지니어링 교과내용을 가르치고 있다.

교육전략

우리는 이런 승리에 자족하여 고삐를 늦춰서는 안 된다. 미국 학생의 불과 70퍼센트만이 고등학교를 이수하고 있는 상황이고 보면 이 같은 근본 문제를 해결해야 한다. 일본은 98퍼센트이기 때문이다. 우리의 졸업생이 일본 학생보다 교육경험과 동떨어진 지식을 얻고 있기 때문이다. 게다가 미국의 대학인구가 감소하고 있어 재난은 수평선에서 점차 드러날 수 있다. 다가오는 제조업 황금시대를 대비하여, 나는 다음 특징들을 종합하여 장기 교육전략을 짜야 한다고 제안한다.

어린이들에게 읽기를 가르쳐라. 이것은 교육제도에 대해서는 물론 부모에게도 해당되는 말이다. 어린이들이 토요일 아침 TV에서 멀리 떨어져 책에 관심을 갖도록 배려하라. 문맹퇴치는 현재 미국 기업체가 도전해야 하는 목표이다. 더 이상 그렇게 되어서는 안 된다.

학교수업에 공장방문을 넣어라. 어린이들에게 제조업이 어떤 것인지 보여주라. 내가 그들의 나이에 그랬던 것처럼, 거기에는 호기심이 있다. 그것을 개발하도록 하라! 그들은 제조업의 공장바닥을 기피해야 할 장소로 생각하는 것이 아니라 그곳을 존중하고 경탄하는 법을 배워야 한다. 현장실습은 3학년 초부터 시작해야 한다. 여러 가지 형태의 공장들을 고루 견학하게 하라. 늘상 자동차공장이나 철강공장에 갈 필요는 없다.

고등학교 교육내용을 강화하라. 과학, 수학, 기술을 강조하라. 제조의 실제 세계에 대한 이런 교과과정들의 응용도 물론 강조되어야 한다. 과학과 수학 교사들에 대한 지방 기업체들의 협력과 급료지급이 필요할 수도 있다.

고등학교 차원에 개입하라. 제조업체는 반드시 현지 고등학교와 자매결연을 맺도록 해야 한다. 예컨대 일리노이주 록퍼드에서는 제조업체들이 컴퓨터지원시스템의 모형을 고등학교에 보냈다. 산업의 첨단 기술에 대한 취미는 학생들의 욕구를 자극한다. 기업이 받는 반대급부는 훈련비의 감소와 종업원의 노동력으로의 더 빠른 통합이다. 현장 체험은 학생들에게 제조업이 자신들에게 맞는지를 확인할 기회이다.

어린이들이 고등학교를 졸업하도록 장려하라. 우리는 고등학생 중 30퍼센트가 왜 졸업을 못 하는지를 알아내고 행동계획을 짜야 하며 중퇴를 없애는 방안을 실천해야 한다.

산업체와 정부가 공동협력하여 대학교에서 제조업에 초점을 둔 특별 강좌를 개발하게 하라. 현재 51개 교육기관이 제조엔지니어링을 가르치지만 더 필요하다. 이 특별 강좌에 등록하는 학생들에게 금융혜택과 장학금을 늘려야 한다.

대학교를 산업의 문제해결 원천으로 간주하라. 일부 대학은 제조업 전공 학생들을 팀별로 조직하여, 기업이 제기한 실세계의 문제를 다루기 시작하고 있다(브리검 영 대학교가 좋은 사례이다). 학생들은 현실의 문제들을 갖고 공부하고, 자신의 새 지식을 적용해 볼 기회를 가지며, 나아가 실천적인 해결책을 얻을 것이 틀림없다. 해당 기업은 신선한 생각과 대답을 얻게 된다. 그것은 양쪽 모두가 이득을 얻는 게임이다.

대학교의 엔지니어링 강좌는 품질을 가르쳐야 한다. 전사품질관리(TQM), 지속적 개량, 또는 품질관리에 관한 강좌가 개설될 수도 있다. 혹은 생산 관련 강좌에서 품질이 강조되어야 한다. 공학도들은 사후에 결함을 검사 적발하는 것보다 사전에 결함을 예방하는 방법을 배워야 한다.

대학교 엔지니어링 강좌는 팀워크를 가르쳐야 한다. 학생은 팀 속에서 공부해야 한다. 교육규범은 개인의 등급을 매기는 것이라 하더라도, 팀워크가 시장, 품질, 신제품 개발, 생산성을 빠르게 향상시키는 데 결정적이다.

대학교, 산업, 정부는 반드시 제조업의 연구개발지출을 강조하고 자금지원을 늘려야 한다. 납세자와 투표자는 반드시 의회와 지방 대학교의 이사회나 위원회에게 기부금을 요구해야 한다. 만일 여러분이 대기업의 주주라면 회사에게 제조업 연구개발지출이나 대학의 교육강좌에 대해 어느 정도 투자를 하고 있는지를 물어 보라.

기업 간부는 반드시 연구회의에 참석해야 한다. 이것은 최신의 제조연구정보를 기업 차원에서 얻는 데 우수한 방법이다. 그것은 쓸데없는 일이 아니다! 회의를 주제에 따라 엄선하고 행동계획을 만들라. 참석할 수 없다면 회의록을 구하라.

난국을 뚫고 나가는 미국인의 명성은 신화적이다. 제조업 교육, 훈련, 연구를 우리가 도전해야 할 다음의 국가 과제로 삼자. 훈련은 가르쳐질 수 있다.

15 진보를 향한 열정

내가 크라이슬러에 일하러 나간 첫날 나의 신임 상사 리 아이어코커 회장과 첫 개인면담을 하는 자리에서, 그는 나를 똑바로 보고 웃으며 말했다. "당신은 명예의 인간이자 용기있는 사람이다. 당신은 탁월했다! 오늘날 미국 역사상 처음, 우량 기업 대출금리가 20퍼센트를 기록하고 있는 최악의 상태다! 당신은 대단한 지구력을 가져야만 할 것이 틀림없다."

아무렴, 나의 그 날 감정은 다소 불안정했다. 나는 그에게 나도 난파선을 탈 작정이라고 약속했고 그것을 지켰다. 나도 회사의 사정이 나쁘다는 점은 알았지만, 사태는 아무도 예상하지 못한 정도로 빠르게 악화되고 있었다. 나는 우리 나라의 경제난국이 대출금리를 더욱 치솟게 하여 우리 회사처럼 가뜩이나 현금이 말라 있는 회사들을 더욱 비참하게 만들지는 않을 것이라고 생각했다. 크라이슬러는 당시 심각한 금융난을 겪고 있고, 이 배는 아무런 구명선도 보이지 않는 상태에서 시시각각 침몰하고 있었다!

그리고 그곳에서 나는 내 인생의 최고득점에 도달했지만——나는 용기백배하여 크라이슬러에 입사했다——동시에 그것은 내가 얼마나 어려운 궁지에 빠졌는지를 깨닫게 하는 최저득점이기도 했다!

회고

크라이슬러 시절 무엇이 가장 좋은 추억으로 남아 있을까? 나의 개인적 최고득점 중 두 가지는 1983년에 다가왔다. 첫째는 신예의 자동차공장인 온타리오 윈저에서 매우 성공적인 신차, 즉 미니밴을 출범시킨 일이었다. 그것은 크라이슬러와 자동차산업 양자 모두에게 제조업의 혁명이었다. 4년간 우리는 완전히 새로운 철학과 방향을 개발하여 혁신적인 차량을 설계와 동시에 조립했다. 그것은 나의 부임 직후 시작됐고, 설계부서와 생산기술부의 협력을 얻었다. 제조부서는 신제품 개발과 시판에 앞서 설계부서와 생산기술부와의 공동작업을 과거보다 훨씬 긴밀하게 전개했다. 미니밴은 K-카 플랫폼 밖에서 조립되었지만 완전히 다른 차량이었으며, 크라이슬러 성공의 최고 보석이 되었다.

같은 해 나와 회사 사람들 모두의 한 가지 최고득점은 우리 임원진이 7년 거치의 대출보증금을 이자 5억 달러와 함께 조기상환하기 위해 회장을 워싱턴으로 보낸 것이다. 그것은 엄청나게 사기를 높여 주었다! 그것은 크라이슬러에게 완전한 독립, 새로운 출범을 가능케 했다. 우리는 정부의 구속을 더 이상 받지 않게 되었다. 우리는 대출보증금의 거치에 대해 매우 감사하게 생각했지만, 가능한 한 아주 빨리 독립을 회복하기를 원했음은 말할 필요도 없다. 이제 우리는 그것을 달성했다.

아마 거의 완벽한 해는 1984년이었던 것 같은데, 그 해 자동차시장은 뜨거웠고 설비는 거의 완전가동되었으며 그 결과 24억 달러라는 엄청난 이익을 거두게 되었다! 그것은 정말 엄청난 금액이었고 1925년 이후 지금까지 크라이슬러 주식회사의 기록 중 최고이다. 미국의 경제 환경, 우리의 제품, 우리의 품질, 우리의 국민 등 모든 것이 좋았다. 전체 체제가 동시에 맞아떨어지고 균형 상태에 있었다. 바로 제품, 사람, 공정, 우리의 채산성 확보계획이 그랬다. 이 전체가 정말 잘 돌아가고 대단했다! 그것은 내가 도착한 첫날의 지옥을 쫓아냈다——5년이나 빨리.

1986년 우리는 제조설비 현대화사업을 추진하는 데 열을 올렸다. 누구나 엄청나게 바빴고 전속력으로 질주하고 있었다. 이런 변화는 착상에서는 이미 1980년에 시작된 것이지만, 내가 물리적으로 추진하기 시작할 수 있게 된 때는 1983년이 되어서였다. 그때 우리 회사 사람들의 대부분은 일반인과 더불어, 처음으로 크라이슬러 안에서 무언가 일어나고 있다고 깨닫기 시작했다. 바로 우리가 윈저 조립공장에서 첫 미니밴을 출고한 때였다. 르네상스가 시작됐고 그것은 이제 널리 알려지게 되었다.

실제로 상황은 1983년에 가속화하기 시작했다. 우리는 지금은 스털링 하이츠 조립공장이 된 폴크스바겐 공장을 매입했다. 1986년까지 우리는 워런 트럭조립공장에서 5억 달러 정도의 다지시티 공장 개조투자를 벌이고 있었고, 또 과거 폐쇄됐던 세인트루이스 공장을 개조하여 우리의 제2미니밴 공장으로 만들고 있었다. 우리의 제조혁명은 만개중이었다. 집중도는 마하 6이었다! 우리는 최고속도로 달리고 있었다. 이런 속도는 우리가 대규모 사업을 마치고 미국과 캐나다에 있는 모든 조립공장을 개조할 때까지 계속되었다. 내가 크라이슬러를 떠난 것은 제퍼슨노스 공장이 거의 완공되던 시점이었다. 그 공장은 크라이슬러의 1966년 벨비디어 조립공장 이후 최초의 초원지역 조립공장이었지만, 우리는 그것을 조용한 옥수수밭이나 찔레가시나무밭이 아니라 디트로이트 시내에 건설했다. 신형 공장은 구형 공장의 탁월한 대체물이었다. 우리는 우리의 것을 잘 보살폈다.

지난 20년간 제조업을 게을리한 것 —— 25년간 건설된 신형 조립공장은 단 한 개뿐이었다 —— 이 돌연 마하 6의 정신구조로 비약한 것, 모든 공장의 잇따른 현대화는 믿기지 않는 곡예이자, 신조차도 인간이 오래 견디리라고 예상치 못한 대단한 일이었다. 하지만 그것은 우리가 받은 카드패였고, 그래서 우리는 즐겁게 그것을 하고 놀았으며, 나는 그 중 한 사람으로서 그 모든 순간을 사랑했다!

또 하나의 나의 중요한 고득점은 AMC의 인수와 더불어 1987년에 기록되었다. 나는 지난 20여 년에 걸쳐 자동차사업을 확장하기 위해 격렬하게 싸웠다. 하지만 이 같은 나의 사상은 회사로서는 회사의 정책과 전략에 정면 배치되는 것이었다. 크라이슬러의 정책과 전략은 자동차회사가 아니라 다른 부문의 회사를 인수하는 것이었다. 따라서 우리가 자동차회사를 인수하고 자동차에 대한 우리의 초점을 확대하고 세계적인 상표 지프 (JEEP)를 받아들였을 때 나는 정말 기뻤다.

1988년 우리는 6개월마다 신제품을 발매키로 임원진의 자격으로 결정했다. 첫 제품은 1990년에 발매되는 제2세대 밴이었는데, 그 첫 세대는 이미 최고의 보석으로 취급된 바 있다. 이 두번째의 미니밴, 신형 지프, 완전히 새로운 가족형 세단(LH) 3종, 신형 T-300 풀사이즈 픽업, 바로 이것들이 우리가 1988년에 세계 정상급의 신제품을 안정적으로 공급하기 위해 결정한 제품들이었다. 제품은 자동차산업에서 게임의 결정적인 패이다.

1989년부터 1991년까지 나는 최신형 '크라이슬러기술센터(CTC)'와 디트로이트 초원의 제퍼슨노스 조립공장의 건설을 직접 감독하는 특권을 누렸다. 그것은 제조업 임원에게는 생애 최고의 일이었다. 폐쇄하거나 팔거나 조업을 중단하는 것이 아니라, 미래를 건설하고 성장시키며 확장하고 준비하는 것 말이다. 마지막 최고득점은 전세계 제조 담당 임원 겸 부사장으로 승진되는 영광이었다. 크라이슬러 재생의 꿈은 계속 질주하고 있었다.

이런 것들이 내가 가장 잊을 수 없는 최고득점들이다.

생애 전체에 걸쳐 나를 움직인 동기는, 사명감을 창출하고 이 사명에 예민한 초점과 긴박성을 정립하는 것이었다. 매일매일을 보내면서 나에게서 한층 격렬하게 용솟음쳤던 것은 제조업의 정력적인 전투였다. 리 아이어코커는 나에게 말하곤 했다. "내가 A형 개성을 갖고 있다면, 도치 씨 당신은 A의 네 배나 되는 사람이다!"

최선이 되기 위해 질주했다

앞서 말한 사항들이 크라이슬러에서 이룩한 나의 주요 업적이다. 이것들이 바로 내가 가장 깊이 느끼고 가장 열심히 싸우고 가장 호되게 채찍질하고 오늘날까지 달성한 최대치라고 느끼는 것들이다.

나는 15년간 자동차산업의 경영자로서 미국의 제조업을 대표하면서, 국제적 시각을 키우게 되어 인종차별의 남아프리카에서 크라이슬러의 즉각

344

철수를 권고하기도 했다. 나는 또 캐나다 크라이슬러와 멕시코 크라이슬러 양사의 보유와 확장을 주장했다. 훗날 나는 북경 지프회사를 확장할 것과 중국 제1자동차제조장과 사업관계를 틀 것을 권고했다. 나는 수출을 위해 오른쪽 핸들 제품을 강력하게 추진하고, 혼다와의 관계를 통해 일본에 우리의 지프 판매를 지원했다.

나는 또한 인력과 전문 지식을 갖고 오스트리아 그라즈에 미니밴조립공장을 지어 북미 조립 크라이슬러 제품을 유럽과 중동에 대규모로 판매했으며, 이와 더불어 크라이슬러의 유럽 시장 재진입을 지원했다. 이 일에는 국제사업부의 부사장 마이클 해머스, 그리고 후에는 조셉 캐피와의 매우 긴밀한 조정이 필요했다. 나는 20년간 형편없을 정도로 방치된 괴물딱지와 같은 제조설비를 현대화하는 책임을 맡았다. 우리는 장비의 품질을 향상시키고, 새 설비를 설치하고, 신기술을 구매하고, JIT 자재관리를 시행하고, 납품업자를 합리화하고 재조정했으며, 우리의 딜러단과 긴밀한 사업관계를 발전시키고, 낡은 설비를 교체하고, 노조/경영자 관계를 재정립하고, 그리고 수만 명의 종업원들을 훈련시키고 교육하여 통일된 팀으로 일하도록 했다. 팀워크야말로 힘이다.

1980년 당시 핵심 전략가들과 간부들은 트럭과 전자사업에서 철수를 권고하고 있었지만, 나는 크라이슬러가 그 사업을 고수해야 한다고 설득하는 데 성공했다. 1992년경 트럭은 크라이슬러 사업의 56퍼센트를 차지했다. 만일 트럭이 없었다면, 우리는 모든 크라이슬러 자동차에다 일찌감치 묘비명을 써넣게 되었을 것이다.

나는 제조 전문가로서 우리 팀을 이끌어 부품서열공급제와 적시납품 자재관리의 규율을 확립했다. 그것은 지독히 인기가 없는 일이었지만, 해야만 할 올바른 일이었다. 나의 사명은 실행이었지 정치가 아니었다.

나는 막대한 노력을 기울여 SPC와 Cp-Cpk(6시그마) 역량을 활용토록 했는데, 이것은 작업관리를 통해 제품품질을 향상시키고, 생산비를 줄이며, 종업원에게 직무처리권한을 부여하기 위한 목적에서 비롯되었다. 여기에서도 논란이 일어났지만 그것 역시 반드시 해야 할 일이었다.

부품업체 기반의 급속한 합리화와 확충, 품질의 초점을 적발에서 예방과 부서간의 예방적 협력체제로 전환하는 것, 이것들은 굉장한 득점을 올리게 한 두 개의 연극이었다. 크라이슬러의 수석 제조 임원으로서 내가 무결점 사고방식을 고집한 것은 모든 기업문화를 바꾸는 데 결정적인 영향을 미쳤다. 나는 항상 그런 논의 속에서 살았다.

나는 생산기술부와 디자인부 동료들을 동시엔지니어링과 공정추진설계 쪽으로 나아가도록 격려했다. 그리고 위성 프레스공장, 위성 부품업체공장, 부품업체 연구개발센터를 추진했다. 나는 끈기를 가지고 그 일을 제대로 완료하기 위해 엄청난 저항 속에서도 극렬하게 싸웠다. 몰렌코프 코치는 그것을 사랑했을 것이다. 리 회장도 그러했음은 내가 익히 아는 바였다.

노동자 훈련, 수습중인 전문 노동자의 재배치, 관리인사부의 교육적 격상, 제조업 경영진의 통합과 다변화, 대학에서 산업으로의 정기적 기술이전은 내 계획의 핵심 부분이었다.

나는 스스로 노조 문제에 직접 개입했는데, 그것은 크라이슬러의 노사관계를 수십 년간 지배해 온 긴장되고 파괴적이며 적대적인 색채를 없애려는 일념에서 비롯됐다. 그 결과 1984년부터 1991년까지 오직 하나의 중요한 지방 파업이 일어났을 뿐이다. 그것은 800만 노동시간이 넘게 뛰면서 오직 하나의 범실(하나의 파업)만이 기록된 것이나 다름없다. 나는 이런 실적을 올리는 맛에 살 수가 있다.

크라이슬러가 조립한 차량의 품질을 향상시키려는 나의 노력은 1980년부터 1992년까지 65퍼센트의 향상을 달성하는 데 도움이 되었으며, 이와 더불어 제조업의 생산성은 같은 기간중 약 두 배로 늘어났다. 제조업 생산성에서 우리가 달성한 순수증가액은 최소한 10여 년 동안 매년 1억 5000만 달러를 넘었다. 이렇게 하여 크라이슬러는 무덤에서 살아났다. 우리는 일했고, 함께 했다! 크라이슬러는 (AMC의 매입 이전인) 1983년부터 1987년까지 국내의 저생산비 생산업체였고, 이제 AMC를 완전소화하고 신제품으로 물량과 시장점유율의 지속적 증가를 유지하고 있기 때문에 1990년대에도 계속 저생산비 생산업체가 될 전망이다.

요약 보고

크라이슬러 복권 ── 10년이 달성한 업적은 무엇일까?

- 크라이슬러는 구원되었는가? 그렇다! 이제 크라이슬러는 전보다 훨씬 강하다.
- 크라이슬러는 보증대출을 상환했는가? 그렇다! 7년이나 앞서, 그것도 3억 달러의 이자와 함께 다 갚았다.
- 크라이슬러는 회사를 혼다식으로 발전시켰는가? 아니다! 크라이슬러는 승용차와 트럭 종합제조업체이며 특징적이며 혁신적이다.
- 크라이슬러는 종업원의 고용을 구원했는가? 그렇다! 크라이슬러는 약 10만 명을 직접 고용하고 있다.
- 크라이슬러는 북미에서 철수했는가? 아니다! 크라이슬러는 전세계에 걸쳐 확장중에 있다. 오스트리아 그라즈에 새 공장을 세웠고, 멕시코 사업을 확장했으며, 중국에서 확장하고 있고, 아마 내년쯤엔 몇 개의 다른 공장 건설을 발표할 계획이다.
- 크라이슬러는 돈을 벌고 있는가? 그렇다. GM은 그렇지 않다. 포드도 그렇지 않다. 일본 9대 자동차업체 중 어느 회사도 그렇지 않다.
- 크라이슬러의 품질은 향상되었는가? 그렇다! 상당히. 100대당 8개의 결함 상태가 2개로 줄었다. 실로 획기적인 질적 비약이다.
- 크라이슬러는 생산성을 향상시켰는가? 그렇다! 한때 5000~6000명에 달했던 공장이 이제는 전보다 훨씬 적은 인력으로 더욱 많은 제품을 생산한다. 생산성은 배가되었다.
- 크라이슬러의 제조공장은 안전, 유연성, 환경보호, 종업원에 대한 사회적 반응도에서 개선되었는가? 그렇다! 그 공장은 미국의 어느 공장과 비교해도 좋은 조건이다. 1980년대에 그 공장은 형편없는 상태였다.
- 크라이슬러는 단지 자신의 두뇌를 이용하여 이것을 이룩했는가? 아니다! 크라이슬러는 모든 사람, 즉 일본인, 독일인, 스웨덴인, 미국 내 다른 도시에 있는 경쟁자들로부터 조금씩 배움으로써 그렇게 했다.
- 크라이슬러는 소수민족과 여성에게 관심을 갖고 조직을 다변화시켰는가? 그렇다. 제조업 그룹이 그 방안을 이끌어 나갔다.
- 크라이슬러는 자재관리방법을 바꿨는가? 그렇다! 이제 크라이슬러의 JIT시스템이 자동차산업을 주도하고 있다.

• 크라이슬러는 이익을 남겼는가? 그렇다! 크라이슬러는 1982년부터 1990년까지 125억 달러의 총이익과 90억 달러의 순이익을 벌었다. 이것은 크라이슬러가 1925년부터 1980년까지 번 이익보다 더 많은 금액이다. 게임은 성공했다.

크라이슬러의 신제품은, 우선 1990년 제2세대의 미니밴을 시작으로 이제 완전히 새롭게 건설되거나 개조된 공장에서 조립되고 있다. 신제품은 전적으로 새로운 자재관리체계에 의해, 그리고 계몽되고 재훈련되고 자발적이며 유연한 노동자들에 의해 뒷받침될 것이다.

제조업 프로라면 누구나 크라이슬러에서 약 2000만 대의 자동차생산을 관리하는 특권을 갖기를 꿈꾸었을 것이다! 나의 주의 깊은 관심 속에는, 대대적인 구조개편, 승용차와 트럭의 새로운 개발방법, 노조 관계와 딜러 관계의 개선, 팀 지향적 부품업체 관계의 발전, 지도력 재정립, 공정유연성과 첨단 기술로의 전환 등이 포함되어 있었다. 이 모든 것은 종업원 기능의 동시적 향상 및 재훈련과 함께 전개되었다. 완전히 헌신적인 거칠고도 넘치는 에너지의 10년이란 세월이 걸려서야 미국의 한 조직, 크라이슬러와 그 훌륭한 종업원들을 구할 수 있었다.

이런 변화는 회사의 대부분을 재창조했다. 우선 회사는 태도, 팀워크, 리더십, 에너지, 공정추진설계부터 시작했다. 그것은 컨버터블, 미니밴, 다코타, 지프, LH 차량과 같은 대형 제품을 낳았다. 또한 윈저, 세인트루이스, 스털링 하이츠, 벨비디어, 톨루카, 그라즈, 뉴어크, 브라말레아, 다지시티 트럭조립공장, 그리고 내가 가장 심혈을 기울여 건설한 디트로이트 제퍼슨노스 공장 같은 세계 수준급의 차량공장을 낳았다. 크라이슬러는 1980년대 경기회복의 '신데렐라'였지만, 지금도 1990년대의 '제2의 신데렐라'가 되기 위해 자세를 정비중이다. 우리의 지도 아래 개발된 '첫 제품들'은 앞으로 30년 동안 거리를 돌아다닐 것이다. 그 사상들은 외국의 경쟁업체도 모방할 것이다. 나는 다른 미국인들도 우리와 똑같은 일을 하기를 희망한다.

앞을 내다보며

자동차산업의 장래를 내다볼 때는 반드시 전세계적인 시각에서 전망해야 한다. 바로 이것이 지난 25년간 내가 스스로의 정신을 훈련시킨 방법이다. 자동차산업은 전세계에 걸쳐 연간 4500만에서 5000만 대의 자동차를 생산하고 있으며, 현재 800만 대에서 1200만 대의 과잉 생산능력을 다루어야 한다. 이것은 자동차회사가 북미, 유럽, 또는 태평양 연안의 어느 쪽에 있는가에 따라 매우 불균등한 결과를 낳을 수도 있다.

우리의 주요 시장 북미는 미국 경제가 뜨겁게 달아오르느냐 차갑게 식느냐에 따라 좌우되지만 연간 최고 1600만~1700만 대에서 최저 1100만 대까지의 선에서 오르락내리락한다. 자동차산업은 주기적이다. 이미 언급한 바와 같이 1984년은 거의 완벽한 해였고 우리는 최고속도로 달렸으며, 이런 상황들은 그렇게 흔히 반복되지는 않는다. 하지만 자동차산업의 우리 모두는 이런 상황 이상의 것을 활용할 수 있다. 우리는 곧 일종의 반복실행을 수행할 준비를 갖추고 있다.

크라이슬러의 경우 추측컨대 한층 어려운 시기 그리고 모든 사람이 달라붙어야 했던 가장 괴로웠던 도전은, 경제가 경기침체로 반전하기 시작하여 마침내 1987년 10월 주식시장의 가공스런 폭락으로 입증된 때였다. 이것은 우리가 AMC를 매입한 지 불과 3개월 후였다. 그때 우리는 기존의 200만 대 이상의 생산능력에다 또 100만 대의 생산능력을 추가매입했다. 우리는 운명의 장난인지 어느 누구도 예측하지 못한 경제적 타격을 입게 되었다.

주식시장은 하루 500포인트 이상 폭락했다!

돌연 우리는 겨우 150만 대의 시장점유율을 유지한 상태에서 350만 대에 가까운 생산능력을 갖게 된 것이었다! 맙소사, 마치 내가 리 아이어코커를 첫 면담하고 대출금리가 20퍼센트를 기록한 시점으로 돌아간 듯이 느껴졌다.

그리하여 우리는 1988년 중반부터 1991년 중반까지 산업에서 막대한 생산설비를 놀리는 시기에 돌입했다. 크라이슬러에게 그것은 AMC의 인수 때문에 —— 당시 GM이나 포드는 어느 쪽도 해외로 나가서 100만 대의 추가 생산설비를 매입하지는 않았다 —— 훨씬 더 어려웠다! 2차 대전의 패튼 장군처럼 나는 계획을 짰다. 그 해가 끝나기 전에 우리는 자신 있게 그것에 투자했다. 그 계획은 이제 거의 완료 단계에 있다. 그 결과는? 크라이슬러는 빅 스리 중 유일하게 이익이 남는 업체이다. 내가 어디 출신이든 결과가 중요하다. 업적은 늘상 멋지게 남는다. 하지만 정치는 돌고 돈다.

이것이 자동차산업이 지금까지 겪은 일종의 흥망성쇠를 특징짓고 있다. 미래를 예견컨대 새 조립공장이 더 많이 필요하다고 나는 전망한다. 바로 이 점에서 다시 나는 새 조립공장을 건설하는 데 열의가 없는 대다수 자동차업체 임원들과 의견을 달리한다. 크라이슬러가 불황을 겪고 있던 1991년 디트로이트 도심에 건설한 신형 제퍼슨노스 조립공장으로 무엇을 이룩했는지 보라. 그것은 이미 멋진 성과를 거두고 있으며, 내 생각엔 앞으로도 향후 50년 동안은 계속 그럴 것이다. 실로 제조업이란 큰 도박이며 직업에 대한 장기적 헌신이다. 겁 많고 정신적으로 경량급이며 겉으로 말만 잘하는 사람은 제조업에 어울리지 않는다.

미래에는 좀더 많은 공장을

왜 더욱 많은 생산시설이 필요하다는 것인가? 그 까닭은 우리가 낡은 설비, 즉 실패의 공장이 아니라 새로운 설비, 즉 미래의 공장을 원하기 때문이다. BMW를 보라. 이 회사는 사우스캐롤라이나에 신설비를 깔고 있다. 도요타는 전세계에 5개의 새 공장을 짓고 있다. 피아트와 폴크스바겐도 같은 일을 하고 있다. 이 전쟁에서 이기는 길은 전쟁을 뚫고 나가는 것이지, 그것이 끝나기를 기다리는 것이 아니다. 그렇다. 일부 자동차업체들의 이런 움직임은 단지 정치적이고 전략적 이유로 설비를 교체하는 것이 아니라 그 대부분은 새로운 생산능력과 설비를 추가하는 행동이다.

지난 10년간 북미에 현지 공장을 설치한 자동차회사들은 생산능력을 약 30만 대에서 300만 대로 늘렸는데, 이것은 무려 10배의 확장이다! 우리가 익히 보았듯이 1988부터 1995년까지 이와 똑같은 사건이 심도는 약간 떨어지지만 일본의 현지 공장에 의해 영국에서 전개되고 있다. 일본은 북미 현지에서는 추가확장을 하지 않지만 유럽과 중동에 침투하기 위해 우선 거점인 영국에 집중투자하고 있다. 또 도요타와 닛산은 일본에서도 몇 개의 신형 공장을 추가로 건설하고 있음이 목격되고 있다.

크라이슬러는 향후 5년 내지 8년간 북미에서 신형 조립공장을 더 이상 필요로 하지 않을 것으로 전망된다. 크라이슬러의 미국과 캐나다 공장은 이미 훌륭한 모습을 갖추고 있다. 멕시코에 하나, 그리고 해외 다른 곳에서 한두 개가 더 필요할지는 모르지만 미국 심장부에서는 그렇지 않을 것으로 보인다. 조립설비가 그곳에 있기 때문이다. 그것은 유연하고 집중적이고 확장 가능하고 효율적으로 생산하고 고품질을 낳고 돈을 벌며 독특한 3교대 조업패턴을 활용하고 있다. 그것을 뒷받침하는 시스템, 즉 프레스와 구동장치공장은 신예화되어 있고 적절히 집중적이기 때문에 효과적이고도 유연하게 가동된다. 우리는 제품과 공장을 균형 있게 계획했다. 그리하여 모든 신제품은 북미에서 부품을 조달받고 있다. 우리가 그 공장들을 세웠고, 단지 그것들에 우리 상표를 붙이지 않고 있을 뿐이다.

세계의 자동차게임은 최저의 생산비, 최고의 품질, 생산설비의 올바른 결합을 찾아 전략적으로 가장 좋은 지역에 공장을 설치하는 것이며, 이 계획의 토대는 공장건설지역에 대한 심도 있는 국제 경제적, 정치적 평가일 것이다. 그것은 마치 다트게임처럼 지도를 향해 화살촉을 쏘아 대는 그런 것이 아니다! 많은 경우 최상의 해결책은 합작투자이며, 포르투갈 세투발에서 신형 미니밴을 생산하기 위해 폴크스바겐과 포드가 합작한 결정이 그런 좋은 사례이다. 나는 그들이 거래를 하기 3년 전에 이미 그 지역을 조사했다. 하지만 치열한 경쟁 앞에서 우리는 중단해야 했다. 우리는 마침내 오스트리아 그라즈를 선정했다.

그리하여 나는 승용차, 트럭, 버스의 연간 세계 총생산능력 4500만~5000만 대가 세계 곳곳에서 수백만 대에 달하는 설비의 과소 활용을 낳을 우려가 있다고 전망한다. 우리는 1988년과 1991년 사이에 미국에서 냉혹한 설비위축의 주기를 겪은 지 얼마 안 되었고, 이제 이와 유사한 과소 활용의 주기가 유럽에서 북미보다 훨씬 혹독하게 나타나고 있다. 그것은 또 정도는 다소 낮지만 일본에서도 현재 감지되기 시작하고 있다.

감지된 수요가 변화하고 전략이 수정됨에 따라 생산설비도 달라지고 있다. 신선하고도 매력적인 제품을 갖고 있는 크라이슬러 같은 회사는 시장점유율, 설비활용, 채산성에서 더욱 강대해지고 있다. GM사 같은 회사는 제품들간의 틈새에 발이 묶여 있고, 한편 다른 업체들은 한 지역에서는 강하지만 다른 지역에서 약한 딜레마를 겪고 있다. 예를 들어 포드는 북미에서는 강하고 유럽 현지에서는 상대적으로 취약하다. 유럽 포드의 제품 기획에 약점이 있기 때문이다.

트럭을 타고 계속 달려라

현지 공장은 몇 가지 중대한 조정을 해 왔다. 혼다는 승용차시장이 한창 달아올랐을 때 순풍에 돛을 달고 10년 이상을 순항해 왔지만, 이제는 바람방향이 눈에 띄게 바뀌었음을 목격하고 있다. 오늘날의 성장부문은 트럭이다. 나는 그것을 픽업, 미니밴, 스포츠 유틸리티 차량들이라고 정의한다. 그런데 이 분야에서 혼다는 전혀 아무것도 갖고 있지 않다. 밀월은 오직 잠시 동안만 지속될 뿐이다. 바로 이런 것이 자동차사업이다.

1980년 크라이슬러에는 트럭사업에서 철수하자고 강력하게 주장한 사람들이 있었다. 나는 당시 사장 J. 폴 버그모저에게 권고했다. "빌어먹을! 트럭도 만들지 못하는 크라이슬러를 위해 내가 할 일은 없다!" 우리는 자신의 확신을 믿어야만 한다. 그것이 핵심 문제였다. 폴은 총명하고 노련하며 정력적인 사람으로 조언자의 말을 잘 경청했다. 폴과 리는 트럭사업을 계속 유지키로 함으로써 올바른 결정을 내렸다.

그리하여 혼다는 오늘날 과거 전혀 해본 적이 없는 일을 벌이려는데, 즉 계열사인 이스즈와 제휴하여 스포츠 유틸리티 사업에 뛰어들려고 하고 있다. 혼다 역시 향후 5년간 미니밴사업이 보장된 성장부문이기 때문에, 이 부문에 뛰어들려고 극도로 집중하고 있다. 그들이 시작할 무렵이면 크라이슬러는 생산물량에서 약 600만 대의 미니밴을 내놓게 된다. 경쟁에서는 대규모 함대가 이기는 법이다.

미국과 캐나다의 자동차시장은 이미 성숙하여, 향후 성장잠재력은 제한적이며 성장률은 연간 1~2퍼센트 정도에 불과할 것으로 전망된다. 미국 이외 다른 지역의 최대 성장률은 통상 5~10퍼센트 정도일 터인데, 최대 성장잠재지역은 중국, 인도, 태국, 멕시코, 동구 등으로 보이며, 이들 지역에서 경제적·사회적·정치적인 결과를 수용할 수만 있다면 기회는 엄청나게 클 것으로 보인다. 그런데 이들 지역에 사는 사람들에 대한 나의 충고는 내가 평생 추구한 것과 같다. 즉 여러분이 지금까지 갖고 있는 것을 갖고 최선을 다하라. 다시 말해 여러분이 지금까지 했던 일을 최대한의 능력을 발휘하여 다시 하라는 지적이다. 기억하라. 여러분이 외국(시장)에 있을 때 여러분은 손님이다. 따라서 여러분은 주재국의 상황에 적응해야 한다.

1990년대를 향한 균형

크라이슬러는 매사에 균형이 잡혀 있기 때문에 1990년대의 10년간 한층 강력해질 것이다. 가장 중요한 것은 사람이다. 1980년대의 10년간 우리는 급료지급 명부에 있는 거의 모든 사람들이 단결된 팀으로 함께 일했다. 둘째로 우리는 디자인, 엔지니어링, 제조, 마케팅, 공동구매에서 효과적인 신제품 개발전략을 마련했다. 크라이슬러는 한층 강해진다고 전망되며 현재 연간 약 200만 대를 생산하지만, 1990년대에는 연간 생산량이 300만 대

이상으로 상향이동할 역량을 갖게 될 것이다. 그것이 우리가 지속적인 성장을 위해 규모를 책정한 방식이다. 우리의 신제품 파도는 이제 모든 시장을 강타하고 있다.

GM은 지난 10년간 큰 실패자였지만 앞으로는 안정되며, 그렇게 되더라도 이 자랑스런 회사는 과거 경험한 수준보다 훨씬 낮은 차원의 시장점유율에 머무를 것이다. GM은 고군분투하고 있으며 다른 업체들 틈에 끼어 앞으로는 더 이상 거인이 되지 못하고 단지 키 큰 소년 중의 하나에 불과할 전망이다.

회고해 보건대, 1960년대 말과 1970년대 초 GM은 스웨덴의 사회체제식 제조업방식에 뛰어들려고 했지만, 나는 그런 움직임과 싸웠다. "그것은 생산비를 앙등시킨다." 나는 그들에게 말했다. "그것은 품질을 나쁜 방향으로 몰고 갈 우려가 크다. 또 해야 할 올바른 일도 아니다. 좋다, 그건 기분은 편안하게 해줄 것이다. 그것이 바로 당신네들이 원하는 방향이라면 그렇게 해야 할 것이다!" 다행히 사람들은 내 말을 경청했고, 우리는 그릇된 길에 들지 않게 됐다.

1992년 사브와 볼보는 '사회공학에 따라 기획된' 공장들 가운데 핵심적인 두 개를 폐쇄했다. 20년 전에 모든 학자, 언론인, 분석가들은 이곳 미국에서 공장을 사회공학에 따라 세우라고 우리에게 권고한 바 있다. 바로 이것은 여러분이 경청하는 대상과 따라야 할 모범에 대해 신중해야 한다는 것을 보여 준다. 경험과 지혜는 항상 철학과 이론보다 우월한 법이다.

자동차산업의 미래는 일련의 거대기업과 중형 기업체들로 이루어질 것이다. 나는 내 시각이 닿는 한도까지는 빅 스리를 예측할 수 있다. GM을 위시한 빅 스리 각 기업은 계속 독립 상태로 남아 있을 것이다. GM은 규모가 재편되며 재창조되어 '오만의 산'에서 내려올 것으로 보인다. 생존은 현실적인 것이고 그들은 현재 적응중에 있다.

많은 사람들이 크라이슬러는 독립을 유지하지 못하리라고 느낀 때가 있었다. 1980년 4월 그곳에서 근무한 나의 첫날부터 지금 순간까지 나는 어느 한 순간도, 크라이슬러가 제 발로 설 수 없다고 생각한 적이 없다. 나는 우리가 열심히 싸우고 독립을 쟁취하고 지키기 위해 크라이슬러의 보브 루츠와 함께 극렬하게 싸웠다. 나는 다만 '이기기 위해 그곳에 있을' 뿐이지 패배하거나 제휴하기 위해서는 아니었다.

합작투자나 제휴가 없을 것이라는 말은 아니지만, 빅 스리가 각각 독립성을 견지해야 한다. 중소기업은 급속히 독립성을 상실하는 방향으로 나아가고 있다. 재규어, 사브, 람보르기니(Lamborghini), 로터스, 애시턴 마틴(Ashton Martin), 마세라티(Maserati), 롤스로이스 등 좋은 차량의 상표들이 독립성을 잃은 것을 보라. 끊임없는 풍문이 포르셰와 일본의 중소 자동차업체를 둘러싸고 돌아다니고 있다. 그것은 험난한 세계 리그전이다. 일본의 '9대 기업'은 줄어들 공산이 크다. 그들은 앞으로 결코 독립기업으로 남아 있지 못할 것으로 전망된다. 그들은 2000년경 '6대 기업'이 될 것으로 보인다. 그들의 경우 "만개한 꽃이 장미나무에서 떨어지고 있다." 그들은 무적이 아니다.

나는 유럽 회사들이 독일 밖으로 계속 이전할 것이라고 본다. 남으로는 스페인이나 포르투갈, 동으로는 체코공화국과 구소련의 위성국들, 폴란드, 중국, 멕시코, 미국, 브라질로 갈 것이다. 유럽인들은 마땅히 해야 할 대대적인 조정을 하고 있고, 그러면서도 영국을 기점으로 하는 일본의 침략에 반격하고 있다. 게임이 시작되도록 놓아두라!

기업이란 한층 강력해지거나 아니면 한층 취약해진다는 게 나의 관점이다. 어느 기업도 정지해 있을 수는 없다. 크라이슬러는 훨씬 강력해질 것이라고 확신한다. 근거가 되는 새로운 통합시스템이 제품, 사람, 공정과 균형을 이루어 잘 확립되어 있기 때문이다. 여기에는 제품과 생산공정을 개발하는 방법, 또한 부품업자와 더불어 올바른 하부구조를 수립하는 방법이 포함되어 있다.

동태적 리더십의 종말인가

리 아이어코커의 퇴임이 크라이슬러나 자동차산업 일반에 대해 동태적 리더십의 종언을 의미하지는 않는다. 리는 자신이 받은 카드패를 다루는 솜씨에서 천재였다. 그는 한때 나에게 말했다. "경영의 효율적인 양식은 독재다." 그가 1979년 11월 회장이 되었을 때 상속받은 상황은 경영난과 시련에 빠진 기업이었다. 적자기록은 엄청났다. 그것은 더욱 악화된 다음에야 개선됐다. 1980년부터 1984년까지 우리는 생존하기 위해 거의 특공대나 다름없는 정신구조를 가져야만 했다. 비정상적인 시대, 기술적 파산, 전쟁을 방불케 하는 경제 상황, 언론의 공격, 월스트리트의 신용 상실 등을 겪고 있었기 때문이었다. 그러나 리는 거의 어떠한 상황에도 적응할 수 있는 사람이다. 이 점이 그가 자동차산업에서 46년간 살아 남은 이유이다. 그는 역사의 한 귀퉁이를 쟁취한 신화이다.

나는 크라이슬러의 신임 회장 보브 이튼이 제품에 초점을 두고 모든 구성원에 대해 개방적이고도 공정하며 균형 잡힌 안정적인 리더십을, 고객만족과 서비스에 대한 강조와 함께 제공하게 된다고 확신한다. 나는 또한 이튼의 접근태도가 하부구조에 초점을 두고 미국 산업의 양대 지주인 엔지니어링과 제조 양자 사이에 훌륭한 조화를 유지할 것이라고 생각한다.

엄청난 규모의 동태적 리더십이 자동차산업에 여전히 존재하고 있다고 나는 생각한다. 크라이슬러의 경우 그런 인물은 보브 이튼이다. 포드에서 그것은 알렉스 트롯맨이다. GM의 잭 스미스에게도 기회를 주라. 내 친구 나카노 씨는 미쓰비시에서 탁월한 일을 하고 있고, 마찬가지로 BMW에서는 제품개발부 임원인 볼프강 라이츨레 박사, 제조 담당 임원인 피셔츠리더와 같은 사람이 떠오르는 스타들일 것이다. 폴크스바겐의 경우 그것은 강력한 의지를 가진 신임 회장 페르디난드 피에히 박사이다. 태평양 연안, 북미, 유럽의 어디서나 앞으로도 계속 자동차업계에 동태적 리더십이 풍부하게 공급될 것이다.

나는 미국 자동차산업이 고품질의 동태적 리더십을 갖고 있으며, 1990년대에 적응하고 조정하는 데 성공을 거둘 것이라고 확신한다. 세계의 다른 지역에서도 마찬가지일 것이다. 미국의 자동차산업은 2차 대전 이후 가장 위기에 찬 10년간인 1980년대에 최고의 승용차와 트럭을 생산함으로써 그 제조업의 리더십을 회복하고 탈환할 수 있음을 입증했다.

우리는 일본 회사들과 머리를 맞대고 만났다. 오늘날 우리는 위기의 시대에 움직였던 것보다 훨씬 빠르게 움직일 수 있다. 하부구조와 시스템이 이제 정비되어 있기 때문이다. 그것은 개선되고 균형 잡히고 훨씬 더 성숙해 있으며 엄청난 동력을 갖고 있다.

성실한 희망

많은 미국인들은, 제조업이란 아마도 마치 오렌지 껍질을 벗기는 것처럼 군침이 도는 일이거나, 혹은 갈증을 달랠 것이 아무것도 없을 때는 구정물이나 마시면서 경력을 쌓아 갈 수밖에 없는 그런 일이라고 생각한다. 이 책은 그런 인식을 바꿔 놓고, 거의 완벽한 미니밴의 도입과 같은 탁월한 제조업의 성공으로부터, 디트로이트의 도심 한가운데서 완전히 새로운 제퍼슨 조립공장의 **새로운 출범**을 살펴보는 것에 이르기까지 제조업의 멋진 성공에서 필자가 받은 정서적 감동을 전달하고자 했다. 이 책에서 나는 제조업 사명의 참된 본질을 밝혔다. 즉 철저한 규율, 완벽한 헌신, 필수불가결한 지식, 기나긴 낮과 밤, 주말들, 수년 심지어는 수십 년의 세월이 총체적 성공에 필수적이다.

미국의 가장 권위 있는 비즈니스 바이블인 《월스트리트 저널》은 크라이슬러에게 단지 명예롭게 사망하라고 충고했다. 그렇게 하는 대신 우리는 크라이슬러에서 10만 명의 직접고용을, 그리고 북미에서는 50만 명 이상의 지원고용을 구제했다. 그것은 세계 리그볼 경기였다. 우리는 지금까지 노력과 결과를 혼동해 본 적이 없다. 우리는 결국 경기에서 승리했다.

이런 경기 전체에 걸쳐 유일한 지도자는 리 아이어코커였다. 그가 임명

축구경기의 기초사항

제조업은 구식 태클 축구와 많은 공통점을 갖고 있다. 축구경기가 나에게 가르친 교훈은 세 가지 결정적인 사항에 따라 이기거나 진다는 점이다.

경기계획. 팀의 역량을 최대한 활용하라. 하지만 충분한 유연성을 갖고 상대의 최신의 움직임에 대응하라. 게임계획을 갖고 있는가? 그것으로 승리자가 될 가능성이 있는가? 이런 것들이 제조업계 사람이 매일 검토해야 하는 사항이다.

리더십과 팀워크. 축구 경기장에서 리더십은 감독, 팀장, 쿼터백, 경우에 따라서는 눈에 핏발이 선 라인배커에게서 나온다. 리더십이 없으면 경기는 시축도 하기 전에 이미 진 상태다. 우리 대부분은 지도자가 올바른 경우 정상 능력 이상으로 좋은 기량을 발휘할 수 있다.

기량, 결단력, 헌신성, 의무. 노트르댐 축구단의 감독 루 홀츠는 신참 선수들에게 이렇게 충고한다. "만일 최선을 다하지 않는다면 너는 단지 자리를 차지하고 있을 뿐이며, 축구에서 그저 자리를 차지한다는 말은 곧 의자를 따뜻하게 한다는 말일 뿐이다."

글로벌 경쟁에 돌입한 제조업 게임은 슈퍼볼, 로즈볼, 올림픽 금메달 경쟁이 하나로 뭉뚱그려진 경기다. 판돈은 수십억 달러의 이익이나 손해, 생존이나 파산을 좌우할 만큼 막대하다. 어떤 사람의 독약이 다른 사람의 열정이 될 수 있다. 제조업은 나의 열정이다.

한 임원 중 불과 4명만이 10년 이상 봉직했다. 나도 그런 네 사람 중 하나라는 것을 매우 자랑스럽게 생각한다.

나는 제조업 게임과 축구경기 간에 유사점이 있다고 생각한다. 그 목적은 이기는 것이다. 갈등, 팀의 결속력, 장기간의 지루한 준비활동은 결과적으로 개인적 만족, 완료, 나아가 광적인 즐거움을 잉태한다. 게임의 승리가 기업의 독립, 확장, 채산성, 글로벌 리더십과 함께 나타날 때 그렇다.

현대의 제조업은 고도로 복잡하고 끊임없는 실험과 진보를 필요로 하는 데, 이 둘 중 어느 것도 적절한 수준의 일관되고 선행적인 투자와 정밀한 유지보수 없이는 일어나지 않는다. 자동화설비는 저절로 가동되지 않는다.

나는 미래의 제조업 지도자와 노동자를 창조하는 데 학교교육이 차지하는 중요성에 대해, 아울러 가장 총명하고 가장 우수한 사람을 제조업으로 끌어올 수 있는 가치체계를 육성하기 위해 우리 업계가 담당해야 할 역할에 대해 여러분이 나와 같은 의견이기를 바란다. 우리는 국민학교부터 대학원에 이르기까지 제조업 교육을 절실하게 필요로 한다. 우리는 교육을 다만 현재 전망할 수 있는 수준까지라도 배양하기 위해서 자금과 도덕적 지원을 해야 한다. 그리고 결코 중단되지 않는 산업훈련, 실천적이며 확고한 교육원칙에 입각한 훈련이 필요하다. 이것은 우리 모두가 기여할 수 있는 분야이다. 나는 내 자신이 이에 크게 기여했다고 생각한다. 나는 여러분도 기여할 수 있다고 확신하기를 바란다.

제조업에는 반드시 깨어 있는 관리자들의 지도에 따라 좋은 훈련을 받고 좋은 교육을 받고, 고도로 자발적인 동기를 부여받은 사람들이 있어야 한다. 이런 관리자들의 사상이 경청되고, 수천 개의 작은 개선들로 바뀌고, 이 작은 개선들이 나날이 누적되어 마침내 우리 모두가 갈망하는 완전한 제품으로 나타나게 된다. 이런 사람들에게 권한이 부여되어 있다.

무엇보다도 지금 세상은 우리가 반드시 해야 하는 일을 하도록 기다리지 않는다는 점을 여러분이 알기를 바란다. 우리는 미국 제조업에 자신의 운명을 걸고 글로벌 리더십, 독립성, 자존심을 다시 정립해야 한다. 우리 마음속 깊이, 우리의 선조로 하여금 거친 대륙을 지구상의 강력한 국가로 탈바꿈시키게 한 그런 정신이 지금도 있는 걸까?

국제 경쟁은 가속화되고 있다. 그것은 전광석화처럼 움직이고 있다! 우리의 해외 경쟁자들은 학교와 직장에서 우리보다 더 많은 시간을 보낸다. 또한 그들은 제조업에 더욱 많이 투자하고 있는 반면, 우리는 마치 아무 일도 없다는 듯이, 세계의 기준을 미국이 설정하던 시기인 2차 대전 직후의 호황기 이래 아무것도 변하지 않았다는 듯이, 그저 빈둥거리고만 있다. 기억하라, 노력 않고 빈둥거릴 때 이르는 길은 하나뿐이며, 그것은 바로 영락이다.

수동적이 되지 말라. 당신의 역할이 무엇이든 열정을 가져라. 제조업은 당신의 지원, 참가, 당신의 아이들의 존경을 원한다. 그들에게 오늘 우리의 생활과 생계가 제조업에 달려 있음을 가르치라. 경제의 부가가치부문은 당신에게 캐고, 기르며, 만들어 낼 것을 요구하고 있다. 나는 만들기를 좋아한다!

만일 당신이 당신의 품질을 개선하고, 생산성을 높이고, 유연성을 향상하고, 종업원의 훈련을 발전시키고, 채산성을 높이고, 기지를 북미에서 세계로 확장한다면, 당신은 시간의 검증을 견뎌 낼 경기기록을 갖고 있는 셈이다. 그것을 책으로 쓰라! 나는 이 책으로 그렇게 했다.

◆ 부록 : 크라이슬러의 설비

1. 크라이슬러 : 미시간, 오하이오, 온타리오

공 장	기 능	주 요 생 산 품 목
1. 에이잭스 의장	의장생산	경의장품, 시트커버, 도어트림.
2. 브라말레아 조립	조립	신형 LH 조립. 아메리칸 모터스에서 매입.
3. 캐나다 조립	의장생산	경의장품, 시트커버, 도어트림.

공 장	기 능	주 요 생 산 품 목
4. 디트로이트 액슬	차축생산	차축의 주조, 기계가공 및 조립.
5. 에토비코크 주조	주물	알루미늄과 금속주물.
6. 제퍼슨노스	조립	1992년 출범한 최신예 공장. 지프 그랜드 체로키, 그랜드 왜거니어 조립.
7. 마운트 로드 엔진	엔진생산	6기통과 V-8, V-10 엔진.
8. 뉴맥 애비뉴	조립	다지 바이퍼 조립.
9. 필레트로드 조립	조립	풀사이즈 밴, 왜건 조립.
10. 샌더스키 비닐	비닐제품	철판, 압연비닐.
11. 스털링 하이츠 조립	조립	VW서 매입. 선댄스와 섀도 조립.
12. 스털링 스탬핑	스탬핑	재래식 프레스, 트랜스퍼 프레스, 동시치합식 스탬핑라인, 스털링 하이츠 조립공장 부근에 위치.
13. 톨레도 조립	조립	1987년 아메리칸 모터스에서 매입. 지프 랭글러, 체로키를 조립.
14. 톨레도 기계가공	기계가공	엔진, 변속기, 브레이크 부품, 토크 컨버터.
15. 트렌턴 엔진	엔진생산	4, 6기통 엔진.
16. 트윈스버그 스탬핑	스탬핑	1959년 이래 1983년까지 매년 파업했으나 1983년 이후 무파업. 스탬핑과 소조립품.

공 장	기 능	주 요 생 산 품 목
17. 워런 트럭/ 다지시티	조립	대형과 중형 트럭 조립, 1994년에는 신형 T-300 대형 픽업 생산 예정.
18. 워런 스탬핑	스탬핑	재래식 프레스, 트랜스퍼 프레스, 동시작동 프레스라인, 디트로이트 지역 공장을 지원한다.
19. 윈저 조립	조립	첫번째 미니밴 공장, 오늘도 미니밴을 생산한다.
20. 크라이슬러 테크놀로지 센터	디자인, 엔지니 어링,부품조달, 제조공정, 시작차 조립 및 테스트, 기업훈련	설비는 1991년 열었고 1994년 준공 된다. 디자인, 생산기술, 부품연구 및 제조를 한지붕에 모은다.
21. 페더스톤 로드 엔지니어링	엔지니어링	대형 승용차 플랫폼용의 제품 개발 팀을 지도한다.
22. 파일럿 오퍼레이션스	차량조립	첨단 생산공학, 시스템 개발, 차량조 립(시작차).
23. 아우터 드라이브 제조기술센터	치공구 금형	이 공장은 스탬핑공장에서 제조기술 센터로 개편되었다. 금명간 마운트 엘 리엇 치공구 및 금형으로 바뀔 것이다.
24. 스털링 하이츠 차량테스트센터	검사	차량 배출물 감시와 운전편의성 평가.
25. 리버티 앤드 테크니컬 어페어스	연구와 검사	신공정, 차량부품, 시스템 확인.

2. 크라이슬러 : 중서부

공 장	기 능	주 요 생 산 품 목
1. 비버 댐 생산	섀시생산	일관화된 동력공장 : 순서화된 모듈조립.
2. 벨비디어 조립	조립	폐쇄되거나, 매각되거나, 일시 중단된 적이 없다. 신형 1994년도 PL 소형차의 고향.
3. 인디애나폴리스	주철	크라이슬러에 유일하게 남아 있는 회색 주철소.
4. 커노샤 엔진	엔진생산	4기통, 6기통, V-8 엔진.

공 장	기 능	주 요 생 산 품 목
5. 코코모 주물	주물	알루미늄 금형주물생산. 훈련과 노동자 태도가 이 공장을 완전히 바꿨다.
6. 코코모 변속기	변속기생산	자동변속기와 트랜스 액슬을 생산한다.
7. 뉴캐슬 기계 가공 및 주물	기계가공 및 주물	섀시와 현가부품생산. 훈련과 노동자 태도가 이 공장을 완전히 바꿨다.
8. 뉴어크 조립	조립	원래의 K-카 생산은 이곳에서 이루어 졌다. LH의 제2공장이 된다.
9. 세이트루이스 I	조립	원래의 리바론 컨버터블 생산 고향 (1982). 현재는 유휴중임.
10. 세이트루이스 II	조립	MOA로 이 공장은 재가동됐다. 휠베이스 가 긴 미니밴을 조립한다.

3. 크라이슬러 : 앨라배마, 멕시코, 텍사스

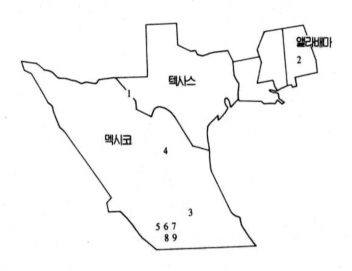

공 장	기 능	주 요 생 산 품 목
1. 엘파소 후아레스	와이어 하니스	와이어 하니스 부품과 조립.
2. 헌츠빌	전자부품	라디오, 전자기기 및 제어기기 조립.
3. 라고 알베르토 조립	조립	픽업 트럭과 스포츠 유틸리티 차량을 조립해 미국, 멕시코, 기타 시장에 판매한다.
4. 살티요 엔진	엔진생산	4기통 엔진.

공 장	기 능	주 요 생 산 품 목
5. 톨루카 승용차 조립	조립	미국, 멕시코, 기타 시장용 차조립.
6. 톨루카 컨버전	조립	컨버터블용 컨버전 설비.
7. 톨루카 크로스멤버	크로스멤버 생산	몇 가지 승용차와 트럭 모델 부품.
8. 톨루카 엔진	엔진생산	6기통과 8기통 엔진.
9. 톨루카 변속기	변속기생산	전륜구동 승용차용 변속기.

제조업의 의식

나는 제조업에 종사하면서 정확한 용어 정의야말로 간부 직원과 내가 공장 노동자나 기타 기업 부서들과, 또 서로간에 원활하게 의사소통하는 데 도움이 됨을 알았다. 다음은 제조업 전문가가 일상 업무를 수행하면서 흔히 쓰는 용어들이다. 이 용어는 제조활동의 의식을 나타낸다. 이 색인은 또한 이 책에서 사용되는 용어의 정의이기도 하다.

가속공정(Acceleration) : 종업원의 훈련기간. 이 기간중 신제품용 조립부품의 숫자는 점차 증가하여 마침내 사전에 계획된 생산라인 비율에 도달한다.

감독자이사회(Aufsichstrat) : 감독자이사회(Board of Supervisors)의 독일어. 구성은 관리자와 노조원이 50 대 50인 경우가 전형적이다.

게이트라인(Gateline) : 차량생산을 계획하는 시스템. 조립계획표.

경비절감(Truncate) : 납품업자, 생산부품, 치공구 및 장비 등의 감축과 관련된 합리화.

경영계획(Business plan) : 기업의 목표와 그 달성방안을 적시하는 문서로 된 계획.

경영이사회(Vorstand) : 경영이사회(Board of Management)의 독일어. 사장과 핵심 부사장 및 간부들로 구성된다.

경영정보체계(Management Information System, MIS) : 경영자나 기술자가 의사결정과정에서 활용할 수 있도록 자료를 기록하고 가공하는 정보환류시스템.

고객만족도지수(Customer satisfaction index) : 소비자의 반품이나 제품 결함을 기준으로 한 현장 서비스 보증의 척도.

고압 정전기 도장(High-voltage electrostatic) : 도장공장에 있는 분무장비로 전착효율을 개선하기 위해 제품에 8만 볼트 이상 전하 상태의 전압을 가한다.

공장정보시스템(Factory Information System, FIS) : 시설과 장비의 효율 및 작동을 컴퓨터로 환류시키는 기법.

공정추진설계(Process driven design) : 장래 제품 확정의 토대가 되는 현재와 미래의 제조타당성에 대한 기초적 이해. 공정추진설계를 하기 위해서는 설계엔지니어와 제조엔지니어 양자가 협력하여 제품을 개발해야 한다. 동시공학이라고도 한다.

과잉 및 불용품(Excess and Obsolete, E and O) : 한 모델 연도나 제품으로부터 다음 연도나 제품으로 이월하여 사용하지 않는 부품들.

관리 이탈(Management deviation) : 품질요건에 대해 합의된 내용의 잠정적 예외.

국면1(Phase 1, P1) : 미가공 차체를 이용하여 신규 자동차를 시작하는 첫 단계로 시작차공장에서 수행된다.

국면2(Phase 2, P2) : 도료를 칠하고 주요 의장을 장비하며 금속철판을 장비하거나 결합하여 내부 부품을 장착하는 신규 자동차의 시작 제2단계로 시작차공장에서 이루어진다.

그래픽(Graphics) : 엔지니어링의 도움을 받은 도면으로 특정 부품이나 소조립의 관계를 나타낸다. 그래픽은 조립 지시에 대해 조업상의 지원을 제공한다.

기계류(Machinery) : 특정 목적물을 생산하거나 다른 계획된 결과를 거두기 위해 활용하는 장비. 기계류는 컴퓨터제어기기일 수도 있고, 또는 레이저, 로봇, 트랜스퍼 프레스와 같은 고도 기술의 '역할 담당자'일 수도 있다.

기본으로 돌아가라(Back-to-Basics) : 종업원의 이해와 업적을 향상시키기 위한 기초 공학기술이나 대학과목을 심사하는 연수 프로그램.

기본 지침(Maxims) : 기업 안에서 통용되는 일반 진리나 기본 사항이다. 즉 소기의 성과를 달성하기 위한 운영지침들이다.

기준(Standards) : 문서로 작성되거나 인쇄된 요건.

납품업자 품질인증(Supplier quality assurance) : 외부 납품업자가 공급한 부품과 공정의 측정과 확인.

납품업체 제품변경 요청서(Supplier Request for Product Change, SRPC) : 부품자재나 인쇄되어 있는 치수의 변경을 요청하는 문서.

누적자(Accumulator) : 조립공정의 설비. 이 설비에서 단위들(units)이 모여 다음 공정 내내 적합한 결합 상태로 통일된 흐름과 적합한 물량 공급을 유지하게 한다.

단순 유연생산체계(Simplified Flexible Manufacturing System, SIMFLEX) : 크라이슬러의 경우, 1개 이상의 제조작업을 수행하는 데 쉽게 적용될 수 있는 기계류를 가리킨다.

대외무역지대(Foreign trade zone) : 미국 내에 지정된 지역으로, 이 지역에서는 외국의 상품이 무관세로 수취되어 개조·가공·보관되며, 그런 다음 다시 선적될 수 있다.

대증요법적 결정(Reactive decision) : 문제가 확인된 후에 이루어지는 결정. 이런 관리 스타일은 예방보다 교정에 더욱 관심을 둔다.

독-록(Dok-Lok) : 트랙터나 트레일러가 짐을 푸는 위치에 안전하게 위치하도록 하는 안전장치.

동력 및 자유이동 컨베이어(Power and free conveyors) : 부품이나 소조립품을 옮기기 위해 일련의 체인 구역과 트롤리카를 이용하는 컨베이어시스템. 이 시스템 내에서 체인은 아래쪽에서부터 자유이동 트롤리카에 동력을 공급하거나 이동시킨다. 트롤리카는 네 바퀴인 경우가 많다.

라인 균형 최적화 모델(Line Balance Optimization Model, LBOM) : 모든 설비, 제품, 배치 인력의 한계를 토대로 한 최적 제조계획.

레이저광학 기계 비전(Laser optic machine vision) : 레이저광선과 기계 비전 공학기술을 활용한 자동측정 및 자동검사장비.

로보게이트(Robogate) : 차량의 프레임을 만들거나 차량을 초기에 용접으로 결합하는 작업을 하는 기계류. 로보게이트는 흔히 1개 이상의 차체 스타일을 위해 게이트(gates)의 수치화 작업에 적용되고 있다.

로봇(Robot) : 다양한 과제의 수행에 적합하도록 프로그램되어 있는 동작을 통해 자재, 부품, 치공구, 특수 장치를 이송하도록 되어 있는 프로그램 가능 다기능 조작자.

리버티(Liberty) : 사전에 미리 실시되는 제조공정, 제품 및 설비의 개발.

리트로피트(Retrofit) : 원래는 손이나 원격제어기로 작동되는 기계를 자동으로 작동하도록 개조한 것.

매치 메탈(Match metal) : 정확한 설계계획에 따라 측정되고 완료된 미가공 차체.

멀티플렉스 와이어링(Mutiplex wiring) : 다목적 전기설비.

메이저/마이너(Major/Minor) : 출시 물량. 출시 물량은 흔히 제품의 부품 숫자, 투자금액, 관련된 사람의 수, 설비의 숫자, 치공구, 제품의 잠재시장에 따라 결정된다.

모델교체기간(Changeover) : 두 모델 연도의 생산시기 사이의 시간, 또는 신제품을 발매하는 데 필요한 시간.

모델 이월(Carry over) : 모델 연도 사이의 제품의 반복.

모듈(Modular) : 아무런 추가 노동투입도 필요없는 완전한 소조립을 말하며, 자동차 조립공정에서는 이것을 가져다 그저 설치하기만 하면 된다.

모듈 프레이밍 스테이션(Modular framing station) : 단일 제품의 틀을 구성하는 장비.

목표(Targets) : 생산상의 목표나 목적.

목표가격 책정방식(Target pricing) : 납품업자와 제조업자가 비용항목과 이윤폭을 결정하고, 생산비와 이윤을 산정하며, 나아가 그것을 바탕으로 함께 일하기로 계약하는 생산비 산정방법이다. 대금지급이 일찍부터 시작되며 공정중에도 계속된다. 해당 개발사업이 합의시간 내에 완료되거나 예상비용보다 낮게 완료되는 경우에 대비하여, 계약에는 흔히 금융상의 인센티브 조항이 들어 있다. 경쟁을 통한 청약은 대개 목표가격 책정에서는 제외된다.

무결함(Defect-free) : 품질요건을 충족하는 제품이나 부품.

문짝을 떼어 낸 조립(Door-off assembly) : 도장공정을 거친 후 문짝들이 자동차에서 떨어진 상태에서 이루어지는 자동차의 조립. 이 경우 자동차의 문은 최종 조립 단계에서 자동차에 부착되는데, 그럼으로써 차체가 조립라인 아래로 움직일 때 노동자가 차체를 쉽게 손질할 수 있다.

미가공 차체(Body-in-white) : 페인트가 적용되기 전 차량의 차체. 용접되고 볼트가 붙은 금속판의 완전한 구조로 차체공장에서 나온다.

믹스(Mix) : 생산이 계획된, 다양한 생산물의 변종들.

발진(Launch) : 새로운 조업의 생산 시점. 혹은 공정, 라인비율, 교대패턴, 제품결합의 변경이 시작됨을 나타내는 날짜.

발진 창(Launch windows) : 생산개시가 예정되어 있는 시간주기.

방법(Method) : 사물들을 처리하거나 사양이 정해지는 방법들. 기본 문제에 대해 비용효과적이며 시간에 민감하고 품질 위주의 해결을 제공하는 방법들이다.

방사지역(Radiant zone) : 도장된 제품을 건조시키기 위해 오븐 안에서 시행하는 순서와 그 지역.

벤치마킹(Benchmarking) : 자신의 관행, 공정, 제품을 범세계적인 차원에서 최우수 기업과 비교하여 평가하는 시스템. 벤치마킹에는 다른 산업의 제품이 포함될 수도 있다.

병렬공학(Concurrent engineering) : 설계, 제조, 지원공정의 병렬적 동시운용공학. 병렬공학은 대개 설계과정에 초창기의 제조투입을 제공한다.

복잡성(Complexity) : 자동차 1대를 조립하는 데 필요한 부품의 숫자와 다양성. 동일한 공장에서 2종 이상의 차량에 들어가는 내용물을 가공하거나 조업하는 데서 생기는 차이점. 흔히 특정 제품을 조립하는 데 이용할 수 있는 방법의 숫자나 순열을 지칭한다.

복합자재(Composite) : 특정한 개성과 특색을 내기 위해 2개 이상의 재료가 결합된 것. 복합자재는 흔히 직물, 섬유, 또는 필라멘트와 같은 강화소재와 겸용수지 고착제로 구성된다.

부품서열공급제(Sequenced Parts Delivery) : 자재납품을 향상시키는 방법. 자재는 필요할 때 정확하게 도달한다.

부품서열공급제(In-line sequencing, ILS) : 연속 조립방법. 이 방법에 따라 하나의 제품은 조립순서대로 놓여져 마침내 완전조립이 이루어진다. 조립공정에 있는 완충재고와 수리실은 없어진다.

불량품 양식과 효과분석(Failure Mode and Effects Analysis, FMEA) : 불량품의 가능성을 확인하는 세부 변수의 연구분석.

블랙 박스(Black box) : 외부 납품업자가 OEM(주문자상표생산)의 주문사양에 따라 생산하는 조립품.

블록 도장(Block painting) : 품질과 생산성을 향상시키고 자재사용과 경비를 줄이기 위해 제품을 색깔별로 순서화하여 도장하는 방법. 또한 이것은 휘발성유기복합물의 배출량을 감소시킨다.

비가동시간(Downtime) : 제품이 생산되지 않는 일정한 시간. 새로운 시설, 장비, 공정 또는 제품으로 인한 설비의 교체에 필요한 시간이다. 하지만 경우에 따라서는 제품의 판매 부진이나 긴급 사태 때문에 발생하기도 한다.

비적합비용(Price of non-conformance) : 품질요건을 충족시키지 못하기 때문에 발생하는 비용. 재작업, 분류, 폐기, 수리를 포함한다.

비준수비용(Cost of non-conformance) : 품질요건을 맞추지 않은 데 따르는 지출. 재작업, 분류, 폐기, 수리에 드는 비용이 이에 포함된다.

사양변경(Homologation) : 제품이 조립되는 나라가 아닌 다른 나라에서 팔기 위해 제품의 사양을 바꾸는 것.

사양인증 손실(Loss of authorization, LOA) : 사양이 정해지기까지 소비된 생산시간의 연속량.

사원총회(Town-Hall meetings) : 의사소통의 한 방법. 이 회의는 여러 교대조의 종업원들을 한데 모아 경영진과 만나도록 한다.

사전결정(Proactive) : 문제점을 예방하기 위해 기획중에 내려지는 결정.

사전 선적 통지(Advance Shipping Notice) : 부품업자가 보낸 자재의 문서 통지서.

사전 제조조업(Advance Manufacturing Operations) : 일체의 제조 기획을 수행하는 기업 조직으로 직원배치, 제품, 공정, 치공구설치, 설비, 투자, 조업방법과 관련된다.

생산계획 총량(Capacity planning volumes, CPV) : 연속시간과 시간외가동을 기준으로 한 완제품의 최대 생산량. 내부/외부의 공급부품에 대한 최대 수요 요구량.

생산능력(Capacity) : 생산 가능 총량.

생산성(Productivity) : 투입된 자금, 시간, 자원에 대한 생산량의 비율.

생산순열(Permutations) : 자동차가 조립될 수 있는 방법의 가짓수. 조립 변종의 복합성. 색채, 옵션, 의장, 구동장치, 섀시에 적용되는 조합이다.

생산 전 발진(Pre-production and launch) : 새로운 모델 연도에 관한 제조경비의 한 범주. 신규 자동차 발진의 준비, 훈련, 실행과 같은 변수를 고려한다.

서비스 개월(Months in-service) : 고객이 소정 목적으로 제품을 활용하는 시간.

소조립(Subassembly) : 결합되어 좀더 큰 조립품을 이루는 2개 이상의 부품.

수출용 조립(Built-up for export) : 생산국이 순전히 수출용으로 조립한 제품.

수평자(Levelators) : 제품의 하역작업을 용이하게 하기 위해 하역장 높이까지 트랙터나 트레일러를 올리고 내리는 기계장치.

스크롤(Scroll) : 자재, 인원배치, 공정 등 조립시스템 내에 있는 모든 변수를 자세하게 요약한 문서.

스테레오 식각인쇄장치(Stereolithography) : CAE/CAD 자료를 이용하여 3차원 플라스틱 부품을 창조하기 위해 활용되는 고속 프로토타이프(원형차) 제조장치. 여기에는 네 가지 공학기술, 즉 레이저, 광학주사, 사진 폴리머 화학, 컴퓨터 소프트웨어가 결합되어 있다.

시각관리(Visual management) : 노동자와 관리자 양측이 공장바닥 어디서나 볼 수 있는 높이까지만 자재를 쌓는 행위. 이는 작업환경을 개선한다.

시스템 만재(System fill) : 생산시스템이 제품으로 장입되는(혹은 만재되는) 방법.

시장점유율(Market share) : 시장에서 한 회사가 차지한 판매량이나 그 비율.

신뢰도 기준(Reliability standards) : 제품이 일정 기간 어떻게 작동하는지에 대한 고객의 인지를 기준으로 하는 품질의 척도. 통상 소비자만족도 조사를 기초로 한다.

실험실 승인(Lab Approval) : 실험실에서 설계사양에 적합한지 여부를 검사하는 항목.

실효 기준점(Actual Effective Point) : 자재나 공정상의 변동을 확인하는 시간의 특별지점. 통상 등록번호나 등록일자, 또는 양자 모두로 나타난다.

악마는 지엽적인 데 있다(Devil is in the detail) : 제조분야의 품질에 대해 깊은 함축을 가진 구시대의 철학적 문구. 수익에서 흑자의 업적을 달성하려면 특정 계획, 제안, 프로그램 등의 세부 사항을 알아야만 한다는 뜻이다.

안전차단(Safety lock-out) : 개인의 위해를 예방하기 위해 장비에 붙어 있는 장치.

양산개시 시기(Start of production) : 신제품이나 신차종을 출시하는 시기.

양산 전 생산(Pre-volume production, PVP) : 양산 시판 전에 신규 자동차를 시작하는 첫 단계로 통상 양산 6주 전에 시작된다.

업적환류시스템(Performance feedback system) : 공장과 품질을 측정하기 위해 컴퓨터화된 정보수집. 업적환류시스템은 공장 전역에 있는 컴퓨터 단말기를 활용하여 제조의 진전 상황을 보고하고 문제점을 해결한다.

엔지니어링 및 기술공학 담당 인증위원회(Accreditaion Board for Engineering and Technology, ABET) : 미국의 전문대와 대학교에서 공학과 공학 관련 교육의 수준을 감리·평가·인증하는 집단. ABET는 인증정책과 기준을 개발하고 평가사업을 시행한다.

엔지니어링 조치 문서(Engineering Action Letter) : 계류중의 변화에 관한 문서 통지. 흔히 메모나 편지.

연속시간(Straight time) : 정상 생산시간이나 정상 생산일.

연 치공구(Soft tool) : 공인되지 않은 생산용 치공구를 이용하여 생산된 부품이나 자재.

예외 수단(Special means) : 품질과 생산량 면에서 생산을 지원하기에는 충분치 않다고 간주되는 부품들.

오드 박스(Odd box) : 고객기업의 품질요구조건에 따라 외부에서 설계되고 개발된 조립장치.

완전 시험양산 제1국면(Complete pilot phase 1, C1) : 자동차사업에서 시험양산 프로그램의 최종 국면으로, 양산 약 22주 전에 나타난다. 완전한 단위조립이 C1에서는 필요하다. C1은 시험생산작업과 조립공장 두 곳에서 일어난다.

용접봉 빈도(Weld electrode frequency) : 품질요건에 맞추기 위해 용접봉이 교체되는 횟수.

유연생산체계(Flexible Manufacturing System) : 자동화된 자재처리시스템에 의해 통합된 하나 혹은 여러 개의 기계들로서, 그 조업은 컴퓨터화된 제어시스템에 의해 관리되고 있다. 유연생산체계는 컴퓨터의 제어에 의해 다양한 제품을 제조하도록 설계될 수 있다. 이 용어는 또한 하나의 제품 모델 이상을 조립할 수 있는 조립시스템을 가리키는 데도 사용된다.

의장, 섀시, 최종 조립(Trim, Chassis and Final, TCF) : 차량조립공정의 주요 부분들을 지칭한다. 차체 프레임을 뜨고 도장을 끝낸 상태이다.

이네이블러(Enablers) : 계획된 결과를 달성하는 명문화된 방안.

인력(Manpower) : 특정 과제를 달성하는 데 필요한 숙련·비숙련 노동자의 숫자. 인력은 최선의 설비에서 직무내용이 명확하게 정해진 책임과 정밀한 방향 아래 훈련되고 배치되어야 한다.

인버티드 동력 및 자유이동 컨베이어(Inverted power and free conveyors) : 제조공정중 제품을 이송하기 위해 자동화된 컨베이어방법.

인산수시스템(Phosphate system) : 전착코팅의 융착도를 향상시키기 위해 완료된 미가공 차체에 가해지는 아연 인산수 자재코팅의 적용과 후속 도장공정.

인증부품 시험(Approved Parts Pilot) : 생산개시 전의 시험 단계.

인체공학(Ergonomics) : 작업 분위기, 공구, 훈련, 기후, 태도, 혹은 전체 환경으로 종업원이 최고로 효율적이고 만족한 상태로 일하도록 하는 데 기여한다. 이것의 시행에는 산업공학, 의사, 기계기사 등 여러 부분의 협력이 반드시 필요하다.

인치라인(Inch-line) : 정확한 치수와 사양을 나타내는 금속판 패널을 지칭한다. 접속된 패널들(선이 그어진 패널들) 사이의 표면관계를 확인하는 것.

일정표(Schedule) : 생산계획.

임계 라인 부족(Critical line shortages) : 제조활동이 정지되거나 해당 부품이 빠지는 결과를 빚는 특정 조립 지점의 부품 부족을 가리킨다.

임시 공구(Temporary tools) : 풀가동 생산을 뒷받침하기 위해 품질과 물량을 충분히 고려하지 않고 사용하는 공구들.

임시휴식(Tag relief) : 생산 도중 개인별 휴식이나 조업 휴지. 해당 개인의 휴식시간중 시스템을 계속 가동하기 위해서 대체 인력의 추가투입이 필요하다.

자동 용접봉 드레싱(Automatic Tip dressing) : 정상 간격으로 생산중에 있는 용접봉 드레싱의 시스템. 기계용접기의 업적과 품질을 향상시킴으로써 생산성을 높이고 비용을 떨어뜨리기 위한 기계적인 방법.

자동유도차량(Automated guided vehicle, AGV) : 생산성향상을 위한 자재처리방법. 자동유도차량은 상품을 이 지점에서 저 지점으로 수송하도록 사전에 프로그램되어 있는 운반자이다.

자동화설비(Automation) : 인간의 개입이 거의 없이 자동으로 작동하는 장치, 공정, 또는 시스템.

자본투자계획(Capital plan) : 경영계획의 일환으로서 신제품과 설비조치를 뒷받침하는 데 필요한 자본투자.

자재(Materials) : 최종 제품으로 되기 전의 자재나 소재들. 예를 들면 강철, 알루미늄, 고무, 천, 유리, 플라스틱 등이다. 또한 자재는 작업을 통해 한층 완성된 형태로 바뀔 수 있는 원료일 수도 있다. 자재는 무결함 투입물이 되기 위해 또 무결함 산출물을 생산하기 위해 과학적으로 평가되어야 한다.

자재 청구장(Bill of Material) : 모조립(parent assembly)을 구성하는 원료, 소조립, 부품의 목록화 작업.

자조노력(Self-help) : 안전, 품질, 효율을 향상시키기 위한 사내 조치. 자조노력은 통상 기업 간부로부터 거의 아무런 협조나 지원을 필요로 하지 않는다. 자조노력 개념은 흔히 지역 작업부서에서 '풀뿌리' 접근법을 통해 개발되고 있다.

잠정 부품공정(Interim parts process) : 생산공정 준수와 요건에 완전히 일치하지 않는 제조공정.

장기 계획(Long-range plan) : 5개년 혹은 그 이상의 기간중 기획된 신제품 또는 제품변경을 위한 일련의 사건들.

재작업(Rework) : 품질 기준을 달성하기 위해 부품이나 조립품을 재가공처리하는 시정작업.

저압 정전기 도장(Low-voltage electrostatic) : 도장공장의 분무장비로, 전착효율을 개선하기 위해 제품에 30~6만 볼트의 정전기 전압을 사용한다.

적시납품방식(Just-In-Time, JIT) : 자재가 생산공정의 필요와 사용에 동시적으로 수납되는 시스템. 재고와 자재운송보관비를 줄이는 방법(적시납품주의, 무재고주의라고도 부른다 ― 역자).

전착도장(E-coat) : 녹과 부식을 방지하기 위한 1차 코팅의 전착도장.

접는 컨테이너(Collapsible containers) : 접히는 자재로 만든 컨테이너. 이것을 사용하면 공장의 공간이 줄고 빈 컨테이너의 회수가 용이해진다.

정전기 분무(Electrostatic spraying) : 도장시스템. 도료의 미세한 방울이나 분말 미립자를 전기적으로 충전시켜, 표면이 아주 매끄럽게 연마된 작업 대상물에 달라붙게 한다. 전착효율과 주변의 완전도장 결과를 향상시킨다.

제품품질개선(Product Quality Improvement, PQI) : 크라이슬러에서 제품품질을 개선하기 위해 마련한 노사 공동 프로그램.

조립공장 종착 부품(Assembly plant end items, APEI) : 완성차를 조립하기 위해 조립공장이 받은 개별 부품의 셈. 생산부품만이 계산된다.

조업실적(Operating performance) : 안전목표, 품질, 생산목표의 측정 프로그램. 일간, 주간, 월간, 연간으로 되어 있다.

조업 지시표(Operation description sheets) : 각각의 생산조업절차를 상세하게 문서화한 것.

종업원 참여(Employee involvement) : 종업원을 의사결정에 끌어들이기 위한 경영철학과 후속 프로그램.

종합 냉각제(Synthetic coolant) : 석유계 오일을 전혀 포함하지 않는 냉각제. 그 명칭에 함축되어 있듯이, 냉각제는 부품들이 기계가공되고 있는 동안 그 부품들을 냉각시키고, 입자들을 아크 갭(arc gap)에서 씻어 내고, 전극과 작업 대상물 사이에 차단벽을 형성한다.

주물(Casting) : 주형틀에 녹은 금속을 붓는 행위.

직업안전건강청(Occupational Safety and Health Administration, OSHA) : 1970년 직업안전 및 건강법에 의해 창설된 미국 정부기관. OSHA는 노동자의 안전과 건강을 위한 규제 기준을 정하고 관리한다.

집단휴식(Mass relief) : 모든 노동자가 한꺼번에 휴식시간을 갖도록 계획된 방식.

첫번에 끝내기(First Time Through) : 첫번에 정확하게 수행된 조업의 품질을 판정하는 척도.

청정코팅(Clear coat) : 제품의 1차 컬러 위에 고광택 마무리를 적용하는 것.

초과속도(Overspeed) : 일일 조립률을 달성하도록 컨베이어 라인의 속도를 정하는 계획생산의 한 요소.

초기 샘플 검사 보고서(Initial sample and inspection report) : 특정 제품 첫 입고분 가운데 샘플을 기준으로 한 치수 검사 결과.

초기 샘플 실험 보고서(Initial sample laboratory report) : 특정 제품 첫 입고분 가운데 샘플을 기준으로 한 기후 및 기능 검사 결과.

치수(Dimensional) : 부품이 도면에 규정되어 있는 치수에 맞는지 그 정확도를 지칭한다.

침수코팅(Dip coating) : 제품을 유체코팅 재료탱크에 완전히 담근 후 꺼내 말리고 건조시킴으로써 도료를 붙이는 방법.

카드박스 무(Cardboard free) : 저장 수단이나 자재수송 수단으로 이용되는 카드박스의 사용을 없앤다. 카드박스가 없는 환경은 품질과 공장 청결도를 향상시킨다.

커브(Curves) : 생산가속시간중 달성된 물량을 나타내는 그래픽이나 도표.

커크사이트(Kirksite) : 아주 작은 물량의 특정 부품을 생산할 때 사용하는 잠정 장비.

컨테이너(Containers) : 자재를 대량으로 선적하고, 수납 혹은 수발하는 데 쓰는 용구. 통상 사용 후에는 반환되고 폐기되지 않는다.

컨테인먼트(Containment) : 출고에 앞서 품질을 평가하기 위해 보관된 차량. 통상 모델 연도가 시작되는 때 등장한다.

컴퓨터수치제어(Computer numerical control, CNC) : 기본적인 NC 기능의 일부나 전부를 수행하는 전용 내장 프로그램을 가진 수치제어통제. 이런 기능은 컴퓨터에 내장된 프로그램을 통제한다.

컴퓨터이용설계(Computer-aided Design, CAD) : 제품을 디자인하는 데 컴퓨터를 사용하는 공학기법. 흔히 CAM(컴퓨터이용제조)과 연관되어 있는데, 왜냐하면 CAM은 제품의 디자인을 위한 준비장치로서 대개 CAD를 사용하기 때문이다.

컴퓨터이용엔지니어링(Computer-aided Engineering, CAE) : 디자인, 개발, 계산, 검사, 실험을 지원하는 데 컴퓨터를 활용하는 방법.

컴퓨터이용제조(Computer-aided Manufacturing, CAM) : CAM은 디자인을 정보로 변환한 것으로서, 자동조립기계나 수치제어기계가 투입치로 활용할 수 있다.

컴퓨터통합제조(Computer-integrated Manufacturing, CIM) : 제품 설계로부터 제품 선적에 이르기까지, 제조기업체 내부의 모든 경영기능에 컴퓨터의 지원을 제공하는 시스템.

클러스터링(Clustering) : 제품 판매의 시기조정과 순서책정을 지칭하며, 측정된 시간 범위 내에서 두세 가지의 발매가 가능하다.

타당성(Feasibility) : 특정 제품의 공정능력에서 제조능력을 검증하는 것이자, 그 제품이 계획된 품질과 효율성목표에 부합하는지 여부를 확인하는 것.

통계공정관리(Statistical process control, SPC) : 업적자료를 이용하는 품질보장방법. 업적자료의 도움을 받아 제품과 공정의 근본 결함, 즉 불량자재의 생산을 초래하는 결함을 찾아낸다. 통계공정관리는 시정조치를 미리 정식화하고 결품자재를 예방하는 데 기여한다. 통계공정관리는 기본 확률법칙과 통계방법 양자를 활용하여 제품의 생산과정중 해당 품질의 변형을 일으킬 수 있는 행위 모델을 개발한다.

트랜스퍼 프레스(Transfer Press) : 작업 대상물의 이동 및 통제를 위해 여러 가지 조작을 시행하는 통합기계장치를 가진 금속 주형프레스.

페리미터 언로딩(Perimeter unloading) : 자재를 사용장소 가까이에서 인도하고 방출하도록 하는 설비 설계.

품질(Quality) : 기업의 가장 중요한 목표. 고객의 요구에 맞거나 결함이 없는 제품이라고 정의할 수 있다.

품질개선과정(Quality improvement process, QIP) : 회사의 품질성과를 향상시키기 위한 노사 양측의 정신자세나 문화.

품질비용(Cost of Quality) : 품질요건을 맞추는 데 필요한 활동들.

프로그래머블 로직 컨트롤러(Programmable logic controller, PLC) : 기억장치를 가진 반도체 산업 제어시스템으로, 특정한 방법으로 조작하도록 되어 있으며 투입산출 제어 논리, 계산, 데이터 조작 등과 같은 기능들을 수행하는 명령서를 내장하고 있다.

플랫톱(Flat-tops) : 바닥에 장비되어 있는 컨베이어로 제조공정중 제품을 이송한다.

피트 앤드 피니시(Fit and finish) : 완성된 차량의 품질을 둘러싼 시각적 평가. 평가의 기준은 부품의 정확한 조립 상태와 완성차의 최종 코팅 상태이다.

하도(Basecoat) : 고광택 마무리를 하기에 앞서 실시하는 차량의 1차 도색.

현대조업협정(Modern Operating Agreement, MOA) : 노사간의 협력 및 참여에 관한 협정. 현대조업협정은 경영진에게 취업규칙상의 좀더 많은 유연성을 제공하고, 노동자들에게는 팀 개념을 심어 줌은 물론 직무 숙련도의 향상에 따른 급료인상을 보장한다.

훈련(Training) : 종업원의 직업적 성장을 지도하기 위한 교육계획.

휘발성유기복합물(Volatile organic compounds, VOC) : 대기 광화학반응을 일으키는 유기복합물로 환경보호청에 의해 규정된다.

3차원 좌표측정기(Coordinate measuring machine, CMM) : 단시간에 3차원 도형을 측정하고 다른 다양한 측정을 수행할 수 있는 기계장치. CMM은 이동 가능한 전시용 기계요소의 위치에 관한 디지털 판독, 기하학적 측정치의 계산, 혹은 기계요소의 컴퓨터제어 위상설정을 제공한다.

50-20 프로그램 : 부품업체의 요건준수 여부를 확인하기 위해 제조활동에 쓰이는 모든 장비를 시험한다. 로봇의 경우는 50시간, 기계류와 장비에는 20시간이 걸린다. 연속 가동시간.

BSR : Buzz(붕붕대는 소리), Squeak(끽끽대는 소리), Rattle(덜그럭덜그럭거리는 소리). 자동차사업에서 소음을 기준으로 하는 품질관심도.

C$_p$(Process Capability) : 통계공정관리의 척도로 공정변화를 설계사양과 비교하는 생산력지수.

C$_{pk}$(Process Capability Index) : 통계공정관리의 한 척도로서 공정분산과 공정궤적을 설계사양과 비교하는 능력지수.

Job #1 : 생산된 최초의 완성품.

P 승인(P-Approvals) : 시작 프로젝트 적용에 적합한 치수사양에서 조금 벗어난 부품의 승인.

WBVP(Weeks Before Volume Production) : 양산개시 직전의 수주일.

글로벌 경쟁 시대의 제조업

 1994년 상반기 미국 3대 자동차업체 가운데 하나인 크라이슬러는 19억 달러의 흑자를 기록하여 단연 업계 최고 실적을 올렸다. 생산능력이나 외형으로는 제너럴 모터스나 포드의 3분의 1이나 2분의 1 정도임에도 이익 규모에서는 그들에 버금가는 실적을 보인 것이다. 이익률은 8퍼센트 선으로 실로 경이적인 수치다. 이에 따라 전세계 제조업체가 크라이슬러에 주목하고 있다.

 더욱이 크라이슬러는 미국 내에서 포드나 제너럴 모터스가 생산능력의 축소에 주력하고 있는 사이에, 앞으로 5년간 세계 자동차업체 중 최고규모인 총 225억 달러를 투자함으로써 현재 연간 250만 대의 생산능력을 1995년 300만 대, 1996년 350만 대, 1999년 400만 대 이상으로 확충한다는 웅대한 계획을 세워 놓고 있다. 크라이슬러의 신형 미니밴 체로키는 폭주하는 주문을 미처 소화하지 못해 고객의 주문을 사절할 정도로 호황을 누리고 있다. 연간 600여 종의 차가 치열하게 경쟁하는 미국 시장에서 크라이슬러는 이른바 혁신기업의 대표로서 1990년대는 물론 2000년대에도 업계를 선도하는 기업이 될 전망이다.

 이제 크라이슬러는 세계 자동차업계의 총아가 되고 있다. 1994년 초에 발매한 신형 소형승용차 네온은 에어백 등 고급 장비를 장착하고도 일본 자동차업체의 소형차보다 낮거나 비슷한 가격으로 팔리고 있어, 일본은 물론 우리 나라의 자동차업계 관계자들도 놀라움을 금치 못하고 있다. 어떻게 그렇게 낮은 생산비로 생산할 수 있는가, 도저히 있을 수 없는 가격이라는 것이다. 오죽하면 한국의 자동차 관련 단체가 네온 차종을 수입하여 이를 분해하는, 이른바 리버스 엔지니어링(역분해공학)을 통해 그 비결을 알아내려고 하고 있는 실정이겠는가.

크라이슬러의 약진이 우리에게 중요한 까닭은 이 회사가 강력한 경쟁력을 바탕으로 우리 나라의 자동차시장 개방을 요구하는 최선봉일 뿐만 아니라 우리의 주요 수출 시장인 미국과 기타 시장에서 한국 차와 직접 격돌하고 있기 때문이다. 우수한 설비와 탁월한 경영을 토대로 값싸고 좋은 차를 생산함으로써 우리 나라 자동차업체의 시장기반에 일대 위협이 되고 있다는 뜻이기도 하다.

크라이슬러가 이런 획기적인 업적을 이룩한 근본 배경에는 제조부문의 혁신이 있고, 이 혁신의 내용이 어떤 것인지를 우리는 바로 도치의 책에서 자세히 파악할 수 있다. 이 책은 세계 최고의 이익과 업적을 내는 자동차업체이자 대표적인 제조업체의 경영 성공비결에 관한 생생한 체험 기록이다. 자동차조립공장이 마치 한 폭의 정밀화처럼 치밀하게 묘사되어 있어, 책을 읽다 보면 독자들은 마치 자신이 공장 한복판에서 작업흐름에 직접 동참하고 있는 듯한 느낌을 갖게 될 것이다. 또한 우리는 자동차조립공장이 오늘날 첨단 기술과 장비 및 첨단 인력이 모두 결집되어 있는 최신예 공장이라는 점을 새삼 깨닫게 된다. 도장공장은 반도체공장에 못지 않는 청정설비를 갖추고 있으며, 어느 컴퓨터공장에 못지 않게 자동화되어 있다.

도치는 제조업이란 진정 무엇인지를 명쾌하게 알려 준다. 한 나라의 경제력은 공업력, 한마디로 제조업이 결정한다는 명제를 그는 힘 있게 증명한다. 이것은 너무 당연한 사실임에도 불구하고, 경제에서 가장 중요한 것은 서비스, 금융, 혹은 정보 등이라는 그릇된 설명과 예언들이 숱하게 쏟아지는 우리 현실에서는 이 새삼스런 진실을 다시금 새겨야 할 것 같다.

도치는 제조부문에 종사하는 사람들에게 자긍심을 가지라고 역설하면서, 경쟁이 극도로 심화되고 있는 오늘의 세계 경제에서 승자가 되려면 어떤 자세와 철학을 갖고 현장에서 뛰어야 하는지를 가르치고 있다. 참고로 밝히자면, 이 책은 미국 제조엔지니어공학회가 출간한 이후 미국 내 각 공과대학의 권장 도서가 되고 있다.

1994년 10월
김정근.

철학대사전(개정증보판)과 세계철학사(전5권)

『철학대사전』은 『세계철학사』(전5권)를 읽는 독자들을 위해 만들어졌다. 본 사전에는 아직도 각종 모순이 중첩되어 있는 이 땅에서 자연과 사회 및 인간 사유의 일반적 발전 법칙을 탐구하여, 올바른 세계관을 수립하고 각종 모순을 인식하고 해결하는 데 초석이 되도록 편찬되었다. 따라서 이 사전은 진보적 철학의 비중을 대폭 높였으며 특히 한국철학에 있어서 새로운 민중적 시각을 통해 재정리하고자 했다. 또한 이 사전은 철학의 근본문제를 비롯하여 여러 문제, 사회관, 인생관, 가치관, 역사관 등의 문제와 기타 철학의 발전과 긴밀히 연결된 사회과학과 자연과학의 논점도 동일한 입장에서 다루었다. 때문에 이 사전과 동일한 입장에서 일관성 있게 집필된 본사 발행 『세계철학사』(전5권)와 함께 유용한 지침서가 될 것이다.

철학대사전편찬위원회 지음/국배판 칼라인쇄/고급 서적지 및 고급 양장케이스/정가 980,000원

『세계철학사』(전5권)는 국내판을 출간하는데 30여년에 걸쳐 기획되고 수정된 책으로 연 40여명의 편집인이 동원되었다. 본서는 1987년 7월 처음 출간되어 1998년 2월에 재편집되었으며 2009년 5월에 3차 증보판에 이어서 이번이 제4차 개정증보판이다. 대본으로 사용한 책은 「러시아과학아카데미연구소」(Akademiya Nauk SSSR)에서 출간한 『History of Philosphy』(전5권)를 다시 국내에서 우리나라 실정에 맞게 재편집하고 현대적 용어와 술어로 바꾸어 번역한 것으로, 국내판은 고대 노예제 철학의 발생으로부터 자본주의 독점 시대까지의 철학을 재편집하였다.

크라운판 고급인쇄/고급 서적지 및 고급 양장케이스/전5권 세트 정가 750,000원

중원문화 아카데미 新書

중원문화 아카데미 新書

김종엽 저/420쪽/고급양장 신국판/
정가 28,000원

인격의 철학,
철학의 인격

한 철학자의 눈에 비친 인격에 대한 고찰!

저자는 여러 철학자들의 사유에 내재된 진정한 개성과 삶의
관점을 드러내 인격적 정체성이 무엇인지를 밝히고자 했다.

이 저서는 인격적 정체성을 사물과 구별되는 존재의 세계에
서 설명하려는 실천적 과제를 안고 있습니다. 더불어 그것을
비판하는 논점과도 논쟁할 것입니다. 인격적 정체성을 정당화
하려는 철학적 노력은 단순히 물리적 세계에 역행하는 무모한
시도가 아닙니다. 인격적 정체성에 대한 질문은 개별적 실존
이 어떻게 변화무쌍한 삶의 실현과정에서 자기 자신과 동일함
을 유지하며, 또한 동일함에 이를 수 있는지를 묻습니다.